二十世紀中國文學史
下　冊

朱棟霖　丁帆　朱曉進　主編

劉祥安　徐德明　方忠　副主編

張堂錡　審訂

文史哲出版社印行

國家圖書館出版品預行編目資料

二十世紀中國文學史 / 朱棟霖,丁帆,朱曉進主
編. --初版. --臺北市 :文史哲,民 89
　冊：　公分.-- （現代文學研究叢刊；5,6）
　ISBN 957-549-323-0(上冊：平裝). -- ISBN
957-549-324-9(下冊：平裝)

1.中國文學 - 歷史 - 現代（1900 -　　　　）

820.908　　　　　　　　　　　　89014238

現代文學研究叢刊

二十世紀中國文學史 下冊

主 編 者：朱 棟 霖 · 丁 帆 · 朱 曉 進
副 主 編：劉 祥 安 · 徐 德 明 · 方 忠
審 訂 者：張　　　　堂　　　　錡
出 版 者：文 史 哲 出 版 社
登記證字號：行政院新聞局版臺業字五三三七號
發 行 人：彭　　　正　　　雄
發 行 所：文 史 哲 出 版 社
印 刷 者：文 史 哲 出 版 社
　　　　臺北市羅斯福路一段七十二巷四號
　　　　郵政劃撥帳號：一六一八〇一七五
　　　　電話 886-2-23511028 · 傳眞 886-2-23965656

下冊售價新臺幣五〇〇元

中 華 民 國 八 十 九 年 九 月 初 版

二十世紀中國文學史

目 次

下 冊

新 詩 卷

戲　劇　卷

臺灣文學卷

新　詩　卷

引　言

　　20世紀，是中國詩尋找、探索的世紀，尋找新語言，探索新世界。

　　由胡適之《文學改良芻議》引發的革新運動，否定了中國傳統詩、詞、曲的體制，以白話取代文言，自由體取代格律體，詩一時間解去一切束縛，自由、鮮活乃甚「不像詩」。然而，詩體解放，感受力的甦醒，形式的創新也從這裡發端，百年之中，教訓雖然不少，其歷史意義不可否定。

　　百年間詩歌發展演變史，與時代現實緊密關聯。在關乎民族、國家的走向、存亡的特殊歷史階段，秉承了中國傳統知識者使命感的現代詩人，幾乎無猶豫地用詩歌為社會、為民族、為國家服務，創造出高度社會化甚至政治化的詩歌。「五四」時期的詩多半服務於個性解放的社會運動，20年代末30年代初的左翼詩歌則服務於中國共產黨領導的普羅運動，抗日戰爭爆發，幾乎所有的詩人自覺以詩作救亡的武器，以至朗誦詩、槍桿詩、街頭詩一時充斥報刊傳媒。詩人最初是主動投入，以詩表達使命感，然而社會化政治化一旦成為風尚，反過來鉗制了詩人的主體性，淹沒了詩人的感性，詩於是在流行的口號標語中滑行。50、60年代的詩，如同載重車下山坡，在巨大慣性的推動下煞不住車。這裡的教訓是深刻的。

　　反者道之動。高度社會化、政治化的詩同時爲高度個性化的詩的存在、流行提供了空間。20年代中期、後期以至30年代前期，象徵派詩和以戴望舒爲代表的現代詩的流行正是對政治化傾向的反動、抗拒。個性化卻不等於私人化，也不一定要排斥公衆社會關心的話題，但象徵派、現代派在發展的過程中正是以放棄公衆社會關心的問題爲代價的，詩似乎日益陷入少數知識者的圈子。經過20、30年代的探索，40年代一批知識分子探索綜合的道路，試圖在個人與社會之間尋找平衡，馮至的《十四行》，九葉詩派穆旦等的創作正是這一傾向的代表。

　　70年代末，80年代初，一批地下詩人走上詩壇，將個性與社會融滙在一起，卻是富有社會使命感和政治感，帶有點叛逆姿態，但進入90年代卻日益疏離社會公衆，詩人們日益沉入個體的精神探險與情感探險之中，在大衆一致譴責非難中，90年代末，沉潛的詩人們在人們不經意間捧出了不菲的實績。

　　個性化與社會化的兩極隱隱制約了對語言系統的選擇，深邃與通俗，晦澀與明朗，獨創與因襲也隨著個性化、社會化的兩極擺動，彼起此伏。儘管始終有讀者抱怨看不懂、不耐讀，但作爲歷史，留給後人的都是財富。

第一章　二十年代新詩

第一節　二十年代新詩概述

　　從五四文學革命到抗戰爆發，中國新詩的發展大致經過了詞曲化的新詩、自由詩、小詩、格律詩、象徵詩、現代詩幾個階段。

　　新詩誕生之前已經有「詩界革命」的探索。詩界革新，自古有之，然而將中國詩歌的未來發展與世界文化、文學聯繫在一起思考，則是帶有20世紀特徵的文學新思維，文學新思維爲中國詩歌發展提供了不可或缺的思想背景。戊戌變法失敗後，梁啓超在《夏威夷遊記》中提出了「詩界革命」的口號，並且指出20世紀中國詩必須以歐洲之意境爲依傍，明確地提出了向西方文化，以及承載此文化的新語句開放的主張。

　　與戊戌變法前提倡「新學之詩」的譚嗣同、夏曾佑等人，或與其後的南社詩人相比，諱言「革命」的黃遵憲（1848—1905）仍是那個時代最富於開拓性的詩人。其《〈人境廬詩草〉自序》從詩、人、事的關係方面提出了表現時代人生的主張；在詩的採取材料方面，主張打破一切禁制，強調「古人未有之物，未闢之境，耳目所歷，皆筆而書之」；並且嘗試「以單行之神，運排偶之體」，「用古文家伸縮離合之法以入詩」，這是一次古典詩歌體制內自由化、散文化的嘗試。然而，即便是備受梁啓超推崇的黃遵憲也沒有達成「詩界革命」的理想。梁啓超指出，黃遵憲詩中「歐洲意境語句，多物質上瑣碎粗疏者，於精神思想上未之有

也」。

　　詩歌領域的革命性突破是由五四文學革命完成的。

　　胡適及初期白話詩人繼承了「詩界革命」師法歐美、以文爲詩、以議論爲詩的文學思想遺產，然而更重要的是革新：徹底打破中國古典詩歌的形式規範，創立自由體的白話詩。由此，自由體的白話詩（亦即新詩）成爲20世紀中國漢語詩歌的主流樣式，在體式上與中國古典詩歌實現全面的斷裂。胡適等白話詩人因之被與梁啓超、黃遵憲等詩人區別開來，而成爲20世紀中國詩歌王國的開創者。

　　「新詩運動從詩體解放下手」①，其關鍵是「詩體大解放」。所謂「詩體大解放」，就是「不但打破五言七言的詩體，並且推翻詞調曲譜的種種束縛；不拘格律，不拘平仄，不拘長短；有什麼題目，做什麼詩；詩該怎樣做，就怎樣做。」②經過「詩體大解放」，白話詩終於完成了擺脫傳統的古樂府式、擊壤式、詞曲式等古詩詞體式束縛的蟬蛻階段，進入自由創造的天地。

　　1917年2月胡適率先在《新青年》發表《白話詩八首》，《朋友》（收入《嘗試集》時改名《蝴蝶》）等詩雖然已經使用白話，卻還未擺脫舊詩詞體式的束縛。1918年1月《新青年》發表胡適、沈尹默、劉半農三人的九首白話詩。其中胡適的《一念》已經寫出「我笑你繞太陽的地球，一日夜只打得一個回旋」這樣平易自然的白話詩行，胡適《人力車夫》的散文化叙事，劉半農的《相隔一層紙》、沈尹默的《月夜》的建行、建節的基本樣式，不僅完全打破了舊詩體式規範，而且已經顯示了白話詩的新體式：詩行較短，大體整齊的自由體詩，標誌著新詩在尋找新語言方面取得了重要的進展。胡適的文學革命一開始就受到20世紀文學「新潮」的影響，《文學改良芻議》且直接受到意象派詩人理論的

啓示。在詩創作方面，被看作是新詩成立的紀元的《關不住了》
③，正是一首譯詩。劉半農也借鑑了西洋詩的樣式。朱自清指出，照
中國詩發展的舊路，新詩該出於歌謠。但是新詩不取法於歌謠，
最主要的原因還是外國的影響。這是歐化，但不如說是現代化，
「迎頭趕上」④的緣故。

　　初期白話詩主要發表於《新青年》、《新潮》、《少年中國》、
《星期評論》、《學燈》、《覺悟》等報刊，胡適、劉半農、沈
尹默、俞平伯、康白情、劉大白、周作人、朱自清等都是重要的
白話詩人。

　　胡適（1891—1962）有詩集《嘗試集》，1920年3月初版。
它是新文化運動中第一部白話新詩別集。1922年四版自序云：
初版的「兩篇序都有了一兩萬份流傳在外」，說明了《嘗試集》
在白話詩創立期影響之廣大。作者認爲「自古成功在嘗試」（反
陸游詩句「嘗試成功自古無」之意而云），故詩集命名《嘗試集》，
「要想把這本集子所代表的『實驗的精神』貢獻給全國的文人，
請他們大家都來嘗試嘗試」⑤。《嘗試集》初版分兩編，第一編
21首寫於1916、1917年留美期間，這些詩已經採用白話，但大
多是五、七言體，「實在不過是一些洗刷過的舊詩。」第二編收
25首，寫於1917年9月回北京後至　1919年底。這些作品開始實
踐「詩體大解放」的主張，破除舊詩格律的束縛，採用自然音節，
句式長短不一。《老鴉》、《老洛伯》、《應該》、《希望》、
《一顆星兒》、《威權》、《樂觀》、《上山》等14首是作者理
想的「白話新詩」⑥。胡適的詩大多數是即事感興、即景生情之
作，常用直接描寫、淺顯的比喻、象徵等手法，言之有物，平實
淡遠。

　　劉半農（1891—1934）對於新詩的形式頗多關注，有詩集

《揚鞭集》（1926年6月）、《瓦釜集》（1926年4月）。「他那時主張(1)『破壞舊韻，重造新韻』，(2)『增多詩體』，『增多詩體』又分自造，輸入他種詩體，有韻詩外別增無韻詩三項，後來的局勢恰如他所想。」⑦作者自云「在詩的體裁上是最會翻新鮮花樣的。當初的無韻詩，散文詩，後來的方言擬民歌，擬『擬曲』，都是我首先嘗試。」比如《賣蘿蔔人》⑧是中國現代最早出現的無韻詩，《窗紙》、《無聊》是現代最早的散文詩。收入《揚鞭集》的十首小詩，說明劉半農還是最先嘗試小詩創作的作者。《教我如何不想她》韻律和諧，節奏明快，用比興手法，寫遠離祖國的游子情懷，「『她』可以是男的，女的，代表著一切心愛的他、她、它。歌詞是劉半農在英國寫的，有思念祖國和念舊之意」。⑨《瓦釜集》是新詩史上第一部用方言寫作的民歌體新詩集，「集名叫做『瓦釜』，是因為我覺得中國的『黃鐘』，實在太多了」。作者認為「我們要說出誰某的話，就非用誰某的真實的語言與聲調不可；不然終是我們的話。」為了「把數千年來受盡侮辱與蔑視，打在地獄底裡而沒有呻吟的機會的瓦釜的聲音，表現出一部分來」⑩。《瓦釜集》中的詩用江陰方言與江陰民歌的聲調，抒寫勞動者的愛與恨。

　　沈尹默（1883—1971）的詩散見於《新青年》。《鴿子》、《月夜》或託物寓意，或寓情於景，《三弦》則被胡適稱為「從見解意境上和音節上看來」，「一首最完全的詩。」俞平伯（1900— 1990）的《冬夜》與康白情（1896—1958）的《草兒》都是當時最有影響的詩集。《冬夜》多思索人生問題，形式方面頗受舊詩詞曲的薰染，人生的哲理與新舊雜糅的語言成為作者的特點。作者此後還有《西還》（1924）、《憶》（1925）出版。康白情以新詩寫景、紀遊，善於敘述描寫，《江南》、《晚晴》、

《日觀峰看浴日》寫景細緻，被譽爲「設色的妙手」，《婦人》、《一封沒寫完的信》等的戲劇化叙事也婉曲深致。劉大白（1880—1932）有詩集《舊夢》，劉氏作品，《賣布謠》、《田主來》之寫農村階級壓迫、《紅色的新年》之憧憬蘇俄十月革命，每爲世所稱道，其實他的一貫作風是「以議論入詩」，「以哲理入詩」，而不免「用筆太重，愛說盡，少含蓄」⑪。朱自清（1898—1948）最初的詩作分別收入詩文集《踪迹》（1924年出版，第一輯爲詩）與《雪朝》（周作人、鄭振鐸、徐玉諾、俞平伯、郭紹虞、劉延陵、葉紹鈞等八人之詩合集，1922年6月商務印書館出版），並曾與劉延陵、葉紹鈞、俞平伯於1921年組織了中國現代文學史上第一個新詩社團——中國新詩社，出版第一本詩歌刊物《詩》月刊（後算作文學研究會刊物）。他的《新年》、《光明》、《北河沿的路燈》、《煤》、《送韓伯畫往俄國》、《贈AS》（AS即安石，鄧中夏之化名）等短詩多樂觀語，作於1922年的長詩《毀滅》則更貼近詩人「丢去玄言，專崇實際」的人生現實。周作人也一度寫作新詩，他的《小河》（1919）以其語言的樸素、節奏的紆徐有致，與詩之深深的憂懼情感構成張力，在當日有「新詩中的第一首傑作」之稱。

新詩緊隨文學革命運動登場，與五四思想啓蒙運動相輔相成。第一批公開發表的新詩中，胡適的《鴿子》、沈尹默的《月夜》的讚頌個性精神、劉半農的《相隔一層紙》的人道主義關懷，都顯示了五四思想革命特點。初期白話詩的共同特點是強調「經驗」，偏於說理，沖淡、平實，崇尚語言的自然節奏，明白如話，表現出散文化傾向。

郭沫若的《女神》爲詩壇開了浪漫的新風。與《女神》同時出現於詩壇的，是湖畔詩人和小詩。

　　湖畔詩人是指汪靜之、應修人、潘漠華、馮雪峰等人。他們於1921年左右開始寫詩，1922年春在杭州成立湖畔詩社，1922年4月詩合集《湖畔》出版，同年5月汪靜之出版個人詩集《蕙的風》，1923年詩合集《春的歌集》出版。所作詩多為歌唱大自然的清新美麗和友情、愛情的純真。他們詩中的真純的自我抒情主人公形象是五四個性解放精神的別一表現形式。

　　小詩的形成受到了周作人所譯介的日本的短歌、俳句和鄭振鐸所譯介的泰戈爾《飛鳥集》的影響。小詩，在當時是指「流行的一行至四行的新詩」⑫。最早的小詩作者有朱自清、劉半農等，對詩壇形成重大影響的，是冰心的《繁星》（1922年1月連載於上海《時事新報·學燈》）、《春水》（1923）。冰心的小詩，從形式上看，最短兩行，最長的18行，一般是三五行。多抒寫個人即時的感興，或託物喻理，或借景抒情。宗白華的《流雲》（1923）以及徐玉諾和何植三的小詩都是曾經產生一定影響的作品。小詩的講求凝練與側重表現內心世界，在新詩的藝術探索歷程中具有橋梁的意義。

　　馮至（1905—1993）本時期的詩風是浪漫主義的，有詩集《昨日之歌》（1927年出版，上卷收入寫於1921—1926年上半年的抒情詩48首，下卷收入敘事詩4首）。1921—1923年所作詩主要受五四時期郭沫若等人的新詩影響。他的作品最初也在《創造季刊》發表，句子比較自由，對於音節、旋律、韻腳不甚措意，而注重詩意的提煉與表達，《綠衣人》、《問》等詩都不免有些許生澀。從1923年的《新的故鄉》、《吹簫人的故事》至1924年所作《在海水浴場》、《海濱》諸詩，詩人開始注意詩歌的音樂性，著意於詩意與詩歌的音樂性的協調，形成自己的特色，1925年以後，《一條小河》、《蛇》、《在郊原》諸詩發表，

表明詩人詩藝日臻嫻熟。在馮至的詩藝探索過程中，可以見出德國浪漫主義詩歌尤其是海涅《還鄉集》的影響。馮至的抒情詩，感情深沉含蓄，不似徐志摩、聞一多的熱烈濃郁；在手法上，平淡中見奇巧，哀婉清麗，不似徐志摩、聞一多的瑰麗多彩，也不若郭沫若的直訴狂呼；在形式上，語言明淨，大致押韻，有整飭美麗而不嚴整一律，不似聞一多《死水》的精嚴。《蠶馬》、《吹簫人的故事》以敘事詩的形式，抒寫來自傳說的悲劇性的愛情故事，借以控訴舊式婚姻制度的罪惡，傳達青年一代對於愛情的理想；《帷幔》、《寺門之前》通過僧、尼對於異性的愛意長期被壓抑的抒寫，抨擊窒息人性的習俗、禮儀、教規、體制。新詩史上第一首敘事長詩是沈玄廬的《十五娘》（75行）敘寫農村夫婦五十、十五娘的悲慘命運，質實板滯；其後白采的《羸疾者的愛》（寫於1924年 1月）和朱湘的《王嬌》（寫於1926年1月），都是近千行的長詩。前者通篇用對話體，分別寫出羸疾者與老者、母親、友人、少女的心靈交流，幻想代替敘寫，抒情強於敘事，體式特別；後者是淒婉動人的愛情悲劇，其對於人物心靈的揭示和人生的綜合描寫方面頗見深度，而藝術形式方面的成就，在敘事詩中高出同儕。馮至的敘事詩頗受德國歌德、席勒敘事謠曲的啓示，其感傷、孤獨的抒情底蘊與神秘色彩，賦予其作品不可替代的價值。魯迅頗推崇馮至的抒情詩，稱之爲「中國最傑出的抒情詩人」[13]，而朱自清則更看重馮至的敘事詩，以爲其「敘事詩堪稱獨步」[14]。　1929年馮至有詩集《北遊及其它》出版，第一輯《無花果》，收入1926—1927年所作抒情詩19首；第二輯爲長詩《北遊》；第三輯《暮春的花園》收入1928—1929年所作抒情詩17首。500行長詩《北遊》寫於1928年，「北遊」係指詩人的哈爾濱之行，當時在奉系軍閥統治下的哈爾濱，殖民地色彩

濃烈，詩人感憤而作。在這裡，作者一貫諦視心靈的眼睛轉向現實的人間，歌喉也由幽婉清麗一轉爲粗放激憤，正顯示了詩人涉世日深之際詩藝的調整。1930年起馮至赴德留學，返國後長期在大學任教職。1942年出版有現代主義詩風的《十四行集》。

　　20年代中後期出現於詩壇並對於新詩的發展形成重大影響的，是新月詩派（朱自清稱之爲格律詩派）與象徵詩派。

　　新月詩派與新月派有聯繫卻不等同，作爲詩歌流派它始於1926年 4月1日的《晨報副刊·詩刊》，參與了編輯工作並以詩文創立流派的有徐志摩、聞一多、饒孟侃、劉夢葦、朱大柟、楊振聲、胡也頻、朱湘、于賡虞等人。在《新月》階段，發表新詩創作和理論（包括翻譯）的作者主要有徐志摩、聞一多、饒孟侃、孫大雨、陳夢家、方瑋德等，《新月》後期出現了曹葆華、卞之琳、孫毓棠、李廣田等，已經趨向現代派；臧克家儘管師承聞一多，卻鍾情於苦難深重的現實。1931年創刊於上海的《詩刊》季刊，被徐志摩視爲《晨報副刊·詩刊》的後繼者，由徐志摩、邵洵美等編輯。主要作者有徐志摩、孫大雨、饒孟侃、方令孺、陳夢家、方瑋德、卞之琳、邵洵美、梁宗岱等。

　　新月詩派反對感傷主義，反對放縱，主張理性和節制；在藝術上要求藝術的「和諧」、「均齊」，強調詩人戴著鐐銬跳舞，表現爲追求詩歌的格律，它是傾向於古典主義的。在創作中，強調不在感情強烈時作詩，而在「感觸已過，歷時數日，甚至在數月之後」，將記憶的「最根本最主要的情緒的輪廓」⑮用想像來表現。與郭沫若等人在《三葉集》中崇尚靈感，直抒胸臆的作詩法不同，新月詩派的作詩法努力在詩人與詩之間拉開距離，著意於主觀情緒的客觀化。爲建立新詩的形式規範，聞一多提出了「三美」的主張，同時他們嘗試了現代敘事詩、戲劇獨白體、無韻

體、十四行等多種體式，爲新詩盡了賦形的歷史使命。新月詩派的代表是徐志摩、聞一多。

朱湘（1904—1933）是前期新月詩派的重要詩人，有詩集《夏天》（1922）、《草莽集》《1927年8月》、《石門集》《1934》、《永言集》（1936）。詩人確認自己「只是東方的一隻小鳥」（《南歸》），自覺回歸傳統並力圖從傳統中求發展，故而其詩既遠離當時的文學趣味，也沒有採取一般詩人的通常作法——在詩中表現動亂年代的典型感受，在他的詩中採蓮少女、待嫁新娘、搖籃曲，無不恬淡平靜，工穩美麗，詩風是古典而奢華的⑯。《石門集》記錄了朱湘爲建立新詩形式，試驗種種西洋詩體的辛勤足迹。《王嬌》、《貓誥》記錄了朱湘曾計劃用敍事詩的體裁稱述華族民性的各相的努力。《貓誥》富於機智與風趣，通過老貓教子的滑稽表演，對國民性的弱點進行了辛辣的諷刺。爲藝術而不惜忘記時代、現實的朱湘，結果也被多難的時代所遺棄。

法國象徵主義詩歌從《新青年》時代起就與中國詩歌發生了關係。Symbolism在中國最初譯作表象主義，統稱爲新浪漫主義，被視爲對於自然主義的反動。易家鉞首先將Symbolism翻譯爲「象徵主義」⑰。周作人的《小河》、沈尹默的《月夜》、周無的《一件事》、《黃蜂兒》，在當時已經被看作象徵主義的作品⑱。

象徵主義詩歌在中國出現時，「純詩化」特徵被強調。這既是對於新詩流弊的反撥，也是現代詩歌發展的必然趨勢。周作人總結新詩得失時指出：新詩的趨勢當是由模仿走向獨創，達到「自由之中自有節制，豪華之中實含清澀，把中國文學固有的特質因了外來影響而益美化」，「新詩的手法我不很佩服白描，也不喜歡嘮叨的敍事，不必說嘮叨的說理，我只認抒情是詩的本分，

而寫法則覺得所謂『興』最有意思，用新名詞來講或可以說是象
徵。」「這是外國的新潮流，同時也是中國的舊手法，新詩如往
這一路去，融合便可成功，眞正的中國新詩也就可以產生出來了。」
⑲穆木天在《譚詩——寄沫若的一封信》中則明確指出「胡適說：作
詩須如作文，那是他的大錯。所以他的影響給中國造成一種平鋪
直叙的一派的東西。他給散文的思想穿上韻文的衣裳」。由此，
穆木天提出「純粹的詩歌」的概念，認爲詩歌世界是純粹的表現
的世界，而且有詩的思考法與表現法。周作人與穆木天都意欲在
詩歌中驅除散文成分。在詩歌的發展中，純詩化與非詩化、散文
化是一對矛盾。在革新期，詩歌的散文化是主流，散文化是推進
革新的有力手段；在20年代中後期純詩化成爲詩壇的主流，適應
了中國新詩自身藝術建設的歷史要求。

　　象徵詩派指以1925年出版李金髮的詩集《微雨》爲起點的，
活躍在20年代中後期的詩派，它的代表人物是李金髮，後期創造
社三詩人穆木天、馮乃超、王獨清以及姚蓬子、胡也頻等，都是
有影響的象徵派詩人。

　　李金髮（1900—1976），廣東梅縣人。除《微雨》外，尚
有詩集《食客與凶年》、《爲幸福而歌》，這些詩均寫於1920
—1923年在法國留學期間。李金髮認爲，詩僅僅是「個人靈感
的記錄」，是「一種抒情的推敲，字句的玩意兒」。他寫詩不「
怕人家難懂」，不「希望人人能了解」，「只求發洩盡胸中的詩
意就是」。李金髮最富個人性的詩，即表現特定的精神感受、心
態感覺，抒發無以名狀的情緒的詩。《棄婦》以棄婦形象暗示對
於人生的個人化感受，《有感》中作者的感受則濃縮在一個富於
張力的比喻中：「如殘葉濺／血在我們／腳上，／／生命便是/
死神唇邊/的笑。」《寒夜之幻覺》極盡幻覺之能事：「巴黎亦

枯瘦了，可望見之寺塔／悉高插空際／如死神之手。／　Seine河之水，奔騰在門下，／泛著無數人屍與牲畜，／擺渡的人／亦張皇失措」。在形式上李金髮不追求純淨、圓潤、和諧，鍾情於新奇、怪異和突兀；不甚著意整體形象、意境，而致意於一個個意象的奇特組合和其暗示的力量。他的詩歌創作受到法國象徵主義詩人波特萊爾、魏爾倫等人的影響。穆木天（有詩集《旅心》）、馮乃超（有詩集《紅紗燈》）在詩歌中追求聲音的朦朧和顏色的朦朧，他們講究的音樂美、形式美是情緒和心靈的形式，其源頭在法國象徵派，而與新月派的節制感性的格律不同。

　　白話詩作者對於詩語言的基本觀念是「自由」與「自然」。「自由」亦即「詩體大解放」；「把從前一切束縛自由的枷鎖鐐銬，一切打破：有什麼話，說什麼話，話怎麼說，就怎麼說」[20]。打破一切「枷鎖鐐銬」是指「不但打破五言七言的詩體，並且推翻詞調曲譜的種種束縛；不拘格律，不拘平仄，不拘長短」[21]。「自然」是胡適對詩語言的限制原則，首先它限制詩語言離開日常語言，帶著反對「死文字」的針對性；其次要求詩的語言像說話那樣「自然」，不帶人為雕飾；第三，要求詩句符合文法。「須講求文法」是「八事」之一，它不僅是對文的要求，也是對詩的要求。「自然」就是要符合白話的文法，白話文法就是白話詩的語言憲章。而所謂「文法」，在初期主要是指英語的文法與現代中國人口語的混融。被胡適稱為新詩成立紀元的《關不住了》原是譯自英文詩，借助英語的文法突破了中國傳統的詩語言規範，而達到了「自然」的語氣。

　　合乎文法的觀念限制了白話詩的建行。初期白話詩多以完整的陳述句為建行的基礎，這從根本上削弱了詩行之間語音聯繫的可能性，而將語言的音樂性潛能的開掘局限於詩行之內，作為補

救的措施，是押韻的嘗試。

　　文法拘制不僅體現在語音的調度上，也體現在語義的利用中。語法，就一種語言範圍來看，表層是成分的配置，更深一層是習慣，習慣是思維方式與表達方式。語言是人類普遍經驗的結晶，語言所體現的是人類一般感知方式。詩人若企圖用人們通常的語言表現自己所體驗到的特殊情感，必然陷入困境。白話詩作者沒有自覺到上述語言的困境，他們幾乎不假思索就把日常語言當作理所當然的藝術語言㉒。詩中狀物的詞語，基本上都是現成的概念；語言的組接，也沒有超出一般日常用語的習慣，很少能夠超越人們知覺的一般經驗。胡適初期詩作相當一部分是「嘮叨的說理」。在《嘗試集》中便可檢得不少：《嘗試篇》、《孔丘》、《贈朱經農》、《他》、《小詩》、《一笑》等等。這類詩都逕直用概念寫成，讀來索然無味。譬如《一笑》這種體驗，很多作家寫過，都能表現出深厚的情感和思想，而在胡適筆下，他借助概念外化，結果在外化過程中概念化了，豐富的心理內涵在上升為概念的過程中喪失了它的個別性、豐富性，丟掉了活生生的「毛茸茸」東西，得到的是比說理散文還差的東西。

　　郭沫若異軍突起，引入了惠特曼的平行句與列舉句，詩行從完整敘述而轉變為一個意象或一系列意象組成，從而詩節開始擺脫時間與事件順序而向自由的情緒空間發展。《女神》的詩行看起來是很散的，但大部分詩中詩行語音的構成組合都有規律支配著。這個規律就是情緒的運動。《論節奏》是郭沫若對《女神》的總結。「情緒的進行自有它的一種波狀的形式，或者先抑而後揚，或者先揚而後抑，這發現出來便成了詩的節奏。所以節奏之於詩是她的外形，也是她的生命」㉓。

　　初期白話詩中比喻難得一見，《女神》中比喻不僅數量超過

初期白話詩，比喻的性質也發生變化，成爲一種情感語言。喻指從客觀世界向主觀世界轉移，也就是更多情況下不是爲了揭示某物的特徵而用比喻，而是用比喻表達自己的感受、情緒。「我們這飄渺的浮生，好像那大海的孤舟」、「我是日底光，我是月底光，我是一切星球底光，我是 X 線底光，我是全宇宙底Energy的總量」、「我的心同日火同燒」、「我這瘟頸子上的頭顱、好像火葬場裡的火爐……」……等等。喻指是人生、自我、理想、生命、頭顱、血液、心臟……，而頭顱等又是自我精神、思想某方面的代稱。這種強烈的主體色彩也表現在喻體上。「無限的太平洋鼓奏著男性的音調」，「你（指「死」）譬如是我的情郎」。喻體的主觀性將客觀事物虛化、精神化、生命化，客觀事物就不再是與詩人情感無關的存在，乃是詩人主觀情感的化身。郭沫若詩作中比喻的構成機制與白話詩的比喻有了區別。初期白話詩比喻是以事物的客觀屬性的類似、同一爲基礎構成的，這種屬性一般都在同一感覺區域，並且是屬於正常經驗領域的。「香粉一般的白雪」（周作人《兩個掃雪的人》）的構成機制是兩者的白、細的客觀屬性。這是一種裝飾性的比喻。郭沫若詩中則出現這樣的比喻：「空中的太陽，胸中的燈亮」，通過常人理會的燈的屬性，表達自己對精神的理解。《立在地球邊上放號》將「滾滾的洪濤」比作「力的繪畫」、「力的舞蹈」、「力的詩歌」、「力的音樂」，不僅感覺區域不同，並且相似點全建立在主觀感受上，不再依傍客觀屬性。「雞聲、群鳥聲、鸚鵡聲，溶流著的水晶一樣！」……等等都是。《女神》中還大量使用「曲喻」。這類比喻在《鳳凰涅槃》、《天狗》等詩中，爲數不少。

　　比喻的這種變化，結果便是對語義邏輯習慣的突破，語言已不再是普通的語言，而是一種詩的本體語言。「四周昏蒙的天都

帶著醉容」，「我嚙我的心肝」，「地球大大地呼吸著朝氣」，「漁家處處，吐放著朵朵有涼意的圓光」，皆屬此類。郭沫若對詩本體語言的開拓，主要吸取了外國詩歌與中國古代詩詞的營養。

格律詩的探索，是新月詩派的主要貢獻，徐志摩、聞一多、朱湘三人各有所探索與成功。

徐志摩的詩，在節奏格律方面，頗有西詩的色彩。《落葉小唱》一詩中便隱隱有濟慈《無情女郎》一詩的節奏模式，但這種模式的借鑑並沒有使《落葉小唱》成為舶來品而顯出歐化意味，因為外來的節奏模式與現代漢語之間得到了「契合」，沒有削足適履的毛病。徐志摩一度是從英語詩尤其是他所熟悉的詩作中找到節奏的靈感的，這種成功，得之於偶然而不具備可尋的規律。但徐志摩並非在格律上沒有自己的探索的詩人，他同時探索過以意群為音步單位的節奏形式，《愛的靈感》一詩的節奏就很有力地助成了詩情的發展。

在格律詩的探索中最為清醒自覺的，是聞一多。早在《律詩底研究》中，聞一多就從理論上將漢語詩的節奏與英語詩的節奏作了清楚的比較。聞一多指出將中國詩的平仄與英語詩的音步相混淆是錯誤的，「中詩裡，音尺實是逗」，「合逗而成句，猶合『尺』（meter）而成行（line）也。逗中有一字當重讀，是謂『拍』」。他將「春水船如天上坐」劃分為三逗，以「春」、「船」、「天」、「坐」為重讀音節，是頗具分辨力的。而且聞一多將逗列為節奏的要素，而將平仄列為調劑節奏單調的技藝手段，免去了許多彎路[24]。在現代漢語詩中如何劃分逗，聞一多沒有明確闡述過，從《死水》等詩的實踐看，作家是以意群為單位兼顧音節的輕重配置構成逗的。《死水》的逗，分為兩類，一類二字，一類三字，依靠其交錯構成詩行與詩行之間的勻整對稱和變異，

而統一的二字逗作為詩行的結尾逗，構成了全詩一致的抒情調式。聞一多的探索的意義在於，把詩的語言的語音利用上升到抒情系統的高度，而糾正了語音利用的隨意性的傾向。聞一多的《死水》雖然合乎漢語的規律，但若用英語的重輕格節奏來分析，也很少破讀的情況，說明聞一多在考慮詩的節奏模式時，充分借鑑了中外詩學的長處。

十四行詩在五四初期即開始有作者嘗試移植。戴望舒、聞一多、朱湘等詩人都曾試作十四行，嘗試外國詩體的移植。朱自清特別推崇聞一多所譯布朗寧夫人的情詩，認為中國十四行詩到此可算是成立了。

象徵派詩人著眼於暗示，中國初期象徵派亦如此。「暗示」的具體材料，一是詩的音樂性，一是意象的內涵的豐富性，這兩方面的追求，實際上提供了一種新的詩體。中國新詩詩本體的探索逐漸明朗化了。

《落花》是當年青年掛在口邊的一首。「一片一片的墜下的輕輕的白色的落花」是詩的主題意象。它是春天的落花，潔白而輕柔的落花，又是被風雨颳離花枝飄盪著無所歸縮的落花。這個意象本身就寫得很美，具有審美價值。這首詩裡不同情態下的落花都指向一個中心：美的不可挽回的消逝。全詩的結構是不同意象的集合。平面的意象集合具有多層的意蘊。《水聲》的主題意象是那「歌唱在山間」、「石隙」、「柳蔭」、「流藻」……，聽得到而找不著其「故鄉」的水聲。《薄光》的意象是無處不在、無時不牽人心腸的，不可把捉的「淡淡的黃光」。以一個特徵性意象為中心，以相近特徵的意象或同一意象在不同情況下的特徵反覆渲染，構成一個統一的表層結構，通過意象的特徵暗示詩的深層內容，是穆木天上述詩的語言特徵。

　　以不同意象的關係達到暗示目的,是象徵詩人們另一種常見的語言運用。馮乃超的《蛺蝶的亂影》由兩個意象的關係構成。一個是昏然入夢的病弱的薔薇,一個是輕展舞衣的黃色的蛺蝶,他為薔薇舞到「頹惰」了,薔薇仍然眷戀「幽虛的夢心」,還有心無意地突出「莖上的荊棘」。《現在》則由六個意象組成:「蒼白的微光」、「枯凋無力的薔薇」、「破琴的古調」、「乾涸無水的河床」、「空谷」的幽蘭、無端飄入心胸的「晶瑩玉琢的美人」。這些不相關連的意象放在一起,具有了同一的指向:喪失了輝煌過去的殘軀的掙扎。單一的意象有多方面特徵,可以有多角度的聯想,具有不確定性,既不能表達作者意義,讀者也會茫無所知,但這些不相關聯的意象一經放在一起,相互間即產生制約關係。它們的同與異在互相對照中顯示出來。作者總是把握其關係來安排意象,讀者一旦把握其關係便會理解整體,激起聯想與體悟。

　　王獨清則往往將意象作為浪漫抒情的點綴,暗示一種氛圍或象徵一個觀念。《玫瑰花》中「水綠色的燈」以及《我從Cafe中出來……》中「冷靜的街,黃昏,細雨」,前者暗示一種甜蜜的憂愁,後者則是空虛、悲哀的象徵。「謝了的玫瑰花」,「飄流的落花」則是一種觀念情緒的象徵。

　　尋找到意象作為詩的語言,詩的本體語言確實與散文有了清楚明白的區別。

　　「純詩」對詩的聲音語言的探索,可以用音樂化一詞概括。格律詩追求的音樂性是側重於頓挫的節奏,「純詩」則追求旋律般的效果。前者創作時心中有個節拍器在敲打,後者創作時心中有一個旋律在盤旋。他們特別強調「持續的律動」,「要求立體的,運動的,在空間的音樂的曲線。」「表現我們心的反映的月

光的針波的流動，水面上煙網的浮飄，萬有的聲，萬有的動：一切動的持續的波的交響樂」㉕。爲了達到這一目的，詩「要直接用詩的旋律的文字寫出來」，超於散文的章句構成法。穆木天等人對於旋律的追求，體現了象徵派「想從音樂收回他們的財產的那個共同的意向」㉖。從「純詩」創作看，這不失爲一種有意義的探索：它沒有自由詩的散漫，也沒有格律詩的嚴格而易於流爲機械的弊端。

　　與新月詩派、象徵詩派的注重藝術不同，另有一流詩人專注於詩歌內容的革命性。這類革命的政治抒情詩在30年代的代表是中國詩歌會的普羅詩歌，20年代的蔣光慈的《新夢》《1925》、《哀中國》（1927）則是其先驅。《新夢》收入作者在1921—1924年在蘇聯學習期間所作詩35首，除《中國勞動歌》等少數詩外，幾乎都是對蘇聯十月革命、對列寧的頌歌。悲哀與憤怒，血與火的鬥爭則構成了回國後所作之《哀中國》的主旋律。詩人感應時代的要求，自覺以詩作爲宣傳的武器。革命的思想與粗糙的藝術形式，成爲革命詩歌的醒目標誌。

第二節　郭沫若

　　郭沫若（1892—1978），原名郭開貞，號尙武，沫若是他1919年開始發表新詩時用的筆名，後即以此爲號。1892年郭沫若出生於四川省樂山縣沙灣鎮一個地主兼商人家庭。早年曾先後就讀於嘉定府樂山縣高等小學、嘉定府中學堂、成都高等學堂。在小學和中學時代，郭沫若對中國古典文學作品，如《莊子》、《楚辭》、《史記》、《文選》等有著比較廣泛的涉獵，並且開始閱讀梁啓超、章太炎等人的政論文章和林紓翻譯的外國文學作

品。莊周的奇詭恣肆，屈子的想落天外，以及林紓譯英國作家司各特的《撒克遜劫後英雄略》（即《艾凡赫》）的濃重的浪漫主義精神，對他後來的文學傾向產生了重要的影響。而梁、章等人的民主主義思想，則激發他嚮往反清愛國民主運動。

1913年10月，郭沫若實現了走出夔門的願望到天津求學。同年底，在大哥的資助下，取道朝鮮赴日本留學。1914年至1923年，郭沫若先後在東京第一高等學校預科、岡山第六高等學校、九州帝國大學醫科學習。初到日本時，異國生活中所受的民族歧視、個人婚事的失意，使郭沫若陷於消沉苦悶之中。他因此讀《王文成公全書》，深受王陽明哲學的影響。同時，王陽明的學說又把他引到老莊哲學、孔子哲學和印度哲學。此時郭沫若接觸了印度詩人泰戈爾的詩，感受到清新恬淡的風味，由泰戈爾進而接觸印度古詩人伽畢爾的詩。後來他又喜歡德國詩人海涅、歌德，又由歌德導引到荷蘭哲學家斯賓諾莎的著作，「對於泛神論的思想感受著莫大的牽引」[27]。五四時期，他還喜歡過康德、尼采，並接受過弗洛伊德的精神分析學說和廚川白村的文藝理論，以及當時頗流行的新浪漫派和德國新起的表現主義的影響。這些使郭沫若前期思想呈現出異常複雜的情況。

1916年，郭沫若與日本少女安娜（本名佐藤富子）熱戀並同居。在泰戈爾式的無韻詩的啓迪下，郭沫若寫下了《死的誘惑》、《新月與白雲》、《別離》等愛情詩，開始了他的文學創作。1919年五四運動爆發，身居異邦的郭沫若受到極大的鼓舞，同部分留日學生一起組織「夏社」，從事反對日本帝國主義的宣傳工作。不久，他的新詩開始在上海《時事新報》副刊《學燈》上發表。自此，「在一九一九年的下半年和一九二〇年的上半年，便得到了一個詩的創作爆發期」[28]。《鳳凰涅槃》、《地球，我

的母親！》、《天狗》等名篇均寫於這個時期。1921年詩集《女神》的出版，不僅確立了郭沫若在我國現代文學史上的卓越地位，同時也爲中國新詩開闢了一個嶄新的時代。除創作新詩外，郭沫若還翻譯了歌德的《浮士德》、《少年維特之煩惱》和施托姆的《茵夢湖》等作品。1920年還出版了與田壽昌（田漢）、宗白華論詩與文藝的通信合集《三葉集》。

　　1921年6月，在他和成仿吾、郁達夫、田壽昌、張資平等人的努力下，創造社在日本正式成立，這是繼文學研究會之後又一重要的新文學社團。郭沫若是這個社團的發起人和核心人物。1922年5月，籌辦已久的《創造》季刊在上海創刊。1921年和1922年，郭沫若曾三次回國。但國內的黑暗的現實與他新鮮華美的理想相距甚遠，美好的理想被現實擊得粉碎。向來爲詩人所讚美的大自然也一變而成爲他寄託鬱悶的所在。詩集《星空》中那些含著「深沉的苦悶」、借抒寫自然以求解脫的詩篇，就是這種思想情緒的反映。

　　1923年，郭沫若從九州帝國大學醫科畢業後回國，與郁達夫、成仿吾等又陸續創辦了《創造周報》和《創造日》，並經常在這些刊物上發表作品。這是前期創造社活動的極盛時期。在這一時期，郭沫若的文藝觀與政治觀都呈現出相當駁雜的面貌。就文藝思想而言，郭沫若以浪漫主義爲主，同時吸收了西方現代主義的某些因素。其主要特徵是尊崇自我，偏重主觀，認爲藝術是自我的表現，是藝術家的一種內在衝動的不得不發的表現，強調創作的天才、靈感和激情等等。這種強調自我表現的主情主義文學觀，正是他個性主義思想的體現。但他一方面主張藝術無目的論，認爲文藝是「藝術家內心之智慧的表現」，本身是無所謂目的的，另一方面又認爲「藝術可以統一人們的感情，並引導著趨

向同一的目標去行動」，希望藝術家要「發生一種救國救民的自
覺」㉙。在政治觀上，他一方面高呼「反抗資本主義的毒龍」㉚，指
出「唯物史觀的見解」是「解決世局的唯一的道路」㉛，另一方
面又同情無政府主義的主張，提出了「四海同胞的超國家主義」
和「世界主義」的說法㉜。作為詩人心靈的寫照，詩集《前茅》
是作者這一時期思想變化的鮮明記錄，作者決心向《星空》時期
那種「低徊的情趣」、「虛無的幻美」告別。

　　1924年，《創造》季刊和《創造周報》相繼停刊，創造社
的幾個主要作家如郁達夫、成仿吾先後離散，創造社前期活動到
此告一段落。郭沫若思想上也產生了一種「進退維谷的苦悶」㉝。4
月份，他回到日本福岡翻譯了日本經濟學家河上肇的《社會組織
與社會革命》一書，使他稍有系統地接觸和認識了馬克思主義。
儘管這本書的有些論述頗多缺陷，但卻促成了郭沫若思想的飛躍。
他說，「這書的譯出在我一生中形成了一個轉換時期」，過去他
「只是茫然地對於個人資本主義懷著憎恨」㉞，這本書卻使他「
認識了資本主義之內在的矛盾和它必然的歷史的蛻變」㉟，「深
信社會生活向共產制度之進行，如百川之朝宗於海，這是必然的
路徑」㊱。也就在這年底，郭沫若到江蘇宜興等地調查因齊盧軍
閥內戰造成的戰禍，更加深了對中國農村情況的了解，決心從先
前的「昂頭天外」轉而面向「水平線下」。1925年五卅運動發
生，正在上海的郭沫若親眼目睹了這民族血仇的一幕，並把他的
感受融進了歷史劇《聶嫈》中。這一時期他還寫出了小說戲劇集
《塔》、中篇小說《落葉》、小說散文集《橄欖》、《水平線下》
等。

　　1926年3月，郭沫若南下廣州任廣東大學文科學長。廣州是
當時大革命的策源地，成仿吾已先期來此，隨後郁達夫、王獨清、

穆木天、鄭伯奇等也相繼南來，一時形成了創造社主力南下的局
面。　7月，郭沫若參加北伐，由廣州而長沙、武漢、南昌，先後
任國民革命軍總政治部宣傳科長、處長、行營秘書長和總政治部
副主任。1927年8月1日南昌起義後，郭沫若自九江趕赴南昌，
隨起義軍南下廣東，任起義軍總政治部主任，並在南下途中加入
中國共產黨。失敗後，他經香港回到上海，以麥克昂等筆名繼續
中斷了近兩年的文化工作，和一些後期創造社和太陽社成員積極
倡導無產階級革命文學運動。詩集《恢復》就是這時期的作品。

　　鑒於當時的政治環境，1928年2月，郭沫若離開上海赴日本，
與安娜及孩子們避居於千葉縣，一住就是十年。此間郭沫若潛心
研究中國古代歷史和古文字學，取得了重大成績。此外，他還寫
了自傳《我的童年》、《反正前後》、《創造十年》（1946年
又寫了續篇）和《北伐途次》等，出版了歷史小說集《豕蹄》。

　　抗日戰爭爆發，郭沫若在友人的幫助下，「別婦拋雛」，隻
身歸國，投入抗日文化宣傳工作。上海淪為孤島後不久，郭沫若
離開上海赴香港，並於1938年初輾轉來到武漢，始與于立群同
居。在武漢，郭沫若被任命為國民政府軍事委員會政治部第三廳
廳長，負責抗戰的文化宣傳工作。1940年9月三廳被撤銷，10月
郭沫若出任政治部文化工作委員會的主任委員，使之成為國統區
進步文化界的一面旗幟。在繁忙的抗日宣傳工作中，郭沫若從未
中斷過文學創作。其中影響最大的當推《屈原》、《虎符》等六
部歷史劇。詩歌方面他寫有《戰聲》和《蜩螗集》。散文方面有
抒情散文集《波》和兼收論作與雜文、報告的《羽書集》、《蒲
劍集》、《今昔集》、《沸羹集》。在史學研究方面則有《甲申
三百年祭》、《青銅時代》、《十批判書》等。抗日戰爭勝利後，
郭沫若在重慶、上海等地與廣大進步文化人士一起，勇敢地站在

民主運動的前列，為爭取和平民主的新中國而鬥爭。創作上也不斷取得新的收穫，寫下了小說集《地下的笑聲》，小說散文集《抱箭集》、散文集《蘇聯記行》、《南京印象》，文藝論集《天地玄黃》和回憶錄《洪波曲》等。

　　《女神》是郭沫若的第一部新詩集，也是中國現代文學史上第一部具有傑出成就和巨大影響的新詩集。《女神》中最早的詩大約寫於1916年，一小部分寫於1921年，絕大部分寫於1919年和1920年兩年間。1919年9月 11日的《時事新報》副刊《學燈》首次發表郭沫若的詩《抱和兒浴博多灣中》和《鷺鷥》。不久，郭沫若讀到美國詩人惠特曼的《草葉集》，覺得「惠特曼的那種把一切的舊套擺脫乾淨了的詩風和五四時代的狂飆突進的精神十分合拍」，「徹底地為他那雄渾的豪放的宏朗的調子所動盪了」㊲，以至自己「開了閘的作詩欲又受了一陣暴風雨般的煽動」㊳，「個人的鬱積，民族的鬱積，在這時找出了噴火口，也找出了噴火的方式」，幾乎每天都詩興大發，「差不多是狂了」㊴。

　　《女神》初版於1921年8月，上海泰東圖書局印行，為「創造社叢書」第一種。初版本在書名下注明為《劇曲詩歌集》，共收詩劇三篇，詩（包括序詩）54首。1928年6月，上海創造社出版部出版《沫若詩集》，列為創造社叢書第21種，係《女神》和《星空》的合集。《女神》部分未收《序詩》、《無煙煤》、《三個泛神論者》、《太陽禮讚》、《沙上的腳印》、《輟了課的第一點鐘裡》。作者本著「作一自我清算」的精神，對《女神》、《星空》作了較大的修改。此後作者又多次對《女神》進行修改。

　　《女神》的成功在於五四時代精神與詩人創作個性的高度融合統一。《女神》共分三輯，第三輯主要是郭沫若早期受泰戈爾影響而創作的一些清新恬淡的抒情小品。它們寫愛情、春愁、離

緒，寫飛禽、新月、松原，還有歸國印象和記遊。既有感傷頹喪
的情緒（如《死的誘惑》），也有青春期感情的真實流露與生活
寫照（如《霽月》、《日暮的婚筵》等），讓人窺見了青年詩人
渴望愛情，熱愛自然，而又不免煩悶寂寞的靈魂。如果說五四以
前的這小部分詩作還鬱積著詩人的憂傷疾憤，格調哀婉低沉，那
麼佔據《女神》一、二兩輯主體部分的五四以後的詩作，則體現
了五四狂飆突進的時代精神，格調雄渾豪放，唱出了民主科學的
時代最強音。可以說，《女神》是詩化了的五四精神。這正如聞
一多所指出的那樣，郭沫若的詩不僅藝術上與舊詩詞相去最遠，
「最要緊的是他的精神完全是時代的精神——二十世紀底時代的
精神。有人講文藝作品是時代底產兒。《女神》真不愧為時代底
一個哨子。」[40]

　　《女神》最強烈而集中地體現了詩人呼喚新世界誕生的民主
理想。在《地球，我的母親！》、《天狗》、《立在地球邊上放
號》等詩篇中，郭沫若憑藉地球、大陸、海洋、宇宙等宏觀物體
和諸多意象，激勵人們「不斷的毀壞，不斷的創造，不斷的努力」，
蕩滌一切污泥濁水，擁抱一個嶄新的世界！這種嶄新的世界就誕
生於鳳凰涅槃的熊熊火光之中。《鳳凰涅槃》是一首莊嚴的時代
頌歌，充滿徹底反叛的精神和對光明新世界的熱切嚮往。詩人借
用鳳凰集香木自焚更生的神話，憤怒詛咒和否定「冷酷如鐵」、
「腥穢如血」的舊世界，熱烈嚮往華美芬芳的「美麗新世界」。
鳳凰自焚，象徵著對舊世界的徹底否定；鳳凰更生，象徵著新世
界的誕生。一場漫天大火終於把舊世界化為灰燼。然而就在這漫
天大火中，死了的光明更生了，死了的宇宙更生了。詩人以汪洋
恣肆的筆調和重疊反覆的詩句，著力渲染了大和諧、大歡樂的景
象。「光明」、「新鮮」、「華美」、「芬芳」，是對嶄新世界

的頌詞；「生動」、「自由」、「雄渾」、「悠久」，是對時代
精神的讚美。值得注意的是，《鳳凰涅槃》以鳳凰和涅槃兩種宗
教或神話意象化合而成，典型地體現了死亡——再生模式。詩的
結構從「序曲」開始，依次展開「鳳歌」、「凰歌」、「鳳凰同
歌」、「群鳥歌」、「鳳凰更生歌」，一如某種儀式，內蘊著虔
誠的宗教情結，既表現了鳳凰在死亡過程中的悲壯意味，又渲染
了復生後的歡樂場景，具體而又生動地再現了古典神話中死而復
生的原型意象。而且，這種原型意象又具有鮮明的現實象徵，它
不僅僅是鳳凰的死亡與再生，同時也「象徵著中國的再生」[41]，
這種對新中國更生的歡呼，表達了詩人對祖國的深沉眷戀和願意
爲之獻身的赤誠。五四以後的中國，在詩人心目中「就像一位很
蔥俊的有進取氣象的姑娘，她簡直就和我的愛人一樣」[42]。因此，他
爲「年輕的女郎」「燃到了這般模樣」（《爐中煤》）！他在「
千載一時的晨光」中，向「年輕的祖國」，「新生的同胞」，向
揚子江、黃河、長城，向人間一切美好的事物，一口氣喊出了27
個「晨安」（《晨安》）。這種愛國熱忱是詩人呈獻給五四運動
的最美好的詩情，也成爲《女神》全書的詩魂。

　　《女神》充分表達了詩人對自我的崇尚和對自然的禮讚。《
女神》中不少篇什，就是五四個性解放的烈火中升騰起來的「自
我」的精魂。《梅花樹下的醉歌》寫道：「梅花呀！梅花呀！／
我讚美你！／我讚美我自己！／我讚美這自我表現的全宇宙的本
體！」這是讚美梅花即是讚美「自我」，這種「自我」是「宇宙
的精髓」，「生命的泉水」，具有主宰世界的力量。《天狗》中
飛奔、狂叫、燃燒著的「我」，更是氣吞山河：「我是一條天狗
呀！／我把月來吞了，我把日來吞了，／我把一切的星球來吞了，
／我把全宇宙來吞了。」這個狂放不羈的「自我」與天地並生，

具有無法遏制的激情和無窮的神奇力量。他們否定世間一切的傳統偶像，摧毀封建的精神枷鎖，以期高張本我，獲得徹底解放。他們是具有徹底破壞和大膽創造精神的新人，是五四覺醒而奮起的一代。在這些無羈的詩作中，人的自我價值第一次得到了肯定，人的創造力第一次得到了承認，人的本性第一次得到了張揚，它顯示了在五四個性解放的時代氛圍中，長期習慣於封建意識形態泯滅個性價值的中華民族，已經獲得徹底的甦醒，開始了漫長的自我解放的歷程。與此同時，《女神》中還大量描寫自然，謳歌自然，賦予自然以無限的生命力，表現了詩人對自然的禮讚。在他眼裡，無限的大自然，生機勃勃，氣象萬千，「到處都是生命的光波；到處都是新鮮的情調」（《光海》）；太平洋在「鼓奏著男性的音調」，他「在這舞蹈場中戲弄波濤」，讓大海「快把那陳腐了的舊皮囊／全盤洗掉」（《浴海》）；他禮讚太陽，把太陽的光輝視為創造光明、創造生命、創造靈感的源泉，「太陽喲！你請把我全部的生命照成道鮮紅的血流！／太陽喲！你請把我全部的詩歌照成些金色的浮漚！」郭沫若心中的自然，是力的象徵，是創造的結晶，充滿著歡樂、高昂的情調。在《地球，我的母親！》一詩中，詩人由讚美地球，進而讚美勞動，讚美在地球上為人類造福的工人農民，稱他們才是「全人類的保母」，「全人類的普羅米修斯」。在這裡，自然與人類已經融為一體，表達了詩人願作自然之子以報答大地母親的深切感情。

　　《女神》顯示了徹底破壞和大膽創新的精神。在五四時代氛圍中，詩人反抗、叛逆的精神得到充分的張揚。詩人對太陽、山河、海洋、生、死、火山、光明、黑夜等一切具有破壞與創造力量的事物，都無比崇拜。「我崇拜創造底精神，崇拜力，崇拜血，崇拜心臟；／我崇拜炸彈，崇拜悲哀，崇拜破壞；／我崇拜偶像

破壞者，崇拜我！／我又是個偶像破壞者喲！」（《我是個偶像崇拜者》）。這些象徵熱、力、雄偉、崇高與生命的事物，都成為詩人否定一切人爲偶像，否定一切扼殺生機的舊傳統的工具。在《匪徒頌》中，詩人更是對歷來備受污蔑的敢於反抗陳規舊俗的革命者，對一切投身政治革命、社會革命、宗教革命、文藝革命、教育革命的「匪徒們」予以熱烈讚頌，向他們三呼「萬歲」。破壞的目的是爲了創造，只有徹底的破壞，才可能有全新的創造。「光明之前有渾沌，創造之前有破壞。新的酒不能盛容於舊的革囊。鳳凰要再生，要先把屍骸火葬」㊸。創造的精神也就是詩人在《立在地球邊上放號》中歌唱的「不斷的毀壞，不斷的創造，不斷的努力」。郭沫若相信自然和社會永遠處於變動不居的狀態中，不斷的毀壞和不斷的創造正是萬物發展的規則。「創造喲！創造喲！努力創造喲！／人們創造力的權威可與神祇比伍！」（《金字塔》）同樣，詩人大聲地詛咒漆黑陰穢的舊世界，要用刀劍、炸彈去毀滅它，正是因爲他對新的光明、對創造新世界懷有堅定的信念。而光有信念還不能使新世界變成現實，關鍵是要自己動手去創造。「你們要望新生的太陽出現嗎？還是請去自行創造來！」（《女神之再生》）《女神》中創造精神與反抗叛逆精神融合一體，構成了一個互補的整體。

　　無論是對自然的禮讚，還是對創造精神的頌揚，都與郭沫若早期世界觀的哲學基礎——泛神論有著密切的關係。《女神》的藝術想像與藝術形象建築在泛神論的思想基礎上。所謂泛神論是16至18世紀西歐的一種哲學學說，其基本觀點是：神是非人格的本原，這個本原不在自然界之外，而是和自然界等同。18世紀最突出的泛神論者就是郭沫若所傾心的荷蘭哲學家斯賓諾莎。斯賓諾莎認爲，神絕不是人，而是實體自身、自然本身，神是與自

然融爲一體的。這種把神同無限的自然實體等同，把自然創造的根源歸於自然本身的觀點，實際上否定了超自然的神的主宰作用，其實質就是無神論。泛神論在不同的歷史時期，有其不同的社會心理依據和哲學基礎，從而產生了不同的社會歷史效應。尤其是泛神論思想曾得到法國啓蒙運動者的宣揚，在人類思想解放運動中發揮過巨大影響；同時，泛神論關於神、自然、自我的觀念深得西方浪漫主義者的青睞，成爲西方浪漫主義的重要精神資源。這兩者成爲郭沫若接受泛神論思想的有力契機。1915年，郭沫若讀到泰戈爾的詩作，書中「泛神論的思想」、「梵」的現實，「我」的尊嚴，「愛的福音」使他感受到「涅槃的快樂」。「因爲喜歡泰戈爾，又因爲喜歡歌德，便和哲學上的泛神論（Pantheism）的思想接近了」。而且和國外的泛神論思想一接近，又重新發現了《莊子》的價值⑭。這樣，郭沫若循著泰戈爾——歌德——斯賓諾莎——莊子的軌迹，整合出帶有自己主體文化意識的泛神論思想。一方面，郭沫若的泛神論與「五四」個性解放、人格自由、崇尚自我的時代精神相吻合。「泛神便是無神。一切的自然只是神的表現，自我也只是神的表現。我即是神，一切自然都是自我的表現」⑮。這種否定神明、蔑視權威、張揚自我的精神才是郭沫若泛神論思想的真正內涵；另一方面，郭沫若詩化了神即自然，自然即我的泛神論思想，以爲「詩人底宇宙觀以Pantheism爲最適宜」⑯。《晨安》、《雪朝》、《光海》、《夜步十里松原》等詩作中，個體融化於自然，在個體意志與宇宙意志的神秘統一中，自我由個體昇華爲與自然同體、與宇宙並存的力量，由此生成出對自然的禮讚，對創造精神的頌揚和對一切舊事物、舊秩序的反抗與叛逆。

這種自然神力的人格化，使整部《女神》表現出奇異的壯闊

感和動態的詩化美。豐富的想像、神奇的誇張、激越的音調、華
贍豐美的語言和濃烈瑰麗的色彩，賦予《女神》濃郁的浪漫主義
美學特徵。郭沫若是一位典型的浪漫主義詩人，他認為「詩底主
要成分總要算『自我表現』」㊼，「詩是人格創造的表現，是人
格創造衝動的表現」㊽。這種浪漫主義的美學特徵突出體現在《
女神》的抒情主人公形象上。《女神》中處處可見一個「開闢鴻
荒的大我」的抒情形象，他熔鑄著詩人的主觀意志與美學理想，
以突出的姿態和鮮明的色彩滲透在奇特優美的詩意詩境中。他主
要以直抒胸臆的姿態出現。如《天狗》一詩，竟用29個「我」作
為詩句的開頭；《我是偶像的崇拜者》九行詩句開頭也是醒目的
「我」字。《浴海》中的「我」，更為豐滿真切，體現了詩人追
求圓滿人格實現的迫切心情。這個「大我」，占據宇宙的中心，
具有偉大的氣魄、健全的人格。這個「大我」，感情奔放，胸襟
開闊，意態超拔，具有無比的生命力和創造力。他是勇於破舊創
新的五四時代覺醒的民族形象的象徵；熱烈執著地追求著革命理
想與個性解放；他胸襟博大，雄視整個世界與人類，充滿了崇拜
自我的現代感受與樂觀精神，完美體現了五四狂飆突進的時代精
神。他是五四時期詩人自我靈魂與個性的真實袒露，也是中華民
族時代覺悟的自我形象，是民族精神與作家心靈的和諧統一，因
而具有強烈的藝術感染力量。

　　《女神》在形式方面實踐了詩人絕對的自由，絕對的自主的
藝術主張，這是與他的讓感情「自然流露」的詩歌主張相一致的。
它沒有固定的格律和形式，完全服從詩人感情自然流瀉的需要。
既有獨到的詩劇形式（如《女神之再生》、《湘累》、《棠棣之
花》），更有自由活潑的自由體詩。多數篇章情緒消漲的內在節
奏與外在格律的節行音韻一致和諧。激昂悲憤的鳳鳥可以一連向

宇宙提出十一個疑問，構成很長的詩節（《鳳凰涅槃》），而渲染融融的春意則只需兩行一節的兩行體（《春之胎動》）；詩行可以長到像《勝利的死》中浩瀚的語言行列，也可以短到如《天狗》每行二、三字，以短促的排句傳達某種躍動激盪的情緒；既有《鳳凰涅槃》那樣的數百行長詩，也有只有三行的《鳴蟬》；既有汪洋恣肆的自由詩，也有少數外在格律相對嚴謹、節行押韻大體整齊的《晴朝》、《黃浦江口》等等。詩人採取了與內在感情和諧一致的全新形式，創立了多姿多彩的自由的詩歌形態，給讀者以全新的審美感受，的確在當時青年們的心中「把他們的心弦撥動，把他們的智光點燃」（《序詩》）了。

《女神》在中國新詩發展史上的意義和貢獻在於，集中而強烈地表現了衝破傳統藩籬、掃盪舊世界的狂飆突進的五四時代精神，是魯迅所張揚的「摩羅詩力」的具體展現。奇特雄偉的想像擴大了新詩的表現領域，創造了全新的現代詩歌抒情主人公的自我形象。詩的抒情性與個性化的本質得到了充分重視與加強。創作形式自由多變，大量採用比喻、象徵手法，以人格化的自然為主，也化用了古代神話、歷史故事甚至西洋典故，形象選擇巧妙、恰切而新穎，證明新詩在藝術上足以充分表現新的時代與生活，在許多方面超過了舊詩詞。當然，由於《女神》的創作環境主要是「盲目歐化的日本」，這多少影響了作者對祖國傳統文化作「理智的愛」的辯證態度，夾用英文偏多，有些「過於歐化」⑭，有些詩作也稍嫌粗糙。

繼《女神》之後，郭沫若20年代又出版了《星空》、《瓶》、《前茅》和《恢復》等四部詩集。《星空》出版於1923年，所收詩歌散文均為1921年至1922年在日本和上海所作。當時正值五四高潮過後，幾度返國的詩人目睹中國依然落後和黑暗，傾飲

人生的「苦味之杯」，流露出濃重的失望情緒。一方面對現實有著更深的不滿，要求對社會作徹底的改革；另一方面又希望返歸自然，尋找暫時的逃避和慰安。《女神》時代那種「火山爆發式的內發情感」已經熄滅，留在《星空》中的只有「潮退後的一些微波，或甚至是死寂」⑩。但《星空》中仍有再現雄風的企盼（《洪水時代》），也有歌頌新生、熱愛生命的信念（《春潮》、《古佛》），詩作的藝術技巧也趨於圓熟，結構更嚴謹，語言也更含蓄。尤其是還出現了《天上的市街》這樣的佳作。詩人張開想像的翅膀，展望天堂，為我們描繪了一幅奇異天國的圖畫。全詩結構謹嚴，韻律和諧，形象鮮明，意象清新，寄託了詩人對於自由、光明、和平的熱烈嚮往。寫於1925年初春的《瓶》，是一組愛情詩。除《獻詩》外，由42首短詩組成，構成了長篇抒情組詩的獨特形式。作為詩人戀情的痕迹，它們寫得真實、大膽、充滿濃郁浪漫和波翻浪湧的詩情。《瓶》中纏綿悱惻的情調是郭沫若主情主義美學思想的自然延伸。

出版於1928年的詩集《前茅》共收詩23首，主要寫於1923年，正值詩人思想的飛躍期，集中各詩也就成為「革命時代的前茅」（《序詩》）。詩人告別《星空》中「低徊的情趣」和「沉深的苦悶」，重新正視坎坷的現實，開始以粗獷的聲調歌唱革命，體現出較為明顯的階級意識。詩集《恢復》出版於1928年，收詩24首。當時作者思想已轉向馬克思主義，雖然身處政治動盪之中，卻仍然具有昂揚的戰鬥激情，對革命運動的再次復興充滿了堅定的信念。《前茅》和《恢復》中除少部分詩作外，大多數詩作缺乏藝術個性，有的甚至以喊叫代替抒情，流於口號式的呼喊，這是兩部詩集的嚴重缺陷。

第三節　徐志摩　聞一多

徐志摩（1897—1931），原名徐章垿，浙江海寧人⑤。1916年秋徐志摩赴津、京讀大學，曾拜梁啓超爲師。1918年8月赴美國留學，獲文學碩士學位。1920年爲追隨思想家羅素而赴英國，後進康橋大學（即劍橋大學）皇家學院以特別生資格隨意選課聽講。兩年的康橋留學生活，形成了徐志摩獨特的人生觀。這一人生理想即是對愛、自由和美的追求與信仰，凝結成一個理想的人生形式，便是與一個心靈、體態俱美的女子的自由結合。這一人生理想的確立便是徐志摩「康橋覺醒」的主要內涵。1922年徐志摩回國，先後在北京、上海等地大學任教。1928年《新月》月刊在上海創刊，他與聞一多負責編輯。徐志摩是「新月」詩派最有代表性的詩人。

從1922年英國留學歸來到1931年因飛機失事身亡，徐志摩的詩歌創作只有短短十年，留下了四本詩集：《志摩的詩》（1925）、《翡冷翠的一夜》（1927）、《猛虎集》（1931）和《雲遊集》（1932）。以1927年爲界，徐志摩的詩歌創作分爲前後兩期。收入《志摩的詩》、《翡冷翠的一夜》兩集中的前期作品，除少數作品流露出一些消極、虛幻的情思（如《天國的消息》、《常州天寧寺聞禮懺聲》、《去罷》等）外，大多具有比較積極的思想意義，眞摯地獨抒心靈，追求愛與美以實現個性解放，在一定程度上反映了五四的時代精神，格調清新健康。

追求光明與自由的理想。徐志摩出身豪富，後又長期接受英美式的教育，他的關於「新的政治，新的人生」的理想，是英美式的民主政治與空想社會主義的混合物。在《嬰兒》裡，寄託著

他的政治理想，他希望「一個偉大的事實出現，」他企盼著那個肥白的「馨香的嬰兒出世」。《為要尋一顆明星》、《我有一個戀愛》抒寫了作者對這一理想執著的追求。在這個追求的過程中，他顯得自信、樂觀、積極進取，儘管騎的是「一匹拐腿的瞎馬」，儘管前面是「黑綿綿的昏夜」，追求者也勇於向「黑夜裡加鞭」，直至倒下。當然，由於他的政治理想與中國現實情況的矛盾，徐志摩又感到這理想有如一個夢，他的內心也不無悲涼之慨。在這些詩篇中，閃耀著個性主義的詩魂。

抒唱愛與美的追求。徐志摩的愛情詩是他全部詩作中最有特色的部分。他有時以自己的感情經歷為基礎，有時則以假想的異性為對象。《起造一座牆》、《望月》、《再休怪我的臉沉》等就是這種真情的流露。他表達了為自由戀愛勇於向舊禮教挑戰的決心，斥責「容不得戀愛」的世界（《這是一個懦怯的世界》、「決斷」、《翡冷翠的一夜》）；他也表現愛情生活中的痛苦（《丁當——清新》、《落葉小唱》）。有時，徐志摩還在一些詩中把對愛情的追求與改變現實社會的理想聯繫在一起（《雪花的快樂》）。這些詩篇包含著反對封建倫理道德、要求個性解放的積極因素，熱烈清新，真摯自然。有的作品（如《問誰》、《最後的那一天》）讚咏愛情至上，以愛調和一切。徐志摩將愛、自由和美的人生理想與人生形式，視為關係「良心之安頓」、「人格之確立」、「靈魂之救度」，他的詩歌也是他這一理想、人生追求的心靈律動之表現，追求時的興奮狂喜與憂鬱煩惱，既得後的失落、沮喪、悲觀之更替，亦是必然的。他的詩作將理想之愛與現實社會禮法處理為極端對立關係，將愛的觀念提升為人生的原創力。在這位浪漫主義詩人筆下，庸俗的社會容不得愛情這一觀念中所隱含著的社會與人的靈性的對立模式，是同社會與大自

然的對立模式本質同構的。徐志摩賦予大自然以特有的個性，它不依附於人，而性靈之人、戀人們因爲不甘社會禮俗之束縛，嚮往與投入不帶任何人爲色彩的大自然，把它認作性靈的理想棲息地。他的詩把大自然稱爲「最偉大的一部書」。他的不少詩作裡，經常出現大海星空、白雲流泉、空谷幽蘭、落葉秋聲等衆多美麗的物象景觀。《朝霧裡的小草花》（《廬山小詩兩首》之一）、《五老峰》或精緻，或宏偉，表現了詩人優雅健美的情趣。《再別康橋》與早年所作的《康橋再會吧》都以劍橋大學的校園景色爲對象，抒發了對自然的深厚感情。情愛的性靈主題、歌頌自然的主題互爲生發，情愛、性靈主題因此取得了超乎世俗的高貴、雅潔、清新。徐志摩這些詩作深受維多利亞詩風的影響，其中既有湖畔詩派以及印度泰戈爾式的清雅平和超俗，又有拜倫、雪萊式的高張自我、個性飛揚的風格，還有濟慈式的追求美的至情與纏綿悱惻的身影。有關康橋的系列詩文中有華茲華斯抒情詩的神韻，《沙揚娜拉》組詩、《泰山日出》具泰戈爾式的冥思閑適，《去罷》、《這是一個懦怯的世界》則隱約可見拜倫式的反叛性與睥睨天地的倨傲，而《海韻》、《杜鵑》與濟慈的《無情女郎》、《夜鶯》的意象，《夜》中《威嚴的西風》、《黃鸝》中的「黃鸝」與雪萊《西風頌》、《雲雀》，更有明顯的借鑑關係。

　　收在《猛虎集》和《雲遊》兩集中的後期詩作，也有一些不乏積極進取的篇什（如《拜獻》、《在不知名的道旁（印度）》，技巧又趨於圓熟。他看到了中國社會的發展趨勢與其理想之間的距離越來越大，於是苦悶更深。頹唐失望的嘆息，懷疑的頹廢的思想，「輕煙似的微哀，神秘和象徵的依戀感喟追求」，表現了較濃厚的消極悲觀的傾向。由於對政治的厭倦，導致了他的厭世、恨世，甚至連愛情也覺得無聊。某些詩（如《深夜》、《別擰我，

疼》）描寫男女之間的戲逗、調笑，格調不高。更多的詩篇籠罩
著失望、悲哀、頹廢的情緒色彩。他無可奈何地哀嘆：「我不知
道，風是在哪一個方向吹，——我是在夢中，她的負心，我的傷
悲。」這已經不是對愛情失落的悲哀，而是幻想破滅的心態。《
殘破》、《生活》等感慨人生易老，嚮往遁世涅槃。徐志摩的詩
弦上沒有了昔日的樂觀進取，而代之以沮喪、絕望的哀調。如果
說此前的徐志摩還敢於衝入那黑綿綿的昏夜，那麼，此時的徐志
摩就只「在夢的悲哀裡心碎」了。本來，快樂是志摩的本色，但
從《志摩的詩》開始就不時有幽思呈現，因而詩人有「詩哲」之
稱。理想之愛、美的追尋過程必然有失落沮喪，幽思、憂鬱源自
詩人志摩自身人生的感受。徐志摩對自己所追尋的浪漫主義評說：
它是「人類衝動性的情感，脫離了理性的挾制，火焰似地迸竄著，
在這火焰裡激射出種種的運動與主義，同時在灰燼的底裡孕育著
『現代意識』，病態的、自剖的、懷疑的、厭倦的、上浮的，熾
焰愈消沉，底裡的死灰愈擴大，直到一種幻滅的感覺軟化了一切
生動的努力，壓死了情感，麻痺了理智，人類忽然發現他們的腳
步已經走到絕望的邊沿，再不留步時前途只是死與沉默。⑫有論
者謂徐志摩的「憂鬱」受哈代影響，其實是徐志摩的「憂鬱」與
浪漫主義本性使他崇拜哈代這位現代意識的評說者，那種以盧梭
的自我解放、自我意識為基礎的浪漫主義思想在19世紀末、20
世紀初的變種——「世紀末」的情調，使徐志摩與哈代溝通了。
他的《在哀克刹脫教堂前》、《兩地相思》、《卡爾佛里》、《
生活》顯然受哈代詩的影響。

　　徐志摩的抒情詩具有相當高的藝術造詣。

　　構思精巧，意象新穎。在《雪花的快樂》中，詩人以「雪花」
自比，那飛揚的雪花的意象，巧妙地傳達了執著追求真摯愛情和

美好理想的心聲。《她是睡著了》以豐富的想像，描摹意中人的睡態，連續以星光下的「白蓮」、香爐裡的「碧螺煙」、喧響的「琴弦」、翻飛的「粉蝶」四個富有濃郁詩意的物象，營造出美妙的意境。膾炙人口的《沙揚娜拉》全詩僅四句，中心意象是一朵不勝嬌羞的水蓮，用以狀寫日本女郎溫柔多情的神態，貼切傳神，既純潔無瑕，又楚楚動人。構思之精，意象之新，使這首短詩包含著體味不盡的意蘊，顯示出徐志摩詩歌特有的柔婉的情韻。《嬰兒》用一個行將臨盆的產婦對腹中嬰兒的企望，象徵地表現了作者對理想的嚮往，構思不落俗套。《落葉小唱》有哈代《十一月之夜》的影子，節奏模式又似濟慈的《無情女郎》，但卻非雜湊，詩人轉益多師冶於一爐，有自我人生的體驗。老人哈代悼念亡妻，在沉思靜默中緬憶兩人愛情的失敗。哈代詩從颶風天中夜失眠始，繼述落葉由房而床而手飄拂而過，落葉觸手，「我想那便是你，你似以往一樣站立，對我說，你終於知悉。」落葉的憂傷表現了詩人深沉的隱痛。徐志摩詩的落葉也是由外而內，由窗而枕而臉，但在落葉喻意的次序上則與哈代相反，徐詩由半睡半醒的誤會終於明白是惱人的秋聲。徐志摩表現的是戀愛的激情，是沉浴愛河的青年的心靈，構思與情感互為表裡。

　　韻律和諧，富於音樂美。他認為「一首詩的秘密也就是它的內含的音節的勻整與流動」，音節是詩的「血脈」。在他大量的四行一節的抒情詩中，徐志摩常常使用重疊、反覆、排比、對偶等手法，《雪花的快樂》裡「飛揚、飛揚、飛揚」的連用，《再別康橋》開頭的短短四行中，三次反覆「輕輕的」，纏綿中不乏輕快的韻律。在用韻上，他多方採用西洋詩押韻的方法，《先生！先生！》用隨韻（AABB），《為要尋一顆明星》用抱韻（ABBA），《他怕他說出口》用交韻（ABAB），使詩韻在和諧

中顯出變化。

章法整飭，靈活多樣。徐志摩作為新格律派的代表詩人，十分講究詩形和章法。他的詩雖以四行一節式較多，但從整體上看，節式、章法、句法、韻腳都各有變化，不太拘泥，講究詩形而能不為其束縛，整飭中有變化，呈現出靈活多樣的體式。《再別康橋》每節四行，隔行押韻，一、三行稍短，大抵六字，二、四行稍長，大抵八字，詩行有規律地長短錯落，又大段整齊、勻稱。《愛的靈感》長達396字，《沙揚娜拉》只有四句，《翡冷翠的一夜》一節74行，而《火車擒住軌》一節僅二行，足見其句法、章法的變化多端。

詞藻華美，風格明麗。徐志摩的詩思富於想像力，同時又有很強的駕馭語言的能力，因而他詩歌的文詞非常豐富，詞藻顯示出華麗、濃艷的特色。《她是睡著了》、《半夜深巷琵琶》、《秋月》都寫得嫵媚明麗，有很高的審美價值。《在病中》一口氣連用七個比喻（博喻）形容病中的心情——瞬間的回憶。夕陽中的金柳、潭底倒映的彩虹、水中的青荇、斑斕的星輝……織成了色彩明麗的畫面，使《再別康橋》別具一種溫柔纖麗的風情。

聞一多（1899—1946），原名家驊，湖北浠水人，前期新月派的重要代表和新格律詩理論的奠基者。他的新詩創作主要集中在1920—1927年間，大部分收入詩集《紅燭》（1923）和《死水》（1928）。 1931年發表長詩《奇蹟》後，便基本擱下了詩筆。

「抗戰以前，他差不多是唯一有意大聲歌詠愛國的詩人」㊿。貫穿《紅燭》和《死水》的詩魂，是聞一多濃烈、真摯的愛國主義情思。1922年，在清華學校讀了9年書畢業的聞一多，開始了他在美國的留學生活。身處異邦，他的筆下流瀉出濃烈的思鄉念

國之情。他呼喚「太陽啊——神速的金鳥——太陽！／讓我騎著你每日繞行地球一周，／也便能天天望見一次家鄉！」（《太陽吟》）；他以「四千年的華胄底名花」——秋菊起興，讚美「莊嚴燦爛的祖國」，謳歌「我如花的祖國」，「我祖國底花」（《秋菊》）；他還以流落失群的孤雁自比，從內心深處發出「不如歸去」的慨嘆，嚮往著「歸來偃臥在霜染的蘆林裡，／那裡有校獵的西風，／將茸毛似的蘆花，／鋪就了你的床褥／來溫暖起你的甜夢。」（《孤雁》）異國的山川風雲，甚至連鳥兒的啼鳴，都使他益增遠離故土的淒清孤獨。在詩人的心目中，他眷念的「家」與「國」緊緊相連，不可分割。「家」不僅僅是指自己的妻兒老小那個小「家」，他所抒發的也不是一般的遊子思鄉的小「我」之情，在一定程度上，聞一多的這種感情，正代表了所有身在異國心念故土的炎黃子孫的共同心態。留學美國的聞一多目擊帝國主義的腐敗、醜惡，感受著民族歧視的心理壓力，他在一些詩篇中抨擊了「金元帝國」的罪惡，護衛民族尊嚴，抒寫華工的勞碌和遭受凌辱的境遇，喊出對民族壓迫的沉痛抗議。《孤雁》中洋溢著對「喝醉了弱者的鮮血」的「蒼鷹的領土」難以抑制的憤怒情緒，對那吐出「罪惡的黑煙」的資本主義社會的本質有著相當清晰的了解。《洗衣歌》從另一角度表現了對帝國主義「文明」的鄙視和中國人的正氣以及民族自豪感。在平易的訴說中，飽和著對同胞的深厚同情與尊敬。此外，《七子之歌》以被帝國主義列強侵占的我國土地之口，控訴帝國主義的罪行，抒發對祖國的熱愛。《醒呀》則大聲疾呼：「請扯破了夢魘的網罷。神州給虎豹豺狼糟踏了。」在悲憤之中以喚醒「威武的神獅」為己任，具有催人醒悟、激人奮起的感召力㉞。

對軍閥統治下中國黑暗現實的失望和對中國新生的信念。在

回國以後以《死水》等爲代表的一些直面中國現實的作品中，他一面爲滿目瘡痍的故國大地、爲陷於深重苦難的人民唱出了悲哀的歌聲，表現出自己希望破滅的深深痛楚，啼淚泣血地呼號：「我來了，我喊一聲，迸著血淚，／『這不是我的中華，不對，不對！』／……我追問青天，逼迫八面的風，／我問，拳頭擂著大地的赤胸，／總問不出消息，我哭著叫你，／嘔出一顆心來，你在我心裡！」（《發現》）另一面，他又對自己心愛的祖國懷著總有「鐵樹開花」一日的信念，這就是一直潛埋在心底的「一句話」：「有一句話說出就是禍，／有一句話能點得著火。／別看五千年沒有說破，／你猜得透火山的緘默？／說不定是突然著了魔，／突然晴天裡一個霹靂。／爆一聲：／『咱們的中國！』」他還用形象的畫面、生動的語言，眞實地描繪了軍閥混戰造成生民塗炭的淒慘景象，表現了勞動人民在死亡線上啼饑號寒的悲苦生活，鮮明地表達了詩人強烈的愛憎和人道主義的情懷，《荒村》、《罪過》、《飛毛腿》、《天安門》等都是如此。代表作《死水》對社會現實的醜惡、腐朽，更是暴露透徹，態度決絕。詩篇把北洋軍閥政府專制統治下令人窒息的時代氣氛以象徵的手法給予眞實的表現，在「這是一溝絕望的死水，／清風吹不起半點漪淪」和「不如讓給醜惡來開墾，／看他造出個什麼世界」這些詩行中，跳動著聞一多憂心如焚的愛國心。詩人的可貴，不僅在於揭露了當時政府的黑暗，看到了水深火熱之中黎民的慘狀，更在於他沒有安於把自己置身在「象牙之塔」中，一味吟誦「個人的休戚」，他的心與人民聲息相通。《靜夜》集中地表現出詩人的「世界還有更遼闊的邊境」，在充塞著「渾圓的和平」的「神秘的靜夜」，詩人把歌聲「變成了詛咒」：「靜夜！我不能，不能受你的賄賂。／誰希罕你這牆內尺方的和平！」袒露出身處書齋卻心繫廣宇的

聞一多關心中國前途、人民命運的思想境界。

　　聞一多的詩歌（主要是收入《紅燭》中的一些早年作品）還有對愛情和青春的詠唱，對大自然的讚美，袒露了他早期做一個「藝術的忠臣」的心曲。後期的聞一多卻是從「詩境」步入「塵境」，最後以被暗殺譜就了一首壯烈的詩。聞一多不愧爲傑出的現代愛國詩人。

　　聞一多寫詩，最初從學中國古典詩開始。《律詩底研究》（1922）探尋中國藝術精神，闡明律詩形式中的人生意味，推崇這種有意味的形式。這裡已顯露了聞一多的「藝術爲藝術」的觀念。《紅燭》時期聞一多推崇丁尼生，追求唯美的色彩頗濃，重幻想與聯想，顯示出濟慈的影響。濟慈認爲詩歌「應當通過極美的語言」「表達詩人自己最崇高的理想」，「形象的產生，發展，結束應當自然得和太陽一樣，先是照耀著讀者，然後肅穆莊嚴地沉落下去，使它沐浴於燦爛的黃昏景色之中」⑤。《紅燭》還受意象派影響，《火柴》、《玄思》有「穠麗繁密而且具體的意象」。詩中穠麗的色彩的靈感又受啓發於弗萊契。弗萊契這位「設色的神手」又啓發聞一多重新發現李商隱，重新發現中國傳統詩學的「穠麗之美」。《園內》、《憶菊》、《秋色》都具有這一特色。這種影響後來又與布朗寧偏重醜陋的手法相結合，構成《死水》時期聞一多詩的一大特色。聞一多在美留學期間選修了「丁尼生與布朗寧」、「英美現代詩」課程，譯介布朗寧夫人、哈代詩，發表過《先拉飛主義》論文。布朗寧的「戲劇式獨白詩」，以及西洋傳統的十四行體經聞一多等人的介紹、倡導與親自試驗，最終成爲新詩的體式之一。丁尼生、布朗寧以至維多利亞時期詩風，注重以深沉的思索代替情感的宣洩，以客觀化的手法冷靜地抒寫激情。《死水》中聞一多以寧靜的調子處理種種激動的情感，雖

然首首詩中都有動盪的激情與浪漫的感傷。詩集《死水》體現的節制情感的美學原則,對於20年代新詩情感氾濫之弊,盡了藥石的作用。

作為前期新月派的主將之一,聞一多的詩歌理論對新月派詩人(包括徐志摩)有著很大影響。其詩論的核心內容是講究詩的「三美」:音樂美、繪畫美、建築美。聞一多的詩歌創作實踐了這些主張。就聞一多的全部詩作來看,第一部《紅燭》多為自由體,帶有濃厚的浪漫主義色彩,也有唯美主義的印痕;第二部《死水》則詩風明顯變化,轉向格律體,頗具新古典主義傾向,而現實主義精神也有增強。《死水》集以其新格律體的模範實踐,成為聞一多對新詩發展的獨特貢獻。

音樂的美,主要是指音節和韻腳的和諧,一行詩中的音節、音尺的排列組合要有規律。聞一多在繼承我國古典詩詞中的「頓」、借鑑西方十四行詩(商籟體)的「音步」的基礎上,根據現代漢語的特點而提出「音尺」。它由音節組合而成,又稱「音組」。他還具體提出一行詩中音尺的排列可以不固定,但每行的三字尺、二字尺的數目應該相等,以見出新格律體詩的音樂美,其最重要的表現就是節奏感要強。《死水》是聞一多自認為「第一次在音節上最滿意的試驗」⑯的力作。全詩5節20行,每一行都是9個字(9個音節),這9個音節均由一個「三字尺」和3個「二字尺」組成(或2232、或2322,也有3222),最後都以雙音節詞結尾。雖然音尺的排列順序不完全相同,但其總數卻完全一致(4個音尺),在變化中保持著整齊,參差錯落,兼以抑揚頓挫,加上「淪」與「羹」、「花」與「霞」、「沫」與「破」、「明」與「聲」、「在」與「界」相協,每節換韻,富於變化,讀來朗朗上口,節奏感、韻律感很強,確有音樂般的美感。

　　繪畫的美，主要是指詩的詞藻要力求美麗、富有色彩，講究詩的視覺形象和直觀性。聞一多留美時研習美術多年，對色彩之美特別敏感，儼然以畫家的目光觀察世界，又以畫家的技法鋪彩摛文。他的詩中，經常出現紅、黃、青、藍、紫、金、黑、白等表現色彩的詞以及帶有鮮麗色彩感的物象，注重色彩對比，使詩畫相通，設色濃淡相宜、深淺適中、錯彩鏤金、斑斕繁豐，令人目迷五色。《憶菊》中「鑲著金邊的絳色的雞爪菊；粉絲色的碎瓣的綉球菊……柔艷的尖瓣鑽蕊的白菊……剪秋夢似的小紅菊花兒；從鵝絨到古銅色的黃菊；帶紫莖的微綠色的『眞菊』」，《秋色》中「紫得像葡萄」的澗水，「仿佛朱砂色的燕子」的楓葉，「披著桔紅的黃的黑的毛絨衫」的孩子，《死水》中的「綠酒」、「白沫」、「翡翠」、「羅綺」，以及《色彩》一詩對各種色彩「個性」的象徵意蘊的探尋，都是聞詩繪畫美的適例。

　　建築的美，主要是指從詩的整體外形上看，節與節之間要勻稱，行與行之間要均齊，雖不必呆板地限定每行的字數一律，但各行的相差不能太大，以求整齊之感。《死水》、《口供》、《靜夜》、《一句話》、《洗衣歌》等都稱得上是具有建築美的範作，相體裁衣，各臻其美。即使像《忘掉她》這樣的詩，各節中每句字數不等，但參差之中又有相同的長短安排，因此仍然具有外形整齊之美與內在節奏之美。每節四行，首尾兩行採用完全相同的詩句，二、三兩行的字數雖與首尾兩行不等，但互相之間字數相等，整體呈「工」字形建築狀，極好地抒發了起伏跌宕、回環往復的悼女之情。建築美是「三美」詩論中著意之處，在新詩形式美的探索中別具一格。雖間有刻意求工、雕琢過甚之弊，而被譏爲「豆腐乾」或「麻將牌」，然而，從總體上看，應予肯定。聞一多的詩不僅在聽覺（音）、視覺（色、形）方面有獨特追求，

還顯示了豐富飛騰的想像力。《紅燭》中很多詩篇以繁麗的比喻與意象見勝；《太陽吟》中對太陽的種種設想，《死水》「化腐朽爲神奇」的新穎構思，以及諸如「黃昏是一頭遲笨的黑牛」、「鴉背馱著夕陽，黃昏裡織滿了蝙蝠的翅膀」、「芭蕉的綠舌頭舔著玻璃窗」等詩行，精於煉字，設喻奇巧。在新詩的發展史上，聞一多是一位對新詩藝術形式作出劃時期貢獻的詩人。

　　從五四初期白話詩到新月派詩、象徵派詩，中國新詩經歷了一個從外在形式摸索到對詩本體藝術追求的過程。

【注　釋】

① 朱自清：《中國新文學大系‧詩集‧導言》。

② 胡適：《談新詩》，《胡適文存》卷一，第234頁。

③ 譯自美國詩人Sara Teasdale的OVER THE ROOFS，譯於1919年2月26日。

④ 朱自清：《新詩雜話》，《朱自清全集》第2卷，第386頁，江蘇教育出版社1988年版。

⑤ 胡適：《〈嘗試集〉自序》，上海亞東圖書館1920年版。

⑥ 胡適：《〈嘗試集〉再版自序》。

⑦ 朱自清：《中國新文學大系‧詩集‧導言》。

⑧ 此詩發表於1918年5月，題下注曰「這是半農做的無題詩的初次試驗」。此無韻詩指分行無韻的自由詩，由五步抑揚格詩行構成，行與行不押韻，故稱無韻詩。

⑨ 趙元任語。見《一代學人趙元任》，《人物》，1982年第2期。

⑩ 《瓦釜集‧代自叙》，北新書局1926年版。

⑪ 《〈舊夢〉付印自記》，《舊夢》扉頁署出版年月爲1923年11月。版權頁署民國13年3月。扉頁錯。

⑫　周作人：《自己的園地‧論小詩》

⑬　魯迅《中國新文學大系‧小說二集‧序》。

⑭　朱自清《中國新文學大系‧詩集‧詩話》。

⑮　聞一多：《致左明》，1928年2月。

⑯　沈從文：《論朱湘的詩》，《沈從文文集》第11卷，花城出版社、三聯書店香港分店1984年版。

⑰　易家鉞：《詩人梅德林》，《少年中國》第1卷第10期（1920年4月）。

⑱　孫玉石：《中國初期象徵派詩歌研究》，北京大學出版社1988年版。

⑲　周作人：《〈揚鞭集〉序》，北新書局1926年版。

⑳　胡適：《〈嘗試集〉自序》。

㉑　胡適：《談新詩》，收入《中國新文學大系‧建設理論集》，上海良友圖書公司1936年版。

㉒　試摘引他們寫景的詩句，看他們語言的特點：「霜風呼呼的吹著，／月光明明的照著。」（沈尹默：《月夜》）「陰沉沉的天氣，／香粉一般的白雪下的漫天遍地。」（周作人：《兩個掃雪的人》）「煦煦的陽光，／照著那鮮嫩的綠草。」（陳衡哲：《鳥》）「清脆的打鐵聲，／激動夜間沉默的空氣。」（寒星：《鐵匠》）「紅的，白的，紫的，黃的，綠的，粉紅的，滿庭院都是菊花。」（沈尹默：《秋》）。

㉓　郭沫若：《論節奏》，《創造月刊》1卷1號，1928年3月。

㉔　《律詩底研究》，《聞一多集外集》，第154頁，教育科學出版社1989年版。

㉕　穆木天：《譚詩——寄沫若的一封信》，《創造月刊》第1卷1期（1926年3月）。

㉖　瓦萊里：《波特萊爾的位置》，《戴望舒譯詩集》，湖南人民出版社1983年版。

㉗　《我的作詩的經過》，《郭沫若全集》（文學編）第16卷，第216頁，

人民文學出版社1989年版。

㉘　《創造十年》，《郭沫若全集》（文學編）第12卷，第64—65頁，人民文學出版社1992年版。

㉙　《文藝之社會的使命》，《文藝論集》，《郭沫若全集》（文學編）第15卷，第200、202、206頁，人民文學出版社1990年版。

㉚　《我們的文學新運動》，《文藝論集續集》，《郭沫若全集》（文學編）第16卷，第5頁。

㉛　《泰戈爾來華的我見》，《文藝論集》，《郭沫若全集》（文學編）第15卷，第272頁。

㉜　《國家的與超國家的》，《文藝論集》，《郭沫若全集》（文學編）第15卷，第184頁。

㉝　參閱《創造十年》《創造十年續篇》，《郭沫若全集》（文學編）第12卷。

㉞　《孤鴻——致成仿吾的一封信》，《文藝論集續集》，《郭沫若全集》（文學編）第16卷，第10頁。

㉟　《創造十年續篇》，《郭沫若全集》（文學編）第12卷，第205頁。

㊱　《向自由王國的飛躍》，《郭沫若全集》（文學編）第18卷，第45—46頁，人民文學出版社1992年版。

㊲　《我的作詩的經過》，《郭沫若全集》（文學編）第16卷，第216頁。

㊳　《創造十年》，《郭沫若全集》（文學編）第12卷，第67頁。

㊴　《序我的詩》，《郭沫若全集》（文學編）第19卷，第408頁，人民文學出版社1992年版。

㊵　聞一多：《〈女神〉之時代精神》，《創造周報》第4號，1923年6月。

㊶　《創造十年》，《郭沫若全集》（文學編）第12卷，第73頁。

㊷　《創造十年》，《郭沫若全集》（文學編）第12卷，第73頁。

㊸　《我們的文學新運動》，《文藝論集續集》，《郭沫若全集》（文學編）第

16卷，第5頁。

㊹ 《創造十年》，《郭沫若全集》（文學編）第12卷，第66頁。

㊺ 《〈少年維特之煩惱〉序引》，《文藝論集》，《郭沫若全集》（文學編）第15卷，第311頁。

㊻ 《三葉集》第16頁，亞東圖書館1920年版。

㊼ 《三葉集》，第133頁。

㊽ 《論詩三札》，《文藝論集》，《郭沫若全集》（文學編）第15卷，第338頁。

㊾ 聞一多：《〈女神〉之地方色彩》，《創造周報》第5號，1923年6月10日。

㊿ 《序我的詩》，《郭沫若全集》（文學編）第19卷，第408頁。

(51) 據陳從周《徐志摩年譜》述，徐志摩生於光緒22年陰曆12月13日，即公元1897年1月15日，故徐氏生年當爲1897年，一般作1896年，誤。

(52) 徐志摩：《托麥斯・哈代》，《新月》月刊1卷1期（1928年3月）。

(53) 朱自清：《新詩雜話》，《朱自清文集》，第二卷第357頁，江蘇教育出版社1988年版。

(54) 《七子之歌》，《聞一多集外集》，教育科學出版社1989年版。

(55) 劉若端：《十九世紀英國詩人論詩》，第177頁，人民文學出版社1984年版。

(56) 聞一多：《詩的格律》，《晨報副刊・詩刊》第7號，1926年5月。

第二章　三十年代新詩

第一節　三十年代新詩概述

　　30年代是我國思想衝突異常尖銳激烈的年代，它對知識分子的精神產生了深刻的影響，也影響著現代文學包括新詩的發展道路和方向；詩藝發展不斷創新的多元探索，也推動著新詩進行求新的變革。這一時期的新詩便出現了政治傾向多種形態、藝術道路多向探索的新局面。

　　忠於時代、忠於人民的眞誠感情，始終是新詩主潮的寶貴品格。進步的或左翼的詩歌在社會政治的重壓下曲折而蓬勃的生長和發展，是30年代新詩的一個極爲重要的歷史現象。左聯詩人較著名的是殷夫（1909—1931），他有詩集《孩兒塔》、《伏爾加的黑浪》等。魯迅稱其詩「是東方的微光，是林中的響箭，是冬末的萌芽，是進軍的第一步，是對於前驅者愛的大纛，也是對於摧殘者的憎的豐碑。」①由左聯詩歌組發起組織的中國詩歌會，1932年 9月成立於上海，發起人有蒲風、穆木天、楊騷、森堡（任鈞）等，1933年2月創辦《新詩歌》旬刊（後改半月刊、月刊）。該會還在北平、廣州、青島、天津、湖州等地成立分會，各地會員不下 200人，柳倩、王亞平、胡楣（關露）、奇玉（石靈）、溫流、雷濺波、陳殘雲、袁勃等都是該會會員。1935年冬，當「國防詩歌」被當作「國防文學」的一部分提出來的時候，中國詩歌會的同仁們便熱心投身到救亡運動中去，並在稍後出版了「國防詩歌叢書」。1937年4月，爲了擴大組織，適應抗日戰爭需要，

由全國九個詩歌團體、70多位詩人發起組織中國詩人協會，中國詩歌會同仁大多參加這一組織，詩歌會遂告解體。

　　中國詩歌會繼續和發展了20年代後期的普羅詩派的鬥爭精神，接受了蘇聯的現實主義影響和左翼文藝運動影響，以注重詩歌的現實性、提倡詩歌的大眾化為主旨，史稱「新詩歌派」。穆木天在《新詩歌》首刊詞中提出他們的共同創作綱領：「我們要捉住現實，歌唱新世紀的意識」，要使「詩歌成為大眾歌調」，詩人「自己也成為大眾的一個」。「捉住現實」，就是繼承五四以來現實主義傳統，反映現實的社會和人生，從事反帝抗日和反封建的鬥爭；「大眾歌調」，就是創造大眾化詩歌，大量採用歌謠、小調等民間詩體，使詩歌普及到群眾中去。中國詩歌會的詩學主張，反映了時代和人民的要求，但過分強調語言通俗和描述生活，造成了不少詩作的蒼白淺露。

　　中國詩歌會詩人創作了大量體現他們的詩學追求的詩歌。影響較大的詩人有蒲風、穆木天、任鈞、楊騷、王亞平、柳倩等。蒲風（1911—1942）詩歌剛健質樸，面臨崩潰的動亂的農村和中國人民反帝的激烈情緒，是蒲風詩歌的兩大主題。詩集《茫茫夜》（1934）、長篇敘事詩《六月流火》（1935），用澎湃如潮的激情，自由的形式，音韻自然的詩句，描繪了被壓迫被剝削農民的痛苦和他們的鬥爭情緒，以及時代變動後的農村新的姿態，體現了詩人所提倡的「新現實主義」的追求。中國詩歌會詩人嘗試諷刺詩、兒童詩、朗誦詩、大眾合唱詩等新詩體，在實踐詩歌大眾化方面取得了值得稱道的成績。尤其是創作了大量的長篇敘事詩，如楊騷的《鄉曲》、穆木天的《守堤者》，王亞平的《十二月的風》，柳倩的《震撼大地的一月間》，溫流的《我們的堡》，江岳浪的《飢餓的咆哮》等。茅盾對此作了充分肯定，認為「這

是新詩人們和現實密切擁抱之必然的結果」②。

　　與中國詩歌會詩人同時登上詩壇並有重要創作的還有艾青、田間和臧克家。艾青（1910—1996），滙集詩人早期創作的詩集《大堰河》於1936年出版，在當時產生了巨大的反響。田間（1916—1985）受蘇聯未來派詩人馬雅可夫斯基創作的影響，給30年代的詩壇帶來另一種特異的風格。他先後出版了詩集《未明集》（1935）、《中國牧歌》（1933）、叙事長詩《中國農村底故事》（1936）。田間以他充滿革命激情和節奏短促的聲音，唱出了特定時代裡中國農民的憤懣情緒，唱出了自己內心的熱情與騷動，寫出了現實的種種黑暗和自己不平的呼聲，爲詩壇帶來了富於年輕人的戰鬥朝氣的旋律。臧克家（1905—　　），是一位出自新月詩派之門又兼收各派之長的詩人。1932年開始在《新月》月刊上發表新詩，1933年自費出版第一本詩集《烙印》，以後又出版了《罪惡的黑手》（1934）、《自己的寫照》、《運河》（1936）等詩集。他用冷峻中帶有熱情的筆，寫出中國農民的深遠的苦痛和堅忍，仇恨與不平，爲新詩反映農村生活開闢了天地，被稱爲「泥土詩人」。他的《烙印》、《老馬》、《當爐女》、《難民》等，都是有名的詩篇。臧克家詩努力追求生活堅實與藝術完整的統一，特別注重吸收古典詩歌凝練含蓄的特點，苦心於詞句與用字的錘煉，「想給新詩一個有力的生命」③。

　　與關注詩歌內容現實性的詩歌創作形成對照的，是一批詩人回顧自身精神世界，並執著於藝術美的追求。新月後期詩人和現代派詩潮大體如此。徐志摩主編的《詩刊》在上海創刊，標誌著新月詩派進入後期的發展階段，其主要成員是孫大雨、葉公超、梁宗岱、卞之琳、陳夢家、邵洵美、方瑋德、林徽因、曹葆華等人。後期新月異於前期新月的特性可以概括爲兩個方向的新變，

一是向外的擴展，部分新月詩人跳出前期堅執的小我，顯示出走向時代社會的新傾向，集中表現在他們生活視野的擴大和作品題材的拓展；二是向內朝著更爲隱幽的精神領域的開掘，顯示了同世界現代主義思潮的接合。而後期新月給予詩壇重要影響的則是後者。象徵主義的純詩理論使後期新月超越了前期新月詩的含蓄的風格特徵，顯示出明晰的現代象徵詩的特徵。主要表現在三個方面，即主智化傾向、非個人化傾向的出現和「荒原意識」的崛起。後期新月以其獨有的詩學理論和創作參與了30年代中國現代主義詩歌潮流的大合奏。艾青曾經說過，中國現代文學史上的現代派詩是由新月派和象徵派演變而來的④，這是符合史實的論斷。

　　1932年5月，施蟄存受現代書局委託創辦文藝刊物《現代》，所刊詩歌的作風不盡相同，但其中相當多的詩特徵突出而醒目，從藝術到思想都有若干共同傾向，當時就有評論稱爲「現代派」。戴望舒是主將，施蟄存、南星、玲君、陳江帆、侯汝華、李心若、史衛斯、金克木、林庚、路易士、禾金、何其芳、徐遲等人在題材選擇、審美趣味、語言風格和藝術表現手法方面都有近似之處，他們以刊物爲中心，形成一支較穩定的詩人群。此後，卞之琳在北平編《水星》文藝雜誌（1934.10—1935.3），所刊詩歌與《現代》呼應，共同推動著這股新詩潮向前發展。1936年10月，戴望舒主編《新詩》雜誌，並邀請卞之琳、馮至、孫大雨、梁宗岱參與，把現代派詩潮推向高潮。與此同時，或稍前稍後，在《現代詩風》、《星火》、《莘花》、《詩志》等刊物上，也蔓延著這股詩潮。現代派詩人的代表性詩集有《望舒詩稿》（戴望舒，1937）、《魚目集》（卞之琳，1935）、《漢園集》（何其芳、卞之琳、李廣田三人合集，故有「漢園三詩人」之稱，1936）、《預言》（何其芳，1945）、《二十歲人》（徐遲，1936）、

《綠》（玲君，1937）、《石像辭》（南星，1937）、《春野與窗》（林庚，1934）等。抗戰爆發後，現代詩人群急劇分化，現代派詩潮就越過了「黃金時代」而走向衰頹，其藝術風格和表現手法則爲40年代的「九葉詩人」所繼承和發展。

　　現代派詩植根於30年代社會現實，其詩人群主要由兩部分青年構成：一部分是由時代的峰巔跌落下來的「弄潮兒」，血腥的屠殺絞殺了他們心中絢爛的長虹；一部分是剛走出學院圍牆而滿懷憤世或夢幻之情的沉思者，他們未經革命浪潮即已跌進夢一般寂寞的深谷。自身思想心態和審美價值取向，決定了他們創作內容的基本走向，即社會公衆主題的疏離，更多聚焦於內心世界，抒寫自我情緒與感覺，在共同的母題中找到自己的形象與意識，如尋夢者形象，「荒原」的意識、倦行人的心態等。從他們的詩中仍可感受到時代脈搏的躍動和活著的不甘屈服與沉淪者靈魂的閃光。

　　現代派詩在藝術探索上表現出強烈的現代意識和對於民族藝術傳統的向心力。從外國藝術淵源看，現代派詩人主要受到了法國象徵派詩歌、美國意象派詩歌運動和以T.S.艾略特爲代表的現代主義詩潮的影響。就中國詩歌傳統來看，現代派詩人更多地注意繼承和發展晚唐五代李商隱、溫庭筠一路「純粹的詩」的傳統。現代派詩在中外詩歌藝術的融滙點上建立起屬於自己的詩歌美學。其共同的審美原則是追求隱藏自己和表現自己巧妙結合的朦朧美。在表現方法上反對即興創作和直接抒情，運用隱喻、象徵、通感等手法實現情緒的意象化，把心中隱約的、難以描述的情緒，轉化爲具體可感的形象的東西。現代派詩意象繁複、內涵豐富、組合奇特，被稱爲「意象抒情詩」。爲了表達新異的詩情詩意，現代派詩盡力捕捉奇特的觀念聯絡，表現了繁複的詩情和知性，給

讀者一種新的感受。在詩體形式上，現代派創造了具有散文美的自由詩體，在那些成熟的現代派詩中，字句的節奏完全被情緒的節奏所代替，自然流動的口語準確地傳達了詩人對複雜、精微的現代生活的感受。但卞之琳等人這時期的新詩仍注重語言音樂性的經營。

第二節　　戴望舒　卞之琳

戴望舒（1905—1950），原名戴夢鷗，浙江杭州人，現代著名詩人，文學翻譯家。1927年11月，其成名作《雨巷》在《小說月報》發表。先後出版詩集有《我底記憶》（1929）、《望舒草》（1933）、《望舒詩稿》（1937）、《災難的歲月》（1948），共存詩90餘首。「這九十餘首所反映的創作歷程，正可說明『五四』運動以後第二代詩人是怎樣孜孜不息地探索前進的道路。」⑤戴望舒的詩歌既映現了20—40年代的歷史風雲，也包含著一代知識分子曲折的思想歷程，還記載著中國現代主義詩歌從幼稚到成熟的成長道路。

戴望舒的新詩創作，經歷了從早期浪漫主義的感傷抒情到成爲現代派代表詩人的發展過程。《我底記憶》中的「舊錦囊」一輯12首詩可視爲詩人初期創作，「雨巷」一輯6首標誌著向現代派詩的過渡，「我底記憶」一輯收詩8首，顯示出詩人的創作開始進入成熟期。詩集《望舒草》收錄了詩人最具代表性的作品，詩人找到了「新的情緒和表現這情緒的形式」，因此成了中國現代派詩人的領袖和當時新詩創作所能達到的成就的傑出代表。新的轉折點出現在戴望舒的最後一個詩集。《災難的歲月》中的前9首可視爲他的成熟期創作的餘緒。寫於1939年的《元日祝福》

表明詩人的創作在思想和藝術上都發生了巨大變化，接著陸續產生的詩篇，是詩人的後期創作。

戴望舒早期和成熟期的作品，多寫愛情苦悶和個人憂鬱。《夕陽下》所抒發的是一種說不清道不明的愁苦傷感的情緒，預示著詩人詩作情緒的基本走向。《雨巷》則在低沉而優美的調子裡，抒發了濃重的失望和彷徨的情緒。這種憂傷的情調在成熟期有所發展，《林下的小語》、《單戀者》、《我的素描》等都使低沉抑鬱的情緒得到了完美的表達。呈現在詩中的是兩類抒情形象，即苦悶的孤獨者和飄忽愁怨的少女。憂鬱、傷感的情緒，正是詩人在現實與夢想、生存環境與生命渴求的矛盾衝突中產生的一種強烈的無所依傍的精神狀態。戴詩憂傷的律動中始終徘徊著一個尋夢者倔強的靈魂。《樂園鳥》中那不分四季晝夜，「沒有休止」地做著「永恒的苦役」般飛翔的華羽的樂園鳥，是痛苦地尋求失去的夢的「天國」的詩人自我象徵。《尋夢者》更是他的精神世界的雕像。詩人寫了夢的美麗，更寫了尋求者的艱辛：「當你鬢髮斑斑了的時候，／當你眼睛朦朧了的時候，／金色的貝吐出桃色的珠……。於是一個夢靜靜地升上來了。」尋夢者頑強而執著的追求精神特徵得到了十分完美的體現。戴望舒詩中的這些內容，深深地植根於那一特定的社會現實基礎之上，也同多年來的掙扎只換來一顆充滿淚水的心的詩人經歷有關。

戴望舒是一位富有自覺藝術意識的詩人。他帶著中國晚唐溫李那一路詩的影響進入詩壇，其時正值新月詩人大力介紹英美浪漫派詩歌及其理論、提倡新詩格律化之時。在這背景下，戴望舒接受了法國浪漫派作品的影響。20年代後期，他轉向法國象徵派詩歌藝術的借鑑，寫下了《詩論零札》。在「雨巷」階段，主要受魏爾倫的影響，追求詩的音樂性和形象的流動性，以及主題的

朦朧性。《望舒草》時期，戴望舒轉向法國後期象徵派詩人福爾、果爾蒙、耶麥那種更爲自由的、樸素親切的詩風，欣賞果爾蒙的詩「有著絕端地微妙——心靈的微妙與感覺的微妙、他的詩情完全是呈給讀者的神經，給微細到纖毫的感覺的⑥。此外，戴望舒還受到瓦雷里、波特萊爾等人的影響。這些影響是統一於戴望舒的詩藝探索之中的，他把這種探索同民族現實生活、同民族傳統詩歌藝術融合，從而形成了成熟期的獨特風格。他的詩作在表現內在靈魂的深度與傳達的隱藏適度方面，都很好地體現了自己帶有東方特徵的民族性很強的現代審美原則與藝術追求。

　　在詩歌對象的審美選擇上，戴望舒成熟期的作品在日常生活中尋覓抒情意象，努力在微細的瑣屑事物中發現詩。江南「雨巷」的凝視，一切有靈魂沒有靈魂的東西的「記憶」，深閉而荒蕪的「園子」，相對而視的一盞「燈」，都開掘出了令人深思凝想的詩意。如《秋蠅》把一隻寒風中垂死的「秋蠅」作爲抒情意象，詩人在抒寫時突出了秋的繁雜和寒冷，並在這背影下逐層推進寫了秋蠅垂死前的痛苦掙扎，隱喻了在當時的社會摧殘之下的人的痛苦，也暗示了作者對人的生與死的思考，成爲現代新詩的一朵奇葩。

　　戴望舒成熟期的詩歌傳達是運用象徵的意象與曲折隱藏的手法，委婉地展現詩人的主觀心境，把情緒客觀化。他認爲詩是詩人隱秘靈魂的洩露，創作動機「是在於表現自己與隱藏自己之間」。這種表達特點造成了戴詩從情緒、意象到語言都具有朦朧美。《印象》連用七個意象組合成一個虛幻縹緲的境界，來暗示某種縹緲恍惚的記憶，情思隱約，意境深邃。《古神祠前》運用擴展性的流動意象，開始是一隻蜘蛛，接著變爲生出翼翅的「蝴蝶」，後又化作一隻「雲雀」，最後忽而幻化成一隻翱翔於青天的鵬鳥，

意象隨著詩人的潛意識流動，暗示生命縹緲不定，無從捉摸，表現詩人蟄伏在心底的悵惘、怨思越來越廣。這類詩歌打破了傳統詩歌表達方式，把不確定的複雜主題隱含在朦朧的形象裡，以簡單的形式蘊含了多層次的內容，顯示了詩歌藝術的進步。

　　戴望舒成熟期的詩歌，擺脫了音樂的束縛，運用自然進展的現代口語，服從於詩人情緒展開需要的內在節奏，創造了具有散文美的自由體詩。這種詩「在親切的日常說話調子裡舒卷自如，銳敏、準確，而又不失它的風姿，有節制的瀟洒和有功力的淳樸」⑦如《我底記憶》選用了親切自然的口吻，敘說著詩人幽怨哀鬱卻真實的心境，注意情緒流動的自然，所有的藝術手段都服從於娓娓訴說式的特定情調。意象物境日常生活化，詩句的排列自由化。這樣就更適合於表達對複雜精微的現代生活的感受，比格律詩更有彈性，更適合於中國讀者的要求。

　　奇幻美的語言又是戴望舒成熟期詩歌的特徵。從《我底記憶》後，戴詩追求「全官感或超官感」的意象特徵，通過通感、隱喻等方式，形成出神入化的奇幻之美。如《路上的小語》幾行：「給我吧，姑娘，你底像花一樣地燃著的，／像紅寶石一樣晶耀著的嘴唇，／它會給我蜜底味，酒底味。」著重感覺的複合性，並賦予其豐富的心理內涵，寫出內在詩情的微妙感受，顯示出戴望舒與法國後期象徵主義深厚的血緣聯繫。《燈》裡寫道：「太陽只發著學究的教訓，／而燈光卻作著親切的密語。」由視覺轉化為聽覺，又把兩種感覺對比，構成活的情緒。在《不寐》結尾有「讓沉靜底最高音波／來震破脆弱的耳膜吧。／窒息的白色的帳子，牆……／什麼地方去喘一口氣呢？」這種誇張，視覺與聽覺相溝通，表現詩人耳鳴目眩的痛苦情狀，它是「全官感」與「超官感」的膠結。

　　1937年抗戰爆發後，戴望舒投身於抗戰的行列，詩的內容和格調發生巨大變化，1939年寫的《元日祝福》，是這種變化的標誌。此後寫的一批詩作，關注國家民族的命運，在民族苦難中審視個人的不幸，迴盪著愛國主義的激情，格調由幽玄、枯澀轉變爲明朗、雄健。《獄中題壁》表達了對抗日義士的歌頌，《我用殘損的手掌》表達了對山河破碎的切痛，對光明之地的嚮往和禮讚，《心願》、《口號》表達了對抗戰勝利的期待和信心，《偶成》洋溢著勝利的狂喜。這時期的一些詩如《元日祝福》、《心願》、《等待》等直接抒情，《獄中題壁》、《路過居》、《示長女》、《贈內》等寄情於事或寄情於景，寫實與象徵結合。《我用殘損的手掌》則接受了法國超現實主義詩人艾呂雅、蘇拜維艾爾等的影響，創造了一個新的藝術境界。

　　卞之琳（1910—　　　），江蘇海門人，現代著名詩人、外國文學學者。著有詩集《三秋草》（1933）、《魚目集》（1935）、《漢園集》（1936，與人合集）、《慰勞信集》（1940）、《十年詩草》（1941）、《雕蟲紀歷》（1979），另有多種譯著論著。按照卞之琳自己的說法，他的詩作可以1938年爲界，分作前後兩期。

　　卞之琳原是後期新月詩人。他的第一本詩集《三秋草》由新月書店出版。在他最初的創作中，是受到《死水》以後的聞一多的薰陶，同時又接受波特萊爾的影響。1932年後，他廣泛地接受了東西方詩歌的藝術手法：中國古代的李商隱、溫庭筠、姜白石，現代新月詩人，以及英國20、30年代的可稱爲現代主義和法國的象徵主義以及後期象徵主義詩的創作技巧，從而形成了自己的現代詩風。卞之琳在1933—1937年的創作，詩藝臻於成熟，尤其是 1935年所寫的《距離的組織》、《尺八》、《圓寶盒》、

《白螺殼》、《斷章》、《音塵》等，可以看作卞之琳詩作成就的頂峰。袁可嘉曾用「上承『新月』，中出『現代』，下啓『九葉』」來肯定卞之琳這一時期創作的特殊地位，認爲「他和其他詩人一起推動新詩從早期的浪漫主義經過象徵主義，到達中國式的現代主義。」⑧

　　卞之琳認爲寫詩是把生活經驗中那些最深沉的感受，通過藝術過程，使之結晶昇華，成爲藝術品，起藝術的社會作用。他寫詩時的克制、陶洗與提煉，都是循著這個傾向而有意爲之的。這傾向決定了他詩創作的特徵。就詩的內容說，詩作是詩人對人生體驗與沉思的結晶。初期的詩多寫下層生活，曲折反映了當時社會現實，用冷雋的調子掩蓋著深摯的感受。《酸梅湯》寫人力車夫和賣酸梅湯老人，感嘆生活的無可奈何與季節的代序，深層意蘊是時間的流逝與生存的困窘。《幾個人》寫「一個年輕人在荒街上沉思」，眼前幾個人生活的無聊與乖謬，一片光景的淒涼。《叫賣》寫街頭的小販生活，《路過居》寫茶館裡麻木貧困的衆生相。《尺八》和《春城》等作品則體現了詩人的歷史意識的深度。卞之琳在相當一部分詩中探索宇宙和人生哲理，體現了追求感性和理智統一的趨向，詩人把哲理的思考完全溶化在象徵性的意象之中，隱藏在抒情整體構造的深處。《斷章》哲理與形象巧妙融合，寫出了事物的相對性。《距離的組織》有意識地利用因科學、哲學、人文科學的發展而改變了的詩人的思維與感受，來結構詩的意境。時空相對的宇宙意識，與關切祖國存亡的社會意識互相交錯，使詩具有豐富的內涵和全新的感受。《圓寶盒》中的「圓寶盒」象徵著圓滿的生命、理想和生活。詩表現出來的是感嘆日子的流逝，珍惜無盡時間長河裡的生命的思想。卞之琳還有些詩寫愛情，如《無題》五首，寫的是一粒種子的突然萌發，

以至含苞，預感到最終會落空的這樣一段情事。作者自認這組詩首先是專為「迎合」「當年同輩女友」當中「特殊一位」的「妙趣」，但意義卻超出了一般愛情詩，這些詩仍然是他玄思的流露。

卞之琳在詩的技巧與形式探求上，融滙傳統的意境與西方的「戲劇性處境」，化合傳統的含蓄與西方的暗示。尤其是卞詩「常傾向於寫戲劇性處境，作戲劇性獨白或對話，甚至進行小說化。」⑨如《路過居》傳達出舊日北平低級小茶館的典型風味，具有極高的客觀真實性。《酸梅湯》則運用戲劇獨白體抒寫。卞之琳詩藝的另一特點是以暗示和象徵，構成隱晦的藝術境界。由於詩人把握世界的思維方式的獨特性和主體表達的複雜性，並運用深層象徵給自己的玄思賦形，由於詩人重意象創造而省略聯絡，繁複的組織法造成了詩意表達的豐富和朦朧，所以讀卞詩需要破譯。如《歸》，把豐富的內容壓縮到四行詩中，前三行寫歸的種種追求，第四行寫這種追求的悲觀結局：無處可歸，終於歸向「灰心」。詩句簡化、濃縮，表達上的跳躍同綿密的理意，增加了讀解的難度。卞之琳的詩講究格律形式，運用音頓的整齊排列，大部分是典範的新格律詩，用韻追求複雜，詩體形式繁複。綜觀卞之琳成熟期詩藝探索，在詩篇低徊的情調和法國象徵主義技法的汲取上，與現代派詩有共同特徵，但在知性與感性結合，開闢以冷靜的哲理思考為特徵的現代「智慧詩」，在詩篇的組織嚴密繁複，使內蘊意義無限延伸，表達出現代人複雜敏銳的感情，在嚴謹的格律形式追求方面，又與現代派各家不同，形成了個人的獨特風格。

1938年以後，卞之琳的創作進入了一個新的時期。正如他自己所說：「後期以至解放後新時期，對我也多少有所借鑑的還有奧登（W.H.Auden）中期的一些詩歌，阿拉貢（Aragon）抵抗運動時期的一些詩歌。」⑩詩人在延安的創作，詩風趨向明朗

淺白。他的《慰勞信集》以奧登式的機智幽默的筆法，運用格律詩抒寫現實，在平淡中顯出驚奇，謳歌了生活給予人們帶來的欣喜活潑的新鮮情趣。《一位政治部主任》、《一位「集團軍」總司令》、《〈論持久戰〉的著者》這組十四行體詩，給高級指揮員和領袖留下了樸實而生動的素描。面對嚴肅的題材，詩人處理得平靜、概括、機智、輕巧。解放初期，卞之琳創作的詩或繼續帶有奧登的痕迹，或更多地向江南民歌靠攏，但「大多數激越而失之粗鄙，通俗而失之庸俗，易懂而不耐人尋味。」⑪ 1982年詩人又寫出了《飛臨臺灣上空》和《訪美雜憶》組詩六首，全是嚴謹的格律體，音節控制自如，創作風格呈現向30年代成熟期回歸的趨向。

【注　釋】

① 　魯迅：《白莽作〈孩兒塔〉序》，《魯迅全集》第6卷，第494頁，人民文學出版社1981年版。

② 　茅盾：《叙事詩的前途》，《文學》第8卷第2期（1937年2月1日）。

③ 　臧克家：《〈烙印〉再版後志》，上海生活書店1934年版。

④ 　艾青：《中國新詩六十年》，《文藝研究》1980年第5期。

⑤ 　施蟄存：《戴望舒詩全編·引言》，浙江文藝出版社1989年版。

⑥ 　戴望舒：《西萊納集·譯後記》，《戴望舒詩全編》，第236頁，浙江文藝出版社1989年版。

⑦ 　卞之琳：《〈戴望舒詩集〉序》，《戴望舒詩集》，第5頁，四川人民出版社1981年版。

⑧ 　袁可嘉：《略論卞之琳對新詩藝的貢獻》，《文藝研究》1990年第1期。

⑨ 　卞之琳：《人與詩：憶舊說新》，第10頁，三聯書店1984年版。

⑩ 　卞之琳：《〈雕蟲紀歷〉自序》，第16頁，人民文學出版社1984年版。

⑪ 　卞之琳：《〈雕蟲紀歷〉自序》，第9頁，人民文學出版社1984年版。

第三章　四十年代新詩

第一節　四十年代新詩概述

　　中國新詩經過幾代詩人20多年的艱苦探索，到了40年代進入了成熟的季節，在民族歷史和現實的土壤中深深扎根，在多樣化的藝術融合中找到了發展現代民族詩歌的道路。

　　1937年七七事變後，全國人民奮起抗日。民族的危亡也震撼了一代詩人的心靈，他們和全國人民一道積極投身到火熱的抗日救亡與民族解放運動中去。30年代各流派對峙的局面陡然消失，為民族解放而歌幾乎成為所有詩人乃至所有作家的共同信念。不但像郭沫若這樣在五四前後登上詩壇的著名詩人，唱出了新的「戰聲」，就是原來的一些小說家，如茅盾、巴金、老舍等，也寫出了一些反映全民抗戰的詩篇。一些在30年代初期出現在詩壇的年輕詩人，如艾青、田間、柯仲平等迅速成長起來，成為抗戰詩歌陣地上的先鋒和主將。在抗戰前期短短的幾年中，出現了大量抗戰詩歌。這一時期的詩歌表現出共同的時代特徵，也反映出共同的歷史局限。作品多以愛國主義為主題，表現抗戰初期昂奮的民族情緒和時代氣氛。抒情的方式大多是宣言式的戰鬥吶喊，同時加入了大量的議論。這適應了現實性、戰鬥性的時代要求，容易產生鼓動性效果，卻難免空乏，失去了詩歌應有的審美效果。

　　為了適應詩歌宣傳抗日的大眾化需要，一些詩在形式和語言上作了新的嘗試。各類詩歌作品多以短詩為主，這是抗戰初期詩

歌創作的特色之一。1938年前後，在武漢、重慶等地興起了朗誦詩運動的熱潮。《時調》、《新時代》、《五月》等刊物及《大公報》都發表朗誦詩。高蘭是本時期國統區詩歌朗誦運動的主要推動者和主要作者，他的《我的家在黑龍江》、《哭亡女蘇菲》等詩，不僅採用了自由的形式，而且融進了戲劇中抒情獨白的某些特點，深受人們的歡迎。光未然以寫作朗誦詩和歌詞見長。他的《黃河大合唱》組詩，是名副其實的民族史詩。民族的形象、民族的命運和民族的感情與意志在其中得到了強有力的表現。全詩雄健磅礴，深沉渾厚，具有震撼人心的藝術感染力。此外，中國詩歌會的資深詩人王亞平和蒲風等在本時期的創作也有較大進展。街頭詩運動在此時也熱烈展開。街頭詩是通俗易懂、短小精悍、押韻順口、易寫易誦的政治鼓動詩。田間、柯仲平、光未然等於1938年8月7日在延安發動了「街頭詩運動日」，這一天延安的大街小巷寫滿了街頭詩。後來街頭詩運動推廣到各抗日民主根據地，到處都可以看到詩人和人民群眾自己寫的街頭詩。「朗誦詩運動」和「街頭詩運動」推動了新詩形式與語言向通俗化、散文化方向發展，使自由詩體再次崛起。

　　田間（1916—1985）是抗戰時期最受歡迎的詩人之一。抗戰爆發後，田間緊緊把握住民族的戰鬥意志和時代的戰鬥節奏，創作了一系列鼓點式的戰鬥詩篇，結集爲《給戰鬥者》和《抗戰詩抄》等。田間善於以精短有力的詩句來表現戰鬥的激情。鼓點式的節奏，雄壯的聲勢，與抗戰前期的時代精神正相契合，在讀者中產生了強烈的共鳴。聞一多先生稱讚田間爲「時代的鼓手」，指出他的詩歌中具有一種積極的「生活欲」，「鼓舞你愛，鼓動你恨，鼓勵你活著，用最高限度的熱與力活著，在這大地上。」①《義勇軍》、《給飼養員》等街頭短詩以及長詩《給戰鬥者》

是田間的代表作，表現出了鮮明時代性和強烈的戰鬥性。國共內戰時期，田間還創作了長篇敘事詩《戎冠秀》、《趕車傳》（第1部）等，但藝術個性已大為減弱。

蒙古族青年詩人納·賽音朝克圖（1914—1973）從1938年開始創作，有詩集《知己的心》等。他的詩表現了對黑暗現實的不滿和對民族富強的渴望，在蒙族人民中產生了廣泛的影響。

維吾爾族青年詩人黎·穆塔里夫（1922—1945）在抗戰時期也寫了不少詩作。這些詩是他用血淚和生命凝結成的。《中國》、《祖國至上，人民至上》等詩作，以發自肺腑的真摯語言，表達了誓與祖國母親患難與共、為祖國自由解放而戰的決心。《給歲月的答覆》是對神聖的抗日戰爭的崇高禮讚，抒發了戰鬥的幸福感。他還有四幕詩劇《戰鬥的姑娘》，歌頌了抗日游擊隊的戰鬥業績。這些詩雖然不夠凝練，卻具有澎湃的熱情和高昂的格調。

1938年10月武漢失守之後，抗日戰爭進入相持階段。相對來說，進入相持階段以後國統區的詩歌創作缺乏大的洪峰。當特定的歷史沉重感壓迫著詩人時，一大批感受著時代脈搏與社會神經的詩人突破重重封鎖奔赴革命根據地，放聲歌唱。艾青、田間、何其芳等都經歷了這種生活與創作上的歷程。仍然生活在戰火中的詩人，面對苦悶、鬱抑的社會氛圍，表現出對黑暗現實的無比憤怒和對民族新生的執著追求。詩歌創作中的沉思因素漸漸增強了，並出現了一些以沉思著稱的詩人和詩作。馮至是這一創作傾向的主要代表。

馮至的《十四行集》（1942年桂林明日社初版），在充滿生死考驗的時代背景下，深沉地思考著個體生命的意義和人類的前途。《我們準備著深深地領受》、《我們聽著狂風裡的暴雨》、《我們站在高高的山巔》和《有多少面容，多少語聲》等詩作，

在存在的自我承擔和生命的相互關懷中找到了肯定的答案，極富生命——存在哲學的深度和寬廣的人文情懷。《我們來到郊外》、《幾隻出生的小狗》等篇，則表達了作者對民族危機警醒和對民族解放的光明前景的堅定信念。他雖採取西方十四行詩的形式，卻並沒有嚴格遵守這種詩體的傳統格律，而是在德國詩人里爾克影響下採用「變體」，利用十四行結構上的特點保持了語調的自然。這表明了中國現代詩人的感受力、表現力和消化外來藝術營養的能力，都已經達到了成熟的境界。

年輕詩人力揚，也寫出了具有沉思風格的長篇叙事詩《射虎者及其家族》（發表於1942年《文藝陣地》第7卷第1期）。作品以一個射虎者家族的遭遇作爲民族命運的象徵，在歷史的深刻反省中，嚴肅地探索著民族的出路，因而頗具深度。作品形象豐滿，感情深摯，語言沉實有力，具有鮮明的個性。馮雪峰在皖南事變後被國民黨政府投入上饒集中營。在囹圄中保留下來的詩篇後來結集爲慷慨沉鬱的《眞實之歌》。此外，「新月」詩人陸志葦的組詩《雜樣的五拍詩》和羅大岡的組詩《詩料》等，也都以思想深湛見長。

袁水拍（1916—1982）的《馬凡陀的山歌》是這個時期影響最大的政治諷刺詩集。馬凡陀是筆名。詩人「善於從政治上把市民階層裡某些司空見慣的社會生活現象，用漫畫式的手法和諷刺語言予以鞭撻，寓諷刺於叙事之中；並汲取民歌、民謠、兒歌中的藝術經驗，採用爲群衆喜聞樂見的五言、七言等詩歌形式」②。語言通俗易懂，可誦可唱。其中，《抓住這匹野馬》、《主人要辭職》、《一隻貓》、《這個世界倒了顚》、《發票貼在印花上》和《萬稅》等都是代表性的諷刺詩作。如《一隻貓》辛辣地嘲諷了當局對外奴顏卑膝，對內窮凶極惡的嘴臉：「軍閥時代：

水龍、刀，／還政於民：槍連炮。／鎮壓學生毒辣狠，／看見洋人一隻貓：／妙嗚妙嗚，要要要！」以強烈的對比和漫畫手法，給國民黨畫了一幅逼真的像。又如《發票貼在印花上》用民間流行的「稀奇古怪歌」的寫法，列舉大量反常現象，集中抨擊了當時政府的倒行逆施：「吉普開到人身上」，「房子造在金條上，工廠死在接收上」，「民主塗在嘴巴上，自由附在條件上」，「腦袋碰在槍彈上，和平挑在刀尖上，中國命運在哪裡？掛在高高鼻子上」。《山歌》政治性很強，但不是標語口號式的，由於作者的努力創新，它在新詩的民族化、大眾化方面取得了好的效果。

30年代的著名詩人臧克家，在40年代創作了《勝利風》、《人民是什麼》、《槍筒子還在發燒》、《寶貝兒》、《謝謝了「國大代表」們！》和《「警員」向老百姓說》等諷刺詩作，辛辣地嘲諷了國統區的醜惡現實。與《馬凡陀的山歌》重敘事性不同，臧克家的諷刺詩更帶抒情性。臧克家在抗戰時期還寫了不少抒情詩和長篇敘事詩。《泥土的歌》是他繼《烙印》之後的又一部成功的抒情詩集。

此外，40年代出版的長篇敘事詩達1000行以上者約30部，其中斯因的《伊蘭布倫》（1940年）、老舍的《劍北篇》（1942年）、臧克家的《古樹的花朵》（1942年）、玉杲的《大渡河支流》（1947年）、唐湜《英雄的草原》（1948年）、李洪辛的《奴隸王國的來客》（1948年）等均各有特色。

40年代的國統區先後出現了兩個重要的詩歌流派：七月詩派和九葉詩派。七月詩派沿著現實主義道路把自由體新詩推向了一個新的高峰，九葉詩派以現實主義為基礎，在借鑑西方現代派技巧方面取得了新的突破。這兩個詩派都是希望與痛苦並存、光明與黑暗拚搏的戰鬥時代的產兒，又都是詩界對詩的個性自覺追求，

對詩美的深入探索的結果。

　　七月詩派,是以文藝理論家胡風主編的《七月》(1937年9月創刊)和《希望》(1945年1月創刊)等刊物為主要陣地而形成的一個現實主義抒情詩流派。它因《七月》雜誌而得名。主要代表詩人有魯藜、綠原、阿壠、曾卓、蘆甸、孫鈿、化鐵、方然和牛漢等。七月詩派以胡風的文藝理論為依據,在創作上堅持現實主義原則,主張發揚「主觀戰鬥精神」,要求作者「突進」到現實生活中去,並要表現出主客觀的密切融合;他們強調藝術性而不作唯美的追求,要求詩人在生活中、鬥爭中去發現詩意,創造詩美。這是七月詩人創作的共同出發點和美學標準。

　　由於七月詩派誕生和成長在中華民族災難深重的年代中,因此在詩人們的情感世界和藝術世界裡充滿了深重的憂患意識和濃烈的鬱憤情緒,他們的感傷和憂鬱凝結著對民族與人民的深厚感情和深切關注。無論是鄒荻帆的《走向北方》,還是阿壠的《琴的獻祭》,都流貫著一股蒼涼悲壯的氣息。但同時,七月詩人又是誕生在一個民族意識與群體意識覺醒、高揚的時代,「他們幾乎是吸收著『五四』新文化的營養成長」③,心靈中湧動著強烈的個性意識和主體意識,更具有創造精神和戰鬥品格。胡風的《為祖國而歌》、阿壠的《縴夫》、孫鈿的《行程》等,都凸現出一種強勁的生命感和力度。有人稱他們的詩是「時代激情的衝擊波」④。他們以具有鮮明個性的歌唱,表達了普遍的時代情緒和人民群眾的心聲。

　　作為一個具有強烈時代激情的現實主義詩歌流派,七月詩派在整體上呈現出的是斑斕濃烈的美感特徵。他們普遍採用的是一種噴發式的抒情手段,注重主觀感情的直接宣洩和抒發,同時也十分重視抒情的形象化,注意意象的新穎明確,想像的豐富奇麗,

象徵的確切深刻。在詩的形式上，他們一方面以詩情的內在旋律
爲依據，體式上呈現出多姿多態的特徵。既有大體整齊押韻的小
詩，如魯藜的《泥土》、牧青的《牢獄篇・我願越過牆去》等，
又有鼓點式短句的「田間體」，如胡風的《給怯懦者們》等；既
有抒情議論的長句詩行體，如化鐵的《解放》等，又有隨詩情起
伏而變化多樣、句式長短交錯的「艾青體」，如綠原的《憎恨》、
杜谷的《泥土的夢》等。他們對自由詩的開拓是相當寬廣的。這
種詩型的豐富性所具有的價值和意義不僅在於它與其精神內涵的
和諧，更在於它充分顯示了這個流派的創造活力和表現形式上的
豐富變化。另一方面，在語言上，他們重視運用靈活自然、充滿
生活氣息的口語，簡潔有力，色彩強烈。正如艾青所評價的那樣，
是「明顯與正確的語言，深沉與強烈的語言，誠摯與坦白的語言，
素樸與純眞的語言，健康與新鮮的語言，是控訴與抗議的語言。」⑤
七月詩派在藝術上的追求和創造把自由體新詩推向了一個新的高
峰，對自由體新詩的發展作出了貢獻。

　　綠原是七月詩派最有成就的詩人之一。從充滿浪漫憧憬的詩
集《童話》，到振聾發聵的《給天眞的樂觀主義者們》等政治抒
情詩，既顯示出他在政治上的成熟，也標誌著他在詩藝上的進步。
《終點，又是起點》、《伽利略在眞理面前》、《你是誰？》都
是傳誦一時的名篇。這些詩視野開闊，感情激越，形象繁複，極
富現實主義的戰鬥精神。

　　魯藜有詩集《醒來的時候》、《鍛鍊》等。他的詩大都是樸
實而清新的短詩，抒寫了詩人在抗日民主根據地的新鮮感受。《
泥土》是表現新的人生哲學的名篇。其他如阿壠的《縴夫》、牛
漢的《鄂爾多斯草原》等都是充滿力度和激情，足以顯示七月詩
派風格的代表作。

第二節　艾　青

　　艾青（1910—1996），原名蔣海澄，浙江金華人。筆名有莪伽等，艾青是他1933年發表《大堰河——我的保母》時開始使用的筆名。他雖出身地主家庭，但因「命相」不好，生下後，被父母送往本村一個貧苦農婦「大葉荷」（即大堰河）家裡寄養，大堰河對艾青的疼愛甚於父母，這使他從小就感染了農民的純樸和憂鬱，與父母感情淡漠。5歲始回家，進本村蒙館開蒙。他自幼喜愛美術， 1928年初中畢業後，艾青考進杭州國立西湖藝術學院繪畫系。在院長林風眠鼓勵下，於翌年赴法國留學，專攻繪畫藝術，在巴黎度過了三年「精神上自由，物質上貧困」⑥的生活。此間他接觸了大量的西方哲學著作和外國文學作品，受到惠特曼、馬雅可夫斯基、葉賽寧、蘭波、凡爾哈侖、波特萊爾等著名詩人的影響，學習繪畫之餘試驗寫詩。艾青於1932年初回國，加入左翼美術家聯盟，不久以「顛覆政府」的罪名被投進監獄，飽受三年鐵窗之苦。在獄中正式開始詩歌創作。1933年，他寫下了《大堰河——我的保母》這一著名詩篇，該詩發表後，引起了社會和文學界的普遍重視，艾青因此一舉成名。茅盾首先稱讚此詩是「用沉鬱的筆調細寫了乳娘兼女佣（大堰河）的生活痛苦」⑦。該詩表達了詩人對中國廣大農民遭際的同情與關切，以及對那個不公道世界的詛咒。從此，「詩成了我的信念，我的鼓舞，我的世界觀直率的回聲」⑧。

　　《透明的夜》是艾青入獄後寫的第一首詩，《大堰河——我的保母》是他早期的成名作和代表作。這一時期的作品大都收入詩集《大堰河》和《曠野》集中的《馬槽集》內。這一階段，是

艾青從歐羅巴帶回蘆笛和歌唱「大堰河」的時期，是詩人的準備期也是成名期，並由此確定了一生的奮鬥方向。

抗日戰爭時期，可稱「向太陽」時期，是艾青創作生活的高潮階段。詩作的數量和質量都有重大進展。計有《北方》、《他死在第二次》、《曠野》等集子，還寫了長詩《向太陽》和《火把》。

「我從你彩色的歐羅巴／帶回了一支蘆笛」（《蘆笛》）。艾青是在西方象徵派、印象派薰陶下走上詩壇的，這使他的詩歌創作從一開始就表現出與世界現代詩歌藝術的聯繫；但同時他又沒有忘記自己是「大堰河」的「兒子」，一開始就為這塊多難的土地和貧苦的人民唱著自己深情的歌。30年代，面對著新詩創作已形成的現實主義和浪漫主義的傳統而現代主義方興未艾的局面，艾青擔負起了創造性地綜合這一新詩發展的歷史使命。艾青的詩歌一方面深植於民族的土壤，既表現出五四時期感情熾烈，富於戰鬥精神的革命浪漫主義詩風，又具有革命現實主義的本色；另一方面，他又廣泛地採擷世界詩藝之營養，吸收了象徵主義等詩歌藝術的精華。在艾青的詩中，現實主義、浪漫主義和現代主義在互相吸收、融合方面取得了卓越成就，這使艾青的詩呈現出無比的豐富性。艾青以其獨具的個性色彩和藝術成就推動了中國新詩的發展。

艾青不僅長期從事文學實踐，還根據自己豐富的創作經驗，寫了《詩論》及其他論文，提出了一系列關於詩的見解。作為現代傑出詩人，艾青以自己的創作和理論對同時代和後起的詩人們產生了廣泛而深遠的影響。

艾青認為：「最偉大的詩人，永遠是他所生活的時代的最忠實的代言人；最高的藝術品，永遠是產生它的時代的情感、風尚、

趣味等等之最眞實的紀錄。」⑨艾青的詩，總是能把個人的悲歡
融合到時代的悲歡裡，反映自己民族和人民的苦難與命運，反映
現實的生活和鬥爭，鮮明地傳達出時代的呼喚和人民的心聲。「
土地」和「太陽」以及與此相關的意象，是艾青詩的主導意象。
據統計，四川文藝出版社出版的《艾青選集》406首詩，藉土地
激發詩人情緒的詩，幾乎占了26%。全面直接抒寫太陽及其邊緣
類的詩占了10%左右，且這類詩大篇幅的居多。像《大堰河——
我的保母》、《我愛這土地》、《雪落在中國的土地上》、《向
太陽》、《吹號者》、《黎明的通知》等著名詩篇即是有代表性
的例證。在頻頻出現的「土地」和「太陽」意象中，詩人最關心
的主題得到了充分而深切的表達。「土地」類意象，凝聚了艾青
對祖國和人民最深沉的愛，對民族危難和人民疾苦的深廣憂憤。
「爲什麼我的眼裡常含淚水？因爲我對這土地愛得深沉……」（
《我愛這土地》）眞實而樸素的詩句，道出了詩人內心深處永恒
的「土地」情結。艾青是一個吃農婦大堰河的奶而長大、深深地
「感染了農民的憂鬱」的人，這種來自於土地耕植者的憂鬱又強
化了艾青對土地懷有永恒的憂患感。詩集《北方》中的詩篇，如
《雪落在中國的土地上》、《北方》、《乞丐》、《復活的土地》
等，眞切深沉地表現了這塊古老土地的苦難和復活，以及土地上
那些普普通通的農民和士兵的生活和鬥爭。駱寒超認爲：「生存
的至眞境界是永恒的憂患，是深深潛存在他的創作心態中的」，
這正顯示了他由土地系列意象延伸出來的象徵義。⑩

　　艾青的成名作《大堰河——我的保母》，是一首自述性的抒
情詩。它發表於1934年《春光》雜誌第1卷第3號。這是一個地
主階級叛逆的兒子獻給他眞正的母親——中國大地上善良而不幸
的普通農婦的輓歌和頌歌。該詩成功地塑造了一個光輝動人的貧

苦農婦——大堰河的形象。大堰河純樸善良、勤勞堅韌，她用自己的乳汁養育了她的乳兒，用辛勤的勞動養育了她的家，把一切都無私地給予了別人，然而在這不公道的社會裡，大堰河受盡了苦難和折磨，最後悲慘地死去。沒有名字的大堰河正是無數中國普通農民的代表。艾青以眞摯虔誠的赤子之心，讚美了養育自己的大堰河，爲她一生淒苦的命運抒發悲憤與不平。可以說，傾注對被侮辱受損害的勞動者——特別是農民的關懷，是艾青土地意象象徵義延伸的歸結點。

作爲一個成熟的、有個性的詩人，艾青擁有一片屬於自己的藝術視野。可以說，他終生在爲「土地」深沉地歌唱，同時也終生在對「太陽」熱情地禮讚。幾十年來，艾青執著地謳歌著太陽、光明、春天、黎明和生命，表現了他對光明、理想和美好生活的熱烈嚮往和不懈追求。他的太陽禮讚是人類不朽的向上精神的體現。那些以「太陽」爲中心意象的詩歌和以「土地」爲中心意象的詩歌，互相映襯，既有不同格調，而又和諧統一，二者的完美融合，既意味著現實與理想的交滙，也意味著民族感情與現代世界進步思潮的統一。「艾青在太陽系列裡突出地顯示了一個科學化與民主化相交融、既沒有階級剝削又沒有思想禁錮的先進的社會制度。」⑪艾青對人類共同關注的問題傾注了他的心血和精力，在他大量的詛咒黑暗求索光明的詩篇中，我們可以充分體驗到詩人博大的人類胸懷。

《向太陽》是艾青寫的第一首長詩，最初發表於1938年《七月》第3集第2期。這首詩充分表現了詩人的高度熱情和對光明、未來的追求與信心。全詩以「我」奔向太陽作爲太陽系列意象推延的線索，所推延出來的「太陽」既是爲反抗日本帝國主義的侵略而全民覺醒、同仇敵愾、奮起救亡的一個偉大民主時代，更是

586　新詩卷　第三章　四十年代新詩

人類不朽的進取精神的象徵。

　　1940年5月創作的長篇敘事詩《火把》是《向太陽》的姊妹篇。它最初發表於《中蘇文化》1940年第6卷第5期。長詩敘寫的是一對女青年在某城市參加一次火炬遊行的故事。浩浩蕩蕩的火把洪流，熱氣騰騰的群眾集會，使她們對人生的認識不斷走向崇高的境界，她們衝破了個人主義和多愁善感的精神藩籬，舉起火把投身到集體的懷抱，跟著光明的隊伍前進。詩中寫火把遊行的場面，用聲、光、色等物象組成了一個個躍動著的充滿活力的美的意象。那富有象徵意義的光的河流、火的隊伍奔騰著昂奮的激情，顯示出恢宏的氣魄，將艾青抗戰以來創作中禮讚光明的主題，昇華到一個新的高度。

　　他的其他詩作，如《煤的對話》、《太陽》、《吹號者》、《黎明的通知》等也都薈萃著宇宙間眾多有關光明的物象，從不同側面，顯示出詩人對人類至高境界的渴望與追求。

　　艾青詩歌具有獨特的審美意象世界。杜衡曾認為，在歐羅巴的大地上，那大堰河的單純少年開始把靈魂分開了兩邊……但是悲哀和憂鬱對於艾青來說是很難拂去的，一方面他從農民那兒感染了憂鬱，另一方面，他從歐洲帶回的蘆笛裡就有憂鬱。憂鬱對於艾青是氣質性的，是他的特色，他的魅力和他的力量所在。⑫「我耽愛著你的歐羅巴啊，／波特萊爾和蘭波的歐羅巴。」（《蘆笛》）艾青曾以虔敬的語氣表達對波特萊爾與蘭波的「耽愛」。作為象徵主義先驅的波特萊爾，對20世紀的中國現代詩壇影響頗廣。艾青和波特萊爾在性格和生活經歷上有很多相似之處，如兩人生性憂鬱，都無法從家庭得到溫暖，剛步入青春年華就開始飄泊。憂鬱的情緒、叛逆的心理成了東、西方兩位詩人心靈的契合點。艾青的詩中一再迴盪著憂鬱的調子，不僅《我愛這土地》、

《雪落在中國的土地上》等詩鬱積著深深的憂傷，甚至在歌頌光明的詩如《向太陽》等作品中，也總交織著憂鬱悲愴之情。這種抒情基調是詩人敏感的心靈對民族苦難現實和人民悲苦生活的回應。儘管艾青從波特萊爾詩中找到了某種心靈的回響，但由於東西方殊異的文化傳統和文化背景，表層情緒的相似並不能說明兩位詩人精神內涵的完全吻合。對於艾青來說，「農民的憂鬱」、「流浪漢的心態」是他情感世界的主要特徵。他的憂鬱不是波特萊爾式的空虛和對現代資本主義社會的絕望，「他的憂鬱裡包含著悲哀、包含著憤怒、也包含著希望；他的憂鬱是充滿了生活實感的嚴肅痛苦，是一顆堅強有力的心靈的震動，是和戰鬥的憤怒摻和在一起的更深沉的情緒力的昇華。」[13]他的憂鬱悲愴的詩情總是無一例外地將人引向一種莊嚴、崇高的境界，含蘊著振奮人心、催人奮發的巨大力量。這在《吹號者》和《他死在第二次》等詩中表現得尤為強烈。因此，艾青詩的憂鬱之情和崇高之美，既是對民族悲劇性境遇的反映，又是它的昇華和超越。可以說，艾青在中西文化傳統中所吸取並接受的種種影響而形成的「憂鬱」是經過「凝聚」、「昇華」、「整合」之後而產生的藝術魅力，它使艾青的作品給人以獨特的撼人心魄的審美感受。

　　艾青在對現實主義、浪漫主義和現代主義進行創造性綜合的過程中，以兼具理性精神的現實主義為底色，而在感受和表現方式上，則較多地借鑑了現代主義，從而形成了艾青獨特的創作風格：現實性、理想性和現代性的有機統一。

　　艾青追求感受力的統一，即感覺、情緒、想像和思想（理性）的綜合。在他的詩中，詩情、詩思不是抽象空洞的，而是被豐富敏銳的生活感受所充實。作為現實主義詩人，他的作品中緊密結合現實、富於戰鬥精神的特點總是和新鮮的詩美結合在一起。艾

青是從繪畫轉向寫詩的，他的創作受到印象派繪畫的很大影響，從而形成了自己感知世界和藝術地表現世界的基本方式：迅速而準確地把握感覺印象，並將之清新而明晰地再現爲視覺形象。艾青也常有直抒胸臆的詩節，但他極善捕捉意象。艾青的意象是他的主觀感情與客觀形象的一種契合。如《雪落在中國的土地上》，顯然詩人不僅僅是在寫自然景觀，它包含著詩人一顆憂國憂民的赤子之心，引發人們由「雪落」想到「寒冷」，進而想到這是被侵犯者占領的中國國土，想到我們民族的命運。詩人以此爲主體意象，不斷地穿插進「帶著皮帽、冒著大雪」的農夫、蓬髮垢面的少婦、蜷伏著的年老的母親……使詩的形象更加豐富，從而使這首詩成爲淪陷的國土、被奴役的時代的絕妙寫照。又由於在審美方式上艾青深受象徵主義詩歌的影響，他善於準確恰當地捕捉意象，並賦予意象以廣闊的象徵意義，使詩意更加深沉濃郁，令人思索和回味。艾青說過：「象徵是事物的影射；是事物互相間的借喻，是眞理的暗示和譬比。」⑭他的許多詩如《吹號者》、《火把》等，形象本身帶有一定象徵色彩，使這些詩所寫的人、物、生活更加含蓄，主題與內涵更加深邃。他非常注重聲音和色彩的融合，通過二者的融合來構築新奇的意象，以達到詩的特有情境。他曾說：「一首詩裡面……沒有色調，沒有光采，沒有形象，──藝術的生命在哪裡呢？」⑮他善於用色彩的渲染以至構圖線條的安排來增加形象的鮮明性。「Orange—／像拉丁女的眼瞳子般無底的／熱帶的海的藍色／那上面撩起了／聽不清的歌唱／異國人的Melancholic。（《ORANGE》）這種由色彩和聲音組合的世界，給人的感覺確是奇特又美妙。還有像《手推車》一詩，也是詩人將景、情、光、色、圖乃至音響統一得較完美的例子。他詩中的感覺、情緒和想像又總是被深湛的思索所深化和

淨化，從而被提升到一個更崇高的境界。

　　艾青詩歌在散文化的自由奔放和詩歌藝術所必需的規範約束之間保持恰當的平衡，將繪畫的光彩和音樂的律動融滙到詩歌這種高度精微的語言藝術中。艾青的詩具有散文美，他所追求的是「努力把自己所感受到的世界不受拘束地表達出來。⑯」爲了形象表現的自由，他的詩鮮有中國古典詩歌的印痕；他的許多詩不押韻，而是讓感情自由地流瀉，通過內在的激情來感染讀者。但他又運用有規律的排比、複沓造成變化中的統一，參差中的和諧，運動中的均衡，使奔放與約束顯得非常協調。如《大堰河──我的保母》，詩節、詩行長短不拘，全詩也不押韻，但遞進排比的句式，首尾呼應的手法，又使全詩於自由奔放中見和諧統一。艾青還注意在自己的語言中體現繪畫的光彩和音樂的律動，他的不少作品注重運用滲透自己情感的構圖，用準確而鮮明的色彩描繪生活，從輪廓、線條、光澤、畫面的布局裡找形象，使之和詩的意境渾然一體，來增加詩歌的形象感染力。同時也注意讓詩的旋律感通過現代語言的自然音節和應合感情的內在節奏呈現出來。這一切都極大豐富和提高了現代詩歌藝術，自由體詩在艾青手中眞正成熟起來。

　　在中國現代詩歌發展史上，艾青是繼郭沫若、聞一多、戴望舒等人之後推動一代詩風的重要詩人。艾青的詩一方面保持並發展了革命現實主義流派「忠實於現實的戰鬥的傳統」，克服摒棄了其「幼稚的叫喊」⑰的弱點，另一方面又吸收了浪漫主義與象徵主義詩歌藝術的精華，在現實主義與現代主義整合方面取得了卓越成就，從而使自由體詩在藝術上達到了一個新的高度，推動了中國新詩的健康發展。

第三節　九葉詩派

　　九葉詩派，是在40年代中後期形成的一個追求現實主義與現代主義相結合的詩歌流派。以《詩創造》（1947年7月創刊）和《中國新詩》（1948年6月創刊）等刊物為主要陣地，聚集了一群以辛笛、陳敬容、杜運燮、杭約赫（曹辛之）、鄭敏、唐祈、唐湜、袁可嘉、穆旦（查良錚）為代表的「自覺的現代主義者」⑱。這個詩派過去被稱為「現代詩派」或「新現代詩派」，直至1981年江蘇人民出版社出版了40年代九人詩選《九葉集》後，才有「九葉詩派」之稱。九葉詩人除了辛笛和陳敬容在抗戰前就開始創作外，其他詩人大都是抗戰時的學生。作為一個詩歌群體，「九葉派」崛起於抗戰後期及國共戰爭時期。九葉詩人以他們的不懈努力，完成了對中國新詩的又一次探索和創造。九葉詩派的存在，已不止於單純作為一個詩歌流派的意義，他們對西方現代主義的融滙和創新，對中國詩歌傳統的繼承和發揚，對於推動中國新詩的現代化都提供了寶貴的經驗和教訓。

　　艾青曾經十分精確地概括了九葉詩派的特點：「接受了新詩的現實主義傳統，採取歐美現代派的表現技巧，刻劃了經過戰爭大動亂之後的社會現象。」⑲九葉詩派是在40年代中國人民處於戰爭的歷史變革的緊要關頭出現的。作為一群具有強烈的社會責任感和歷史使命感的青年，他們共同的思想傾向是不滿於國統區的黑暗現實、反對內戰，同時對理想光明的新社會懷著熱烈的憧憬和追求。九葉詩派的詩和傳統詩有一個顯著的契合點，就是「扎根現實」。他們走出藝術的「象牙之塔」，以現實精神為內核，用詩歌忠實地傳達了中國人民詛咒黑暗、渴望光明的時代情緒。

另一方面，他們又深受20世紀西方文化的薰陶和影響。40年代的九葉詩人對西方文化的了解和接受整體上超過了前輩詩人。時代和社會的發展給他們在這方面提供了優越的條件。辛笛、穆旦、杜運燮、袁可嘉、唐湜等分別是清華大學、西南聯大、浙江大學外文系的學生，辛笛、穆旦、鄭敏又先後留學海外，攻讀英國文學，辛笛在英國聆聽過艾略特的詩歌講座。九葉詩人不僅閱讀過大量的西方文學作品，而且他們大多數是優秀的外國文學翻譯者。從古希臘的《荷馬史詩》到20世紀的現代主義詩歌的西方詩歌傳統，是九葉詩歌生命的重要支撐點之一。

　　九葉詩人感受到新文學誕生以來各種思潮的交匯和西方最新文學思潮的衝擊，他們的文學觀念、詩歌理想表現得更具綜合性和現代性。他們對中國新詩的發展有著較爲客觀和清醒的認識。「中國新詩雖還只有短短二十年的歷史，無形中卻已經有了兩個傳統：就是說，兩個極端，一個盡唱的是夢呀，玫瑰呀，眼淚呀，一個盡吼的是憤怒呀，熱血呀，光明呀，結果是前者走出了人生，後者走出了藝術，把它應有的將人生和藝術綜合交錯起來的神聖任務，反倒擱置一旁。」[20]抗戰以來，上述現象確有氾濫之勢。因此，他們在文學觀念上首先主張的就是「人的文學」、「人民的文學」和「生命的文學」的綜合。他們既反對逃避現實的唯藝術論，也反對扼殺藝術的唯功利論，而企圖在現實和藝術之間求得恰當的平衡。

　　九葉詩人與西方現代主義最直接也是最深刻的聯繫，是對人的精神世界的關注。20世紀初，隨著西方文明暴露出來的一系列的危機，人類陷入一場精神災難。「人的失落」成了西方現代主義詩歌的一個中心主題。現代主義深感在這充滿異化和壓迫力量的世界裡正無能爲力、痛苦窘迫，所以他們反對浪漫主義的一味

主觀抒情，而傾向詩歌轉向內心，躲在自我意識中慘澹經營。總之，對於現代人精神世界的探索成了西方現代主義詩人思想和藝術的集合點。九葉詩人繼承了這一傳統，他們把詩歌的審美原則建構在內心世界和外在世界的重疊點上，這使他們完成了對現實主義和浪漫主義的一種超越。「在他們詩中，極少看到有狂喊亂叫式的情感宣洩和漫無邊際的現實世界的雜陳，而更多的是對人生經驗的深刻總結，對宇宙哲學的沉思默想。他們將思想的焦點集中到對人類精神世界的探索上。」㉑像鄭敏的《時代與死》讚頌生命的永恆，表現「生」和「死」的價值和意義。陳敬容的《劃分》：「我往往迷失於／偶然飄來的一聲鐘……在熟悉的事物面前／突然感到的陌生／將宇宙和我們／斷然地劃分。」抒寫的是對生命的不可捉摸的感覺。其他如辛笛的《識字以來》、穆旦的《活下來》、唐祈的《三弦琴》等，都是通過對人的精神世界的展示，來完成對人類命運的種種探索。九葉詩人的詩中也常常流露出悲觀失望的情緒，但與西方現代主義詩人不同的是，在他們心中，理想並沒有破滅，雖然現在是黑暗沉沉，但他們是在和「全人類的熱情滙合交融／在痛苦的掙扎裡守候／一個共同的黎明」（陳敬容《力的前奏》）。他們在詩中不僅抒發自己對生活的深切感受和對人生哲理的感悟，而且還借詩作爲武器，向現實突入進去。他們對現實的揭露和批判是著力於毀滅現存的社會秩序，並期待著一個新的社會秩序的到來。因此，他們不會陷入痛苦的感情中不能自拔，反而在黑暗現實面前顯得剛健自信，這使他們的精神境界與西方現代主義詩人判然有別。

　　九葉詩人在藝術上反對浪漫主義詩風，而致力於新詩的「現代化」建設和「感受力的革命」，旨在使詩成爲現實、象徵和玄學的融滙。這樣一種詩學追求顯然是以現代主義爲主導的，但它

同時又吸收了現實主義乃至古典主義的成分。九葉詩派的理論家兼詩人穆旦也總結了他們的創作經驗：他們在古典詩詞和新詩優秀傳統的薰陶下，吸收了西方後期象徵派和現代派詩人如里爾克、艾略特、奧登的某些表現手段，豐富了新詩的表現能力。九葉詩派強調擁抱眞實的生活，強調反映現實與挖掘內心的統一，這與七月詩派接近；主張訴諸表現，「追一個現實、象徵、玄學的綜合傳統」㉒，這又表明他們與20年代、30年代的象徵派、新月派、現代派之間有著歷史的承接關係。但在吸收和運用西方象徵派、現代派技巧，使之具有中國特色方面，九葉詩派顯然超過了30年代的現代詩派，更超過了20年代的象徵詩派。

　　在內容上，九葉詩派的詩歌既具有強烈的現實感甚至政治內容，又富於超越性的形而上沉思。正如他們自己所述，「我們還想進一步對自己要求：在內容上更強烈擁抱今天中國最有鬥爭意義的現實，縱使我們還有著各式各樣的缺陷，……我們既屬於人民，就有強烈的人民政治意識。」㉓從辛笛的誓作「中國人民的代言者」，「要以全生命來叫出人民的控訴」（《布穀》）到杭約赫的描寫國統區人民苦難鬥爭的政治抒情長詩《復活的土地》，從杜運燮的揭露國統區通貨膨脹的《追物價的人》到唐湜的反饑餓、反內戰的《騷動的城》，均體現出九葉詩派強烈的歷史感、時代感和現實感。同時，九葉詩人也追求冷靜雋永的詩風，以飽含樸素而深邃的哲理賦予詩歌理性的光芒，給人以啓迪。

　　在藝術表現上，九葉詩派的詩歌既有豐富的感覺意象，又表現出鮮明的知性特徵。袁可嘉在《新詩戲劇化》中主張，寫詩應「盡量避免直截了當的正面陳訴，而以相當的外界事物寄託作者的意志與情感：戲劇效果的第一個大原則即是表現上的客觀性與間接性。」㉔這一主張，正反映了九葉詩派「思想知覺化」的創

作特點。他們在創作中往往將深切的個人感受通過非個人性的客觀化的方式表現出來，注意捕捉和描繪具體感性的詩歌形象，並依靠它來暗示詩人的抽象的思想和情緒，而讀者則是從詩人創造的新穎豐富的意象中去感知作者的思緒的。如陳敬容的《鴿》中所寫：「暗紅色的舊瓦上／幾隻鴿子想飛／又停下了／摺疊起灰翅膀佇望」，對鴿子的描寫實際是對人生前行途中徘徊觀望的表現。不僅如此，他們詩中的許多意象都是有深邃意蘊的象徵體，象徵功能的開發使詩人的情感得到昇華，也使意象的內涵面進一步擴大。如鄭敏的《金黃的稻束》中「金黃的稻束」這個意象象徵著「疲倦的母親」，也象徵著「歷史」。這樣，把意象從平凡的現實感昇華到更爲廣闊的歷史感，這種理性力量的介入，大大增加了詩歌的表現力度。

語言清晰準確，而詩意朦朧含蓄。艾略特曾經一再聲稱，詩人的重要職責就是要用新的表現手法使陳腐的語言重新充滿生機。而這也正是九葉詩人所追求的。他們的詩雖富有深潛的哲理內涵，但語言卻少有那種玲瓏剔透的詩句，更少那種流光溢彩的詞藻。他們借鑑了西方現代主義詩歌的表現技巧，增強了詩歌語言的韌性和彈性，豐富了中國新詩語言的表現力。像辛笛的「列車軋在中國的肋骨上／一節接著一節社會問題」（《風景》），杭約赫「人與人之間稀薄的友情／是張繃緊的笛膜：吹出美妙的／小曲，有時只剩下一支嘶啞的竹管」（《復活的土地》），這種「自由聯想」式的意象組合詩，省略了意象和意象之間的鎖鏈，表達方式與傳統詩歌有明顯差異。這種「現代化」了的語言更確切地表現了詩人現代型情緒和對事物的新感受、新體驗。由於很多詩的情緒在表現上不是傳統的「直陳」式，而是通過具體意象來「暗示」，來象徵，故詩意的明確性被削弱，變得朦朧含蓄，讓讀者

回味無窮。

　　「九葉詩歌的出現，使中國新詩中現代主義詩歌之流進入了一個總體成熟的階段，大膽地借鑑西方現代派詩歌的同時大膽消化和創新，則是他們成功的內在機制」㉕。當然，他們也有不足的地方，一些詩句有過分歐化的傾向，有些詩過分照顧了形式的需要，而忽視了思想內涵，這也是很值得深思的。

　　九葉派詩人有共同的思想藝術傾向，也各有自己的獨特風格和鮮明的個性。鄭敏和陳敬容都把抒情與沉思結合起來，但鄭敏偏愛在靜態描寫中體會生命情趣，如《金黃的稻束》，陳敬容則長於在動態描寫中推進思想，故而流水的意象和行進的姿態常常出現在她的詩中。杭約赫的《復活的土地》、唐祈的《時間與旗》都是富於現代意識的抒情長詩，氣勢宏大，熱情奔放。杜運燮的《滇緬公路》頌揚了堅韌的民族精神。辛笛的《布穀》傾訴著人民的苦難。袁可嘉的《沉鐘》、《冬夜》等詩作形式嚴謹而意蘊深沉。其詩論則系統地闡述了九葉詩派同人對新詩現代化的理論主張。唐湜的長詩《英雄的草原》儘管稚嫩，卻有著宏大的氣象與浪漫的激情，其抒情短章又給人以意象新穎清氣撲人的感覺。他的詩評亦頗具情采。

　　穆旦（1918—1977）是九葉詩派中流派風格最濃烈且最有成就的詩人。他原名查良錚，筆名梁真。40年代在昆明即以詩名，與鄭敏、杜運燮並稱西南聯大「三星」。他先後有《探險隊》、《穆旦詩集》、《旗》等詩集問世。「穆旦是中國最早有意識地採取葉芝、艾略特、奧登等現代詩人的部分表現技巧的幾個詩人之一。」㉖他既是一位自覺的現代主義者，同時又是一位具有強烈民族意識的詩人。因而，現代主義者所關心的人本困境問題，中華民族的苦難與希冀，在他的詩作中交疊出現。穆旦的許多詩

都致力於展現自己心靈的自我搏鬥和種種痛苦而豐富的體驗,「我們做什麼?我們做什麼?/啊,誰該負責這樣的罪行:/一個平凡的人,裡面蘊藏著/無限的暗殺,無限的誕生。」(《控訴》)穆旦對生命意識的自覺感悟與理性沉思中,又交織著他對人類命運、歷史沉浮和民族憂患的沉思,使他的詩以痛苦的豐富和感情的嚴峻著稱。在《在寒冷的臘月的夜裡》、《讚美》等詩中,表現出他對黑暗現實的憂憤和對大時代的內在感應。《讚美》展示了詩人眼中的現實:「在野草的茫茫中呼嘯著乾燥的風,/在低壓的暗雲下唱著單調的東流的水,/在憂鬱的森林裡有無數埋葬的年代」,「說不盡的故事是說不盡的災難,沉默的/是愛情,是在天空飛翔的鷹群,/是乾枯的眼睛期待著泉湧的熱淚」,「在幽深的谷裡隱著最含蓄的悲哀:/一個老婦期待著孩子,許多孩子期待著/飢餓,而又在飢餓裡忍耐」……面對滿目瘡痍的國土和災難深重的人民,詩人並沒有沮喪頹廢,而是「以帶血的手和你們一一擁抱」,以激動的心情歡呼著「一個民族已經起來」。穆旦一方面關注著對生命存在意義的探討,另一方面又表現出對民族命運的憂思。生命體驗的莊嚴感、歷史厚重感、現實人生的時代感的結合,使他的詩具有了中國特色的現代主義精神品格。

【注　釋】

① 聞一多:《時代的鼓手——讀田間的詩》,《聞一多全集》第3卷,開明書店1948年版。

② 臧克家:《中國新文學大系(第14集)·序》,上海文藝出版社1990年版。

③ 賈植芳:《在這個複雜的世界裡——生活回憶錄之二》,《新文學史料》1992年第3期。

④　周良沛：《七月詩選·序》，第25頁，四川人民出版社1984年版。

⑤　艾青：《論抗戰以來的中國新詩——〈樸素的歌〉序》，《文藝陣地》第6卷第4期（1942年4月）。

⑥　艾青：《艾青詩選·自序》，人民文學出版社1979年版。

⑦　茅盾：《論初期白話詩》，《茅盾文藝雜論集》（上），上海文藝出版社1981年版。

⑧　艾青：《母雞爲什麼下鴨蛋》，《艾青談詩》，花城出版社1982年版。

⑨　艾青：《詩與時代》，《詩論》，第160頁，人民文學出版社1980年版。

⑩　駱寒超：《論艾青詩的意象世界及其結構系統》，《文藝研究》（京）1992年第1期。

⑪　駱寒超：《論艾青詩的意象世界及其結構系統》，《文藝研究》（京）1992年第1期。

⑫　杜衡：《讀〈大堰河〉》，《新詩》第1卷第6期，1937年3月10日出版。

⑬　范伯群、朱棟霖：《1898—1949中外文學比較史》下卷，第1076頁，江蘇教育出版社1993年版。

⑭　艾青：《詩論》，第201頁，人民文學出版社1980年版。

⑮　艾青：《詩論》，第192頁，人民文學出版社1980年版。

⑯　艾青：《艾青選集·自序》，開明書店1957年版。

⑰　艾青：《北方·序》，《艾青選集》第3卷，四川文藝出版社1986年版。

⑱　唐湜：《詩的新生代》，《詩創造》第8期，星群出版公司1948年2月版。

⑲　艾青：《中國新詩六十年》，《艾青全集》第3卷，花山文藝出版社1991年版。

⑳　陳敬容（默弓）：《眞誠的聲音》，《詩創造》第12集，星群出版公司1948年6月版。

㉑　范伯群、朱棟霖：《1898—1949中外文學比較史》，下冊，第1097頁，

江蘇教育出版社1993年版。

㉒　袁可嘉：《新詩戲劇化》，《詩創造》第12集，星群出版公司1948年版。

㉓　參見《中國新詩》，第2輯，森林出版社1948年版。

㉔　袁可嘉：《新詩戲劇化》，《詩創造》第12集，星群出版公司1948年版。

㉕　陳維松：《論九葉詩派與現代派詩歌》，《文學評論》1989年第5期。

㉖　杜運燮：《穆旦詩選・後記》，人民文學出版社1986年版。

第四章　五十、六十年代新詩

第一節　五十、六十年代新詩概述

　　在50年代最初的幾年中，詩人們尚在調整適應期，創作不多，比較重要的作品是抒寫「開國大典」的《我們最偉大的節日》（何其芳）、《新華頌》（郭沫若）、《時間開始了》（胡風）等詩，可惜在個性化的藝術表現方面均欠火候。1953年到1957年上半年這段時間中，詩壇日漸熱鬧，三類詩人共同支撐著詩壇。一類是1949年前已經成名的詩人，經過淘汰、選擇和詩人自身的調整，一些詩人陸續發表了新作；一類是本時期詩壇的主力詩人，他們在1949年前已開始創作，於本時期成名；一類是1949年後走上詩壇的青年詩人，他們大部分來自軍隊，帶給詩壇一些引人注目的特徵，他們是下一階段的主力詩人。

　　1956年詩壇在比較寬鬆的氣氛中，對詩歌創作中的問題曾有所反思。1957年上半年，在「雙百」方針鼓舞下，詩壇湧現一批敢於觸及時弊、勇於表現生活矛盾的詩，如流沙河的《草木篇》、艾青的《養花人的夢》、郭小川的《望星空》、邵燕祥的諷刺詩等，表現了作者對生活的獨特思考和大膽的藝術創新精神。《詩刊》、《星星》也於1957年分別創刊，原可視為詩壇自新的開端，但接踵而來的「反右派鬥爭」使開端成為結局。

　　「反右派鬥爭」中，詩壇受到重創。艾青、公木、呂劍、穆旦、唐祈、唐湜、蘇金傘、李白鳳、陳夢家、吳興華、青勃、公劉、邵燕祥、白樺、流沙河、孫靜軒、林希等一大批詩人被迫離

開了詩壇。同樣對詩發展形成巨大影響的，是1958年的「新民歌運動」。「新民歌運動」的背景是「大躍進」，又與毛澤東的文藝思想相關聯。1958年3月22日，在成都會議講話中，毛澤東指出要注意搜集民歌，並說：「中國詩的出路，第一條民歌，第二條古典，在這個基礎上產生出新詩來，形式是民歌的，內容是現實主義和浪漫主義的對立統一。太現實了就不能寫詩了。」接著，在中共八大二次會議上，周揚作了《新民歌開拓了詩歌的新道路》的發言，「新民歌」以及「兩結合」的創作方法由此推展開來。故「新民歌運動」是由毛澤東提倡，各級黨委政府組織、發動的一場群眾性運動。「新民歌運動」對於詩壇的影響在於它被許多人視爲與五四新詩傳統相對立的詩歌發展的新道路。儘管有少數人持有不同意見（何其芳、卞之琳、力揚等），而且在報刊上展開了關於新詩發展道路的論爭，然而，「新民歌」問題實質上是不容置疑、討論、選擇的超出文學的政治問題。

　　60年代初由於連續幾年的經濟困難，文藝政策有所調整，創作界似見起色。然而，好景不長，1962年底「千萬不要忘記階級鬥爭」口號的提出，使全國的政治形勢再次發生變化。從1963年起，詩歌創作出現了新的轉折，政治抒情詩成爲占據詩壇主導地位的潮流。賀敬之以政治抒情詩《放聲歌唱》、《雷鋒之歌》、《十年頌歌》而聞名詩壇。郭小川也有《投入火熱的鬥爭》、《致青年公民》。直露地表白詩人的政治信仰和道德情操，甚至以標語口號來替代感情的抒發，成爲一時的風尚。詩歌變爲「戰歌」。詩的主題由讚頌新生活，轉向對「繼續革命」的感情和行動的宣揚。詩歌的想像方式和象徵體系也發生了變化。淺薄的比興象徵、託物言志的方法大量運用。紅日、紅旗、青松、風暴、井岡山、天安門等，被賦予了政治含義而成爲使用頻率極高

的象徵符號。

　　從詩人的構成看，50年代、60年代詩壇經歷了分化與組合。在1949年前，存在著國統區和延安地區兩個詩壇，有一大批頗有建樹的詩人，這些詩人何去何從，是新政權成立後的詩壇必然要回答的問題。新詩史的重新估價對於這一問題作了回答。新政權成立初對於新詩歷史的估價，臧克家的《五四以來新詩發展的一個輪廓》、邵荃麟的《門外談詩》等文章具有代表性和權威性。臧克家以詩人的政治立場、態度，將五四以來的新詩整理爲相互鬥爭的兩大陣營，郭沫若、殷夫、臧克家、蒲風、艾青、田間、袁水拍及延安地區詩人，是新詩革命傳統的代表，而胡適、徐志摩、李金發、戴望舒等則是「和當時革命文學對立鬥爭的一個反動的資產階級文藝作家的集體。」邵荃麟則進一步認爲五四以來每個時期，都有兩種不同的詩風在鬥爭著。一種是屬於人民大眾的進步的詩風，是主流；一種是屬於資產階級的反動的詩風，是逆流。臧、邵二人所代表的以階級立場、政治態度、與革命事業的關係爲標準的新詩理論模式，是當時社會政治、經濟以及思想文化領域建立新生政權權威要求的反映，它決定了一批詩人的隱退和一批詩人的改弦更張。

　　曾活躍於40年代的九葉詩人中的袁可嘉、杭約赫、辛笛、唐祈、陳敬容、唐湜、杜運燮、穆旦，或不再寫詩，或偶有詩作，亦頗受冷遇，而且不久也因作品得咎（唐祈、唐湜、穆旦在「反右」中被定爲「右派分子」）。同樣活躍於40年代的「七月派」詩人，則因爲「胡風反革命集團」案件而於政治運動中沉沒。

　　其他在40年代曾活躍於詩壇的詩人中，郭沫若以《新華頌》作爲其獻給新生政權的第一聲歌唱：「人民中國，屹立亞東，／光芒萬丈，輻射寰空，／艱難締造慶成功，五星紅旗遍地紅。／

生者眾，物產豐，／工農長作主人翁。」郭沫若在50年代大量政
務活動之餘，出版有詩集《新華頌》、《毛澤東的旗幟迎風飄揚》、
《百花集》、《百花齊放》、《潮汐集》、《長春集》、《駱駝
集》。其中《百花齊放》以100種花爲題寫成的101首詩，展現
了爲政治服務的極大熱忱。

　　從1957年到1979年一直擔任《詩刊》主編的臧克家，對於
新政權成立後的詩壇具有舉足輕重的影響。他是權威選本《中國
新詩選》的編者，並由他對五四後30年詩史作了論斷。臧克家於
50年代、 60年代出版有詩集《一顆新星》、《春風集》、叙事
長詩《李大釗》、《凱旋》及十年自選集《歡呼集》等。

　　30年代、40年代借鑑英美現代詩的藝術經驗，並對詩藝有
所探索、有所建樹的馮至、卞之琳、何其芳、李廣田等詩人，在
50年代、 60年代都努力嘗試創作適應新時代趣味的詩歌。馮至
有《西郊集》、《十年詩抄》、卞之琳有《第一個浪頭》、李廣
田有《春城集》。

　　艾青在「爲社會主義歌唱」中，出版有《歡呼集》《寶石的
紅黑》、《黑鰻》、《春天》、《海岬上》等作品，1957年因
「右派分子」以及與「丁玲、陳企霞反黨集團」、「吳祖光反黨
集團」、「江豐反黨集團」關係密切而遭政治上的劫難。

　　以創作數量多而引人注目的詩人是田間， 50 年代、 60 年
代他出版有短詩集 10 餘部，長篇叙事詩集《長詩三首》、《天
安門讚歌》和《趕車傳》等。其中《趕車傳》是包括《石不爛趕
車》、《藍妮》、《石不爛》、《毛主席》、《金娃》、《金不
換》、《樂園歌》七部計兩萬行的長篇巨製。《趕車傳》上、下
卷分別出版於1959年和1961年，帶有致命的浮誇弊病。

　　以《王貴與李香香》聞名的李季，在短暫的探索後，做出了

一個重要的決定：1952年舉家遷入油田落戶。他寫作了大量的與石油工人生活、勞動有關的詩，致力於歌頌建設者的英雄主義，長篇敘事詩《楊高傳》是其代表作。作為「詩與勞動人民相結合」的榜樣，李季受到了廣泛的讚譽。阮章競因《漳河水》聞名①，50年代中期他以內蒙新興的鋼鐵工業基地為體驗生活的基地，發表了《新塞外行》等組詩，這些作品放棄了民歌體而借鑑於古典詩歌五、七言歌行的格調和邊塞詩的藝術，一度引起評論界注意。此外，張志民、徐遲、戈壁舟、方紀、鄒荻帆等都有新作問世。

　　構成50年代詩壇主力的是郭小川、賀敬之、聞捷、蔡其矯、嚴辰等，他們於50年代、60年代進入各自創作生涯的旺盛狀態。其中聞捷的《吐魯番情歌》、《復仇的火焰》較著名。

　　青年一代於50年代中期前後登上詩壇，至60年代成為詩壇最活躍的人物。他們顯示了與前述詩人不同的特點，李瑛、雁翼、顧工、公劉、白樺、梁上泉、張永枚、周良沛等人都先後加入了軍隊，軍隊的生活對於他們思想觀念和創作具有重要影響。青年詩人反映生活的內容和角度各有不同，大多與自己的經歷和感情傾向有關。比如李瑛、張永枚的詩作主要表現戰爭與士兵，公劉、白樺、顧工則側重寫西南邊疆少數民族和士兵，邵燕祥是寫經濟建設的，雁翼、梁上泉、傅仇、流沙河、孫靜軒的詩與四川有深切的關係。

第二節　郭小川

　　郭小川（1919—1976），原名郭恩大，河北省豐寧縣人。中學期間參加抗日救亡運動，開始寫詩。1937年參加八路軍。1941年至 1945年在延安馬列學院學習，曾列席延安文藝座談會。

1945年8月任豐寧縣縣長。1949年後轉到宣傳部門工作，與陳笑雨、張鐵夫合作，用「馬鐵丁」筆名寫作「思想雜談」，產生過較大影響。1954年 7月調任中國作協黨組副書記、作協書記處書記兼秘書長，開始了專業文學創作的道路。

　　1955年到1956年，郭小川以《致青年公民》爲題，發表了一組「樓梯體」政治鼓動詩，當時詩人日後自認爲那是「以一個宣傳鼓動員的身分」寫下的「一行行政治性句子」，「浮光掠影」而且「粗製濫造」②。但當時受到評論界讚譽，由此，郭小川一發不可收，進入了詩歌創作爆發期。他以戰爭年代生活爲題材，寫了《白雪的讚歌》、《深深的山谷》、《嚴厲的愛》《一個和八個》（1979年才得以發表）等敘事詩，也寫出了引起爭議的優秀抒情詩《致大海》、《望星空》等，發表了《射出我的第一槍》，《縣委書記的浪漫主義》、《雪兆豐年》、《朗誦會上的一段奇遇》等配合「反右派鬥爭」、歌頌「大躍進」的浮躁之作。這期間他出版了《投入火熱的鬥爭》、《致青年公民》、《雪與山谷》、《鵬程萬里》、《月下集》等五部詩集，這些詩作在思想藝術上呈現出相當複雜的傾向。此後，在當時政治運動大潮的裹挾下，他的詩作受到接二連三的指責和批評。1960年以後，郭小川的詩作更加貼近現實政治運動，寫作了一批政治抒情詩，如《刻在北大荒的土地》、《祝酒歌》、《青松歌》、《大雪歌》、《甘蔗林——青紗帳》、《廈門風姿》、《秋日談心》、《鄉村大道》、《昆侖行》、《三門峽》等，這些詩作切合其時的政治化語境，加上表現形式的創新，受到當時評論界的一致推崇。這期間他還寫了敘事詩《將軍三部曲》，歌頌解放軍的高級指揮員。「文革」中郭小川受到嚴重迫害，痛定思痛，他將對政治形勢的思考和認識，全部傾瀉在他的絕唱《團泊洼的秋天》、《秋歌》

中，總結了自己「戰士兼詩人」的一生。

　　郭小川認爲：「詩人首先是戰士，要縱觀整個新時代，眼光應當敏銳，喚起人們鬥爭」。他事事處處以戰士——詩人的眼光來觀察現實，從現實社會重大的政治問題出發，選取題材，提出並回答革命者在不同革命階段應有的精神狀態、人生態度和道德情操，這是他詩歌創作的一貫作風。作於1956年的抒情詩《致大海》，是其戰士心靈的一次裸露。詩人以「大海」作爲革命的象徵，尋繹了他成爲一個戰士——革命者的心路歷程，顯示了思想深處由不和諧走向和諧的搏鬥過程，認爲只有把個人有限的生命投入無限的歷史發展中去，才能獲得與歷史相通的燦爛的人生：「我要像海燕那樣／吸取你身上的乳汁／去哺養那比海更深廣的蒼穹；／我要像朝霞那樣／去你的懷抱中沐浴；／而又以自己的血液／把海水染得通紅。」這是投身革命的戰士的心態，戰士的胸懷，戰士的人生態度。他的敘事詩《深深的山谷》，通過對戰爭年代愛情生活的描寫，揭示革命者的心靈、情感，「不僅要像雪那樣潔白，而且要像雪那樣豐富多采。」60年代，他的詩作多視角多層面地表現了人民戰勝困難、艱苦創業的戰鬥情懷。寫於1962年的《甘蔗林——青紗帳》，通過「甘蔗林」、「青紗帳」兩個象徵意象，用革命精神這根紅線將現實與戰爭年代相溝通，告訴人們，艱苦的戰爭歲月雖然已經過去，但它的革命精神卻是不能忘記的：「能再回到青紗帳去嗎？——生活已經全新，／我知道你們有勇氣喚回自己的戰鬥的青春。」70年代，面對「四人幫」的淫威、折磨，他仍牢記戰士的職責：「是戰士，決不能放下武器，哪怕是一分鐘；／是革命，決不能止步不前，哪怕面對刀叢。」（《秋歌》）「戰士自有戰士的性格：不怕污蔑，不怕恫嚇；／一切無情的打擊，只會使人腰桿挺直，青春煥發。」（

《團泊洼的秋天》）

　　在比較自覺探索詩藝術的時期，郭小川總是試圖在詩中探求人生眞諦。50年代後期，郭小川總結了自己前期創作的毛病，提出「文學畢竟是文學，這裡需要很多新穎而獨特的東西，」其中，「核心是思想。而這所謂思想，不是現成的流行的政治語言的翻版，而應當是作者的創見。」③以此爲起點，從50年代中期開始，他以一個「自覺詩人」的姿態作了四年的藝術探索。他力圖深入挖掘人的豐富的感情世界，努力表現出自己對人生的獨特的觀察、思考和發現。寫於1959年的抒情詩《望星空》，雖然在藝術上前半與後半不平衡，但成績是顯然的，詩人以宇宙星空爲「參照物」，對自我心靈世界進行了一番嚴屬的自剖和審視：「說什麼：／身寬氣盛，／年富力強！／怎比得：／你那根深蒂固，／源遠流長！／說什麼：／情豪志大，／心高膽壯！怎比得：你那闊大胸襟，／無限容量！」他不僅看到了個體生命的不完滿、不和諧，而且發現現實世界、社會和人生同樣存在缺陷，「我愛人間，／我在人間生長，／但比起你來，／人間還遠不輝煌。」因此「望星空，／我不禁感到惆悵。」這是詩人突破了對現實的滿足感之後，產生的一種全新的情感體驗，既有對大躍進的狂熱反思的意味，也是在心靈層次上把握人生的一次嘗試。寫於50年代後期的敘事詩，也體現出詩人的這種思考和探索精神。長詩《一個和八個》是這方面的佼佼者。作品講述了抗日戰爭初期，營教導員王金，被懷疑爲敵人派遣的奸細而入獄。在獄裡，他受到了來自各方面的嚴峻考驗：一面是同獄的八名眞正罪犯的報復性欺凌，另一面是他所忠誠的革命隊伍因誤解而施予的鄙視。但是，這個共產黨員，堅守戰士的崇高情操，不僅經受了種種難以忍受的考驗，並以他的思想、人格力量影響、感化、改造了這些罪犯，「給黑

暗的角落以亮光。」詩作的總體構思和人物刻畫告訴讀者：摧枯拉朽的革命固然需要戰爭這個鐵的手段，同時也要有愛、同情心和人道的力量，詩作的底蘊是耐人尋味的。被稱爲「愛情三部曲」的叙事詩《白雪的讚歌》、《深深的山谷》、《嚴厲的愛》，均以戰爭年代爲背景，通過愛情糾葛、家庭問題的叙寫，透視了感情、人生與道德的價值。《深深的山谷》，從女性視角描繪一個曾爲她所愛的人，在艱苦鬥爭中的動搖和幻滅，以此證明，人與人之間即使有很深的感情聯繫，但由於生活目標的不同，終會導向痛苦的破裂。《白雪的讚歌》則通過戰爭中一對夫妻失而復聚的故事，指出人生的考驗，除了政治之外，還有感情、道德的考驗，從而昭示我們，只要有共同的生活目標，那麼人與人的相互信賴、關懷，就如一根紐帶將他們聯得更緊，給予他們力量去戰勝物質的貧乏和感情危機，獲得人生的富足。可惜，這些作品在當時並沒有得到應有的評價，甚至受到批判和指責；另一方面，這些作品本身也顯露出詩人思想的矛盾，如《望星空》後半部的退縮，《深深的山谷》男主人公對「個人主義」的50行之多的批判，《一個和八個》中對人物心靈世界深層展示的局限，《將軍三部曲》在展示生活矛盾和感情衝突時的弱化和迴避等，成爲郭小川以及那一時代詩歌無迴避的深深遺憾。

　　重視詩歌形式的創造和革新，也是郭小川創作的特色。有人讚譽他是「技術革新的能手」④。郭小川說：「在形式上，我們要提倡的是民族化和群衆化。讀者可以看到，我在努力嘗試各種體裁，這就可以證明我不想拘泥於一種，也不想爲體裁而體裁。民歌體、新格律體、自由體、半自由體以及其他各種體，只要能夠有助詩的民族化和群衆化，又有什麼可怕呢？」⑤在郭小川的詩作中，占主體的是政治抒情詩。政治抒情詩在思想內容上有強

烈的政治性，大都表達一個普通的政治主題。因此，郭小川十分重視對這種詩體外在形式的革新。首先，他為不讓思想觀念、政治激情在詩中呈現出乾枯赤裸的形態，一直在努力尋求讓激情滲透到感性形象中去的最佳表現手法，比如反覆渲染、鋪陳手段的使用；其次，為了更好地傾瀉政治激情，他又特別注意通過詩的音樂性，即通過押韻和節奏，來創造「雄渾而壯麗的氣勢」，並圍繞詩歌節律進行句法和章法的試驗，用心良苦，成效顯著，但也存在著以「形式」的雕琢來挽救「內容」的直露的趨向。另外，郭小川在詩體形式的創新上也是煞費苦心，孜孜不倦的。50年代，他的詩作一般採用「樓梯體」，這是他學習俄羅斯未來派革命詩人馬雅可夫斯基的詩歌形式注意長句拆行時的節奏，盡可能做到大體整齊和押韻。其後，創作《雪與山谷》，使用的是「半自由體」、「四行禮」，節奏比較流暢舒緩。而《祝酒歌》用的是「民歌體」，句子短小，節奏明快，融古代歌謠、新民歌於一體。《將軍三部曲》則是類似元明散曲的創新的「自由體」。60年代，為了表現熱烈的思想感情，他又重新選用長句作基幹，並吸收古代賦體抒情詩的特點，創造了《甘蔗林——青紗帳》這樣的「新辭賦體」，這也是他對新詩藝術的主要貢獻之一。

【注　釋】

① 《漳河水》發表於1949年5月《太行文藝》，於1950年在《人民文學》第2期重新發表。

② 郭小川：《月下集・權當序言》，人民文學出版社1959年版。

③ 《月下集・權當序言》，人民文學出版社1959年版。

④ 宋壘：《甘蔗林——青紗帳》，《詩刊》1960年5期。

⑤ 《月下集・權當序言》，人民文學出版社1959年版。

第五章　八十年代新詩

第一節　八十年代新詩概述

　　70年代末，尤其80年代之後，詩歌創作進入了一個新的時期。新時期詩歌的覺醒，是以1976年的天安門詩歌運動①為起點的。天安門詩歌運動以罕見的規模、力度表現了廣大群眾的感情、願望和意志，詩重獲了自己獨立的政治、文化價值，它宣布了充斥於詩壇的矯揉造作、陳詞濫調的「詩」的死刑。

　　70年代末逐步深入的思想解放運動推動了詩歌主題從大悲大喜的歌頌、懷念和控訴，轉向對於歷史的反思和對現實社會生活的感受與思考。最初在詩壇上主要還是50年代、60年代活躍的詩人，賀敬之、嚴辰、李瑛、鄒荻帆、嚴陣、顧工、雁翼都曾有較大社會影響的作品，他們的詩基本上是50年代、60年代詩的延續，只是詩中的政治內容、政治觀點有了變化。隨著一批批冤、假、錯案的平反，詩壇出現了一個龐大的「歸來」詩人群。他們包括「七月」派詩人魯黎、綠原、牛漢、曾卓、冀方、盧甸、彭燕郊、羅洛等，在「反右派」鬥爭中被處置的詩人艾青、公木、呂劍、唐祈、唐湜、蘇金傘、公劉、邵燕祥、流沙河、胡昭、梁南、昌耀、孫靜軒……，也包括於50年代退出詩壇的九葉詩人。「歸來」的詩人在詩歌內容的歷史反思與藝術的個性化方面，為詩歌發展作出了探索。眾多的歸來詩人都自覺地參與了反思主題的抒唱：「真理是人民的共同財富，／就像太陽，誰也不能壟斷」；「既然歷史在這裡沉思，／我為何不能沉思這段歷史？」歸來的

詩人，或在有關個人曲折的生活經歷和人生體驗的表現中，凝聚歷史的滄桑，或從自我與歷史的尋覓中進入反思，從而帶有以歷史反思爲核心的理性思辨傾向。艾青的《魚化石》、梁南的《歸來的時刻》、白樺的《春節晚會的即興詩》、曾卓的《懸崖邊的樹》、公劉的《沉思》等作品，都有沉思歷史的主題表現。

「歸來」詩人群又特別關心社會問題，重視詩的社會干預作用。在詩與現實關係的調整上，在對時代情緒和社會矛盾的感受思考上，詩人們以強烈的政治參與意識和理性思辨精神，作深刻的社會探求。像艾青的《在浪尖上》、《光的讚歌》，白樺的《陽光，誰也不能壟斷》，雷抒雁的《小草在歌唱》，駱耕野的《不滿》，張學夢的《現代化和我們自己》，李發模的《呼聲》，劉祖慈的《爲高舉的和不舉的手臂歌唱》，熊召政的《請舉起森林般的手，制止！》，曲有源的《關於入黨動機》，邊國政的《對一座大山的詢問》，林希的《無名河》等，都是具有代表性的作品。

朦朧詩，作爲一個獨特的詩學概念，它指稱的是以北島、舒婷、顧城、江河、楊煉、芒克、方含、食指、多多、梁小斌等爲代表的一批「文革」中成長的青年詩人的具有探索性的新詩潮。朦朧詩孕育於「文化大革命」時期的「地下文學」②。北島（趙振開）、食指（郭路生）、芒克（姜世偉）、多多（栗世征）、根子、黃翔、舒婷等在「文革」中就已經開始了新的探索，其後有江河等詩人加入。他們的詩以手抄形式流傳。1978年10月北島、芒克在北京創辦民間刊物《今天》（油印品），並在《致讀者》中宣稱：「歷史終於給了我們機會，使我們這代人能夠把埋在心中的歌放聲唱出來，而不致再遭到雷霆的處罰。我們不能再等待了……過去的已經過去，未來尚且遙遠，對於我們這一代來

講，今天，只有今天。」在《今天》上發表詩作的北島、舒婷、顧城、江河、楊煉、芒克、嚴力等，很快成爲朦朧詩最具影響力的代表詩人。這是朦朧詩派第一次公開亮相。與此同時，有的大學的學生文學社團自辦小報也刊登了類似探索性詩篇。1979年《詩刊》發表北島《回答》、舒婷《致橡樹》、《祖國啊，我親愛的祖國》， 1980年又以「青春詩會」形式集中推出了17位朦朧詩人的作品和詩歌宣言。朦朧詩迅即成爲一股詩歌潮流，並且湧現了一大批廣爲流傳的代表性作品。

　　朦朧詩作爲一種新詩潮，一開始便呈現出與傳統詩歌不同的審美特徵。對人的自我價值的重新確認，對人道主義和人性復歸的呼喚，對人的自由心靈奧秘的探險構成了朦朧詩的思想核心。北島的《回答》以震撼人心的吶喊抒發了詩人對專制主義的強烈控訴：「卑鄙是卑鄙者的通行證，高尚是高尚者的墓誌銘。看吧，在鍍金的天空中，飄滿了死者彎曲的倒影。」「告訴你吧，世界，我——不——相——信！如果你腳下有一千名挑戰者，那就把我算作第一千零一名。」舒婷以擱淺的船概括一代人的悲劇命運（《船》），面對神女峰這千年流傳的人間神話「煽動新的背叛」（《神女峰》）；梁小斌以一把鑰匙的丟失來象徵理想的失落（《中國，我的鑰匙丟了》）；楊煉在大雁塔自我歷史中觀照人民的命運（《大雁塔》）；江河把自己疊進「紀念碑」感受民族的苦難（《紀念碑》）。詩人在覺醒與叛逆、迷惘與清醒、痛苦與莊嚴、失落與尋找、追悔與重建的感傷詩情中試圖建構一個新的詩學主題。

　　朦朧詩對傳統詩歌藝術規範的反叛與變革，爲詩歌創作提供了新鮮的審美經驗。意象化、象徵化和立體化，是朦朧詩藝術表現上的重要特徵。朦朧詩高揚主體意識，以意象化方式追求主觀

眞實而摒棄客觀再現，意象的瞬間撞擊和組合、語言的變形與隱喻構成整體象徵，使詩的內涵具有多義性。捕捉直覺與印象，用情感邏輯取代物理邏輯，以時空轉換和蒙太奇造成詩歌情緒結構的跳躍性和立體感，使詩歌情緒內涵獲得了彈性張力空間。朦朧詩意味著中國現代主義詩歌探索的再出發，意味著詩壇恢復了與世界現代詩壇的某些聯繫。

朦朧詩的崛起曾引發了一場爭論。從謝冕讚嘆「一批新詩人在崛起」，到孫紹振的「一種新的美學原則的崛起」的概括，再到徐敬亞的《崛起的詩群》，從形式到內容把朦朧詩的藝術主張系統化，肯定了朦朧詩的價值。③而反對者則認爲是畸形文學、藝術怪胎、甚至指爲「逆流」、「資產階級自由化」。爭論幾乎涉及了所有的詩學命題，儘管其間摻和了許多非詩因素，但隨著時間的推移，朦朧詩（或稱新詩潮）逐漸獲得了理論認可。1984年後朦朧詩人重新活躍起來，但已經有了變化，舒婷、顧城、楊煉、江河等人的詩中，已看不到前期詩作中的理性的激情，對於社會現實政治的關注也被對於民族文化乃至於人類生存狀況的關注所取代。楊煉、江河等創作了許多頗受注意的文化詩，如《諾日朗》、《大雁塔》和《太陽和他的反光》。有的朦朧詩過於追求用語奇特，造成主題晦澀。

在朦朧詩激烈爭論之際，在中國西部，周濤（詩集《牧人集》、《神山》、《野馬群》）、楊牧（詩集《復活的海》、《夕陽和我》、《野玫瑰》）、章德益（詩集《綠色的塔里木》、《大漠和我》、《西部太陽》）、馬麗華等中青年詩人以及老一輩詩人唐祈、昌耀（有詩集《昌耀抒情詩集》）的創作頗受詩評界關注，被稱爲「新邊塞詩」或「西部詩歌」。

80年代中期以後，詩的發展出現了一些重要的變化。一批更

爲年輕的「第三代詩人」在全國各地以民間群落形式自辦詩刊詩報，以各種五花八門的名稱來標示自我概括的藝術主張，滙成了一股朦朧詩後新詩潮，並造就了一次新的斷裂和「美麗的混亂」。

「第三代詩人」或曰「新生代詩人」、「後新詩潮」的集體亮相是在1986年，《詩歌報》和《深圳青年報》聯合以「現代主義詩歌大展」的方式集中介紹了由100多名第三代詩人分別組成的60餘家自稱詩派及其實驗詩歌代表作品，如南京的「他們」，上海的「海上詩群」，四川的「莽漢主義」、「非非主義」、「整體主義」、「新傳統主義」等等。

第三代詩人試圖反叛和超越朦朧詩，重建一種詩歌精神。這種精神不是英雄悲劇的崇高、理性自我的莊嚴、人道主義的感傷，而是一種建立在普通人平淡無奇的日常生活和世俗人生中的個體的感性生命體驗。因而「詩人不再是上帝、牧師、人格典範一類的角色」④。於是，反英雄、反崇高、平民化成爲後新詩潮的總體特徵。韓東的《大雁塔》是最早的對英雄主義別出心裁的嘲弄：「關於大雁塔／我們又能知道些什麼／有很多人從遠方趕來／爲了爬上去／做一次英雄」，「那些不得意的人們／那些發福的人們／統統爬上去／做一做英雄／然後下來／走進這條大街／轉眼不見了／也有有種的往下跳／在台階上開一朵紅花／那就眞的成了英雄」。這種局外人式的冷漠敘述姿態顯然解構了楊煉《大雁塔》中悲劇英雄的崇高。于堅的《尙義街6號》、王小龍的《外科病號》、王寅的《想起一部捷克電影想不起片名》等都呈現出一種平民日常生存狀態的瑣屑和尷尬。

反意象、反修辭和口語化，是後新詩潮在語言實驗方面的重要特徵。以韓東、于堅爲代表的原生態口語化傾向構成了對新詩潮經典性的意象語言規範的顛覆：詩到語言爲止，讓詩回到語言

本身。而以「非非主義」爲代表的超語義寫作則讓詩從語言開始，以反修辭、反邏輯的語言遊戲來造成對常規語義的偏離和喪失，從而還原到前文化狀態。如周倫佑的《自由方塊》、《頭像》，楊黎的《冷風景》都頗具代表性。這種激進的語言還原顯然包含著對文化的質疑、破壞與解構。

第二節　艾　青

　　1978年4月30日，上海《文滙報》發表了艾青的抒情短詩《紅旗》，艾青正式宣告從沉默中歸來。艾青歸來後以火山爆發般的激情在短短幾年裡創作了200多首詩歌，出版了《歸來的歌》（1980）、《彩色的詩》（1980）、《雪蓮》（1983）等詩集，艾青進入了詩歌創作的第二個高峰期。

　　艾青歸來後的詩歌，與他過去的作品有著明顯的連貫性和延續性。在他的全部創作歷程中，貫穿著一個基本的主題，即關注民族和人民的命運，歌唱人類的理想和光明。長詩《在浪尖上》，通過對天安門事件的警句性概括，表達了「詩人要對當代提出的尖銳問題與人民一同思考和人民一起回答」⑤這一堅定的詩學信念，標示歸來的艾青首先依然是一個政治詩人的形象。20餘年的「流放」生涯，並未減卻詩人飽滿的政治激情。試圖在廣闊的時空背景上，從民族歷史和人類命運的宏觀視角展開對特定時代政治現實的思考，這是艾青新時期詩歌主題的重要特徵。寫於1979年的長詩《光的讚歌》，以磅礡的氣勢、深邃的哲理和精美的意象，縱覽了人類歷史發展和宇宙自然演變過程中光明與黑暗、民主與專制、科學與愚昧、真理與謬誤的大搏鬥，表達了對光明的執著追求和對人類理想未來的堅定信念。「即使我們是一

枝蠟燭／也應該『蠟炬成灰淚始乾』／即使我們只是一根火柴／也要在關鍵時刻有一次閃耀／即使我們死後屍骨都腐爛了／也要變成磷火在荒野中燃燒」。長詩以光為核心意象，以光的自然屬性和品質為抒情線索，通過想像把詩的主題逐步從對光的描述中上升為人類永恒性理想追求的哲學層次。長詩《古羅馬的大鬥技場》，以古羅馬大鬥技場的興衰概括幾千年歷史教訓和發展規律：強權統治必將人民摧毀，「把那些拿別人生命作賭的人釘死在恥辱柱上」。詩雖取材於西方歷史陳迹，卻包含了詩人對於民族的過去、現在、未來的思考。艾青這種從人類歷史發展的曲折歷程中反觀現實、揭示眞理的參與意識賦予他的詩歌以深沉的歷史感和博大雄渾的思想境界。

　　規避描述具體的生活矛盾和場景，善於從具體生活現象中把握一種超越現象本身的體驗，在具象化描述中將其推移到象徵層次從而獲得更深廣的內涵，這是艾青歸來後詩歌在取材和抒寫方式上的一個重要特徵。《魚化石》從一條魚異變為化石的具象描述中建構了一個悲劇性的詩學主題。由於一場突然的災難，自由的生命瞬間消失，多少億年後它被發現時「依然栩栩如生」，「但你是沉默的，／連嘆息也沒有，／鱗和鰭都完整，／卻不能動彈」；「看不見天和水，／聽不見浪花的聲音」。這個具象的展開不僅僅是詩人個體命運的自我觀照，更是對一個災難時代生命沉埋的悲劇概括。在《盆景》中，詩人從「柔可繞指」的現象中把握了一種畸形殘損的本質：「其實它們都是不幸的產物／早已失去了自己的本色／在各式各樣的花盆裡／受盡了壓制和委屈／生長的每個過程／都有鐵絲的纏繞和刀剪的折磨」，「像一群飽經戰火的傷兵／支撐著一個個殘廢的生命」。盆景藝術所凝結的生命扭曲的悲劇滲透了詩人的人生體悟。

　　善於從日常生活現象中捕捉具體鮮明的意象來表達思想和觀念，運用富有啓悟性、暗示性的口語來傳遞內在情感，在樸素明晰的形式結構中濃縮深厚的體驗，這是艾青歸來後詩歌藝術表現上的重要特徵。這既保持了他50年代就形成的總體風格，又有了新的追求。即「摒棄了雕琢、藻飾和繁複技巧的運用，避免感情宣洩式的暴露，而追求外在形態上質樸、單純與思想感情內涵深度的結合」⑥。如《鏡子》一詩，從司空見慣的鏡子這一意象的物理特徵來展開美與醜、眞與假、善與惡的對立。「有人喜歡它／因爲自己美／有人躲避它／因爲它直率／甚至會有人／恨不得把它打碎」。詩的思想內蘊濃縮在鏡子講眞話這一聚焦點上，使得簡單的形式具有了哲理意味。此外像《魚化石》、《互相被發現》、《神秘果》、《蘆葦》、《蛇》、《傘》、《海》、《眼睛》等短詩都較好地體現了上述特點。

　　艾青新時期還創作了一些域外題材的詩，延續和發展了他過去形成的國際抒情詩的傳統，受到國內外讀者的讚譽。這類作品大多是記遊式的隨感短章，也有一些包含深沉哲思之作，表現了詩人對世界和人類歷史的關注和歌唱。

　　雷抒雁（1942—　），陝西涇陽人。他從西北大學畢業後參軍，繼承50年代、60年代詩歌創作的時代風格，唱著兵歌成長。1979年後，雷抒雁的創作進入新階段，作品既有50年代、60年代詩歌的傳統影響，又有著新時期詩歌對生活和藝術新的開拓，主要詩集有《小草在歌唱》（1981）、《雲雀》（1982）、《春神》（詩文集，1982）、《父母之河》（1984）、《跨世紀的橋》（1986）等。

　　發表在1979年的《小草在歌唱》，是雷抒雁的政治抒情詩的代表作。詩人以生長在烈士就義刑場上的「小草」這一形象貫

穿全詩，從人民群眾這一視角去觀察和思考「四人幫」殺害張志新事件，抒發人民群眾鬱積於心中的悲憤和表達人民對烈士的敬仰。詩人在詩中還坦誠地揭示了自己從受騙到覺醒的心靈歷程，通過眞誠嚴厲的自我譴責來烘托烈士的崇高形象，表達了一代人覺醒後的反思和懺悔。這就使詩在思想和藝術上都有了新的追求，在當時產生了比其他詩更強烈的社會反響。沿著《小草在歌唱》的創作路線，雷抒雁寫了一批政治抒情詩，如獻給張聞天的《信仰》，記叙華山救險事迹的《群山的雕像》，追悼中年知識分子的《煉石》等。但這些作品在思想和藝術上都沒有新的突破，取材明顯的「時效性」也給作品帶來了局限。雷抒雁另有一批哲理小詩。這些詩沿襲20年代初期小詩創作路數，或落筆抽象命題，予以形象闡釋，如《生活》、《愛情》等；或取材自然景物，從具象到抽象，如《紅葉》、《雨後》等。

第三節　北島、舒婷、顧城、楊煉

　　北島（1949—）原名趙振開，另有筆名石默、艾姍。發表過中短篇小說《波動》、《幸福大街十三號》，著有詩集《太陽城札記》、《北島詩選》、《舊雪》等。

　　北島是朦朧詩群中最具代表性的詩人。他率先以舊時代的挑戰者和反叛者的姿態站立於新詩潮的潮頭上。在1979年3月號《詩刊》上發表的《回答》，以驚世駭俗的警句高度概括了一個特定時代扭曲、顛倒和異化的本質——

　　　卑鄙是卑鄙者的通行證，

　　　高尚是高尚者的墓誌銘。

　　　看吧，在那鍍金的天空中，

　　　　飄滿了死者彎曲的倒影。

面對暴力和顛倒，詩人以悲憤冷峻的懷疑和毫不妥協的決絕姿態喊出了：「告訴你吧，世界／我──不──相──信！」，「縱使你腳下有一千名挑戰者，／那就把我算作第一千零一名」。這是覺醒者的宣言，這是叛逆者的抗爭。

　　對異化時代的強烈否定，對動亂歷史的沉痛反思以及由此生發的對民族的深沉憂患，構成了北島詩歌最重要的主題。在他早期的詩作《一切》、《結局或開始》、《宣告》、《走向冬天》裡表現得尤為突出。「我，站在這裡／代替另一個被殺害的人／為了每當太陽升起／讓沉重的影子像道路／穿過整個國土」。北島詩歌既有尋找帆影的憂鬱，又有對黑暗宣判的勇敢回答及迷途中的堅定，概括了一代人苦難中覺醒的精神歷程。

　　悲劇英雄的使命感和人道主義精神構成北島詩歌的另一個重要特質。「詩必須從自我開始」。北島詩歌正是以個體的人為本位展開思考並上升為一種堅定信念。「我是人／我需要愛／我渴望在情人的眼睛裡／度過每個寧靜的黃昏／在搖籃的晃動中／等待著兒子的第一聲呼喚」，但「這普普通通的願望／如今成了做人的全部代價」。因而當黑暗「以太陽的名義」「公開地掠奪」時，「我只能選擇天空／決不跪在地上／以顯出劊子手的高大／好阻擋那自由的風」，「即使明天早上／槍口和血淋淋的太陽／讓我交出自由、青春和筆／我也決不交出這個夜晚／決不交出你」。因為詩人堅信「新的轉機和閃閃的星斗，／正在綴滿沒有遮攔的天空」。這是對民族歷史新生的一種不可逆轉的信念。

　　北島作為一個反思最為徹底的詩人，他對當代詩歌陳舊規範的藝術表現也進行了最充分的個性化的「反叛式」解構。他把「隱喻、象徵、通感、改變視角和透視關係，打破時空秩序」及「

電影蒙太奇的手法引進自己的詩中，造成意象的撞擊和迅速轉換，激發人們的想像力來填補大幅度跳躍留下的空白」。在《一束》詩中，「你是海灣，是帆／是纜繩忠實的兩端／你是噴泉，是風／是童年清脆的呼喊／你是畫框，是窗口／是開滿野花的田園／你是呼吸，是床頭／是陪伴星星的夜晚」……全詩由十幾個不同時空不同屬性的具有濃厚主觀性的意象組成，消解了傳統詩歌的邏輯結構，以意象及意象的疊加轉換構造起詩的多義性象徵性主題。在《迷途》、《古寺》《峭壁上的窗戶》、《黃昏·丁家灘》等詩中都表現得十分顯著。如「是他，用指頭去穿透／從天邊滾來煙圈般的月亮／那是一枚定婚的戒指／姑娘黃金般緘默的嘴唇」。複雜的意象充滿了強烈的暗示和隱喻，從而提供了想像空間。

　　北島的詩風早期冷峻孤傲，銳利堅硬，後期逐漸趨向平緩與反諷。

　　舒婷（1952—　　），原名龔佩瑜、龔舒婷。著有詩集《雙桅船》、《會唱歌的鳶尾花》、《始祖鳥》等。

　　與她同時代的朦朧詩人相比，舒婷獨特的藝術個性就在於她很少以理性姿態正面介入外部現實世界，而是以自我情感為表現對象，以女性獨特的情緒體驗輻射外部世界，呈現個人心靈對生活熔解的秘密。從「美麗的夢留下美麗的憂傷」到「理想使痛苦光輝」，舒婷詩歌再現了整整一代人複雜的心理情緒流程。

　　對人的自我價值與尊嚴的肯定確認，對人格獨立和人生理想的追求張揚，構成了舒婷全部詩歌的核心思想。她最早發表於《詩刊》 1979年4月號的《致橡樹》之所以能引起廣泛的注目與認同，不僅僅在於宣示了一種愛情觀念：「我如果愛你，／絕不像攀援的凌霄花，／借你的高枝炫耀自己；／我如果愛你，／絕不學痴情的鳥兒，／為綠蔭重複單調的歌曲；」更為重要的是借此

表達了一種對人格獨立與尊嚴的肯定：「我必須是你近旁的一株木棉，／做爲樹的形象和你站在一起」。詩人以「木棉」和「橡樹」作爲象徵，表達了一個更廣泛更深刻的主題。正如她自己所說：「今天，人們迫切需要尊重、信任與溫暖。我願意盡可能地用詩來表現我對『人』的一種關切」⑦。在《神女峰》一詩中，詩人面對超越時空距離的婦女命運化身，以自己的心靈復活了千百年來那痛苦美麗的夢，激蕩起對人的獨立價值被漠視的尖銳不滿，發出了充滿悲劇性的對人性復甦的深情呼喊：「與其在懸崖上展覽千年／不如在愛人肩頭痛哭一晚」。

舒婷詩歌以「自我」爲核心構建了一個全新的抒情形象。她早期詩中的抒情形象明顯地帶有個人與時代雙重復合的情緒特徵。沉迷與甦醒、痛苦與歡欣、浪漫而感傷、勇敢而堅定，凝結爲「自我」的情感衝突與對立：「從岩至岩／多麼寂寞我的影；／從黃昏到夜闌／多麼驕傲我的心」（《致大海》）；「要有堅實的肩膀，／能靠上疲倦的頭，／需要有一雙手，／來支持沉重的時刻」；「道路已經選擇，／沒有薔薇花，／並不曾後悔過」。但是強烈的憂患意識和歷史使命感又使得詩人把個人的悲喜追求與對現實的感知結合起來，在國家與民族的歷史發展中不斷尋求和確定自我的位置和價值。在其後的《祖國啊，我親愛的祖國》、《會唱歌的鳶尾花》中，其抒情形象既是「迷惘的我」，又是「深思的我」和「沸騰的我」，是一個超越了詩人「自我」的具有普遍概括意義的一代人形象。

舒婷獨特的觀照方式賦予她詩歌單純外觀下蘊含著豐富的情感層次。她非常善於在溫婉典雅的傾訴和獨白中傳達憂傷而美麗的詩情，經常選擇矛盾的對立的意象，借助一些轉折、假設、讓步式的語序來構築多元立體情緒結構。如《四月的黃昏》：「也

許有一個約會／至今尚未如期／也許有一次熱戀／永不能相許／要哭泣你就哭泣吧，讓淚水／流啊，流啊，默默地」，意緒惆悵而熱切，迷濛而神往。在《往事二三》、《思念》等詩中，舒婷還運用意象疊加時空切割構築總體象徵，借以表現多義和不確定的複雜的主觀直覺體驗。

顧城（1956—1993），北京人，自幼喜歡詩歌，80年代初期走上詩壇，是「朦朧詩」派的代表詩人之一，主要著作有詩集《舒婷顧城抒情詩選》、《五人詩選》、《黑眼睛》、《墓床》和小說《英兒》等。

顧城成名作是發表於《星星》1980年第3期的《一代人》：「黑夜給了我黑色的眼睛，／我卻用它尋找光明」，體現了詩人對於漫長的歷史「黑夜」的反思，並在反思之中尋找生命的真諦。他後來的詩歌創作在藝術取向上基本上都體現出這種特點：反思與尋覓，而尋覓是他詩歌的最終旨歸。顧城的詩歌善於敏感地把捉細小的感覺，從個人感觸中表達對於生命的體驗，比如《遠與近》：「你，／一會看我，／一會看雲。／／我覺得／你看我時很遠，／你看雲時很近。」詩人對於「遠」、「近」的感受實際上是對生命存在的評價、對人的評價，揭示了人與人之間的隔膜、猜疑和戒備。顧城的詩歌對歷史的反思是深沉的，《永別了，墓地》抒寫詩人站在一片紅衛兵墓地上對歷史進行的重新思考，沒有高聲控訴，卻表達了一個同齡人對於生命和歷史的態度。他的詩歌因此而充滿歷史、現實與理想的矛盾，他的反思是對歷史與現實的揭示，但是，他的尋覓顯得更為執著。《我是一個任性的孩子》有這樣的詩行：「我想畫下早晨／畫下露水所能看見的微笑／畫下所有最年輕的／沒有痛苦的愛情」，這種理想光輝或多或少地消解了他的詩歌可能會流露的苦悶、壓抑之感，而他所尋

找的往往是夢幻、童話般的純美的生命境界，體現了獨特的人文光彩，因而有人把他稱爲「童話詩人」。

顧城的詩歌注重意象營造。他採用的意象常常不是人們習以爲常的那些意象，而是與他的生命感受相呼應的新奇意象，能夠表達新鮮的感受和體驗。雖然顧城也反思時代歷史，但他的時代意識並不十分強烈，他對大自然有著特別的偏愛，不少作品都表達了投入大自然的美妙感受。他尊重生命，尊重自我，所以他的詩歌意象多取自具有生命內蘊的自然物象，尤其是藍色的、開闊的「海」的意象，在他的詩歌中占有特殊的分量。顧城的詩歌想像獨特，常常出人意料，在「無理」的情感邏輯中體現出藝術上的妙處，比如：「把我的幻影和夢，／放在狹長的貝殼裡／柳枝編成的船／還懸繞著夏蟬的長鳴／拉緊桅繩／風，吹起晨霧的帆／我開航了」（《生命幻想曲》），意象豐富而奇特，想像開闊，以生命爲核心，建構了夢幻般的詩意境界。

顧城的詩歌注重表達內在的生命感受，注重藝術上的創新，和其他一些出現於80年代的「朦朧詩」詩人一樣，放棄高吼和說教，以自己獨特的藝術探索賦予了新詩以鮮活的藝術生命。

由於顧城長期與現實隔離，離群幽居，沉溺於個人主觀感覺，造成精神錯亂，1993年在紐西蘭寓所殺害妻子後自殺。

楊煉（1955—　　），著有詩集《太陽，每天都是新的》、《荒魂》、《幽居》、《黃》等。

楊煉在朦朧詩群中風格獨異，他的詩一開始便顯露出一種史詩意識。「我的使命就是表現這個時代，……具體地說，就是表現長期被屈辱、被壓抑的中國人民爲爭取徹底解放而進行的英勇鬥爭以及由此帶來的精神領域的巨大變革。」⑧楊煉總是從歷史發展和民族鬥爭角度審視和重新體認現實，並進而以自我的歷史

來歸納民族歷史。這種抒情方式和感知角度使得他的詩歌具有一種描述、概括民族苦難和鬥爭歷史的宏闊基調，顯現出一種沉鬱悲愴的英雄氣質以及厚重的歷史感。

　　從80年代開始，楊煉詩歌逐漸從現實關懷轉向對更爲深廣悠久的民族傳統文化和生命意義的「尋根」。他先後寫作了《大雁塔》、《諾日朗》、《半坡》、《敦煌》、《西藏》、《逝者》、《自在者說》、《與死亡對稱》等大型組詩，試圖在「自然、歷史、現實、文化」的四度空間建構現代東方史詩。強烈的生命哲學意識構成上述詩歌的重要審美特徵。《大雁塔》以悠久的歷史文化爲背景，呈現出積澱深厚的民族文化心理結構，大雁塔既是文化的承載又是生命的具象。「我被固定在這裡／已經千年／在中國／古老的都城／我像一個人那樣站著」，這個擬人化的大雁塔無疑是生命的象徵：「我的動作被剝奪了／我的聲音被剝奪了」，「連影子都不屬於自己」；「我被叛賣，我被欺騙／我被誇耀和隔絕著／與民族的災難一起，與貧窮、麻木一起／固定在這裡／陷入沉思」。這首詩以強烈的現代生命意識和「人」的主體重建對舊文化傳統進行了反撥。

　　《諾日朗》是楊煉的力作。「諾日朗」是九寨溝的一座雪山及瀑布的名稱，藏語意爲「男神」。全詩以《日潮》、《黃金樹》、《血祭》、《偈子》、《午夜的慶典》5個相對獨立的片段組成，描述了人類史前期生命的萌動和人類起源，全詩充滿生命力的騷動。

　　以繁複密集的意象和意象群演繹理念，以若干獨立又有內在聯繫的單元建立組詩系統，從而構造多重空間結構。《禮魂》由3個組詩構成總體結構，《半坡》表現人類生存，《敦煌》探索人類精神，《諾日朗》揭示人類與自然的關係。每一組詩又由若干章節、意象作爲互有關聯的不同層次。以《易經》作結構的大

型組詩由《自在者說》16首和《與死亡對稱》16首構成，分別
以「氣」爲內在基調貫穿處理「自然的語言」，以「土」爲內在
基調處理「歷史的語言」，又分別由「天」和「風」、「地」和
「山」兩大單元結構而成，從而構築成多層次意識空間。

　　楊煉詩歌以對東方文化的反思和對史詩的探索爲當代詩歌作
出了貢獻，但有些詩對文化、歷史的學術性反思缺乏詩的感性的
支撐。

【注　釋】

① 1976年底，童懷周廣泛徵集天安門詩歌，其選集《天安門詩抄》，
　　1978年12月由人民文學出版社出版。北京第二外國語學院漢語教研室
　　16位教師之筆名。

② 楊健：《文化大革命中的地下文學》，朝花出版社，1993年。

③ 謝冕：《在新的崛起面前》，見《光明日報》1980年5月7日；孫紹振
　　《新的美學原則在崛起》，見《詩刊》1981年3期；徐敬亞：《崛起的
　　詩群》，見《當代文藝思潮》1983年3期。主要反對文章：章明：《令
　　人氣悶的朦朧》，《詩刊》1980年第8期；臧克家：《關於朦朧詩》，
　　《河北師範學院學報》1981年第1期，該文斥朦朧詩爲「逆流」；程代
　　熙《評〈新的美學原則在崛起〉》，《詩刊》，1981年第4期，該文斥
　　徐敬亞之文是「資產階級現代派詩歌宣言」，「資產階級自由化思想的
　　宣言書」。鄭伯農、柯岩也發表了批評文章。

④ 于堅：《詩歌精神的重建》，《快餐館裡的冷風景》，北京大學出版社
　　1994年版。

⑤ 艾青：《詩論》，人民文學出版社1980年版。

⑥ 洪子誠、劉登翰：《中國當代新詩史》，人民文學出版社1993年版。

⑦ 舒婷：《人啊，理解我吧》，《詩刊》1980年10月號。

⑧ 見《詩刊》1980年10月號。

第六章　九十年代新詩

　　大陸90年代是新詩在社會轉型中重新尋找出路的時代。由於外在生存環境的巨變和詩歌藝術對於新變的渴求，新詩在多種向度上探尋生存與發展的可能。多元是這一時期新詩創作的基本風貌。但是，也正是由於詩歌藝術選擇的多種可能性，人們對既有的詩歌藝術經驗提出了懷疑，這就使新詩的藝術探索在一定程度上呈現出零亂而缺乏焦點的局面。相對於其他文體而言，大陸90年代新詩創作上的收穫並不豐碩，可以說是成功與失敗並舉，經驗與教訓同在。

　　外在生存環境艱難，始自大陸新時期的文化轉型在90年代進一步加速。隨著中國社會由社會主義計劃經濟轉向社會主義市場經濟，經濟建設成為人們關注的焦點。經濟轉型必然帶來文化轉型，以前的一些主流觀念、思潮可能不再成為主流而是成為末流乃至被人棄絕，特別是以精神探索為己任的新詩更容易被拋到社會的邊緣。在市場經濟條件下，新詩只能在經濟大潮的浪捲之中艱難地尋找自己的出路。大陸90年代的新詩所面臨的正是這樣一種前所未遇的處境。

　　就整個文學界而言，接受者的文化心態與審美取向往往可以左右某一文體的命運。在文化轉型時期，特別是在中國這種物質基礎相對薄弱的國度，對物質的渴望和由新舊觀念的衝突而產生的精神上的困惑和危機感，使人們更加關注具有實用價值的東西；而在文化上，人們關注最多的也主要是瞬時性、娛樂性的文化形

態。嚴肅文學面臨著挑戰。在這種挑戰中，各種文學樣式又因其特性不同而有著不同的命運。隨著現代科學技術的發展，敘事文學還可以找到一些新的發展路徑，比如影視、電腦等現代傳播媒介便爲小說、戲劇文學（含影視文學）等敘事文學樣式提供了更多的生存與發展的可能性。它們可以通過更具娛樂性、直觀性的方式擁抱接受者。而詩歌這種最不具備娛樂性、實用性的文體則很難找到與現代傳播媒介的關聯。

在文化轉型的世紀末期，新詩在外部生存環境上至少受到兩重衝擊：一是人們以實用的、世俗的眼光來打量這種非實用的、心靈性的文學樣式，這必然使他們失望並疏離詩歌；二是其他文學樣式和文化樣式的挑戰。這種處境使大陸90年代以來的詩歌在獲得了廣泛自由的前提下又成爲生存環境最爲艱難的「邊緣性」文體。

由文化轉型所引發的詩人自我的重新定位和新詩藝術探索在路向選擇上的迷茫，則最終使新詩的發展走向了低谷。

詩人隊伍廣泛分流。在新詩外部生存環境的壓力之下，詩人的地位也受到前所未有的挑戰。「詩人從傲居於文明金字塔尖上跌落下來。如今在大眾文化、通俗小說、流行歌曲以及『肥皂影視』的衝擊下，有的告別繆斯而皈依新的神祇，有的操持舊業而活得很累，有的安貧樂道卻處境尷尬。」①詩人隊伍的分流是90年代詩壇的獨特風景。一部分詩人頑強地堅守詩歌，他們相信詩歌在精神淨化方面的獨特作用，試圖爲詩歌藝術的輝煌而作長期的努力。一部分詩人則在不背離詩歌精神，或不完全放棄詩歌創作的前提下，轉向了或者同時從事以散文爲主的其他文體的寫作，如邵燕祥、楊牧、舒婷、傅天琳、葉延濱、阿紅、周濤、李鋼等，他們都曾是詩歌創作的中堅力量，在轉向其他文體的寫作之後也

取得了可觀的實績。文體選擇作家，作家也選擇文體。詩人根據自身學養和觀照對象的變化而選擇其他文體是一種正常現象。還有一部分詩人面對轉型中的經濟和文化，特別是詩歌處境的艱難而選擇了沉默或者棄詩而去的道路。

按理說，詩人隊伍的正常分流可以在一定程度上使詩人隊伍更具有創造實力。但是，大陸90年代的詩人分流反而透射出這一隊伍不斷被瓦解的危機。當然，詩人隊伍的分流仍然具有其特殊效用，它至少表明，繼續堅守詩歌的人們對詩歌藝術具有一種虔誠的投入精神，因而也就潛藏著新詩走向新生的希望。

詩歌格局多元並舉。雖然大陸90年代的新詩發展步履艱難，但是，如果把大陸90年代的詩歌創作看成是一片沙漠也是不符合事實的。多元並舉是大陸90年代詩歌發展的基本風貌。

對詩歌文體意識的進一步強化，是大陸90年代詩歌探索的主要路向。面對經濟轉型和文化轉型，詩人們開始重新打量新詩歷史，重新思考詩歌的獨特功用。在反思詩歌與社會、個人的關係的同時重新確認這種關係，並在文化開放的大背景下重新審視和認定新詩與民族詩歌傳統、外國詩歌藝術經驗之間的特殊關係。這一切都使大陸90年代的詩人們更加強調「自我」在詩歌中的地位。他們通過自己獨特的視角與不斷演進的觀念表達對歷史、現實、人生等多層面的思考。與80年代初期以艾青為代表的「歸來者」詩歌思潮和以舒婷等為代表的「朦朧詩」詩歌思潮有所不同，大陸90年代的新詩順著80年代以來的藝術探索的慣性發展，思想更為活躍，加上現實生活的複雜化、多元化，詩歌呈示方式也更為複雜。如果說80年代詩歌所呈現的主要是對詩歌傳統和外國詩歌藝術經驗的歷時接受，那麼，大陸90年代的詩歌則主要在立足現實變革的同時，對外國詩歌藝術經驗進行共時借鑑，並以此

628　新詩卷　第六章　九十年代新詩

爲基礎對詩歌傳統進行現代選擇。這不僅使詩歌傳統在新詩中的
呈示方式出現了多樣化的特點,而且爲新詩的現代化提供了更多
的可能性。

　　體現在創作上,大陸90年代的詩歌既關注人的本質與生存處
境,又尊重詩歌藝術發展的循序漸進的演變規律,詩中既包含強
烈的憂患意識,又閃現耀眼的理想光輝,並由此使詩歌的厚度、
廣度、深度、力度等要素都得到了一定程度的強化。

　　李瑛的詩集《生命是一片葉子》與他以前的以外傾型思考、
觀念型表達爲主的詩歌有了很大不同。它所體現的生命思考和使
命意識的融合,使詩歌具有了開闊的人生與藝術視野,展示了老
詩人在90年代詩歌探索中的新突破。他的《纖道》以古老的「纖
道」爲線索思考歷史與現實,既有深遠的歷史感,又有凝重的現
實生命體驗:「一條纖道/一條沒有名字的路/像一條鞭子/埋
在深山裡/被風吹雨打/被太陽曝曬/被蒼涼的號子和江濤染黃
的纖道/像一條抽打脊背的鞭子/丟在深山裡」。「深山」暗示
歷史的悠久,而在詩中多次反覆的「鞭子」這一意象則更多地包
含了詩人內心強烈的主觀體驗。他在「纖道」上感受到了歷史的
滄桑與生命的艱難,「像一條鞭子,掛在牆上/如今,已多少年
/它很瘦了/瘦得像一根線條/船板,早已腐朽/纜繩,早已爛
斷/但這纖道,仍在滴血」。詩人也由此發現了生命的希望與路
向,「自從看見它/我才認識了祖先的艱辛/原來,它是一個民
族曾經走過的路/或者說,它是一部民族的歷史/隱痛裡,我的
生命得到了延伸」。這種把歷史與現實、個人與民族、沉思與渴
望交織在一起的藝術手段,使李瑛的詩呈現出意境開闊、詩情飽
滿的特色。

　　張新泉的《人生在世》、《鳥落民間》等詩集從平凡的題材

中發掘對歷史與現實的深刻而親切的體悟，民族詩歌的優秀傳統在現代文化氛圍中獲得了新的生命。他的詩追求柔和與冷靜，雍容大度而不劍拔弩張，於剛毅之中感悟到柔曼，於細柔之中暗示出剛強。這就使張新泉的詩在浮躁的時代氛圍中體現出一種獨特的人文關懷。《一燈如豆》寫道：「打開歷史／那盞燈就亮了／在一些寒窗之下／禪房之內／野渡舟頭／沉靜的一粒紅焰／內力充沛恒定如一／表示著一種存在／一種執著／一份自信／或者什麼也不表示／就是一盞燈亮在／民間的檐下」。這「燈」包含著人民的、民族的、文化的光亮，它燭照在歷史的長河中，雖然如豆般微弱，卻具有巨大的精神的力量，使「翻看歷史的人才不會感到太冷」。同時，張新泉也不乏思索現實的詩篇。《各就各位》便於反諷之中對各種事象給予了針砭：「艾滋病一步到位／使無數靈魂紛紛落馬／／高消費迎風勁長／孔方兄卻侏儒般／難以挺拔／／化妝品塗得臉無完膚／整容師隆完鼻子／又挑剔嘴巴／／書架上站滿中外名著／熱枕下孵一窩高僧武俠／／跳罷迪斯科又去卡拉ＯＫ／寂寞的月亮依舊又圓又大／／性在愛情的門外露宿／『我想有個家……』」，詩人以幽默的口吻讓各種事象組合成充滿矛盾的詩意場景，使人們從中獲得思考與選擇。

韓作榮以真誠而具有探索精神的筆觸對現實存在和個人靈魂所進行的解剖，可以說是感性與理性的深度融合。他的《無言三章》②等作品以開闊的視野和深沉的叩問展示生命的現狀與可能的流向，發人深思。他這樣表達對生命現狀的感悟：「是誰在那裡撕扯我的聲音？藏在暗中的／手指，讓靈魂陷落，讓一顆單純的心顫慄如／風中抖動的水。靜靜炸裂／刀子將昨天割碎，遊刃於敞開的空間／哦，從熱切到冷漠的距離並不長久／子彈穿透假設的虛無／卻在我的心壁傳來一聲尖叫／啊世界，當邪惡匿伏於

人的軀體之中／傷害沒有原委，只有欲望／只是在恐懼和孤寂中尋求殘酷的歡樂」，這是一種讓人震顫而又眞實的體驗，是透過表層而深入生命本質的解剖。詩人也從中意識到，人們對生命的至境有一種深切的渴求：「哦，遙遠的呼喚，無法背棄的命運／人，多麼需要拯救重濁的肉體／多麼需要比骨骼更爲堅硬的撐持。哦世界／你並不只是罪惡和苦難，在困惑與寧定中／再跨躍一步你就會遇見眞實的自己」，「閉合雙目吧，將懊惱與歡樂，恐懼與悲哀／遮覆在眼帘之內，隨毛孔逸散／忘却便是回歸，是一種古老的重逢／睜開第三隻眼睛凝視，一切沒有分別／純淨與樸素都負載原始的眞涵／將漢字一顆一顆拋入水中，連同蒙塵的心／一起洗滌，用鮮活的呼吸堆砌詩歌／吞吐從未有過的聲音。也許，這是另一種苦難／生命本眞的呼號穿越時空／博大的回聲，正在濃密的脈管中伸延……」。這種思考是多方位的，既具有歷史的延展性，也具有現實的針對性，甚至具有哲學的廣泛包容性，體現了生命的複雜及其本身的強大活力。

另外，朱增泉的《長夜》、王久辛的《狂雪》等長詩對歷史、戰爭、和平與人類命運的全方位思考，既體現了強烈的使命意識和人類意識，又包含著濃郁的憂患意識，使傳統意義上的軍旅詩歌具有了新的內涵。昌耀對大西北文化精神中雄奇、悲壯的生命狀態的歌唱，楊克對商品經濟時代人們不斷變化的心態的觀照等等，都是大陸90年代新詩創作的收穫。

1997年12月，中國作家協會主辦的「魯迅文學獎」單項獎中的詩歌獎評選揭曉，共有8部出版於1995—1996年間的優秀詩集獲獎。它們是李瑛的《生命是一片葉子》、匡滿的《今天沒有空難》、韓作榮的《韓作榮自選詩》、沈葦的《在瞬間逗留》、張新泉的《鳥落民間》、王久辛的《狂雪》、辛茹的《尋覓光榮》、

李松濤的《拒絕末日》。這些作品涵括了老中青三代詩人的創作，基本上代表了大陸90年代新詩創作的整體水平。它們在風格上呈現出很大的差異性，有現實主義的，也有現代主義的，有主要對民族詩歌傳統進行發掘和弘揚的，也有對外國詩歌藝術經驗進行廣泛借鑑的——從而體現出新詩創作的多元風貌。

　　由於詩歌創作環境的開放與自由，詩人們對詩歌文體的反思、探索在90年代的詩歌探索中占有重要位置，其中一個重要現象便是對現代格律詩的重視。在新詩史上，自聞一多以降，作為新詩文體建設的一部分，現代格律詩一直為一部分詩人所看重。但是，由於新詩流派、思潮演化的過速，詩歌的文體建設自新時期以來並未受到應有的重視，現代格律詩也未成為詩壇普遍關注的話題。到了90年代，新詩發展受到各種各樣的挑戰，詩歌界才又重新開始關注詩歌文體所具有的特殊的構成要素，現代格律詩也由此受到詩界的重視。1994年10月，中國現代格律詩學會在北京召開成立大會，有力地推動了現代格律詩的創作與研究。在90年代的詩壇上，除了老詩人公木、林庚、唐湜、屠岸、綠原、鄒絳、梁上泉等之外，駱寒超、許霆、黃淮、萬龍生等詩人、詩評家乃至一些青年詩人也從理論和實踐上對現代格律詩進行了多方面試驗和研究③。他們針對新詩歷史和90年代詩壇現狀，對新詩的詩體建設，特別是對詩歌區別於其他文體的音樂性問題，進行了富有詩學意義的探索。

　　詩歌探索存在誤區。90年代的青年詩人的藝術探索主要立足於對詩歌本體的建構和對個體體驗的觀照。他們試圖從個人的複雜體驗中找到一些生命與藝術的光亮。它也使90年代的青年詩歌在總體上趨於凝重，沉思多於浪漫，生命感強於使命感。與此同時，在文化轉型時期，任何一種詩歌觀念都只能在一定時期內適

632   新詩卷　第六章　九十年代新詩

應一部分詩人與讀者,詩歌也因此不得不在文化轉型和藝術變革
中努力尋求新的突破口。

　　90年代的青年詩人較少在虛妄的「流派」和空洞的「宣言」
上作文章,而是試圖以創作實績來實現他們的藝術探索目標,這
說明,就詩人的主觀願望而言,他們的探索是嚴肅的。然而,願
望並不等於收穫。就其探索路向和最終成果來看,90年代的青年
詩歌創作仍然存在著諸多迷誤。他們對詩人和詩歌的認識與以前
有很大差異。西川說:「我不是一個百分之百的詩人,我是一個
百分之五十的詩人,或者說我根本不關心我是不是一個詩人,或
者說我根本不關心我寫的是不是詩歌,我只關心『文學』這個大
的概念。」④王家新說:「我們應從我們今天而非馬拉美的那個
時代來重新認識『純詩』,或者說我們應用『文體的間離性』來
代替『文體的自律性』。」⑤鍾鳴認為:「對詞語冒險的興趣,
顯然大於對觀念本身的興趣。」⑥詩歌藝術觀念的變革是詩歌藝
術發展的呼喚,但是這種變革必須依賴一定的文體規範,否則,
變革只能給詩歌帶來災難。這些詩人的詩歌觀念在某一側面均有
其合理性和獨創性,但是,詩歌作為一種文體,它的構成因素十
分複雜,如果只強調一面而忽略其他,必然會損害這種文體的整
一性,從而使詩歌寫作處於「失範」狀態。誠如現代社會的發展
不能沒有法律一樣,完全放棄規範的詩歌寫作也難以對詩歌藝術
的發展產生良好的推動作用。

　　相當多的青年詩人在面對轉型中的社會和開放的文化環境時,
找不到或者不考慮詩歌藝術探索的立足點和出發點,而是順著慣
性,延續著80年代中期以來形成的所謂「後新潮詩」(又稱「後
朦朧詩」)思潮。這種思潮的早期代表是80年代中後期的「第三
代詩人」(這批詩人是中國當代繼艾青、舒婷之後的又一代詩人,

因此有此名稱）。事實上，這批詩人也是90年代詩壇上的主要力量。韓東在《第二次背叛──第三代詩人散論》⑦中談及丁當、于小韋、呂德安、于堅、翟永明、張棗、小海、楊黎、陸憶敏、王寅、柏樺、普珉、小君、西川、歐陽江河、陳東東、海力洪等人的創作情況，而程光煒在《不知所終的旅行──90年代詩歌綜論》一文中主要涉及到的詩人是歐陽江河、張曙光、王家新、陳東東、柏樺、西川、翟永明、開愚、孫文波、張棗、黃燦然、鍾鳴、呂德安、臧棣、王艾等。從這兩個名單的交叉中不難看出90年代詩歌的思想淵源。我們不能否定「後新潮詩」思潮所具有的探索性及其意義，譬如打破僵硬的意識形態一體化的寫作、對詩歌語言的強調、詩歌的民間性等等，但是，也要看到，「後新潮詩」的思想和藝術的來源確實十分駁雜，因而也帶來嚴重的問題，其中最主要的是在不全面考察中國和西方的歷史、現實和藝術傳統的情況下，把西方的後現代主義哲學思潮和文化、文學思潮搬用過來並視爲圭臬，而對中國詩歌的優秀傳統（包括新詩的優秀傳統）則完全持否定、排斥態度，把數千年積澱下來的民族文化心理、道德理想和藝術審美追求不加分析地作爲反叛對象。這就帶來了他們詩歌觀念上的一系列悖謬。譬如，他們反叛群體意識，極力張揚自我，卻走向了把個人與社會、主體與客觀完全對立割裂開來的歧途；他們提倡所謂的「個人化寫作」乃至「私人化寫作」，使詩歌切近個體自我的眞實存在，但有的卻淪爲生命瑣屑化、庸俗化。

　　體現在創作上，這種潮流以解構爲核心，反對話語霸權和專制，訴求心靈的自由，但是有的創作卻褻瀆崇高，消解理想，事實上是把人生和詩歌藝術都當成遊戲，詩中除了極端化的自我形象或者自我嘲弄之外，再難看到活生生的人的形象。這種詩歌的

藝術旨趣不是淨化、提升人的精神境界，而是試圖以反傳統、反文化、反藝術、反現實建造獨立於現實的精神烏托邦，而終至於走向虛無。

現狀反思與路向尋找。在新詩發展處於困境的同時，對詩壇現狀與新詩出路的探討一直是90年代詩歌界的熱門話題，許多報刊都對此展開了廣泛討論。《詩刊》開設「話說今日詩壇」專欄，供詩人、詩評家和讀者發表意見；1997年，《星星》詩刊就周濤為《綠風》詩刊創刊百期而寫的關於詩歌的「十三問」展開廣泛討論，數十位詩人、詩評家和讀者參與了這一活動。儘管這些討論並沒有在詩歌觀念上達成共識，但是，絕大多數參與者都認為，90年代的新詩創作收穫欠豐並且存在諸多藝術探索上的誤區，需要對詩歌歷史、詩歌出路進行重新審視和選擇。在這些討論中，有三種意見具有代表性。

呼喚好詩。人們從詩歌歷史、功用和個人的接受經驗出發，探討對於好詩的認識。九葉詩派老詩人鄭敏從詩的信息量、詩人對語言的尊重、漢語的音樂性、當前詩歌創作中的混亂現象等方面對她認定的好詩進行了描述。她認為：「詩可以濃妝艷抹，也可以凝煉雋遠。只要它能將人的心與宇宙間萬物溝通起來，使它領悟天、地、自然的意旨，有一次認識的飛躍，也就得到了審美的滿足。這樣的詩就是我心目中的好詩，因為它將我封閉狹隘的心靈引向無窮變幻的宇宙。」⑧這種主張延續了鄭敏自40年代以來的詩歌觀念，在詩壇上有一定的代表性。

反思詩壇現狀。孫紹振的觀點具有較強的說服力。他在全面考察了80年代中期以後的「後新潮詩」之後指出：「總的來說，自從所謂後新潮詩產生以來，雖然也有新探索，但是，所造成的混亂，似乎比取得的成績更為突出，新詩的水平並沒有全面的提

高。」他認爲「後新潮詩」的本質是「虛假」，而這種藝術上的「虛假」，「產生於人格的虛假，又必然普及著人格的虛假。」他不能相信，「沒有眞正意義上的使命感，光憑文字遊戲和思想上和形式上的極端的放浪，會有什麼本錢在我們的詩壇上作出什麼驕人的姿態。」⑨在80年代初期，孫紹振曾極力推舉以「朦朧詩」爲代表的新潮詩歌，因而被認爲是新潮詩歌的代言人之一。在90年代，他對「後新潮詩」進行了尖銳的批評，這不是他對張揚詩歌的探索、創新意識這一一貫主張的否定，而是由於90年代的詩歌創作的確存在太多的誤區。

　　提倡建設。90年代詩歌創作的欠收，除了詩歌外在生存環境的艱難之外，更主要的是因爲詩歌藝術自身探索的失誤。其表現之一便是，在對待詩歌傳統和既有的詩歌文體觀念方面，否定多於肯定，破壞多於建設，這就勢必導致詩歌創作既缺乏根基也迷失路向。面對這種情形，以發展的眼光全面地、客觀地、求實地重新打量新詩歷史和既有的詩歌藝術經驗，就成爲詩歌藝術發展的必然要求。只有這樣，新詩才能找到自身的發展之路。爲此，有人提出「詩體重建」：「詩是以形式爲基礎的文學，詩體則是形式第一要素。可是有了近百年『資歷』的新詩卻遠遠說不上在詩體上已經成熟。」⑩

　　雖然90年代的新詩在取得一定成績的同時也存在著藝術上的困惑，然而，作爲一種表現人的精神、淨化人的心靈的藝術，詩歌也許會在一些方面與以前有所不同，但是它不會隨著現代文明的進步而消亡。隨著中國的經濟轉型和文化轉型的最終走上正軌，新詩也將會在外部生存環境改善和自身的藝術反思中找到新的出路。

【注　釋】

① 楊匡漢、劉福春：《世紀之交的矚望——卷首絮語》，《1990—1992三年詩選》，人民文學出版社1994年版。

② 刊於《星星》1992年11月號。

③ 如《三星草——漢式十四行詩三百首》，唐湜、岑琦、駱寒超著，浙江文藝出版社1997年版。

④ 轉引自程光煒《不知所終的旅行——九十年代詩歌綜論》，《山花》1997年第11期。

⑤ 王家新、陳建華：《對話：在詩與歷史之間》，《山花》1996年第12期。

⑥ 鍾鳴：《海神的一夜·序》，改革出版社1997年版。

⑦ 載《百家》1990年第1期。

⑧ 鄭敏：《探索當代詩風——我心目中的好詩》，《詩探索》1996年第2輯。

⑨ 孫紹振：《後新潮詩的反思》，《詩刊》1998年第1期。

⑩ 呂進：《論新詩的詩體重建》，《詩刊》1997年第10期。

散　文　卷

引　言

　　在「五四」新文學創作中，散文是最有成就的門類之一。魯迅曾說過：「五四」之後，「散文小品的成功，幾乎在小說戲曲和詩歌之上」①。朱自清也認爲這個時期的散文創作，「確是絢爛極了：有種種的樣式，種種的流派，表現著，批評著，解釋著人生的各面，遷流漫衍，日新月異：有中國名士風，有外國紳士風，有隱士，有叛徒，在思想上是如此。或描寫，或諷刺，或委屈，或縝密，或勁健，或綺麗，或洗練，或流動，或含蓄，在表現上是如此」②。

　　30年代散文創作，繼承了「五四」散文多樣風格的傳統，同時在散文表現社會生活容量、散文的體式方面又有了一些新的發展。　30年代特定的歷史環境和歷史任務對文學的制約，大體決定了散文發展的基本走向：爲了適應迅速反映時代脈搏的需要，雜文和報告文學獲得了很大的發展；隨著對散文多種功能的強調，以及隨著作家依據自己對現實的不同態度所作的不同的藝術選擇，該時期散文的樣式更趨完備。

　　抗戰時期，散文中首先得到充分發展的是報告文學，這是由人們對戰況和戰爭事態的普遍關注使然；同時，闡發愛國道理、議論時政和諷刺現實的雜文也一度興盛；小品散文雖不乏精彩之作，卻已難覓20、30年代的盛況。該時期解放區散文中最有成

就的亦是報告文學，相比而言，雜文、小品文的創作則隨著審美取向的偏頗而處於低谷。

50—60年代，文藝性散文曾分別出現兩次浪潮；敢於寫眞實的報告文學和臧否善惡的雜文已曾有過短暫的活躍，但就整個歷史階段而言，散文幾乎成了時代的頌歌，最常見的是反映「新生活」的記叙散文和表達「歡欣」情緒的抒情散文，由於作家個人感情在群體感情中的完全消失使該時期散文缺乏個性。10年動亂，除了幾篇通訊，散文園地幾乎是一片荒涼。

與所有的文學樣式一樣，新時期散文創作也呈現出蓬勃向上、欣欣向榮的發展態勢。傳統的各類散文體式都有了長足的進步；在借鑑和融合其它文學樣式（如小說、詩歌等）和外國現代派文學表現技巧的基礎上，散文創作在各方面均有突破。尤其是90年代以來，在創作界和閱讀界形成的「散文熱」，更是使散文這一文學樣式獲得了空前的發展機遇。

【注　釋】

① 《魯迅全集》，第4卷第576頁，人民文學出版社1981年版。
② 《朱自清全集》，第1卷第33頁，江蘇教育出版社1988年版。

第一章　二十年代散文

第一節　二十年代散文概述

五四時期的散文有雜感小品，叙事抒情的「美文」，還有散文詩和文藝性的通訊。語絲社、文學研究會、創造社、新月社、現代評論派的一些詩人、小說家也大多寫散文，他們的散文創作有鮮明的個人風格。魯迅甚至認為，五四散文創作成就在詩歌、小說之上。

中國現代散文的興起和其後的繁榮，是與五四時期報刊業的發達密切聯繫旳。

《新青年》的「隨感錄」中的一些文藝性的短論和雜文，為現代散文開闢了道路。雜文經魯迅的運用，在新文學運動中占有特殊重要的地位。

20年代魯迅出版的雜文集有《熱風》、《華蓋集》、《華蓋集續編》、《墳》、《而已集》。此外，1932年出版的《三閒集》是　1927年至1929年雜文的結集；未收入上述諸集的20年代的雜文，後來收入在《集外集》和《集外集拾遺》中。20年代魯迅的雜文比之《新青年》時期的「隨感錄」，有了很大的發展，內容深刻犀利，形式也多樣化，出現了熔叙事、抒情、議論於一爐的《紀念劉和珍君》這樣的長篇。

隨後，抒情散文、叙事散文也有了很大的發展。1927年魯迅《野草》的出版，標誌著散文詩的成熟。1928年出版的《朝

花夕拾》是魯迅對青少年時代生活的回憶。對父親、保母、塾師、故友的追憶，爲綿厚的溫情所浸透；旨在社會批判的篇什如《無常》、《狗、貓、鼠》、《二十四孝圖》閃爍著反封建的思想光芒、行文明快、流暢，並時雜幽默；在借題發揮處，往往順手投出匕首和投槍，使敵手猝不及防。回憶文中雜文手法的運用，體現出魯迅叙事、抒情散文與雜文風格的一致性。魯迅散文語言的凝練，爲當時一般散文作家所難及。

《語絲》周刊刊載的社會批評和文化批評，「任意而談，無所顧忌，要催促新的產生，對於有害的舊物，則竭力加以排擊」，文筆幽默、潑辣，時稱「語絲文體」，在現代散文發展中有著重要的地位與影響。

周作人是語絲社重要的散文作家。有人統計，從1918年到1928年的十年間，周作人在《新青年》、《每周評論》、《晨報副刊》、《語絲》等20種報刊上發表散文近千篇。他的平和沖淡的「美文」在藝術上達到了爐火純青之境。

俞平伯的散文屬周作人的「美文」的一派。他20年代的散文集有《燕知草》和《雜拌兒》。《槳聲燈影裡的秦淮河》、《陶然亭的雪》、《西湖六月十八夜》都是散文中的名篇。《槳聲燈影裡的秦淮河》的描寫情境交融，景色朦朧，是他散文的代表作。《陶然亭的雪》中，冬日黃昏的遲暮，爲靜穆凄清之情浸染，在記叙、抒情中又生發一些悠閑的意思，情、景、理、趣水乳交融，筆濃而意淡。《西湖六月十八夜》用細膩的筆觸繪出倦意朦朧的西湖的變幻的美，造成一種空靈的意境。俞平伯的散文很少觸及重大現實問題，而以獨抒性靈見長。用筆細膩，意境朦朧而靈動、閑適而傷感，語言運用透出古代文學的深厚傳統的影響，被周作人譽爲「近來的第三派新散文的代表」。但有時描寫繁縟，用力

太過，少了天然之趣。

　　文學研究會的散文作家中，朱自清、冰心以文字優美著稱。1920年以後，冰心發表了她最初的一批散文，如《往事》、《寄小讀者》。《寄小讀者》是用通訊形式寫的文藝散文。冰心散文「情緒多於文字」，她以清麗、典雅的文筆和溫暖的柔情訴說對祖國、對母親、對兄弟、對弱小者、對自然的愛，表現了她的「愛的哲學」，時稱「冰心體」。郁達夫說中國傳統文化的薰陶、故鄉的山水、留學生活「助長了她的詩思，美化了她的文體」；「意在言外，文必己出，哀而不傷，動中法度」①。這是郁達夫對冰心的性格和散文風格的評價。

　　許地山、葉紹鈞也是文學研究會的重要作家。許地山的《空山靈雨》（1925年1月，商務印書館出版）收散文小品44篇，是五四運動後最早成冊的個人散文集。其《弁言》說「生本不樂」而「入世以來」又「屢遭變難，四方流離」。然而《空山靈雨》中直接抒寫生之苦痛及變難流離之作卻並不多見。《生》說他的生活好像一棵龍舌蘭，「那些葉子曾經歷過的事迹惟有龍舌蘭自己可以記憶得來，可是它不能說給別人知道」。相反，更多的是面對人生艱難的奮鬥勇氣。《暗途》以「暗途」喻人生，主人公吾威拒絕燈火，要「在幽暗中辨別」險途猛獸，那晚上他「在暗途中走著，……一點害怕也沒有」，「沒有跌倒，也沒有遇見毒蟲野獸；安然地到他家裡」。茅盾說許地山嘗試著尋找一個合理的人生觀，然而他沒有建立起這樣的人生觀作爲自己理想的象牙塔，於是他「多少帶點懷疑論的色彩」，但「雖然懷疑，卻並不消極悲觀」②，這話幾近實情。《鬼讚》中面對鬼衆們讚頌死之快樂的誘惑，「我」雖然「險些兒也迷了路途」，但仍從寒潭那邊傳來的魚躍出水的聲音，認出了「歸路」。對「理想」和「絕

望」的懷疑使他在彷徨中探求生的意義。《空山靈雨》叙事、抒情、設喻時禪機迭出，這並非是從佛教世界觀尋求消極的解脫，而是借佛教文化的智慧探求人生哲理，或用以解自身之惑，或用以啓迪讀者。如《美的牢獄》中夫妻關於美的辯解就頗有談禪的意味。談禪並不求結論，只求有所悟。妻在反駁丈夫關於自然美的議論時說：「自然要加上一點人爲才能有意思。若是我的形狀和荒古時候的人一樣，你還愛我嗎？」提出人的努力在建立合理合意的生活中的作用，是頗有啓發的。然而談禪而至於迷戀，是很危險的。《曒將出兮東方》說「光明不能增益你什麼，黑暗不能妨害你什麼，你以何因緣而生出差別心來？」這無差別境，是一種宗教的虛無主義玄理，很容易引人由懷疑墮入虛無。文中的「我」抓住「在早晨就該讚美早晨，在長夜就該讚美長夜，……說到詛咒，亦復如是」，而作出了「朝霞已射在我們臉上，我們立即起來，計劃那日的遊程」的選擇，從虛無主義擺脫了出來。但要說這是從光明與黑暗無差別境中推論出的結論，則多少有些牽強的味道。其實這倒是且不管它是黑暗還是光明，執著於我們應做之事，立即做起來的意思。力圖從虛無主義擺脫，反映出許地山宗教人生觀的矛盾和掙扎。《空山靈雨》中有許多作品意境幽遠，文筆美麗，可視爲散文詩。就藝術品位而言，那些語含機鋒的寓言及抒情小品精緻玲瓏，最能代表作者的創作個性，有很高的美學價值。但平實素樸的叙事、抒情之作，在集中也占相當的比例。其中《落花生》最爲著名。它將「把果子埋在地裡」的花生與懸在枝上鮮紅嫩綠「令人一望而發生羨慕之心」的蘋果、桃子、石榴作比較，得出了「人要做有用的人，不要做偉大、體面的人」的道理。他以「落花生」爲筆名正表明了他要做於社會「有用」的人的志向。

　　葉紹鈞20年代的散文，收入他和兪平伯合著的散文集《劍鞘》
及 1931年出版的散文小說合集《腳步集》中。1935年出版的《
未厭居習作》除36篇新作外，選《劍鞘》5篇，《腳步集》9篇
（其中還包括1930年的散文3篇）。葉紹鈞多年從事語文教學和
文學編輯工作養成的謹嚴作風，也在他的散文寫作上留下烙印，
因而郁達夫說：「我以爲一般的高中學生，要取作散文的模範，
當以葉紹鈞氏的作品最爲適當。」③《五月三十日急雨中》、《
藕與蒓菜》、《沒有秋風的地方》都是名作。

　　20年代瞿秋白發表的散文中重要的有《心的聲音》、《餓鄉
紀程》、《赤都心史》、《涴漫的獄中日記》、《那個城》，雜
文有《小言》（七則）、《寸鐵》（三則）等。《餓鄉紀程》、
《赤都心史》是現代文學史上最早的文藝通訊，也是最早反映十
月革命後俄國社會眞相的作品，它以洋洋灑灑的長篇，寫20世紀
初震撼世界的第一件也是頭等重要的大事。雜文《小言》、《寸
鐵》則短小精粹，如一柄柄閃光的匕首，擲向五卅慘案的製造者
和他們的奴才走狗、幫凶幫閑，顯示了作者的政治敏感和駕馭不
同散文文體的才華。瞿秋白的散文很有文采，寫得很美，但他的
散文決非供人把玩觀賞的小擺設，而是戰鬥武器。

　　郁達夫是創造社重要成員。他20年代的散文有以叙事和抒情
爲主的（如《還鄉記》、《還鄉後記》、《立秋之夜》），有書
簡（如《海上通信》、《一封信》、《北國的微音》），遊記（
如《感傷的行旅》），日記（如《病閑日記》）等。《還鄉記》、
《還鄉後記》是郁達夫早期寫《零餘者》羈旅生活的記行體作品，
途中風物人情和人物的傷感彷徨交相描繪，抑揚變化、往復回環，
構成了作品的內在節奏和情韻之美。《海上通信》和《還鄉記》
一樣，也寫於旅途之中，同是情景兼美之作。這組通信是一位正

直、愛國而又重情的詩人氣質的知識分子向他的同是詩人的友人
訴說他對侵略者、資本家的恨，對人民苦難的同情，以及他的自
哀自憐的傷感之情。他的《病閑日記》從容坦率地記敘了他
1926年 12月在廣州的一段生活。作家恣筆寫來的日記，喜怒哀
樂，苦悶無聊，乃至個人隱私都興會淋漓。

　　郁達夫說：「現代的散文之最大特徵，是每一個作家的每一
篇散文裡所表現的個性，比從前的任何散文都來得強。」這一特
點在早期創造社作家的散文裡表現得格外鮮明。郁達夫的散文文
肇恣肆，對社會黑暗、世風頹敗的憤激，因這憤激而生的苦悶、
無聊、自憐，乃至自暴自棄、自虐自殘，都有著個性解放，離經
叛道的意味，是對「秦漢以來的中國散文的內容」的叛離。其乖
張、不近人情處，可隱約地見出魏晉名士的餘緒；而不能免於頹
廢，又是20年代郁達夫散文與小說一致處。

　　郭沫若前期散文分別收在《橄欖》、《水平線下》等集中。
1924年 12月至1925年1月間以「小品六章」爲總題發表於《晨
報副刊》的六篇散文（《路畔的薔薇》、《墓》、《白髮》、《
山茶花》、《水墨畫》、《夕暮》）最爲有名，1926年收入《
橄欖》集時，棄總題不用。《路畔的薔薇》以對零落凋殘的薔薇
的珍惜與保存，寄寓對飄零的自身的憐愛。《墓》中飄零者連「
昨日的屍骸」及自造的墳墓也無處尋覓，傷痛之情達於極致。《
白髮》寫因一位理髮姑娘三年前替「我」拔去一根白髮，而感激
她「替我把青春留住」的慧心。《山茶花》用山上的野趣裝點居
室，得到「清秋活在我壺裡了」的意外驚喜，這是對美與青春的
珍惜者與愛護者的報酬，飄零的「我」也彷彿找回了自己的青春。
《水墨畫》通過對天空、日光、海水、沙岸、漁舟、火葬場的烟
囪冒出的「灰白色的飄忽的輕烟」的漫不經心的隨意點染，畫出

了一幅幽淡的水墨，然而由於「我」的心境的緣故，它只透出一種「淡白無味的淒涼的情趣」。那載著「我」的「繫著的漁舟」，顯出「我」的漂泊的生涯。《夕暮》的夕陽、新月、鮮紅的雲、散放著的幾條黃牛及它們悠長的鳴聲、「咯咯咯」地喚食的母雞與「啁啁」地爭食的雞雛、餵雞的母親、嬉戲的孩子、金色的暮靄，畫出了作者心嚮往之的充滿野趣的牧歌境界。《小品六章》即景生情，情融於景，傷景即自傷，憐物亦自憐，貫穿於其間的，是一種甚深的漂流感。見薔薇而情動，睹白髮而生悲，細事微物都觸動詩人情懷；愛美，愛青春，愛牧歌式的野趣；重主觀性情的抒寫等等都表現了郭沫若的浪漫主義詩人的風格。作品短小凝練，含蓄淡遠，充分地表現了散文詩的特點與優長。《小品六章》外，《芭蕉花》、《鐵盒》、《賣書》、《尚儒村》等回憶散文，用平實的文字、寫實的手法，記述了過往生活的某些段片，愛憎分明，現實感很強，針砭社會黑暗處（如《尚儒村》）入木三分，顯示了與《小品六章》不同的另一種文字風格，也顯示出郭沫若對國事的關心、對人民的同情。張揚自我，熱愛自然，關心社會是郭沫若前期散文的特點。

　　梁遇春散文獨樹一幟，作品多收於《春醪集》，《淚與笑》中也有幾篇20年代的散文。他的散文多談人生哲理，博學敏思，「如星珠串天，處處閃眼，然而沒有一個線索，稍縱即逝」④。這與他耽於書齋生活，視野狹窄，而年紀又輕思想尚未充分成熟有關。梁遇春探索人生，獨立思考。在《「還我頭來」及其他》一文中，他提出「還我頭來」的口號，來抵制胡適一類「思想界的權威」用「文力」來統一青年學生的頭腦做法；當人生觀問題討論正酣之時，他偏提出「人死觀」這個題目來研究⑤。這些不諧和的調子都是他對這「糊塗世界」「重新一一估定價值」⑥的

表現。然而「將一個問題，從頭到尾，好好想一下時」又「總覺得頭緒紛紛」，常「找不出一個自己十分滿意解決的方法」⑦，於是不免彷徨，有時墮入懷疑論，而喟嘆「人生的意義，或者只有上帝才曉得吧！有些半瘋不瘋的哲學家高唱『人生本無意義，讓我們自己做些意義。』夢是隨人愛怎麼做就怎麼做的，不過我想夢最終脫不了是一個夢罷。」⑧《春醪集》就是他的「醉中夢話」。雖然由於閱歷和能力的限制，對社會、人生，他感到困惑、彷徨，然而卻用異常的執著，在悲苦、懷疑中追求一種有意義的生氣勃勃的、有色彩的人生。這種追求與努力表現在《笑》、《滑稽和愁悶》這兩篇「醉中夢話」裡，也表現在《論麻雀及撲克》、《論「流浪漢」》中。後兩篇文章批判了中外紳士們的灰色人生，在《論「流浪漢」》中更提出了「流浪漢」來與紳士對立。他的「流浪漢」不是吉普賽人式的漂流者，而是「生命海中的弄潮兒」，是有冒險精神的、「具有出類拔萃的個性的人物」⑨，是梁遇春自我人生追求的描述。梁遇春的思想與文風都是非紳士的。

梁遇春被稱為「中國的愛利亞」⑩（即英國散文家查爾斯‧蘭姆），他青睞蘭姆的隨筆文體。英法隨筆Essay，曾是五四時期深受知識分子鍾愛的文體，同「信腕信口」的晚明小品一起引起這一代散文家的共鳴。「在各種形式的散文之中，我們簡直可以說Essay是種類變化最多最複雜的一種。自從蒙泰紐最初把他對於人和物的種種觀察名為Essais或試驗以來，關於這一種有趣的試作的寫法及題材，並不曾有過什麼特定的限制。尤其是在那些不拘形式的家常閑話似的散文裡，宇宙萬有，無一不可以取來作題材，可以幽默，可以感傷，也可以辛辣，可以柔和，只教是親切的家常閑話式的就對了。」⑪周作人曾在《美文》中給予介紹，方重在《英國小品文的演進與藝術》作了系統概括。蒙田、

培根、愛迪生、蘭姆、歐文、赫士列特、哈得遜、吉辛等名家隨
筆被紛紛譯出。郁達夫指出：「英國散文的影響，在我們的知識
階級中間，是再過十年二十年也決不會消滅的一種根深柢固的潛
勢力。」⑫梁遇春偏愛蘭姆，嗜讀他的《伊利亞隨筆》，寫有《
查爾斯‧蘭姆評傳》。梁遇春說，他寫「流浪漢」受英國19世紀
末葉小品文家斯密士的影響，而對「流浪漢」精神的頌揚，是受
蘭姆的啓發，蘭姆「主張我們有時應當取一種無道德的態度，把
道德觀念撇開一邊不管，自由地來品評藝術和生活。」⑬梁遇春
不是刻意模仿蘭姆，而是像蘭姆一樣，率性眞誠縱談人生，毫不
掩飾自己的全人格。讀梁遇春文，可以感到他那笑中有淚、淚中
有笑的神態。對英、美、法國文學的大量引述，是梁遇春散文寫
作上的顯著特點。英國作家的詼諧，和法國蒙田、伏爾泰的懷疑
論的糅合，形成了梁遇春的非紳士的「流浪漢」的散文風格。《
滑稽和愁悶》中論及伏爾泰、蒙田和法朗士的風格時說：「因爲
詼諧是從對於事情取懷疑態度，然後看出矛盾來，所以懷疑主義
者多半用詼諧的風格來行文」，這話於認識梁遇春的散文風格也
大體適用。他的《談「流浪漢」》對文學史的事實的大量引述，
甚至近於堆砌，這種不免於「散」的「快談縱談放談」的散文風
格，十分接近蘭姆與蒙田。廢名說梁遇春的散文「沒有一個線索」，
既指它的思想上的彷徨、尋求，也指它縱意放談時的活潑恣肆，
這種看似蕪雜、不精練處，正顯示著青年作者的英氣。

　　新月派和現代評論派的散文，以徐志摩和陳西瀅影響最大。
徐志摩20年代的散文集有《落葉》、《自剖》、《巴黎的鱗爪》，
《秋》是1929年的演講，1931年出版。徐志摩的散文風格筆調
輕盈飄然，語言華麗誇飾。華麗則不免繁複，輕盈有時流於輕佻。
徐志摩散文以其鮮明的個人風格爲人所愛重。陳西瀅以「閑話」

知名，《西瀅閑話》是他的代表作，由它可看出西瀅「閑話」的
風格。

　　新文學的散文始於文學革命，20年代便呈現出繁榮的景象。
報刊的繁盛，文學流派紛紛形成，許多知識分子走上十字街頭，
甚或走出國門，增加了閱歷，擴大了眼界，西學東漸更新了知識
和觀念，這一切都造成了新文學運動中現代散文的繁榮，也決定
了現代散文的主要特點。這些特點是：第一，五四運動對於「人」
的觀念的發現，影響於散文，便是表現個性，革新了散文的內容。
郁達夫說傳統的「散文的心」是「尊君，衞道，與孝親」⑭，現
代散文是對傳統的「散文的心」的背離。第二，擴大了表現生活
的範圍。《人間世》發刊詞曾有「宇宙之大，蒼蠅之微，無不可
談」的話，以幽默的語言道出了現代散文的這一特點。但中國現
代散文創作的主流是對社會、人生問題的關注，這是文學革命興
起後散文作家的共同特點。第三，文體多樣，表現自由，不拘一
格。第四，承受了世界文學的廣泛影響，英國的小品，蒙田的隨
筆，尼采的箴言警句，屠格涅夫的散文詩，泰戈爾、廚川白村在
20年代對我國散文的文體、風格都或直接或間接地發生過影響。
第五，新文學運動初期和20年代的散文，都表現著散文作者們的
深厚的學養，在思想、藝術上達到了很高的成就。魯迅式的雜文，
周作人的小品，冰心、朱自清的文筆對後來散文的發展都發生過
或仍在發生著深刻的影響。

第二節　周作人

　　周作人（1885—1967），浙江紹興人，初名櫆壽，號星杓，
1901年去南京江南水師學堂學習，改名作人，自號起孟，1909

年又改號啓明；常用的筆名有豈明、開明、獨應、仲密、周逴、遐壽等。　1901到1905年在南京求學期間接觸了西方科學和民主思想，開始了最初的文學活動，譯《俠女奴》、《玉蟲緣》、《荒磯》，創作短篇小說《女獵人》、《好花枝》、《孤兒記》，根據《舊約》中夏娃的故事改編《女禍傳》。1906年赴日求學。此期間更多地接受了西方民主思想的影響，與魯迅一起籌辦《新生》雜誌，提倡文藝運動，譯《紅星佚史》、《勁作》、《匈奴奇士錄》、《炭畫》、《黃薔薇》，又與魯迅合譯《域外小說集》。辛亥革命前夕除在杭州、紹興教育界任職外，繼續翻譯與創作，出版了介紹希臘文學的《異域文談》，創作短篇小說《江村夜話》，研究兒童文學。五四前後加入《新青年》，在《新青年》、《每周評論》等雜誌上發表《人的文學》、《平民文學》、《思想革命》等論文，把文學革命由形式的改革轉向內容的革新，推動了新文學運動的深入發展。1920年加入新潮社。同年，籌辦文學研究會，起草文學研究會宣言，宣稱「文學是……於人生很切要的工作」，揭起了「爲人生」的文學旗幟。1924年與孫伏園等創辦《語絲》周刊。五四前後至20年代，他參加了五四新文學運動，在「女師大風潮」、五卅運動、三一八慘案、四一二事件中，站在進步的、革命的方面，寫了大量雜文。同時他在五四落潮後，特別到20年代中期思想也逐漸轉變，1928年以後趨於消沉。抗日戰爭爆發後變節附逆，出任僞職。華北淪陷期間，在敵僞報刊發表文章數百篇，一部分爲吹捧日帝、汪僞的漢奸文學，如爲《汪精衛先生庚戌蒙難實錄》所作的《序言》中吹捧汪精衛「挺身犯難，忍辱負重」，具有「投身飼餓虎」的精神，表現出一副漢奸奴才嘴臉⑮。1945年因漢奸罪被捕，後判刑，1949年1月交保釋放。晚年定居北京，翻譯希臘文學與日本文學，出版《魯迅的

故家》、《魯迅小說裡的人物》、《魯迅的青年時代》等著作。

五四時期及20年代是周作人散文創作的鼎盛期。周作人在20年代結集出版的散文集有：《自己的園地》（1923年）、《雨天的書》（1925年）、《澤瀉集》（1927年）、《談虎集》（1927年）、《談龍集》（1927年）、《永日集》（1929年），另有詩和散文詩合集《過去的生命》（1929年）。1931年2月出版的《藝術與生活》是1926年編就的，收五四前後的文學論文（如《平民文學》、《人的文學》），關於俄國文學、歐洲文學、日本文學的論譯，關於日本新村的論文和訪問記等21篇。序文說：「一九二四年以後所寫的三篇，與以前的論文便略有不同……即夢想家與傳道者氣味漸漸地有點淡薄下去了」。由於種種原因，大量未收入以上幾個集子的文章，後編入1993年和1995年出版的《周作人集外文》上、下集中。總觀周作人自編的散文集及近年編輯出版的《集外文》，可大致看出周作人五四時期及20年代散文創作的兩種傾向及其演變的軌迹。

周作人的散文歷來就有浮躁凌厲和平和沖淡兩種風格。五四前後及20年代談時事的戰鬥的雜文屬於浮躁凌厲的一類，而五四時期的雜感、讀書隨筆及20年代他稱之為「美文」的藝術性散文，則屬於平和沖淡的一類。

《談虎集》是1919年至1927年間的雜文的結集，多是「關於一切人事的評論」。《談虎集·序》說：「我這些小文，大抵有點得罪人，得罪社會，覺得好像是踏了老虎尾巴，私心不免惴惴，大有色變之慮，這是我所以集名談虎之由來。」集中「得罪」的是封建主義、舊文化、反動軍閥、帝國主義、國民黨的「清黨」罪行。《思想革命》、《前門遇馬隊記》是集中的名篇。這些雜文雖不如魯迅雜文辛辣、深沉，卻也諷刺銳利，閃耀著匕首的寒

光。

最能表現周作人散文個性的卻是他稱之爲「美文」的藝術性散文，即散文小品。1921年6月周作人發表了《美文》。文章將「美文」界定爲論文的一種，不過它不是批評的，不是學術性的，而是藝術性的：「有許多思想，既不能作爲小說，又不適於做詩……便可用論文式去表他。」它可以是叙事的，也可以是抒情的，但都是爲了表達自己的「思想」。周作人所提出的「美文」這個名稱並未通行⑯。它就是通常所稱的散文小品。

周作人說這種「美文」是「眞實簡明」的。「簡明」是對文字的要求；「眞實」便是說眞話、說自己的話，而不是說假話、說別人的話。「美文」也就是周作人在《看雲集・冰雪小品・序》中所說的個人的「言志」之作，是「個人的文學之尖端，是言志的散文，它集合叙事說理抒情的分子，都浸在自己的性情裡」⑰。這種「美文」在重個性的「英語國民裡最爲發達」⑱，在中國則興盛於「處士橫議，百家爭鳴」的「王綱解紐時代」⑲。在新文學初期少有這類「美文」，只是《晨報》上的《浪漫談》有幾篇有點相近的文字，但後來不曾興盛。因此周作人希望新文學者「捲土重來，給新文學開出一塊新的土地來」⑳。周作人提倡「美文」，是五四時期個性解放要求在散文創作上的體現，在內容與形式上都有新的開拓。

周作人提倡「美文」的同時，他對於文藝與人生的關係的看法也有了改變。五四前夕在《人的文學》裡，周作人主張「要在文學上略略提倡」「『人的』理想生活」以「稍盡我們愛人類的意思」㉑。《平民文學》說：「正同植物學應用在農業、藥物上，文學也須應用在人生上。」㉒這些都是文學「爲人生」的主張。而在爲實踐他的「美文」主張而編輯出版的他的第一本散文集《我

們的園地》的第一篇《我們的園地》中卻否認「爲人生的藝術」說：「……藝術是獨立的，……既不必使他隔離人生，又不必使他服侍人生，只任他成爲渾然的人生的藝術便好了。『爲藝術』派以個人爲藝術的工匠，『爲人生』派以藝術爲人生的僕役；現在卻以個人爲主人，表現情思而成藝術……初不爲福利他人而作，而他人接觸這藝術，得到一種共鳴與感興……這是人生的藝術的要點，有獨立的藝術美與無形的功利。」這裡，周作人仍把他的藝術稱爲「人生的藝術」，但它與一般「爲人生的藝術」不同，在於它獨立地「表現」人生，而這「人生」又僅是藝術家個人的情思，它是爲自己的，而不是爲他人的，但他人也可從這裡得到共鳴，得到利益。所以周作人把他的第一個散文集命名爲「自己的園地」。由「爲人生」到「表現自己」，便淡化了藝術的社會職能。他是反對一切「載道」的個人「言志」派的。無論「美文」主張的提出，還是他的散文小品創作實踐，都帶有極爲鮮明的「叛徒與隱士」的周作人的個人色彩。風格與人格在他的散文創作中是和諧統一的。

　　周作人說：「美文」即現代散文小品，「是那樣地舊而又這樣地新」[23]，這是因爲它是「公安派與英國的小品文兩者所合成」[24]，這大致說出了周作人散文小品的淵源。不過需要補充的是他的散文小品的外來影響，不止於英國的小品，對法國的蒙田，特別是日本的俳文，也多有借鑑。這種外來影響也不止於文體上的借鑑。藹理斯的自由與節制相協調、平衡的原則，影響了他的人格與文格，在他的散文中便「充滿『直率』與『和諧』」[25]。所有這些外來影響，又都通過周作人本人的文化教養、個性氣質與人生態度而起作用，他的閑適、幽默，中庸精神，博學多識，把外來文化、傳統文化融爲一體，形成了他的性格，表現在文章裡，便是

他的風格。

周作人散文的風格內涵豐富，最突出的、爲大家所公認的，便是它的沖淡平和。這是和他的性格一致的。這要在文章中充分地表現出來，需要很高的審美品味、淵博的學識和甚深的藝術功力，而這些，周作人是具備的。這樣，在娓娓絮談中，就將知識、哲理與趣味融於一體。沖淡平和，在周作人的散文中，就不只是寫作上的特點，而是一種人生態度，一種境界，在藝術上達到了爐火純青的地步。《吃茶》、《談酒》、《烏篷船》、《故鄉的野菜》等名篇所寫都是平平常常的事物，平平常常的生活，然而經周作人細細品味，其中便另有一番情趣與哲理：

> 喝茶當於瓦屋紙窗下，清泉綠茶，用素雅的陶瓷茶具，同二三人共飲，得半日之閑，可抵十年塵夢。（《吃茶》）

> 喝酒的趣味在什麼地方？……照我說來，酒的趣味只是在飲的時候。……倘若說陶然那也當是杯在口的一刻吧。醉了，困倦了，或者應當休息一會兒，也是很安舒的，卻未必能說酒的真趣是在此間。昏迷，夢魘，囈語，或是忘卻現世憂患之一法門，其實也是有限的……
> 但是……杞天終於只是杞天，仍舊能夠讓我們喝一口非耽溺的酒也未可知。倘若如此，那時喝酒又一定另外覺得很有意思了吧？（《談酒》）

> 你如坐船出去，可是不能像坐電車那樣性急，立刻盼望走到。……你坐在船上，應該是遊山的態度，看看四周物色，隨處可見的山，岸旁的烏桕，河邊的紅蓼和白萍、漁舍，各式各樣的橋，困倦的時候睡在艙中拿出隨筆來看，或者

　　冲一碗清茶喝喝……夜間睡在艙中，聽水聲櫓聲，來往船
　　隻的招呼聲，以及鄉間的犬吠雞鳴，也都很有意思。（《
　　烏篷船》）

周作人就是用這種藝術的態度品味生活的。所謂「醉翁之意不在
酒，在於山水之間也」，這是周作人的生活藝術在他的言志小品
中的表現。這種將雅趣與野趣融合、提煉而成的閑適冲和的藝術
真趣，是周作人散文的個性和靈魂。一切都貫注著周作人的藝術
趣味，一切都因藝術的精練而冲淡平和，連「杞天之慮」也只是
淡淡的憂思。這就是周作人的獨立於人生的「人生藝術」，一種
有著鮮明個人風格的、自我表現的「言志」的藝術。

第三節　朱自清

　　朱自清（1898—1948），原名自華，字佩弦，號實秋。祖
籍浙江紹興，生於江蘇東海縣，童年隨父定居揚州，自稱揚州人。
文學研究會成員。20年代開始文學創作，先寫詩，後寫散文，是
著名的詩人、散文家。曾任清華大學、西南聯大教授。抗戰勝利
後積極支持反對蔣介石獨裁統治的學生運動。1948年抗議美國
扶持日本，拒絕接受「美援」麵粉，8月病逝於北京。一生著作
20餘種，近200萬字。

　　朱自清於1924年出版詩文合集《蹤迹》，1928年出版散文
集《背影》。1936年出版的散文集《你我》也有朱自清20年代
的散文。

　　朱自清是文學研究會成員，他的散文是面向人生的。1922
年寫的《背影·序》講到散文在「近三四年的發展」時說：「…
…種種的樣式，種種的流派，表現著、批評著、解釋著人生的各

面。」自謙為「大時代中一名小卒的我」的朱自清，從未與他所處的時代隔離。用文學寫人生，便成了他寫作的當然的宗旨。

《執政府大屠殺記》揭露軍閥屠戮愛國人民的血腥暴行，為批判三一八慘案的散文中的名篇。《白種人上帝的驕子》寫在自己國家電車頭等車廂裡，受西洋小孩凶惡的目光的逼視而生的屈辱、憤怒和「迫切的國家之念」：「誰也是上帝驕子；這和昔日的王侯將相一樣，是沒有種的！」這裡，被壓迫者的階級意識昇華為半殖民地的中國人民的反帝的民族意識，後來朱自清拒領美國救濟糧而貧病以終的中國人的氣節，已於此可見。《生命的價格——七毛錢》、《阿河》寫了農村底層兒童和婦女的普遍的非人的「人生」：在人口可以買賣的黑暗的舊中國，「人貨」成了商品的一種，「人貨」中，婦女是價格低廉的一種，男女小孩又是價格最低的「生貨」，而低廉到七毛錢便可買一條人的生命，更是超出人的想像。然而，這還只是被賣的女孩非人生涯的開始，等待她的將是輾轉被賣的命運：或賣為婢，或賣為妾，或賣為妓，總之，她將度過的是血與淚的一生。對照祥林嫂和包身工，便可知道這類花七毛錢便可買到的女孩今後的萬劫不復的命運。《生命的價格——七毛錢》寫的就是這樣的人間地獄。《阿河》寫的是年輕的阿河被賣，幫傭，逃婚，被綁，再逃，告貸贖身不得，而終於自賣的事，題材有些近似祥林嫂前半生的故事，結局雖不如祥林嫂的悲慘，但在冷酷人群的笑罵聲中獨自和命運作拚死一搏的阿河，也已是欲哭無淚了。對個人家境和生活艱難的描寫，也是朱自清寫人生的一個重要的側面。《兒女》寫的是「蝸牛背了殼」的那種「幸福的家庭」，無論自責或自嘲，都透著艱辛生活的苦澀。《背影》則是朱自清散文的著名篇章。文中「近幾年來，父親和我都是東奔西走，家中光景是一日不如一日。他少年

出外謀生，獨力支持，做了許多大事。那知老境卻如此頹唐……」，
若非自身也領嘗了人生艱難的況味，便不能發此浩嘆。《兒女》、
《背影》等寫的雖是家庭及親人的瑣事，但同時也展示了一種相
當普遍的人生，加之飽蘊情感的筆墨，遂使這類文字以一種綿厚
之力及深長的韻味耐人咀嚼。這是《背影》成爲最能代表朱自清
風格的作品，幾十年來爲人吟誦不衰的原因。

　　朱自清的一些描寫山水的名文，也都寄寓著他的人生態度，
反映了某種人生。《槳聲燈影裡的秦淮河》的魅力，不只在它所
描寫的秦淮河的槳聲、燈影、薄靄和微漪，更在於它讓人想起《
桃花扇》及《板橋雜記》所載的「明末的秦淮河的艷迹」：「於
是我們的船便成了歷史的重載了。……秦淮河的船所以雅麗過於
他處，而又有奇異的吸引力的，實在是歷史的影像使然了。」秦
淮河熱鬧的景象中夾雜著「被逼以歌爲業」的歌妓的賣笑生涯，
雖則「賣歌和賣淫不同」，對她們的身世，我們「究竟應該同情
的」，所以當聽到「一隻載妓的板船」經過時傳來的響亮而圓轉
的清歌，清遊中的作者，卻感到了寂寞。散文的結尾用繁筆抒寫
了遊後船裡滿載的悵惘和心裡充滿的幻滅的情思。今日的秦淮河
繁華、哀傷，一如明末。繁華的景象留給作者的是哀愁，而這哀
愁又來自於對繁華背後的不幸人生的同情。《槳聲燈影裡的秦淮
河》是寫景的名文，更是抒情的名文，融情入景，以情見長，是
朱自清散文風格的藝術特徵。和《槳聲燈影裡的秦淮河》齊名的
寫景名作是《荷塘月色》。因爲「這幾天心裡頗不寧靜」，才於
夜晚獨自走向荷塘，去尋求享用那「無邊的荷香月色」，文章開
筆便定下了抒情的基調，讓讀者感受到一種人生的憂煩，和於靜
謐的景色中尋求暫時解脫的心境。曲折的荷塘，田田的荷葉，如
出浴美人的荷花，像「碧天裡的星星」的花朵兒，花和葉下的脈

脈的流水，伴以月色、微風、清香、樹影、燈光、蟬聲、蛙鳴……
……，景色如此，似乎確實可以忘情於一時了；但聯想起六朝採蓮
之盛，卻轉回到現在，感嘆人生碌碌，對此美景「早已無福消受」
了，末尾想起《西洲曲》，又勾起了對江南的惦記，於「無福消
受」之外，更平添了一層遊子的惆悵。這裡的惆悵只是一種淡淡
的愁思，然而卻是伴隨著勞碌人生的、經久不去、無法排遣的愁
思，而在對荷塘月色的欣賞中，又同時透露著對美的生活的追求。
這種對美的生活的追求，在《「月朦朧，鳥朦朧，帘捲海棠紅」》、
《綠》、《白水漈》中，得到積極的表現。尤其是《綠》，對勃
勃怒生的生命綠色的陶醉與驚詫，只是喜悅，再沒有一絲的惆悵。

　　朱自清散文文人氣頗重。重情是朱自清散文的最主要的特點。
有人說朱自清的散文「以情勝」，是很有見地的。朱自清的文學
活動從新詩創作開始，詩歌重情的特點自然也影響了他的散文。
他的散文或描摹世態、懷人抒情，或即景寫情、融情於景，或融
情入理、以理蘊情，無論敘事、記人、寫景、說理都貫注一個「
情」字。朱自清散文的「情」有著豐富的審美內涵，或樸素，或
豐腴；或莊重嚴肅，或詼諧幽默；或憂鬱惆悵，或積極進取。他
的精神世界、文化教養、社會觀念、審美品格，全由這「情」字
見出。朱自清散文最動人處，是他的至誠和寫實，沒有任何虛飾
誇張。短短一篇《背影》感動著幾代讀者，就因為它感情的真摯，
純樸。有情才有文學，才有「美文」。純真的情是朱自清散文的
靈魂，決定著他的散文的詩美的性質。

　　朱自清長於寫景，《槳聲燈影裡的秦淮河》、《荷塘月色》、
《綠》等名篇都表現了他觀察細緻、描寫精確的特點，有人將朱
自清散文比為中國畫中的工筆畫，確實道出了這類散文的特點。
朱自清寫景描形、摹聲、敷色、設喻、擬想，均面面俱到，一筆

不苟，富麗典雅，將人人眼中見、心中有、筆下無的景色閑閑叙
來，細細描出，勾勒出賞心悅目的圖景，領略並沉醉於情、理、
趣、景相融爲一的藝術境界。準確爲寫景第一要著，而準確的前
提是觀察。朱自清於觀察、體驗是十分講究的。朱自清寫景的散
文有時引用古詩文點明文中警策之處，造成一種「詩中有畫，畫
中有詩」的意境。這在朱自清或許是一種文人的積習，讀者卻從
中看到了文人筆下的中國作風。這特點也可從朱自清散文修辭、
煉句看出。朱自清的散文是文人學者型的，這是他的個人特點，
同時又顯示著新一代文人與民族傳統文化的聯繫。

第四節　《野草》

　　魯迅是中國現代文學史上大量嘗試散文詩創作的第一人。

　　1918年至1919年間，魯迅在《新青年》「隨感錄」欄發表
他的短小的社會評論文字同時，開始了他的短小的抒情散文的創
作，這就是1919年連載於《國民公報》「新文藝」欄上的《自
言自語》。

　　《自言自語》和作爲這一時期社會評論的雜文都是一些「隨
感」之作。以後魯迅談到《野草》時說，「有了小感觸，就寫些
短文，誇大點說，就是散文詩」，這也同樣適用於《自言自語》，
可以看作是對包括《自言自語》在內的他的全部散文詩創作的一
個說明。就短小和有感而發、言之有物而言，《自言自語》和「
隨感錄」式的雜文有許多共同點，都是魯迅這時期的文藝散文。
然而它們又分屬散文的兩個不同的門類。《自言自語》區別於「
隨感錄」式的雜文的，除了文體上一重抒情，一重評論外，更由
於魯迅把這類抒情之作看作是一種文學創作。「隨感錄」式的雜

文雖然也是文學，也需要用各種文學手段進行藝術概括，然而因爲它是對種種現實的社會問題進行藝術評論，在內容上不允許虛構，有其不同於「創作」的自身的藝術規律，所以魯迅後來所說的「五種創作」（《吶喊》、《彷徨》、《故事新編》、《野草》、《朝花夕拾》）不包括以評論爲主的雜文。因而《自言自語》和「隨感錄」式的雜文展示著魯迅在散文藝術的這兩個分支的具有開拓意義的嘗試。當時魯迅寫得較多的是後來收入他的第一個雜文集《熱風》中的那些「隨感錄」式的雜文；由《自言自語》開手的散文詩創作則中斷了幾年，1924年以後才大量創作，1927年結集爲《野草》出版。後來也偶有散文詩創作，但未單獨成集，而散見於此後的雜文集中㉖。

　　《自言自語》就文體而言，是散文詩集《野草》的胚胎；其中《火的冰》和《我的兄弟》比之《野草》中《死火》和《風箏》，已是具體而微。因爲從《自言自語》到《野草》創作有五年醞釀期，所以《野草》從一開始發表就是充分成熟的藝術精品。集印成冊以後，即成爲中國現代散文詩的經典之作。

　　《野草》收散文詩23篇，作於1924年至1926年間北洋軍閥統治下的北京。在《〈野草〉英文譯本序》中，魯迅對《野草》部分作品的創作情況，作過如下說明：

> 因爲諷刺當時盛行的失戀詩，作《我的失戀》，又因爲憎惡社會上旁觀者之多，作《復仇》第一篇，又因爲驚異於青年之消沉，作《希望》。《這樣的戰士》，是有感於文人學士們幫助軍閥而作。《臘葉》，是爲愛我者的想要保存我而作的。段祺瑞政府槍擊徒手民眾後，作《淡淡的血痕中》，其時我已避居別處；奉天派和直隸派軍閥戰爭的時候，作《一覺》，此後我就不能住在北京了。

所以，這也可以説，大半是廢弛的地獄邊沿的慘白色的小花，當然不會美麗。但這地獄也必須失掉。這是由幾個有雄辯和辣手，而那時還未得志的英雄們的臉色和語氣所告訴我的。我於是作《失掉的好地獄》。

1927年爲《野草》寫的《題辭》説：

野草，根本不深，花葉不美，然而吸取露，吸取水，吸取陳死人的血和肉，各各奪取它的生存。當生存時，還是將遭踐踏，將遭刪割，直至死亡而朽腐。

前引第一段話，是對《野草》創作背景和創作意圖的説明；後一段話則是對作者用生命的泥化育的《野草》的戰鬥性的文學描述。《野草》開在地獄的邊沿，它的生存和戰鬥相連，在戰鬥中「奪取生存」，它不是象牙之塔中人的「苦悶之謳」。因此魯迅對於指《野草》的第一篇《秋夜》爲「人於心的歷史」，明確地表示了他的反感，斥之爲「謬托知己」者的「舐皮論骨」。

幾千年的封建的政治壓迫與文化專制的積澱所造成的「主人」的凶殘怯懦，「奴才」的巧猾、勢利，「奴隸」們及弱者的麻木苟安以及求苟安自保而不能的難堪處境，在《復仇》、《狗的駁詰》、《立論》、《死後》、《失掉的好地獄》、《淡淡的血痕中》、《頹敗線的顫動》中都遭到了揭露和批判，其犀利與深刻程度與同時期的雜文相比，毫不遜色。《淡淡的血痕中》、《失掉的好地獄》則更把矛頭直指當局者的當前的罪行，其愛憎感情都已達到了沸點，它們喊出並點燃了深藏在群衆心中的怒火。《失掉了的好地獄》還對新舊軍閥爭鬥的形勢作了預見性的估計。

勇敢地面對而不是規避和逃離現實的黑暗，表現了魯迅一貫的清醒的現實主義。這精神貫穿於全部《野草》，尤以《秋夜》、《影的告別》爲最。《秋夜》寫深秋繁霜之夜，「我」「自在暗

中，看一切暗」㉗，借「我」的眼撕去被星、月裝飾起來的秋夜的天空的神秘，把它的黑暗揭示給人間，指出它的凶殘、卑劣、頑固、狡猾和虛弱，使它終於無法隱瞞那竭力隱瞞的凶相與醜態。《秋夜》中的「我」是一個清醒的觀察者，他沒有任何不切實際的夢幻，他不僅看到了小粉紅花的夢、落葉的夢都於身無補，而且警惕到小粉紅花的美麗的夢對戰鬥的棗樹可能發生的不利影響：「猩紅的梔子開花時，棗樹又要做小粉紅花的夢，青蔥地彎成弧形了」；他看透了夜遊惡鳥的得意的飛鳴，不過是倚仗著秋夜的淫威，於是他「吃吃地」蔑視它、恥笑它了；他透過小青蟲的「蒼翠精緻」的外殼和它的種種「英雄」作為，看出它不過是為逃避黑暗，才爭先恐後「擠」進窗紙的破洞裡來，它們有的不慎遇火焚身，但與為追求光明而戰死不是一回事，它們的死恰是由於逃避鬥爭。那些僥幸存活的，正心有餘悸地休憩在虛幻的光明和春境之中……這樣，「我」就用他那深刻而敏銳眼睛，「讀」出了北洋軍閥統治下的「秋夜」這部世間書，讚揚了棗樹的真正的戰鬥，否定了種種不切實際的夢幻，輕蔑地笑對和驅逐了各種干擾戰鬥的蠅營鳥亂。《秋夜》中「我」看到了這一切，丟掉夢幻，正視黑暗。

　　《野草》中這種正視黑暗的態度，招來過不少的誤解。《秋夜》曾被指為「入於心」的，《影的告別》也被1929年《列寧青年》上的一篇文章指責為「悲觀和虛無」。魯迅幾次和友人談及這一批評時曾反駁道：「他們仍舊太不留心黑暗勢力……，這回是引了我的《影的告別》，說我是虛無派。因為『有我所不樂意的在你們將來的黃金世界裡，我不願去』，就斷定共產主義的黃金世界，我也不願去了。……但我倒先要問，真的只有看將來的黃金世界的麼？這麼早，這麼容易將黃金世界預約給人們，可

仍舊有些不確實，在我看來，就不免有些空虛，還是不大可靠！」㉘
「影」沒有給自己預約一個光明的白天和「黃金世界」，而是「
在黑暗裡彷徨於無地」。這種「和黑暗搗亂」的態度，是對現實
的戰鬥的執著，是不能用「悲觀」、「虛無」來批評的。「光明」
的有無，不是一個抽象的形而上學問題，「光明」是要靠鬥爭去
爭取的：「不是正因為沒有出路，所以要革命的麼？倘必須前面
貼著『光明』和『出路』的包票，這才雄赳赳地去革命，那就不
但不是革命者，簡直連投機家都不如了。雖是投機，成敗之數也
不能預卜的。」㉙那麼，就沒有「光明」麼？「光明」當然是會
到來的，只是我們不一定遇到而已：「我們總要戰取光明，即使
自己遇不到，也可以留給後來的，」㉚若連和黑暗搗亂的勇氣也
沒有，還談什麼「戰取光明」？

　　《野草》是魯迅彷徨時期的作品，《希望》、《死火》、《
影的告別》、《墓碣文》、《過客》、《這樣的戰士》等篇都程
度不同地抒寫了他的苦悶、矛盾和彷徨。這種彷徨實質上是大革
命以前中國社會的彷徨的反映。詩人在抒寫他的苦悶、矛盾、彷
徨時不免會生發出低迴哀婉，乃至悲愴之情，然而同時激憤倔強
的聲影時可聞見：《希望》的結句歸結為對絕望的否定：「死火」
寧肯「燒完」也要重返「火宅」；《死後》中的「我」，為了驅
逐他的敵人，決定「索心不死」，而坐了起來；《墓碣文》中的
死者，也以「坐起」驅走了他的不敢真誠、大膽地看取社會、人
生，不敢正視自身血肉的「酷愛溫暖」的朋友，結局雖不免悲涼，
但無情地解剖別人也無情地解剖自己的勇氣卻顯示了少有的倔強；
「這樣的戰士」戰死也高舉投槍的形象，更超過了「荷戟彷徨」
的戰士……《野草》中，這些被許多人目為悲觀、絕望、虛無的
形象，無一不懷抱「九死其未悔」之貞！

「獨戰的戰士」是《野草》獨創的藝術形象，魯迅的孤獨感富有了戰鬥的色彩，也表現著魯迅筆下的戰士的時代的和個人的特色，使《野草》的抒情風格爲一種悲劇美所浸潤。《秋夜》中的「棗樹」，《過客》中的「客」，《這樣的戰士》中的高舉投槍的戰士，《復仇》（其二）中的「人之子」，《雪》中被讚作「孤獨的雪，死掉的雨，雨的精魂」的「朔方的雪」都是這樣的獨戰的戰士。這些獨戰的戰士有它的社會土壤和社會典型性，同時又都帶有尼采思想的明顯烙印。《復仇》（其二）中的「人之子」會使讀者想起被尼采用作自傳題目的那個警句：「看哪，這人！」它原是彼拉多指著釘上十字架的耶穌說的話。「過客」也使讀者想起作爲「過渡者」的扎拉圖斯拉。魯迅把人看作「是橋樑中的一木一石，並非什麼前途目標範本」的「歷史中間物」的思想，在「過客」身上表現爲一種使命感，這思想也源於尼采將人類看作「橋樑」而非「終極」。「朔方的雪」使人想起尼采那體驗著「精神驚駭中之快樂」的「鷹鷟」。「棗樹」更像孤生於「山鼻吸水之限」因颶風襲擊、海濤沖打變得「瘦累累而枝虬虬」的尼采的「佳樹」。這些有著明顯尼采氣的「獨戰的戰士」是彷徨期的魯迅獨戰的產物。從上述孤獨戰士的「獨戰」到《失掉的好地獄》中「鬼衆」的造反，到《淡淡的血痕中》「眞的猛士」的出現，到《一覺》中「依次屹立在我的眼前」的由「綽約」、「純眞」而「終於粗暴了」的「可愛的青年們」，再到「坦然，欣然」地投身於「地火」中的「我」，可以尋找出魯迅擺脫尼采影響，由「彷徨」、「獨戰」走出的踪迹。

與《野草》中「獨戰的戰士」相對立的，是《秋夜》中的「天空」、《淡淡的血痕中》的「造物」、《這樣的戰士》中的各種「好名稱」、「好花樣」……，它們都是「無物之物」。它們

的長技是用陰柔、變幻的特別陣法「無物之陣」攫人取勝。這些是糅合了儒道兩教「吃人」精髓的特別陰險、虛僞、既凶且怯的卑劣性格。《狂人日記》的倏隱忽現的吃人者也是這類形象，在《野草‧這樣的戰士》中被概括爲「無物之物」。它的描寫，也從尼采的「人的碎片」，「曖昧者」、「雙關者」中有所擷取。這類包括在短小篇幅中、用詩和警句寫出的，包含深刻的歷史的、現實和文化內涵的反面系列形象，也是魯迅的獨創。在散文中創造像「獨戰的戰士」、「無物之物」這樣內涵深刻、藝術獨特的典型，在中國現代文學中，《野草》是獨一無二的。

　　和魯迅的小說創作一樣，散文詩《野草》在思想和藝術上大量吸取了外國文學的營養，而又化爲自己的血肉，表現出魯迅的開放性。《野草》的苦悶、彷徨情緒間接地反映著廚川白村《苦悶的象徵》的影響；其深刻、警策與隱晦，以及一些形象的「尼采氣」，多見於尼采的箴言體著作；詩情溫厚柔美處，又宛似屠格涅夫的散文詩；個別篇什（如《頹敗線的顫動》）中對罪惡的描寫，也有著波德萊爾《惡之花》的影子。《野草》對現實景象和夢境的交錯描寫，把一些微妙難言的感覺、直覺、情緒、想像、意識與潛意識準確而生動地表現了出來，有著豐富的心理內涵。這顯然吸收了西方象徵主義、表現主義藝術，也是廚川白村《苦悶的象徵》藝術觀的表現。《野草》思維的辯證性，在語言上表現爲反義詞語的相生相剋，由此又派生出句式、節奏上的回環往復，旨遠而詞約，言盡而意永，一句、一段、一篇終了，仍有一種弦外之音、意外之情，情外之理生生不已，把散文詩的抒情特點及詩的意韻發揮到了極致。

　　隱喻手法的大量運用，是《野草》修辭的顯著特點，這是和它思想深刻、感情的潛沉相表裡的，因而讀者閱讀和欣賞的興趣

便往往偏重於對《野草》思想、藝術底蘊的探尋，對《野草》的理解也言人人殊，個別篇什尤爲隱晦難解。然而一有所悟，便頓覺品嘗出人生的眞味，比之冲淡平和明白流暢的散文更能啓發人去認識和探求人生。

　　1927年四一二事件之後，魯迅從彷徨、頹唐中走出，歡呼「地火」的到來，在《野草・題辭》中以「去罷，野草，連著我的題辭！」告別了他心愛的《野草》。

【注　釋】

① 　郁達夫：《中國新文學大系・散文二集・導言》。

② 　茅盾：《落花生論》，《文學》3卷4期（1934年10月）。

③ 　郁達夫：《中國新文學大系・散文二集・導言》。

④ 　廢名：《淚與笑・序一》，開明書店1934年版。

⑤ 　梁遇春：《春醪集・人死觀》，北新書局1930年版。

⑥ 　梁遇春：《淚與笑・黑暗》，開明書店1934年版。

⑦ 　梁遇春：《「還我頭來」及其他》。

⑧ 　梁遇春：《春醪集・人死觀》。

⑨ 　梁遇春：《談「流浪漢」》。

⑩ 　郁達夫：《中國新文學大系・散文二集・導言》。

⑪ 　〔美〕尼姊（Nitchie）《文學批評》，轉引自郁達夫：《中國新文學大系・散文二集・導言》。

⑫ 　郁達夫：《中國新文學大系・散文二集・導言》。

⑬ 　梁遇春：《春醪集・查爾斯・蘭姆評傳》。

⑭ 　郁達夫：《中國新文學大系・散文二集・導言》。

⑮ 　張菊香：《周作人散文選集・序》，百花文藝出版社1987年版。

⑯ 　周作人：《中國新文學大系・散文一集・導言》。

⑰　周作人：《看雲集・冰雪小品・序》，開明書店1932年版。

⑱　周作人：《談虎集・美文》，北新書局1928年版。

⑲　周作人：《看雲集・冰雪小品・序》。

⑳　周作人：《談虎集・美文》。

㉑　周作人：《藝術與生活・人的文學》。

㉒　周作人：《藝術與生活・平民文學》。

㉓　周作人：《永日集・〈雜拌兒〉跋》，北新書局1929年版。

㉔　周作人：《永日集・〈燕知草〉跋》，北新書局1929年版。

㉕　錢理群：《周作人論・兩大文化撞擊中的選擇與歸宿》，上海人民出版社1991年版。

㉖　魯迅後來的「雜文」包括各類難以歸類的文體，其中也有一些散文詩式的作品。

㉗　魯迅：《准風月談・夜頌》。

㉘　轉引自馮雪峰：《回憶魯迅》，第16頁，人民出版社1953年版。

㉙　魯迅：《三閑集・鏟共大觀》。

㉚　1936年3月26日魯迅致曹白信。《魯迅全集》第10卷，第337頁，人民文學出版社1981年版。

第二章　三十年代散文

　　30年代散文繼承五四散文的傳統，在新的時代的推動下，又來了一個展開。散文作家充分發揮主體意識和文體意識，使各種類型的散文作品均得到蓬勃發展。由於普羅文學的推動和倡導，30年代散文園地裡最早呈現出繁榮景象的是雜文和報告文學。稍後，何其芳、李廣田等一批新進作家相繼出現，以深厚的情感體驗進行自我抒寫和社會表現；他們與郁達夫、豐子愷等作家一起，促進了30年代小品散文的多元發展，取得了相當可觀的成就。30年代散文的成就，是30年代文學繁榮的又一表徵。

第一節　林語堂

　　30年代小品發展過程中產生過重要影響的，有林語堂提倡和創作的幽默小品。林語堂（1895—1976），福建龍溪人。其父是基督教牧師，一心要兒子學英文，受新式教育。林語堂於1917年入上海聖約翰大學，畢業後到清華大學教英文，1920年赴美國哈佛大學研究比較文學，獲碩士學位，後又赴德國耶那大學、萊比錫大學研究語言學，獲哲學博士學位。1923年回國後先後任教於北京大學、女子師範大學和廈門大學。他是《語絲》雜誌主要撰稿人。其「語絲」時期的散文集《剪拂集》斥國粹、張民主、倡歐化，對北洋軍閥統治下的黑暗現實多有譏刺，顯得激昂慷慨、浮躁凌厲。林語堂是一個在西方文化薰陶下成長起來

的知識分子，但中國傳統文化對他也有著深刻的影響。1932年9月，林語堂創辦《論語》半月刊，嗣後又創辦了《人間世》和《宇宙風》兩刊，都以發表小品文爲主，提倡幽默、閑適和獨抒性靈的創作。

　　林語堂將英文humour譯成幽默，加以提倡。他認爲，「幽默之所以異於滑稽荒唐者」，主要在於「同情於所謔之對象」，「作者說者之觀點與人不同而已」，因此，幽默的特徵即爲「謔而不虐」①。這種幽默觀既是美學觀，也是人生觀。他並非不講面對現實，不過不想直接地針砭現實，而是以超然之姿態和「深遠之心境」、「帶一點我佛慈悲之念頭」，對現實中的滑稽可笑之處加以戲謔。在他看來，「幽默只是一種從容不迫達觀態度。」②林語堂力主把幽默和諷刺分開，其根本差別就在於作者與現實的審美距離不同。在他看來，諷刺與現實的距離過近，每趨於酸辣、鄙薄，要去其酸辣、鄙薄，就必須拉開與現實的距離，做「一位冷靜超遠的旁觀者」，由此而得的和緩、同情便是幽默的基礎。林語堂的幽默觀源自於西方文化特別是英國文化，他強調「參透道理」、「體會人情，培養性靈」，是深得西方幽默之精髓的。他倡導西方式幽默理論，不僅發展了中國現代幽默觀，推動了30年代幽默小品的創作，而且對改變國民「合於聖道」的思維方式也有所補益。正如郁達夫所說，「在散文的中間，來一點幽默的加味，當然是中國上下層民衆所一致歡迎的事情。」③

　　從其幽默觀出發，林語堂在小品的題材和風格上主張「以自我爲中心，以閑適爲格調」④；小品要「語出靈性」，「凡方寸中一種心境，一點佳意，一股牢騷，一把幽情，皆可聽其由筆端流露出來」⑤。由此出發，他自稱提倡小品的目的「最多亦只是提倡一種散文筆調而已」⑥。這種散文筆調的核心便是閑適和性

靈，亦即通過多樣化的題材和娓語式筆調，達到「個人之性靈之表現」的無拘無礙、從容瀟灑的境界。這便是他所認定的小品的本色。林語堂對閑適和性靈的倡導，秉承的仍然是五四個性主義思潮；文學怡養人的性情，這是其美學內核。這一主張被提倡文藝是戰鬥的武器的左翼作家們認為是不合時宜的，因此曾受到指責⑦。

　　30年代是林語堂幽默理論的成熟期，也是他小品創作的豐收期。從1932年《論語》創刊到1936年赴美國，他發表的各種文章（多為小品）有近300篇，其中有一部分收在《大荒集》和《我的話》中。林語堂是一位具有鮮明個性的小品文作家。他的小品題材豐富繁雜，大至宇宙之巨、小至蒼蠅之微，無所不包。《我怎樣刷牙》、《我的戒烟》等寫日常生活瑣事，津津樂道，無微不至。《論政治病》寓莊於諧，以戲謔之筆畫出了「政治病」患者的面影，調侃了政府官僚的「養疴」奧秘，話題本身卻比較嚴肅。在他的小品中，較有特色且具有較高文化含量的是那些中西文化對比的文章。「兩腳踏東西文化」，「一心評宇宙文章」，這是林語堂自述的對聯，這一文化立場使他慣於用比較的眼光看問題，常常能在西方文化的參照下發現中國傳統文化的弊端，引發出改造國民性的思考。《談中西文化》以柳、柳夫人、朱等三人對話的方式，探討中西文化的差別，深入淺出，生動別致。林語堂的小品是一種智者的文化散文，其中蘊含的文化信息豐富。林語堂小品凸現真誠的性靈。他追慕純真平淡，力斥虛浮誇飾，他的小品或抒發見解，切磋學問，或記述思感，描繪人情，皆出於自我性靈，絕無矯飾，顯得樸素率真，這對當時文壇上的浮躁之氣起過一定的矯正作用。如《秋天的況味》以秋景寫人情，以秋天古意磅礴的氣象襯托人生之秋「成熟」的快樂，顯得樸素宜

人。《言志篇》洋溢著名士之逸氣，直抒性靈，絕無遮掩。林語堂小品顯示出濃郁的幽默情味，這是他突出的藝術個性之所在。現代散文中有過青年式的感傷氣息和老年式的訓誡色彩，而林語堂的幽默小品則爲現代散文帶來了中年式的睿智通達的情味，開闢了現代散文新的審美領域。雖然他的幽默有時還不免遭致「說說笑笑」的譏議，但總的來說是有充實的生活內容和豐富睿智的人生態度的。爲了傳達出幽默情味，他還將談話式的娓語筆調引入小品創作。他甚至「相信一國最精煉的散文是在談話成爲高尚藝術的時候，才生出來的」，因爲它們對讀者含著「親切的吸引」⑧。林語堂從這種藝術追求出發而創作的幽默小品縮短了與讀者的距離，對讀者產生過很大的吸引力。《論語》的銷路曾達三四萬份。作爲幽默大師和現代娓語式散文開創者之一，林語堂在當時和後來都產生了相當大的影響。

　　1935年9月，林語堂的英文著作《吾國與吾民》在美國出版，他開始向外國人比較系統地介紹中國文化和中國人的生活。1936年居留美國後，繼續向西方世界介紹中國文化，所著《生活的藝術》、《京華煙雲》、《孔子的智慧》、《老子的智慧》、《蘇東坡傳》等20餘種著作，頗受歡迎。1965年林語堂定居臺北陽明山後，編纂有《林語堂當代漢英詞典》。林語堂致力於中西文化的交流和溝通，爲中國文化走向世界作出了貢獻。

第二節　三十年代小品散文

　　李廣田（1906—1968），出生於山東鄒平的一個農民家庭。在北京大學求學時與何其芳、卞之琳結爲詩友，合出過詩集《漢園集》，爲「漢園三詩人」之一。但其文名蓋過詩名。其30年代

所作散文收爲《畫廊集》、《銀狐集》、《雀蓑集》三集。作者在《〈畫廊集〉題記》中自稱「我是一個鄉下人，我愛鄉間，並愛住在鄉間的人們」。這種深厚的「鄉間」情結使他的散文創作在注意抒寫個人際遇和心境時，更著意展示其鄉土「畫廊」；而那敗落鄉村中的人生面影和清峻奇麗的山水風光又把那「畫廊」裝點得琳琅滿目。那來自泰山的同學問渠君因談過「關於革命的意見」，在國民黨軍隊北移後憂鬱地死在了故鄉（《問渠君》）；在山崖採花出賣以養家的啞巴，在父兄亡命山澗後仍然「不得不拾起這以生命爲孤注的生涯」（《山之子》）。李廣田叙寫鄉土人生，多寫這些在舊社會受折磨的人，叙述親切，人物個性鮮明，其中蘊含著對小人物的同情和對舊世界的憤懣，感情眞摯而略帶憂鬱。李廣田深受英國作家瑪爾廷的影響，在其寫景散文中追求的是「素樸的詩的靜美」。寫景佳作《扇子崖》多側面多角度描繪了泰山這一名勝的「卻扇一顧，傾城無色」的奇麗風光。文中穿插了風俗人情、神話故事，更濃化了靜美的文化氛圍。李廣田散文善於把抒情與叙事、寫景結合起來，風格平實渾厚，感情沉鬱而略帶悲涼，具有較明顯的柔美格調。他抗戰後的散文進一步貼近現實人生，拓寬了題材領域，感情由沉鬱轉爲潑辣，在柔美中融進了陽剛之氣。

　　與李廣田素樸、渾厚的風格不同，來自四川萬縣的何其芳（1912—1977）追求的是散文的穠麗精緻之美。其散文創作以1936年爲界可分爲兩個時期。早期散文《畫夢錄》、《刻意集》耽於幻想，刻意畫夢，以獨語體的形式抒寫了青年知識分子找不到現實出路的寂寞、孤獨之情和有所期待而又無從追求的苦悶心理。他自稱「一片風濤把我送到這荒島上」，「喜歡想像著一些遼遠的東西」⑨，並立意把自己的玄想之夢描畫下來。《畫夢錄》就

是他畫夢的「溫柔的獨語」、「悲哀的獨語」（《獨語》）。《夢後》低吟青春的寂寞和遲暮；《岩》玩味的是人生的孤獨與荒涼。當然，他的獨語還有「狂暴」的一面。《雨前》在對大雨來臨前自然景物的濃墨渲染中，表現了對甘霖的期待——但結果「雨還是沒有來」，失落之情態宛然可見。以《畫夢錄》為代表的這些獨語體散文，一方面寫出了處在邊緣狀態的青年知識分子孤獨靈魂的獨語，另一方面又表現了現代散文向詩、向純文學的逼近，向散文藝術本體的回歸。他的「文藝什麼也不為，只為了抒寫自己」⑩的文藝觀加強了他對內心世界開掘的深度，增強了作品的主觀抒情性。在藝術表現上，他善於運用絢麗精緻的語言、繁複優美的意象和輕靈玄妙的筆調，委婉地傳達內心的複雜情愫，從而創造出瑰麗飄逸的藝術境界。這時期，他在北京大學哲學系求學，他傾心於法國象徵主義藝術，主要借助梁宗岱的譯介，「對於法國象徵主義派的作品入迷」⑪。《畫夢錄》、《刻意集》的藝術追求是與其詩歌《預言》一致的。象徵的旨趣，意象的組合，音樂的和諧，色彩的穠麗，都是象徵主義與唯美主義的。正因為《畫夢錄》「是一種獨立的藝術製作，有它超逴深淵的情趣」⑫，所以與曹禺的《日出》、蘆焚（師陀）的《谷》一起，於1937年獲得《大公報》的文藝獎金。30年代崛起的李廣田、麗尼、陸蠡等一批新進作家，大都醉心於表現內心苦悶、憂鬱，並致力於對散文藝術美的追求。何其芳是他們中傑出代表。1936年以後，何其芳所作《還鄉雜記》、《星火集》等，以樸實的筆觸和高昂的格調狀寫現實人生，風格發生了從詩意畫夢到質樸寫實的巨大變化。

麗尼（1909—1968），原名郭安仁，湖北孝感人。與何其芳相似，麗尼的散文創作也經歷了從低吟「悲風曲」到高歌「抗

爭曲」的嬗變。第一個散文集《黃昏之獻》唱出了飄流者的「漂流曲、悲風曲、無言之曲」。《尋找》是其中的一篇代表作。本篇以盲人「我」尋找象徵光明的姐姐爲線索，雖有憧憬光明之意，但更多傾訴的是自我的無望和哀怨。第三個散文集《白夜》以開闊的視野和敘事寫實的筆調，描寫社會上小人物的坎坷際遇（《聖者》）；甚至把筆觸伸向工人生活，寫一位名叫阿秀的青年女工被迫害的不幸（《影》）；而《光》則直接抒發了對日寇的憤怒之情，內容堅實，格調高昂。作爲從「悲風」到「抗爭」的過渡的是第二個散文集《鷹之歌》。同名散文《鷹之歌》描寫搏擊長空、歌聲嘹亮而清脆的雄鷹，藉此謳歌了在黑夜中英勇犧牲的那位像鷹一樣有著強健翅膀、會飛的少女，唱出了「我忘卻憂愁而感覺奮興」的歌聲。麗尼散文注重抒情，大多採用直抒胸臆的方式，顯得率直熱烈，但尚能把內心感受凝聚外化爲具體形象，並不淺露，又能注意色調的搭配和音韻的和諧。初期作品大多有散文詩味，後期作品重於寫實，抒情性有所減弱，藝術感染力也有所減損。抗戰爆發後，他只寫了《江南的記憶》一文，堅信「江南，美麗的土地，我們底！」後因生活所累不再有創作，專事翻譯。

　　陸蠡（1908—1942），浙江天台人，在30年散文創作中與麗尼齊名。著有《海星》、《竹刀》和《囚綠記》。《海星》中的作品多寫年輕人的回憶、幻想和沉思，通過對童眞和自然的描寫，著意探求人情美和人間愛，但時有孤寂情懷的流露。從創作《竹刀》開始，陸蠡的視野更加開闊。他一方面敘說著山鄉的人物和故事，展現了舊社會的黑暗與不公，並歌頌了人民的自發鬥爭精神；另一方面，在民族危機日益嚴重的關頭，他關注中華民族的命運，表現了崇高的民族氣節。《廟宿》和《竹刀》是《竹

刀》集裡的代表作。前者展現的是舊社會勞動婦女的悲慘命運。
文中女主人公勤勞聰慧，婚後卻被丈夫遺棄，孤苦無依，最後下
落不明。後者則歌頌了山民自發的反抗鬥爭精神。爲了反抗剝削，
一個勇敢的青年用竹刀刺死了欺行霸市的木材商，在官廳審訊時
悲壯地自刺犧牲。抗戰爆發後不久，陸蠡寫下了託物言志的名篇
《囚綠記》。作品構思巧妙，通過回憶北平舊寓裡一枝常青藤在
被囚後仍不改「永遠向著陽光生長」的習性，熱情歌頌了這永不
屈服於黑暗的囚人，是一首深情委婉而又充滿浩氣的愛國主義的
正氣歌。陸蠡散文善於編織故事、勾勒畫面，抒情含蓄委婉，具
有雋永的意境；語言凝練優美，節奏舒緩，具有散文詩的風味。
陸蠡是一位有自己獨特風格的散文家，卻死於日本侵略者牢中。
他用自己的年輕的生命張揚了永不屈服於黑暗的常青藤精神。

此外，繆崇群（1907—1945）的抒情散文在30年代也產生
過一定影響。他一生坎坷，貧病交迫，嘔心瀝血從事散文創作。
其早期作品輯爲《晞露集》、《寄健康人》、《廢墟集》，大多
回憶少年時期生活，擅寫兒女之情，表現的大多是孤寂、哀怨、
感傷的情愫。代表作《曼青姑娘》以回憶的筆觸描寫一個美麗、
好學的女子的坎坷際遇，她因巫婆的詭計被迫幾度嫁人，最後竟
被賣給娼家。作品有一定的社會控訴的意義，但更重於個人「可
憐而且孤獨」情感的抒寫，色調陰鬱。抗戰爆發以後，寫下了《
夏蟲集》、《石屏隨筆》等作品，視野由一己生活轉向人世百相。
如《綴》、《血印》、《流民》等篇以記實的筆觸狀寫了日寇鐵
蹄踐踏下的亂世生活，感情「超越了傷感」，充滿了一種憤激的
情緒。繆崇群的散文不以壯闊見長，而以精細取勝。他長於抒寫
人情，善於描繪景物，並力求在具體細微之處發現深意、悟出哲
理，從而使景、情、理三者得到較好的融合。其語言也具有平實

親切、質樸眞率的風格。巴金稱他的散文是「有血有淚、有骨有肉、親切而樸實的文章」，是其「心血的結晶」⑬。

30年代重視敘事散文的創作並取得較大成就的，有豐子愷、夏丏尊。與上述新進抒情散文作家相比，他們年齡較長，創作開始較早。

豐子愷（1898—1975），浙江崇德人。他於1922年開始白話散文創作，30年代結集出版了《緣緣堂隨筆》、《隨筆二十篇》、《車廂社會》、《緣緣堂再筆》等。他的散文內容豐富駁雜。他深受佛教思想影響，他在散文中探究人生、自然的奧秘，其中浸潤著佛理、玄思。這類散文以《漸》、《秋》、《兩個？》爲代表。出於對「世間苦」的厭憎，在第二類散文中他描繪直率無邪的兒童生活，神往於兒童純眞的情趣之中。這受到日本作家夏目漱石的影響。夏目漱石的《旅宿》描繪一個超脫世俗的美的世界，讚美「無心和稚心」。豐子愷傾心夏目漱石的這一境界，散文中的純眞的「兒童世界」反映了他對理想的嚮往，他追求「徹底地眞實而純潔」的兒童生活。代表作《兒女》描寫了他的一群小燕子似的兒女的「天眞、健全、活躍的生活」；《給我的孩子們》通過對孩子們的天眞之態、直率之趣和創造之欲的描繪，讚美兒童是眞實而純潔地「出肺肝相示的」、「身心全部公開的眞人」。這類作品既表達了作者返璞歸眞的願望，又在與「病的，僞的」成人世界的對照中貶斥了虛僞污濁的世俗社會。但是，佛教的玄理和兒童的天眞並未使他對社會現實漠不關心，他仍然寫出了他的入世之作。這類散文是其敘事散文的主體部分，最能代表它的基本特色。代表作《車廂社會》借「車廂社會」這幅人世間縮圖，表現了「凡人間社會裡所有的現狀」。它描寫自私自利的占座者與平和謙虛的鄉下人（尋座者）的對立，以佛家教義懲惡揚善，

表達了對一種公平合理的「車廂社會」的嚮往，顯示出他的這類散文善於在日常生活中吟味世態人情的特點。豐子愷早期散文受日本明治時代小說家德富蘆花《不如歸》與尾崎紅葉《金色夜叉》影響，這兩位日本作家文筆暢達雋永，風格清新，他們的博愛思想也引起豐子愷共鳴。豐子愷最喜歡讀的是日本夏目漱石與英國斯蒂森的作品。尤其是前者對豐子愷影響至深。夏目漱石文筆輕快灑脫，以獨創的幽默筆調描寫人生，抨擊社會惡習。他的《我的貓》等構思獨特、視角新奇，給豐子愷很大啓發。豐子愷散文與他的漫畫是孿生姐妹，「在得到一個主題以後，宜於用文字表達的就是隨筆，宜於用形象表達的就是漫畫。」⑭他的散文具有其漫畫式的獨特視角與幽默表述法。豐子愷的散文善於從日常瑣事中寫出耐人尋味的人生意味。他的敘事散文多用隨筆體，敘述婉曲，描寫細膩，顯得親切、直率。作者運筆如行雲流水，自然灑脫，於自然神韻中蓄含深婉情思，自成一種清幽淡遠、率真自然的藝術風格。

夏丏尊（1886—1946），浙江上虞人，是豐子愷的老師。夏丏尊的散文作品不多，結集出版的只有一本《平屋雜文》，其中《白馬湖之冬》一篇享有盛譽，被臺灣散文家楊牧評爲五四「白話記述文的模範」⑮。近年來有的研究者提出，20年代在浙江白馬湖地區（春暉中學），夏丏尊、豐子愷、朱自清、朱光潛、劉大白、葉聖陶、俞平伯與李叔同等，由於人生追求與藝術旨趣相近，在散文創作中已形成了一個「白馬湖作家群」的散文風格⑯。這批作家的散文同白馬湖的青山秀水相呼應，樸素清新、淡雅雋永、滿貯溫馨與韻味。他們都推崇日本自然主義作家夏目漱石，並模仿他。夏丏尊的散文，也包括其爲人，是「白馬湖作家群」的代表。散文構思謹嚴，含意深遠，筆法老到。他是現代散

文創作中有數的散文文體家之一，對巴金、豐子愷等人的散文創作均產生過影響。與豐子愷一樣，他也善於把日常生活化爲藝術觀照的對象，賞玩吟味其中的人生情味和世態風習。其題材範圍不甚寬廣，多寫一己的日常見聞和一般經歷，但因體味較深，在第一人稱的娓娓叙述中，自有一種眞率的情致和深遠的含意。如《貓》從妹妹送來故居的貓寫起，處處點染出家道中落的感傷情緒。貓在人亡，使他激起悼念亡妹的哀痛；而貓亡之後，因失卻了追憶的媒介，難言的悲痛更是無處發洩了。《白馬湖之冬》寫白馬湖的大風嚴寒，在蕭瑟的冬景中寄托了一個正直的知識分子的寂寞情懷，顯得情景交融。夏丏尊散文從日常瑣事中開掘出較爲深刻的內涵，能將叙事與抒情、議論有機地結合起來，文字簡練含蓄，耐人咀嚼。

　　作爲抒情叙事散文中的一類，30年代的遊記散文又有新的發展。　30年代遊記散文根據內容來劃分，分爲海外旅遊散記、國內山水遊記。前者有朱自清的《歐遊雜記》、《倫敦雜記》，鄭振鐸的《海燕》、《歐行日記》，王統照的《歐遊散記》，李健吾的《意大利遊簡》，劉思慕的《歐遊漫記》等。這類遊記采風問俗、觀察世界，有較強的社會性、民俗性和知識性，文風樸素，具有較高的叙事描寫的技巧。後者寫景抒懷，發現自然，並在自然中發現人性。這類散文以郁達夫的《屐痕處處》、《達夫遊記》最有代表性。郁達夫寫山水名勝，善於抓住特徵來加以刻畫，並在刻畫中融入感情，因而寫得酣暢淋漓，情景交融；並常常觸景生情，生發議論，抒寫了一個富有才情的知識分子在動亂社會中的苦悶情懷。此類作品還有鍾敬文的《西湖漫拾》、《湖上散記》等。此外，老舍在本時期也寫下了描寫山東濟南、青島一帶自然風光的作品，情景交融，也較有特色。

第三節　魯迅與三十年代雜文

　　中國現代雜文產生於五四思想革命和文學革命中，並隨著新文化運動的深入而有了發展。1932年《申報・自由談》由黎烈文接編，在魯迅等作家支持下，成為30年代雜文的一個主要陣地。同時，隨著其他報紙的群起仿效和新的以刊登雜文為主的刊物的創辦，雜文創作又形成一個蓬勃的局面。這一時期，作為左翼文壇主將的魯迅寫下了大量雜文，並在他的影響下形成了雜文作家群。

　　魯迅一生寫下了大量雜文，編輯成集的雜文集共有16部之多。從 1918年在《新青年》上發表「隨感錄」起至1936年逝世前未完篇的《因太炎先生而想起的二三事》止，雜文創作貫穿了其文學活動的始終。雜文在魯迅全部創作中占有最大的比重，是魯迅這位精神界戰士在思想、文化領域進行戰鬥和自我「釋憤抒情」的重要文學形式。現代雜文正因魯迅的積極倡導和大力實踐而得以踏入文學殿堂。

　　魯迅的雜文創作以1927年為界，分為前後兩個時期。前期從1918年至1926年，雜文集有《墳》、《熱風》、《華蓋集》、《華蓋集續編》。魯迅前期雜文的主要內容首先是廣泛而深刻的社會批評和文化批評。他從進化論出發，以個性主義和人道主義為武器，對陳陳相因的普遍性的社會現象和文化心理進行了深入的剖析和批判。如《我之節烈觀》、《我們現在怎樣做父親》從倫理道德角度批判封建節烈觀念和父權主義；《說鬍鬚》、《看鏡有感》批判國粹主義；《春末閑談》、《燈下漫筆》揭露封建社會的吃人本質。1925年前後隨著實際政治鬥爭的展開，魯迅

前期雜文增加了政治批評的內容。魯迅這一時期的雜文圍繞著女師大事件和三一八慘案等重大事件，猛烈抨擊了專制暴虐的北洋軍閥政府和爲虎作倀的現代評論派文人。與前一類雜文相比，這類雜文針砭更直接，解剖更犀利。《無花的薔薇》、《記念劉和珍君》等篇滿腔義憤地揭露了北洋軍閥政府當局者的凶殘和流言者的卑劣，喊出了「沉默呵，沉默呵！不在沉默中爆發，就在沉默中滅亡」的悲切之聲。

魯迅雜文創作後期從1927到1936年，雜文集有《而已集》、《三閑集》、《二心集》、《南腔北調集》、《僞自由書》、《準風月談》、《花邊文學》、《且介亭雜文》、《且介亭雜文二集》、《且介亭雜文末編》、《集外集》、《集外集拾遺》等。此期雜文思想更爲銳利，內容也更爲豐富。首先，政治內容大大增加，《爲了忘卻的記念》、《寫在深夜裡》控訴了國民黨進行文化圍剿、殺害「左聯」五成員的罪行。《中國人的生命圈》、《「友邦驚詫」論》等揭露日寇在「邊境上是炸，炸，炸」，國民黨在「腹地上也是炸，炸，炸」的暴行以及國民黨當局妥協媚外的醜惡本質。其次，魯迅後期仍然注意進行社會批評，寫下了大量解剖中國社會思想的雜文。這些雜文仍像前期雜文那樣對中國傳統文明的弊病和各種醜惡的社會現象進行了綜合性的解剖。《二醜藝術》、《爬和撞》、《幫閑法發隱》、《「題未定」草・二》等篇通過生動的形象，批判了二醜的投機藝術和小市民向上爬的市儈哲學，揭露了幫閑們的幫忙、幫凶的實質和「倚徙華洋之間，往來主奴之界」的西崽相。再次，魯迅後期以雜文形式扶正袪邪，堅持文化戰線上的思想理論鬥爭。他積極扶持無產階級文學運動，對左翼文藝發出了中肯的諍言（如《對於左翼作家聯盟的意見》）；並與該時期文壇上的新月派、民族主義文學、

「自由人」、「第三種人」、「論語派」的理論展開論爭。魯迅後期雜文的文藝批評是與政治批評、社會批評密切相關的。

　　魯迅的雜文是詩化的政論，是政論化的詩，做到了綿密的邏輯和生動的形象的高度統一、思想家的卓識和文學家的才華的高度統一。這種統一的方法就是：「論時事不留面子，砭錮弊常取類型」⑰。「論」中「不留面子」，「砭」中「常取類型」，正是他的雜文既有政論性、邏輯性，又有形象性、情感性的關鍵。如《中國人的生命圈》從「圈」到「線」到「○」，層層推演，邏輯嚴密，議論深刻，並創造出了具體的形象，飽含了愛憎之情。其次，從「砭錮弊」的立意出發，塑造出了否定性的類型形象體系。如：脖子上掛著鈴鐸作為知識階級徽章領著群羊走上屠宰場的山羊（《一點比喻》），「折中，公允，調和，平正之狀可掬」的叭兒狗（《論「費厄潑賴」應該緩行》），吸人血又先要哼哼發一套議論的蚊子（《夏三蟲》），一面受著豢養、一面又預留退路的二醜（《二醜藝術》）……魯迅對這些類型形象的塑造，融注了作者對社會的真知灼見，並且具有觸類旁通的美感特徵，這是魯迅雜文突出的藝術成就。魯迅雜文的第三個藝術特點是幽默諷刺和曲折冷峭的語言。他的雜文好用反語、誇張等幽默諷刺手法，亦莊亦諧，莊諧並出，往往三言兩語就能畫出論敵的「鬼臉」，語言簡潔峭拔，充滿幽默感。魯迅雜文造語曲折，往往不直接得出結論，而採用比喻、暗示、對比等手段，通過敘述描畫突出事物的內在矛盾，含不盡之意於言外。如《現代史》一文表面上顯得文不對題，通篇都在寫變戲法，實際上是以此比喻現代史，揭露了現代統治者巧立名目、盤剝人民的本質。語言曲折婉轉，寓意深刻豐富，表現出駕馭語言的卓越才能。

　　魯迅的雜文是中國社會思想和社會生活的藝術紀錄，是20、

30年代中國的百科全書。魯迅雜文是對中國議論性散文的創造性發展，它為中國文學創造了「雜文」這一富有生命力的文體範式，影響和造就了一批雜文作家。

瞿秋白（1899—1935）的雜文以政治批判和文化批判為主，揭露國民黨當局的不當作為（《流氓尼德》、《曲的解放》），批判部分文人的醜惡行徑（《王道詩話》、《出賣靈魂的秘訣》），同時也殷切地呼喚新世界的誕生（《一種雲》、《暴風雨前》），視野開闊，思想犀利、深刻。他的雜文在藝術上富有創新精神，善於抓住人物的特點和事物的特徵，並借用比喻、象徵手段創造出某種社會形象；藝術形式豐富多樣，不拘一格。瞿秋白的雜文在內容和形式的統一方面取得了較高成就。此外，瞿秋白對雜文理論的建設也作出了寶貴貢獻。他的《〈魯迅雜感選集〉序言》對魯迅雜文作了深刻的概括，正確地分析了魯迅雜文的性質、特點和價值，並高度評價了魯迅在現代文化史上的地位。這篇論文對於推動30年代雜文創作的發展起到了重要作用。瞿秋白犧牲後，魯迅把他的譯文編為《海上述林》出版。

30年代在魯迅雜文的直接影響下，出現了一批雜文作者。其中有《不驚人集》、《打雜集》的作者徐懋庸和《推背集》、《海天集》的作者唐弢，還有聶紺弩、周木齋、巴人等。

第四節　三十年代報告文學

報告文學是從新聞報導和紀實散文發展而來的一種新的散文類型。20年代初，瞿秋白的《餓鄉紀程》和《赤都心史》開了中國報告文學的先河。20年代中期圍繞著五卅事件和三一八慘案出現的許多紀實散文推動了它的發展。但中國報告文學的成熟和

發展則在30年代，其原因主要有三：一是30年代急劇變動的社
會生活需要具有很強新聞性和紀實性的文學樣式作出迅速的反映。
二是「左聯」的積極倡導和組織。1930年8月4日，「左聯」執
委會通過的決議《無產階級文學運動新的情勢及我們的任務》號
召開展「工農兵通信運動」，「創造我們的報告文學」。三是外
國報告文學理論和作品的翻譯，爲中國報告文學的發展提供了範
式和推動力。其中較有影響者：沈端先譯日本作家川口浩的《報
告文學論》，賈植芳譯捷克報告文學家基希《一種危險的文學樣
式》，徐懋庸譯法國作家梅林《報告文學論》。基希取材於中國
生活的長篇報告文學作品《秘密的中國》於1937年在《文學界》
連載。

　　隨著群眾性的報告文學寫作熱潮的出現，30年代先後選編出
版了幾部大型報告文學集。1932年阿英編纂的《上海事變與報
告文學》對剛剛發生的一二八事變作了及時反映，是我國第一部
以報告文學名義出版的報告文學集。1936年，茅盾仿效高爾基
主編《世界的一日》的做法，發起徵文運動，在此基礎上主編而
成《中國的一日》。這本80萬字、近500篇的大型報告文學集，
廣泛反映了同年5月21日中國各地的生活風貌。這是對群眾性通
訊報告寫作的一次檢閱，是稍後梅雨主編的《上海的一日》的先
導。此外，比較重要的報告文學集還有1936年梁瑞瑜遴選通訊
報告編輯而成的《活的記錄》。

　　在群眾性通訊寫作蓬勃開展的同時，新聞界和文學界的許多
人士也積極從事報告文學的寫作。新聞記者鄒韜奮所作的《萍踪
寄語》、《萍踪憶語》，蕭乾的《流民圖》、《平綏散記》和范
長江的《中國的西北角》、《塞上行》等都是具有新聞性、紀實
性的報告通訊，通俗明快，均產生過一定影響。本時期文學界在

報告文學創作上用力較多、成果最著的是夏衍和宋之的,他們於1936年發表了他們的代表作。夏衍的《包身工》「在中國的報告文學上開創了新的紀錄」⑱。它將群像和個像(「蘆柴棒」)相結合,描寫了包身工形象,反映了上海日本紗廠中國女工的悲慘生活,深刻地解剖了包身工制度的本質,抒發了作者的愛憎感情。它借鑑電影藝術的表現手法來刻畫人物,在結構上以時間為線索精心布局,縱向選取包身工一天生活中的幾個場景作記敘描寫,並從中生發議論、抒發情感,具有很強的文學性。宋之的的《一九三六年春在太原》也逼真地寫出了山西軍閥不事抗日、專事「防共」的情景。這兩個作品克服了此前報告文學重報告輕文學的缺點,達到了新聞性、紀實性與形象性、情感性的融合。它們的出現,標誌著中國現代報告文學的成熟。

【注　釋】

① 林語堂:《答青崖論幽默譯名》,《論語》創刊號(1932年9月)。

② 林語堂:《論幽默》,《林語堂文選》(下),第79頁,中國廣播電視出版社1990年版。

③ 郁達夫:《中國新文學大系・散文二集・導言》。

④ 林語堂:《人間世・發刊詞》,《人間世》1934年第1期。

⑤ 林語堂:《叙〈人間世〉及小品文筆調》,《林語堂文選》(下),第25、24頁,中國廣播電視出版社1990年版。

⑥ 林語堂:《小品文之遺緒》,《林語堂文選》(下),第27頁,中國廣播電視出版社1990年版。

⑦ 例如魯迅在《小品文的危機》中說:「生存的小品文,必須是匕首,是投槍,能和讀者一同殺出一條生存的血路的東西」。另有《議語一年》:「這可見『幽默』在中國是不會有的。」均見《南腔北調集》。

⑧　林語堂：《論談話》，《林語堂文選》（下），第73頁，中國廣播電視出版社1990年版。

⑨　何其芳：《扇上的煙雲》，《何其芳文集》第2卷，第56頁，人民文學出版社1982年版。

⑩　何其芳：《〈夜歌和白天的歌〉初版後記》，《何其芳文集》第2卷，第253頁。

⑪　何其芳：《論工作》，《何其芳文集》第2卷，第142頁，人民文學出版社1982年版。

⑫　1937年5月12日《大公報》關於得獎作品的評語。

⑬　巴金《紀念一個善良的友人》，《巴金選集》第8卷，第373頁，四川人民出版社1982年版。

⑭　《豐子愷傳》，第77頁。

⑮　楊牧：《中國近代散文選·前言》，第5頁，臺北洪範書店1981年版。

⑯　張堂錡：《白馬湖作家群的散文世界》，《從黃遵憲到白馬湖──近現代文學散論》，臺北正中書局1996年版。

⑰　魯迅：《偽自由書·前記》，《魯迅全集》第5卷，第4頁，人民文學出版社1981年版。

⑱　《光明》半月刊1936年6月創刊號《社語》。

第三章　五十、六十年代散文

第一節　五十、六十年代散文概述

　　1949年後大陸的十七年散文大致可以分爲前後兩個階段，1949年至1956年爲散文創作的第一個時期。

　　第一個時期通訊報告得到了空前的發展，成爲創作的主要實績之一。通訊報告的基本主題，主要表現爲兩個方面。一個方面是反映抗美援朝戰爭。很多作家奔赴朝鮮戰場，實地進行考察和採訪，寫下了大量的戰地通訊，結集的有巴金的《生活在英雄們中間》，魏巍的《誰是最可愛的人》、劉白羽的《朝鮮在戰火中前進》、楊朔的《鴨綠江南北》等等。《朝鮮通訊報告選》（三集）、《志願軍一日》（四集）、《志願軍英雄傳》（三集），則是戰地通訊報告的大型選集，其作者不僅有作家、記者，更多的是參加過戰鬥的指戰員和部隊政工幹部。這些個人結集、選集和報刊上大量發表的通訊，較眞實生動地敘寫中國人民志願軍英勇抗擊美國侵略者的戰鬥場面，謳歌無數像黃繼光、楊根思式的戰鬥英雄及他們的悲壯業績。魏巍的朝鮮通訊選材嚴、開掘深，格調激越奔放，有濃厚的抒情性。這一時期通訊報告基本主題的另一方面，是迅速及時地反映社會主義建設。《祖國在前進》、《經濟建設通訊報告選》（二集）、《散文特寫選》（1953—1956）、《特寫選》（1956）等，是這方面主題的選集。其中有不少是知名的篇章。柳青的《王家斌》、秦兆陽的《王永淮》、沙汀的《盧家秀》，描繪農村經過社會主義變革之後的氣象和初

期合作化運動中幹部群衆的精神面貌，在讀者中引起反響。華山的《童話的時代》、臧克家的《毛主席向著黃河笑》，以浪漫的詩意筆觸描繪我國人民根治黃河的氣魄和征服黃河的理想。楊朔的《石油城》、李若冰的《在柴達木盆地》、蕭乾的《萬里趕羊》、蕭殷的《「孟泰倉庫」》等作品，勾畫出戈壁沙灘、內蒙古草原等祖國各地建設者勇敢跋涉的足迹，表現各條戰線上的情景。其中不少通訊報告帶有一定的盲目樂觀主義色彩。

通訊報告的成果，標誌著這一時期散文的初步繁榮。然而，題材不夠廣泛，體裁顯得單一。從題材和內容看，這一時期的通訊報告幾乎都是歌頌性的，揭示社會矛盾和干預生活的作品極為鮮見。 1956年曾出現一些「干預生活」的報告文學作品，隨後的「反右」扼殺了報告文學揭露時弊的功能。在藝術方面，它們往往以事件淹沒人物及其思想，多寫人物的英雄壯舉而缺少細緻的內心揭示，因此存在著概念化的傾向，缺少動人的藝術力量。這一時期散文的其他品種，也有一些收穫。抒情性的散文如老舍的《我熱愛新北京》、楊朔的《香山紅葉》、葉聖陶的《遊了三個湖》、秦牧的《社稷壇抒情》等。史傳文學如高玉寶的《高玉寶》、吳運鐸的《把一切獻給黨》。雜文如馬鐵丁的《思想雜談》等。但這些體裁的散文顯得寂寞和缺少生機，其影響尚不能與通訊報告相比。

1957年至1966年，是大陸十七年散文的第二個時期，是被稱為當代文學史上散文創作趨於活躍的一個時期。以楊朔、秦牧為代表的一批散文作家，以他們的創作實踐打破了沉悶空氣，積極推動散文走向繁榮。因此出現了1961年的所謂「散文年」和以後兩、三年表面上持續發展的局面。

抒情散文在這個時期顯得異常活躍。與第一個時期相比，不

僅題材更爲廣泛，思想較爲深刻，藝術較爲精湛，而且作品的數量也非常多，出現了風格日臻成熟的作家和藝術趨於圓熟的作品。當時出版了很多散文集，如楊朔的《海市》、《東風第一枝》，秦牧的《花城》、《潮汐和船》，劉白羽的《紅瑪瑙集》，巴金的《傾吐不盡的感情》，冰心的《櫻花讚》，吳伯簫的《北極星》，曹靖華的《花》，碧野的《情滿青山》，郭風的《葉笛集》，柯藍的《早霞短笛》，何爲的《織錦集》，陳殘雲的《珠江岸邊》，魏鋼焰的《船夫曲》，袁鷹的《風帆》，方紀的《揮手之間》，峻青的《秋色賦》，菡子的《初晴集》，楊石的《嶺南春》，林遐的《撐渡阿婷》，李若冰的《山・湖・草原》，等等。這是在一種貌似平靜的、虛假的「繁榮」中的引吭高歌。它們或多或少地反映了在現實的痛苦面前藝術家們應有的社會洞察力的弱化或丟棄。

第二個時期的報告文學在前幾年通訊報告的基礎上，已經發展成爲散文中一支活躍而獨立的勁旅。1957年以後出現了《一場挽救生命的戰鬥》（巴金）、《爲了六十一個階級弟兄》（《中國青年報》記者集體採寫）、《向秀麗》（郁茹）、《萬炮震金門》（劉白羽）、《三門峽截流記》（雷加）等一批有影響的作品。《文藝報》因勢利導，先後發表了《充分發揮報告文學的革命威力》的署名文章和《進一步發展報告文學創作》的專論，《人民日報》編輯部和中國作家協會聯合召開報告文學的座談會，大力予以倡導。同時，作家們因「反右」鬥爭擴大化而心有餘悸，他們順應時勢，思想和精力集中於歌頌性報告文學的創作。由於上述兩個方面的原因，報告文學迅速得到發展，出現了一批影響較大的作品。如反映先進紡織女工趙夢桃事迹的《紅桃是怎麼開的》（魏鋼焰）、描寫農民植棉專家吳吉昌事迹的《忠心耿耿》

（田流）、讚頌共產主義戰士雷鋒的《毛主席的好戰士──雷鋒》
（陳廣生等）、讚美南京路上好八連永葆革命傳統的《無產階級
戰士的高尚風格》（郭小川等），還有《縣委書記的好榜樣──
焦裕祿》（穆青）和《祁連山下》（徐遲）、《小丫扛大旗》（
黃宗英）、《小將們在挑戰》（郭小川）、《手》（巴金、茹志
鵑等），等等。這些作品反映著大陸各條戰線上的新事物、新人
物、新思想、新風尚，著重表現大陸人民戰勝天災人禍的無畏的
勇氣、堅韌的毅力、高尚的情操和共產主義的理想，顯示出這個
時期報告文學創作的共同特點：時代感、新聞性，以及歌頌性的
題材與共產主義思想教育的結合。從中可以看出報告文學直接為
政治、政策服務的端倪。應該說，1963、1964年作家出版社出
版的《報告文學》集和《新花紅似火》，表明報告文學創作已經
走向了不同於新政權成立初年通訊報告的階段，增強了它的政治
文化色彩。

　　1949年後雜文一直處於冷寂的境地，因對文藝政策作了一
些調整和鄧拓等一些雜文作家的熱心扶持、身體力行，雜文在這
個時期一度得到轉機而復蘇起來。60年代初期，《北京晚報》首
先開闢了以「燕山夜話」為題的雜文專欄，鄧拓被邀為專欄作家；
其後，《前線》雜誌和《人民日報》先後開設「三家村札記」和
「長短錄」的雜文專欄，分別由鄧拓、吳晗、廖沫沙三人和夏衍、
吳晗、廖沫沙、孟超、唐弢五人作為專欄的特約撰稿人。全國許
多大小報紙，紛紛仿照三家報刊辦起雜文專欄，促進了雜文的復
蘇。儘管創作的時間短、數量少，但短期內出現的雜文與歌頌性
的抒情散文、報告文學卻形成了鮮明的對比。它們針砭時弊、尖
銳潑辣，堅持真理、旗幟鮮明，能夠有的放矢地觸及社會中的一
些問題與矛盾，為思想界吹進了一股新鮮的、民主的空氣。鄧拓

的五集《燕山夜話》是這個時期雜文難能可貴的收穫。《燕山夜話》犀利明快、機智幽默、熔思想性、知識性、文學性於一爐。正如老舍所說，是「大手筆寫小文章，別開生面，獨具一格」①。

十七年的散文是在曲折中發展的，因受「左」的思想和路線的影響，有不少值得總結的教訓。

首先，「左」的文藝理論和「左」的僵化觀念，諸如要求文藝必須直接配合政治運動與宣傳任務（「寫中心，畫中心，唱中心」），「一個階級一個典型」，等等，持續地、長期地強化著作家的「左」的思想意識，限制了散文創作的題材和體裁多樣化，大大地束縛了作家藝術創造性的進一步發揮，使表現十分自由的散文變得很不自由，形成了一統的歌頌性的思想表現模式，「干預生活」的題材被視爲「禁區」，未能很好地發揮散文應有的文化批判功能。尤其是「反右」以後，散文只能歌頌，不能暴露，只能歌頌生活的眞善美，不能抨擊生活的假惡醜，更不能觸及時弊與揭露現實中客觀存在的尖銳深刻的矛盾。於是散文表現的只是讚唱工農兵的偉績和新社會的光明，思想空間和生活空間越來越偏頗、狹小，實際上不是切近現實生活，而是越來越遠離生活。這就從根本上悖離了五四以後散文眞切表現人生的現實主義傳統，而存在著比較嚴重的反現實主義傾向。

其次，基於一統的思想表現模式，一般散文作家習慣於豪言壯語式的歌頌讚唱，說假話、大話、空話，八股氣、政治說教氣十足，使散文背離了抒寫眞情實感的美學原則。因而他們不可能在散文中眞實生動地表現「自我」的精神個性。同時一次接一次的政治運動，使作家精神萎縮，正如老作家巴金所說的那樣：「每次運動過後我就發現人的心更往內縮，我越來越接觸不到別人的心，越來越聽不到眞話。我自己也把心藏得很深」②。散文作

家既然不能說眞話、抒眞情，不能自由地抒寫他們的精神個性，因而也就不能創造成熟的個人藝術風格，更不可能出現各呈異彩的散文流派。五四以後現代散文充分表露個人氣質靈性的傳統，即郁達夫所總結的現代散文的「最大特徵」③，在十七年的散文中，已漸漸地被消蝕了。

第二節　楊朔等

楊朔（1913—1968），山東蓬萊縣人，致力於藝術性散文的寫作，結集有《亞洲日出》、《海市》、《東風第一枝》和《生命泉》。這些抒情散文先後寫於1955至1965年間，其中大多數作品在50年代、60年代爲廣大讀者傳誦，有些當時就被選入大陸中學語文課本。

作爲一名時代的歌者，楊朔認爲散文應該「從生活的激流裡抓取一個人物、一種思想，一個有意義的生活段片，迅速反映出這個時代的側影」④。從這一創作思想出發，楊朔的散文努力追覓時代的足跡，表現十七年間的建設與生活。毫無疑問，在痛楚的現實面前，作家過分強調烏托邦式的詩境，是有其歷史局限性的。但比起那種口號式的頌歌來，楊朔作品的藝術表現力還是值得一書的。

楊朔力圖選用各種題材表現生活的激流和時代的風貌。楊朔注重描寫新生活、新時代的絢麗色彩，又用血淚筆墨勾畫舊時代苦難生活的背景，往往用今天與昨天進行美醜善惡的對照。另一方面，楊朔又注重描寫普通勞動者懷著眞誠、樸素的感情，獻身國家建設事業的執著精神和高尚情操。在《茶花賦》中的養花人普之仁，《荔枝蜜》中的養蜂人老梁，《雪浪花》中閑不住的老

泰山，《石油城》中的王登學、劉公之、張多年等人物身上，作者傾注了對祖國、人民的滿腔熱忱，揭示了坐江山、建江山的時代風采，並且富有哲理性地概括與揭示了新生活的詩意——「凡是生活中美的事物都是勞動創造的」⑤。顯然，這類描寫普通勞動者的散文具有那個時代的思想特徵和審美價值判斷。它們的局限性就在於，當中國人民尚生活在困苦中時，這種過於理想化的藝術描寫遮蔽了生活的眞實。如今讀來，歷史的反差性使人感到內容的失重和藝術的失眞。

　　1956年後，楊朔開始從事外事工作，因此他寫作了很多國際題材的散文，數量之多，是一般散文作家所不能相比的。作爲一名外事活動家，楊朔站在反對殖民主義者的立場上，描寫了各國人民之間的友好往來，讚頌亞非人民熱愛和平的美好心願和反對霸權的鬥爭氣概，如《埃及燈》、《金字塔夜月》、《印度情思》、《蟻山》、《櫻花雨》、《生命泉》等散文。這類題材的散文，雖是注重國際反帝鬥爭的廣闊背景，同樣發掘外國人民精神世界的美，表現他們的迫切願望、美好追求和不畏強暴、勇於抗爭的民族精神。

　　儘管楊朔不能擺脫十七年散文那種歌頌性的思想表現模式，但他的藝術審美視野卻比同時代的其他作家顯得較開闊。他不滿於豪言壯語式的頌歌，也不滿於當時空洞、說教的文風，積極要求打破散文藝術表現的沉悶局面，儘管這種拓展是有限的。1959年，楊朔明確地提出了詩化散文的藝術主張。他說：「好的散文就是一首詩」⑥，後來又說：「我在寫每篇文章時，總是拿著當詩一樣寫」⑦。這個藝術主張是他通過個人散文創作實踐總結出來的經驗，它更注重散文自身的藝術表現的規律、形式和手法，爲廣大讀者所接受，對當時的散文創作產生了不可低估的

積極影響。正因爲楊朔在自己的創作實踐中孜孜以求「詩」的目標和審美理想，所以逐漸形成、建立了他的清新俊逸而含蓄的藝術風格。

　　楊朔散文講究藝術構思。他善於大處著眼，小處落墨，抓住一人一事、一景一物，生發聯想和想像，洞隱燭幽，見微知著，使作品的思想得到寓大於小、寓遠於近的藝術表現，因而具有詩的視角和詩的容量。《櫻花雨》寫日本人民不忘美國投擲原子彈的慘痛史實，反對《日美安全條約》而展開的一場全國性的罷工鬥爭。作品沒有正面去描寫這場罷工運動的波瀾壯闊。而是以一家旅店的侍女君子作爲視角予以表現，即著力渲染、透視她在罷工前後那顆深受美國兵戕害的心靈所發生的微妙的變化。她似乎生性怯弱，躲躲閃閃，欲言又止，不敢對作惡的美國兵說三道四，但忽然間停電，宣告罷工鬥爭已正式開始，她忽而判若兩人，變得異常的鎮定和無畏，柔和的眼睛裡「隱藏著日本人民火一樣的願望」，「有兩點火花跳出來」。整個罷工遊行隊伍意氣激昂、吶喊奔騰的情景便可從君子身上以斑見豹。這樣，作品便由小及大、由近及遠地揭示了這場罷工運動的廣泛性和深刻性，達到了「當詩一樣寫」的藝術效果。楊朔在構思上追求新穎、奇巧，有些作品還擅長借鑑古代散文「文眼」的經驗，如《雪浪花》著力表現浪花咬礁石的「咬」字，《海市》以尋海市的「尋」來經緯全篇，等等。因此，他的多數散文縝密、精緻，經過刻意的構思而使作品充滿了詩意和藝術的美。

　　楊朔散文注重創造詩的意境。他自己說：「我向來愛詩，特別是那些久經歲月磨練的古典詩章……於是就往這方面學，常常在尋求詩的意境」⑧。他的很多散文用詩的比興手法，託物言志、借景抒情，以創造詩的象徵比附的境界。如以海邊浪花沖擊礁石的

執著氣勢，比喻「老泰山」人老心不老奉獻殘生餘熱的美（《雪浪花》）；以虛無縹緲的海市蜃樓，比喻人間的「海市」——欣欣向榮的長山列島（《海市》）；以螞蟻壘起的神奇蟻山，比喻非洲人民反對殖民主義鬥爭的雄偉力量（《蟻山》），等等。這類散文的思想表現得委婉含蓄、詩趣盎然。正因爲楊朔用景與物附麗的象徵情韻，貫串於作品的始終，使意境的展示虛實相生、曲曲折折，思想的揭示步步開拓、層層轉深，因而形成了富有詩美的意境。在一些散文中間，作家讓人物活動於詩意的畫面，予以藝術點化，使人、景、情交融爲一體，成爲動人的藝術境界。如《雪浪花》的結尾部分描寫了老泰山退場的畫面，既描繪了金光燦爛、輝照西天的一抹晚霞，又故意渲染了老泰山帶幾分孩子的天眞、把野菊花插到車上的細節，爾後讓他慢慢推著車，「一直走進火紅的霞光裡去」。這樣便把自然景物的美、人物精神的美和作者抒情的美渾然一體地涵容在一幅圖畫裡，「黃昏頌」的主題因而顯得曲折悠遠、詩意雋永。當然，這幅優美的圖畫亦或多或少地消融了那個時代沉鬱的苦痛，但如果我們只把它當作作家的一種理想的追求，也未嘗不可。

　　楊朔散文講究藝術結構，「再三剪裁材料，安排布局，推敲字句，然後寫成文章」⑨。他一般採用曲徑通幽、「卒章顯志」的園林式結構，於雲遮霧障中間峰迴路轉，層層疊疊，變化多端，顯得縝密精巧、引人入勝。同時他又善於運用虛實、隱顯、疏密、抑揚、張弛等藝術辯證法，對各種材料進行剪裁、縫合、布局和組織文章的波瀾。《海市》用虛實相生的手法，曲曲折折地創造了「尋」海市的懸念和意境。《荔枝蜜》以欲揚先抑的手法，寫出了「我」對蜜蜂由畏懼厭惡到樂意「變成一隻小蜜蜂」的感情變化和歷程。《野茫茫》以顯託隱，「卒章顯志」，最後把譏刺

的矛頭由指向老殖民主義者轉而指向新殖民主義者。楊朔從單純中求複雜，從複雜中求簡練，使藝術結構與創造意境、抒寫詩情完整地統一起來，從而創造了他個人的藝術風格，同時，也創造了那個時代的一種「頌歌」文體模式。

　　楊朔散文是瑕瑜互見的。其思想內容不可避免地爲時代所局限，像《泰山極頂》等作品因歌頌「三面紅旗」（總路線、大躍進、人民公社）而留有「左」的印痕。《海市》、《荔枝蜜》、《茶花賦》、《雪浪花》、《櫻花雨》等一些散文，因刻意求「詩」，慣用比興和卒章顯志的手法，在藝術表現上則留有雷同化的傾向和求工的斧迹。象徵比附的模式化亦成爲他散文創作的定勢。總之，這些藝術上的缺陷均來源於作家思想觀念的偏頗，其根源還是缺乏對現實生活的眞誠感受。

　　秦牧，原名林覺夫，廣東澄海縣人，1919年生於香港，三歲時隨父母去新加坡，1932年回國。抗戰勝利後他開始從事文學創作，1947年經葉紹鈞審訂出版了第一本散文集《秦牧雜文》。50年代、60年代，他致力於散文創作，出版了《星下集》、《貝殼集》、《花城》、《潮汐和船》四本散文集和文藝隨筆集《藝海拾貝》，產生了廣泛的影響。

　　十七年間，秦牧提出了題材與表現形式多樣化，散文知識化、藝術化等悖於當時文學觀念的創作主張，創作了《古戰場春曉》、《土地》、《潮汐和船》、《花城》、《社稷壇抒情》、《在仙人掌叢生的地方》、《說狼》、《菱角的喜劇》等抒情性、知識性散文，在文壇上獨樹一幟。他與楊朔南北呼應，在理論和創作上給「反右」以後沉寂的散文界鼓蕩起清新活潑的氣息。因此他散文的實際影響與藝術成就，遠在一般散文作家之上，這是不應低估的。

　　秦牧散文熔知識性與思想性於一爐。他的散文被讀者稱作知識的「花城」，敘述著爲人鮮知的掌故、軼聞、趣談、傳說、故事以及中國和世界各地的風物人情。古今中外，天上人間，鬼怪神仙，飛禽走獸，花卉蟲魚，山川勝景，總之，從宏觀世界到微觀世界，從自然科學到人文科學，各門各類的知識在他的筆下得到廣泛的普及性的傳播，充滿了奇異的、誘人的知識趣味，青少年讀者可以把他的散文當作百科知識的教科書來讀。寓深刻的思想性於豐富的知識性中，是秦牧散文創作的宗旨。他認爲，「豐富的知識，有助於思想的敏捷，想像的翱翔，以及作品內容的深厚和境界的開拓」⑩。根據這樣的創作思想，他寫某一主題，就運用並提煉與某一主題相關的知識材料，加以融會貫通，進行闡釋與論說。因爲平時博覽群書，注意結交各行各業的朋友，在他的頭腦裡建立起一個豐富的知識「倉庫」，所以寫起來左右逢源，得心應手。那些貯存的資料，常常成爲恰如其分地闡釋思想，說明主題的生動、形象的材料。《花城》敘寫了廣州年宵花市久遠的風俗、南國的情調、節日的氣氛、各種奇花異卉爭奇鬥艷的盛況。各式人等賞花的心境和歡樂，以及一些名貴花種從野生狀態到人工培植的嬗變情景與趣聞，這些都歸一、凝聚在把「花城」作爲新中國的形象來描寫、來期待的意趣上，流貫著一股熱愛祖國的深厚感情。《菱角的喜劇》寫了作者從兒時到成年怎樣逐步認識菱角的世界：少年時愛吃菱角，只知道它有兩隻角，後來在廣西見到三角菱，在重慶見到四角菱，再後來又知道浙江嘉興有一種圓角菱（即無角）。在敘述菱角的同中有異之後，作者又敘述了各有兩千種的蝗蟲和蝴蝶，化學、物理學、醫學、人體解剖學、天文學領域中一些同中有異、異中有同的現象和趣聞，用這些材料反覆歸結出「不止掌握事物的一般性還掌握它的特殊性」

這一認識論的真理，從而有力地批判了絕對化、簡單化和形而上學的思想方法。在大談仙人掌和珍奇的植物，大談貝殼和美麗的傳說或者大談牛性、狼性、鵝性和捕魚能手的文章中，都有作者的思想和智慧的閃光。

秦牧散文把「形散」與「神聚」結合起來，做到寓控制於放縱。從放縱一面來說，豐富的想像、飽滿的熱情、說理的暢達這些因素構成放縱的張力，使他的筆如同奔馬縱橫馳騁，敘事、狀物、聯想、類比顯得自由自在、游刃有餘，表現出情溢於言、理勝於辭的文章氣勢。從控制一面來說，敘述、描寫、議論、抒情總是貫穿著思想的線索。如他所說：「散文雖『散』而不亂，全靠思想把一切材料統一起來……這才成為整齊的珠串」⑪。在題材的剪裁、縫合和表現思想的過程中，他散文的線索成為內在的凝聚力，使敘事、寫景、議論和一切知識性的材料，時時、處處都緊扣住說理或抒情的「中心」，散而歸一，雜而不亂，形散而神不散。例如，《社稷壇抒情》借助古壇發思古之幽情，寫到五色土的含意，屈原《悲回風》、《天問》的詩篇，地球的土壤和華北黃土高原的形成，農民對土地的依戀和被羈絆的命運，四方五行觀念與古代思想家的探求，四分五裂、藩鎮割據和今天新中國的高度統一……這些思接千載、天馬行空的聯想，看似東拉西扯、紛呈雜亂，實際上用一條抒情線索（也是思想線索）把它們貫串統一起來，即以「一個歷史的民族的子孫」的激情，抒唱祖國的統一和強盛。文章的各種聯想和揮灑的筆墨，始終從不同的方面反覆生發著、滙流著、昇華著作者為偉大祖國引以自豪的詩情。所以，放縱的筆致中間依然伏脈相連，龍骨突起，不失控制的分寸感。《土地》、《古戰場春曉》等，都是以詩情或思想的線索貫串全篇，並注意運筆的輕重濃淡、抑揚張弛，在大起大落、

波起雲湧的變化中間取得結構的整合和形神的統一。

　　秦牧散文富有情趣性和幽默感。比起同時期的散文作家，他的審美原則更注重「散文味」和幽默。他張揚散文的藝術個性。他的大多數散文，雖然是知識性的雜感、隨筆、短論，但仍屬雜文的性質，多少繼承了五四以來雜文的一些傳統和某些雜文的筆法。一些傳說、故事、軼聞和知識趣談，新穎、奇異、怪誕，使知識題材本身具有喜劇色彩，因而使散文產生了情趣性和幽默感。如《不老》引用了一位法國主教在大街上見到的趣聞：一位83歲的老人坐在大門前哭，主教問他為什麼哭？他回答挨了父親的打。主教於是去見他的父親，這位110多歲的父親解釋說，所以責罰他的兒子，是因為他不尊敬他的祖父；於是主教又去見那位健在的祖父，原來是一位140多歲的老人。諸如這類題材在秦牧散文裡比比皆是，使他的散文有時妙語聯珠、賞心悅目，增強了寓教於樂的趣味和幽默的色調。

　　秦牧散文語言流利酣暢、凝練生動，採用「林中散步」和「燈下談心」的行文作風，流露出直接面對讀者的親切感和語言氛圍。他注意運用抑揚頓挫的音節和一連串的排比句，構成了聲情並茂的語言氣勢。他擅長運用譬喻，點染和增強語言表達的色調與效果。尤其在《藝海拾貝》中，他通過貼切生動的譬喻，把複雜深刻的文藝思想和各種藝術規律說得深入淺出、平易近人、可讀性強。從語言技巧這方面來說，這是這些文藝隨筆曾經產生廣泛影響的原因之一。

　　秦牧的散文也有美中不足。一些知識性材料在不同的篇目中反覆使用，失去了新鮮感；圍繞一個說理中心，過多地羅列材料，有時難免冗雜拖沓之嫌；強烈的政治宣傳意識，使一些作品自然地流露出說教氣，所表現的哲理失之膚淺。

【注　釋】

① 引自《憶鄧拓》，第119頁，福建人民出版社1980年版。

② 巴金《說眞話》，《探索集》，第88頁。

③ 郁達夫：《中國新文學大系・散文二集・導言》。

④ 楊朔：《海市・小序》，作家出版社1960年版。

⑤ 楊朔：《茶花賦》，《楊朔散文選》，第209頁，人民文學出版社1978年版。

⑥ 楊朔：《海市・小序》，第1頁。

⑦ 楊朔：《東風第一枝・小跋》，第147頁，作家出版社1961年版。

⑧ 楊朔：《東風第一枝・小跋》。

⑨ 楊朔：《東風第一枝・小跋》。

⑩ 《三十年的筆迹和足迹》，《秦牧自選集》，第919—920頁，花城出版社1984年版。

⑪ 秦牧：《散文創作談》，《長街燈語》，第237頁，百花文藝出版社1979年版。

第四章 八十年代散文

第一節 八十年代散文概述

比之於小說、報告文學等文體的「轟動」，大陸80年代的散文園地顯得有些清淡平靜。基於這種冷落現象，有論者認為散文「以廣泛的蕭條來慢待這個對文學充滿厚愛」的新時期，「當代中國散文，從中興走向沒落」①。其實就散文創作本身而言，1977年至整個80年代，散文以自己獨有的節律與色彩，推進著發展的歷程。1989年4月，中國作協主辦的全國優秀散文（集）雜文（集）獎頒獎。巴金的《隨想錄》、陳白塵的《雲夢斷憶》等獲榮譽獎，楊絳的《幹校六記》、賈平凹的《愛的踪迹》、曹明華的《一個女大學生的手記》等24部散文集獲優秀獎。80年代老中青三代散文作家相承共生，耕耘於散文苑圃。冰心、巴金、孫犁、劉白羽、秦牧、韋君宜、楊絳、郭風、柯靈、黃裳、何為、袁鷹、碧野等老一輩作家，引人注目。巴金的《隨想錄》被稱為「一部代表當代文學最高成就的散文作品」②。認為「老年人宜於寫散文」的孫犁，十年間出版了《晚華集》、《秀露集》、《澹定集》、《尺澤集》等專集，散文創作進入了旺盛期。中青年作家成為大陸 80年代散文創作的主力。宗璞、姜德明、韓少華、那家倫、劉成章、謝大光等中年或近於中年的散文作家，在承繼與超越中，實現著散文審美的調整。賈平凹、趙麗宏、王英琦等一批50年代後出生的青年作家，創作活躍，以其獨特的風格成為80年代散文「新星」。賈平凹的散文擅長表達古典情致與鄉土情

結，具哲理而有情趣，深得美文的品質。趙麗宏的創作景清新，情眞摯，人事質樸，宛如林中小溪，意境幽遠，有一種詩意之美。女作家的散文創作在80年代顯示出強勁的集團優勢。張潔、陳慧瑛、馬瑞芳、李佩芝、斯妤、梅潔、蘇葉、王英琦、唐敏、葉夢、韓小蕙等燦若星空，以其不凡的創作實力繪就女性散文亮麗的風景。女性散文，以其對社會、人生獨特的觀察與對生命本體獨特的感悟，展示了一方姿態萬千的女性世界。詩人邵燕祥本時期致力於雜文創作，以思想深刻、尖銳老到爲人稱道。

大陸80年代的散文有自身的特色與價值。這種特色與價值，首先表現爲在散文創作中找回了失落的文體精神。正如散文評論家林非所說：「一個散文創作的新時期已經來到了，它最爲突出的標誌就是追求著盡量地達到『眞』」③。眞實與眞誠是散文文體的基本精神與品格。當代前十七年，延及「文革」十年，在特定的時代氛圍中，虛假矯情成爲散文創作中的流弊。新時期實事求是思想路線的重新確立，也促使散文作家解放思想，更新觀念。擁有更多精神自主的散文作家，開始根據自己的親歷和深思，眞實地反映社會生活、人事物景。新時期發軔時的哀祭反思類散文，追憶流年歲月，悼念患難故人，反思荒誕歷史，作品多情眞意切，讀來啓思動人。

大陸80年代散文創作的特色與價值，還顯現於創作主體對散文本體意識的自覺上。在現當代散文發展史上，曾有若干時期政治話語直接而大量地進入了散文創作。散文作爲一種審美存在被忽視或弱化了，它所表現的藝術空間被縮小了。進入80年代，散文作家開始注意按照散文本體的規律，進行審美性的創作，作品的視域得到了拓展。散文作者既關注重要的人物事件，又更多地敘寫日常生活場景或作者個人的故事；既觀照外在的生活，又「

向內轉」，大量地表現主體豐富的心靈世界。優秀的散文善於將自我與外在溝通，將瑣事與時代串聯，發揮散文審美的優勢。楊絳的《幹校六記》，敘寫「大背景的小點綴，大故事的小插曲」④。作品從文化與人性的層面，展示了在特殊年代知識分子的生存狀態，對「文化大革命」作出平和之中藏有冷峻的理性批判，成爲 80年代散文的精品。80年代散文作家文體意識的自覺，不僅表現爲他們對既存的文體規範的尊重，而且還表現爲對文體新質的探索。這一時期的散文，已打破「形散神不散」的舊有範式，隨物賦形，搖曳生姿。至80年代中期以後，散文文體變革潮起。劉燁園、趙玫等主張散文「文體革命」，將主體潛意識與現代哲思引進散文本體。

第二節　　《隨想錄》

　　《隨想錄》是巴金的晚年之作。從1978年12月起，巴金開始了「隨想錄」的系列寫作，至1986年9月完成，共150篇，合42萬字。單篇作品發表於香港《大公報》等報刊。作者以時間爲序將其編爲《隨想錄》、《探索集》、《眞話集》、《病中集》、《無題集》，由香港三聯書店和人民文學出版社陸續出版。五集以《隨想錄》作爲總題。1987年北京三聯書店出版兩卷本的《隨想錄》合集。《隨想錄》是作家叩問、探索、總結歷史之旅與人生心路的實錄。歷經十年「文革」煉獄磨難的巴金，出於老作家高度的歷史責任感與使命感，對歷史與人生作出深刻的檢視與理性的反思。《隨想錄》以其博大精深的思想文化內容和獨特的文體意義，成爲新時期，乃至當代最爲重要的散文創作成果之一。有論者認爲《隨想錄》在巴金數十年的創作歷程中，是「最重要、

最有價值的巨著」，是巴金「以散文形式在自己的文學道路上豎起的又一座豐碑」⑤。

　　《隨想錄》深刻的思想文化內容，突出地表現爲作家具有震撼力的批判與自我批判精神。歷史責任感召喚作家的使命意識。巴金將寫作《隨想錄》作爲「一代作家留給後人的遺囑。」（《探索集・後記》）巴金說：「講出了眞話，我可以心安理得地離開人世了。可以說，這五卷書就是用眞話建立起來的揭露『文革』的『博物館』吧。」⑥巴金的「遺囑」將歷史的僞飾揭去，把「文革」的荼毒無情予以剖析。他希冀人們不要將「浩劫」看作「遙遠的夢」而加以忘卻：「我們誰都有責任讓子子孫孫、世世代代牢記十年慘痛的教訓。」⑦據於自己的親歷親驗，擇取眞實而典型的材料，對「文革」中奇怪而醜惡的現象進行批判。《「腹地」》一篇將「新文字獄」的製造例說給讀者，具體地揭露了專制主義對人性人格的踐踏。《小狗包弟》更見歷史的悲情，抨擊十年動亂對生命體的破壞，力透紙背。揭露「文革」的作品不計其數，但巴金另闢蹊徑，以側攻正。作者並沒有直接致力於人際間干戈相交的紀實，而是著重狀寫通得人性的小狗「包弟」。在那特殊的年代，狗爲人悲，人復爲狗愁；狗非人，卻通人性，人非狗，而竟有不如狗者。這樣出新求異的題材與主題開掘，將「文革」期間人性良知泯滅的慘劇暴露無遺。作品具有超越同類題材一般作品的批判力度。《隨想錄》對「文革」的徹底否定並不只停留在暴露傷痕的淺層面上。作品的主題有一種啓蒙的傾向。作者從社會思想文化的深層探究「文革」發生的根因。在巴金看來，封建主義餘毒是導致「文革」劫難與社會弊端的一個根源。因此巴金認爲我們「還是要大反封建主義」（《無題集・衙內》）。反封建是《隨想錄》的一個基本主題。

　　《隨想錄》最撼人心魄的，還在於作者那種嚴於責己、解剖自我的強烈的自審意識和自省精神。巴金的創作奉行「講眞話」的原則。「講眞話」一方面是指作品眞實地反映歷史與現實的原生圖景以及社會的衆生相，另一方面是指作品眞實地燭照作者自我的內心世界。巴金更強調「講眞話」要「從解剖自己、批判自己做起」。「我寫作，也就是在挖掘，挖掘自己的靈魂。」⑧在《隨想錄》中，作者不僅是「述他者」，從旁給人指說「文革」的劫難，訴說自己的遭遇；同時，作家主體自身也成爲「暴露」的對象，無情地眞誠地將自己的靈魂作無掩飾的展示與剖析。作品的這種「自我暴露」，表明了巴金作爲一個正直作家所具有的高尚的人格風範和知識分子的良知良心。這是造就作品獨特魅力的重要素質。巴金將自己在「文革」中所特有的隱秘心態全盤端出，進行自我審判。這種深刻的自審與審醜，在當代文壇，無人過於巴金。巴金是特定時代知識分子類群中的一個「活體」。巴金的徹底自審，實際也是在審視民族的靈魂，解剖時代、社會和一代知識分子的心靈。巴金的「懺悔」與宗教意義層面上的「懺悔」完全不同。他的「懺悔」以現時態的文化觀念作爲參照，將個人的內省與民族的反思結合，將個人批判與社會批判結合，因而，巴金的自審自省擁有更爲深刻而豐厚的思想文化意義。以此論之，《隨想錄》是一部攝照「文革」時代知識分子心靈軌跡的史冊，具有重要的思想文化史的價值。巴金的自我懺悔，其思想淵源遠及盧梭。作者早年旅居法國，曾在盧梭銅像前心儀膜拜。巴金的責己解剖，又與魯迅相通。

　　《隨想錄》具有文體價值。散文一體，崇尙眞實。優秀的散文是作者眞誠的人格與眞實的文格化合的產物。《隨想錄》找回散文曾經在很多人那裡失落的眞誠品格，引領散文創作由虛空僞

飾走向求眞務實。巴金稱《隨想錄》是一部講眞話的書。巴金所說的眞話就是「自己想什麼就講什麼，自己怎麼想就怎麼說──這就是眞話。」⑨在《隨想錄》中我們分明感受到作者有一顆眞誠的文心在躍動。《隨想錄》不是無病呻吟、無中生有的裝腔作勢之作。作者有感而發，敢於說出自己心裡的眞話。其間有眞人、眞事、眞情、眞理、眞性靈。《隨想錄》作爲現當代散文史上「里程碑」式的作品，它標誌著散文開始告別一個浮誇、說謊的階段，而進入一個能說眞話、敢說眞話的時代，標誌著作者開始告別一個自我粉飾的階段，而進入到一個自我反思省察的時代。王西彥認爲：「眞誠」在巴金「五本《隨想錄》裡是最突出的。他是拿心與讀者交換心。」⑩正是這種以心換心式的眞誠，爲80年代散文創作提供了某種可貴的借鑑的範式。

　　散文創作的題材原是「海闊天空」的。但有一個時期題材趨於革命化、政治化。叙寫個人生活，兒女情長成爲散文創作的「禁區」。《隨想錄》題材泛化，既有對社會生活、歷史場景、國際交往等大題材的攝取，更有對個人心迹的袒露，友人親人間眞情的表現，凡人俗事的叙寫。在題材開拓方面，充分展示散文文體的優勢。於1979年2月首發於香港《大公報》的《懷念蕭珊》，它所具有的文體價值在於，在新時期較早地將個人生活引入了散文創作天地，寫自我故事，抒自我情愫，由此而被散文家再次認同。《懷念蕭珊》在質樸凄婉的叙寫中，湧動著作者湍急的情感之流。在這篇記寫夫妻生活故事與情愛的作品中，既再現伉儷患難與共、相濡以沫的生活情景，又直抒悼念、自責自悔之情，如泣如訴，感人至深。此外《隨想錄》的話語方式在當代散文史上也具有某種「轉型」意義。當代散文創作中，曾有將散文當作詩寫的主張。作爲這種主張的實踐，散文表達景觀過多地「人造化」。

許多「詩意」散文是被「做」出來的。巴金認爲：「藝術的最高境界是眞實，是自然，是無技巧。」⑪他的《隨想錄》或叙或議或抒情，隨意運筆，雜體相生，天然自成，不拘一格，全然不是做作之物，較好地展現散文隨意生姿的審美風範。《隨想錄》是巴金豐厚的精神存在的自然流露。

第三節　報告文學

80年代是大陸報告文學最爲「轟動」的時期。感應著變革時代潮湧的社會生活，報告文學充分發揮眞實快捷反映現實生活的文體優勢，贏得了文壇和社會的極大關注。報告文學成爲新時期文學的主潮之一。80年代中國作協共舉行四次全國性的報告文學評獎。《哥德巴赫猜想》（徐遲）、《中國姑娘》（魯光）、《省委第一書記》（袁厚春）、《中國農民大趨勢》（李延國）等103篇作品獲獎。1988年12月由《人民文學》、《報告文學》等百家文學刊物發起的「中國潮」報告文學徵文評獎揭曉。徵文歷時近年，發表作品千篇。《西部在移民》（麥天樞）等百篇作品獲獎。

走向開放，是80年代報告文學發展的基本軌迹和總體特徵。社會政治、經濟、文化諸方面的開放，爲報告文學創作的繁榮提供了良好的社會環境。此間，報告文學作家內在的諸種觀念也發生著新變。作家的思維呈現出更多的開放性、系統性、立體性與可逆性。正是由於社會背景與創作主體發生了深刻的變化，所以80年代的報告文學呈現出全面開放的態勢。這種全面開放主要體現在題材主旨、表現視角與結構設計三個方面。題材開放是全方位的。《哥德巴赫猜想》是新時期報告文學崛起的標誌性作品。

以此先導，形成了知識分子題材的報告文學熱。進入80年代，報告文學的題材漸見泛化。報告文學作家廣角地攝取社會生活，既敘寫改革開放時代發生的重大事件，湧現的各式人物，也能披露現實生活中各種令人關注的社會問題。既注重國內題材的報告，也能放眼世界，以域外人事爲其題材。王蒙《訪蘇心潮》、劉亞洲《惡魔導演的戰爭》等是這類作品中的代表作。既立足於現實生活取材，又把視線投向茫茫史海，在近現代和當代歷史的廣闊背景中，捕捉具有報告價值的史料進行創作。這一類作品影響較大的有寫北洋海戰的《海葬》（錢鋼）、寫長征途中西路軍婦女先鋒團悲壯故事的《西路軍女戰士蒙難記》（董漢河）、以及《南京大屠殺》（徐志耕）、《志願軍戰俘紀事》（大鷹）、《文壇悲歌》（李輝）等。

　　伴隨著題材的開放，報告文學的表現視角也發生了新變。從80年代中期開始，報告文學創作原有的某些觀念受到了衝擊。作家不僅從文學、新聞的視角去反映生活，而且也從哲學、社會學、生態學、文化學等角度去觀照對象。陳祖芬認爲：「報告文學必將攝取更廣闊的生活面，容納更多的信息，與經濟學、社會學、科技、哲學、心理學等等廣結良緣。」⑫《挑戰與機會》（陳祖芬）、《世界大串連》（胡平、張勝友）、《走出神農架》（李延國）等作品，其視角的「立交」形態十分明顯。這些作品有文學的華采情韻、新聞的時效眞實、也有歷史的客觀詳考、哲學的思辨理性和社會學的明細調查等。由於報告的題材、視角發生了變異，作品的結構也有了相應的變化。80年代中期以後，報告文學作家從小格局的封閉結構模式中走出，變爲靈活可控、多變自如的開放式結構。「集納式」、「全景化」的報告文學批量發表。這類作品，作者不再著眼於一人一事的「小景觀」，而是直接從

宏觀上統攝全景，著眼於對象的整體。《世界大串連》寫到的人物有十多位，各取其片段的生活故事連綴成篇。《走出神農架》採用「卡片」式結構。全篇共100節，猶如100張卡片的組合。作者在宏大的時空背景上，自由地擇取表現內容，使作品負載有密集的信息量、博大的生活容量和強勁的思想力度。

80年代的大陸報告文學可分爲兩個時段。1984年前的作品注重人物的再現，主題取向的主旋律意識鮮明，作品表達更見精緻情采。徐遲的《哥德巴赫猜想》、理由的《中年頌》、柯岩的《船長》等成功地再現了中國「脊梁」式的典型人物陳景潤、索桂清、貝漢廷。但前期作品精緻有餘而信息量不足，主旋律強勁而題材不夠廣泛。1985年起報告文學創作發生了明顯的變化。「問題報告文學」熱興起，引起較大反響。所謂「問題報告文學」就是「圍繞著某一個具有廣泛社會性的，人們普遍關注的社會問題、社會現象爲中心，進行選材和採訪報告。」⑬「問題報告文學」題材涉及面甚廣，其中影響較大的有反映獨生子女問題的《中國的「小皇帝」》（涵逸），反映知識分子問題的《國殤》（霍達），反映環保問題的《北京失去平衡》（沙青）等。優秀的「問題報告文學」，主題嚴肅，材料詳備，具有警世省人的思想啓蒙意義。但也有些「問題報告文學」，只作問題的展覽，材料失實，評論也時有偏頗。徐遲認爲後期「報告文學創作在『報告什麼』上解決得較好，但在『如何報告』上有所不足」⑭。這一時期的創作以宏觀型爲主，報告性強，信息量大，但有些作品寫得蕪蔓粗疏，說理過濫，情事見少，文學色彩弱化了。

考察現代報告文學史，較少有作家專注於這一獨特的文體，多數作者「客串」報告文學寫作。而至80年代，報告文學作者職業化（專業化）的情形十分顯見，報告文學寫作呈現出一種群體

性的傾向。徐遲、柯岩、理由、黃宗英、陳祖芬、李玲修、孟曉雲、喬邁、李延國、錢鋼、袁厚春、麥天樞、劉亞洲、胡平、張勝友、賈魯生等大多以報告文學著稱於世。這些報告文學作者大多由小說家、詩人或新聞記者切入，而一旦沉浸於報告文學創作，則原有角色淡出，報告文學成為他們介入社會、評說人事、展示才情之舟。80年代報告文學作者群體的職業化，確保了創作在較高水準上的持續繁盛。許多作家經過一定的創作積累與探索，逐漸形成自己獨特的藝術個性與創作風格。這也從一個側面標誌著此間報告文學創作的成熟。徐遲、理由、陳祖芬等是對新時期報告文學的發展作出重要貢獻，且形成自己創作特色的代表性作家。

　　徐遲（1914—1996），浙江吳興人。東吳大學肄業。30年代開始寫詩，後有散文集《美文集》、小說集《狂歡之夜》等面世。50年代出版《我們這時代的人》等報告文學集。60年代報導敦煌藝術家常書鴻事蹟的報告文學《祁連山下》獲得了好評。十年「文革」告終，期待已久的徐遲，相繼發表了《地質之光》、《哥德巴赫猜想》、《在湍流的渦漩中》、《生命之樹常綠》、《結晶》、《刑天舞干戚》等大量作品。徐遲之名與新時期報告文學的崛起聯繫在一起。《哥德巴赫猜想》是徐遲的最重要的代表作，也是當代報告文學中具有「里程碑」意義的作品。

　　徐遲報告文學的顯著特徵是題材的科技化。他筆下的人物，如陳景潤、李四光、蔡希陶、周培源等都是在各自專業中卓有建樹的科學家。徐遲傾心於科技題材，為科技人員立傳塑像，頌揚科學精神，這在題材拓展與主題開掘上具有文學史意義。《哥德巴赫猜想》的成功也正體現在這裡。在當代史上，知識分子曾被視作被改造、教育的對象，鑽研科技被認為是走「白專」道路。與此相應，當代文學史上也很少有作品將科技人員作為正面主人

公加以敘寫塑造的。《哥德巴赫猜想》以報告文學的形式撥亂反正，第一次對一個有爭議的科學工作者作了深情的謳歌，陳景潤也成為新時期文學人物畫廊中一個重要的典型人物。徐遲的作品題材有「一律化」的傾向，但他對人物的表現注意求異，注重表現人物的個性品格，並設計與其特異相諧的表現形式。作者寫陳景潤，從外在的怪異中，發現人物對於科學執著追求的精神。寫李四光，並沒有對人物作全程式的鋪寫，而是精心截取人物歷程中典型斷面，挖掘人物最為閃光的美質。徐遲的作品講究藝術構思，善於調動生活材料進行有機的組合。《在湍流的渦漩中》敘寫科學家周培源的業績與品格。作品的標題就顯示了作者構思的匠心獨運。它既巧妙地契合了湍流理論家周培源的學術貢獻，同時又暗示了作品敘寫的1976年10月的政治背景。《生命之樹常綠》寫植物學家蔡希陶，象徵手法的成功運用，增強了作品的詩美哲理。徐遲是一位詩人型的報告文學作家，他的作品中有詩人式的激情，有詩語式的清新、凝練和文采。他善於將枯燥變為生動，將抽象化成具體，將專業演繹為通俗，增強科技題材作品的可接受性。《哥德巴赫猜想》寫到陳景潤研究工作所具有的意義時，作者運用博喻譬說：「這些是人類思維的花朵。這些是空谷幽蘭、高寒杜鵑、老林中的人參、冰山上的雪蓮、絕頂上的靈芝、抽象思維的牡丹。」想像豐富，令人神馳。徐遲的作品也有缺失。他認為報告文學「也允許略有虛構，不離真實的虛構。」⑮並且承認《哥德巴赫猜想》中有細節的虛構。

　　理由（1938—　　），遼寧遼中人。1972年開始發表短篇小說。 1977年開始致力於報告文學寫作。1978年發表的《揚眉劍出鞘》，獲首次全國優秀報告文學獎。此後，理由激情噴發，發表了大量的報告文學作品。他的報告文學創作貫串80年代全程，

成為這一時期最為重要的報告文學作家之一。與徐遲的題材相對
單一有所不同，理由報告文學有題材泛化的特點。《高山與平原》、
《她有多少孩子》寫科學家；《淘氣的姑娘》、《揚眉劍出鞘》
寫運動員；《痴情》寫藝術家；《希望在人間》寫企業改革；《
傾斜的足球場》寫球迷騷亂。80年代前期的作品以《揚眉劍出鞘》、
《中年頌》為代表，主寫人物。後期以《傾斜的足球場》、《香
港心態錄》為代表，以反映重大事件、重要世象為主。

　　作品小說化，是理由報告文學最為顯著的特徵。生成這種創
作景觀的原因，一方面是由於理由是以寫小說走上文壇的。在報
告文學創作中，小說家的原色自然滲出。另一方面主要導源於作
者的創作觀念。報告文學小說化，在理由這裡是自覺的。他說：
「我是習慣於用小說的手法來寫報告文學的。就表現形式而言，
我甚至感覺不到報告文學與小說的寫作有什麼區別。它們同屬於
敘事性的文學體裁，使它們在藝術上天然接近。我認為，小說的
一切技法在報告文學中都可以採用。」⑯在這種觀念的支配下，
理由運用除了虛構以外的小說藝術寫作報告文學，特別注重人物
的塑造，注意通過環境烘托、心理刻畫和細節描寫等，再現生活
中的典型人物。發表於1979年的《中年頌》，是理由最為重要
的代表作。這篇作品的主人公是一家毛紡廠的擋車工索桂清。這
在普遍地寫名人、明星的創作時潮中，獨顯其題材開拓的意義。
不僅如此，《中年頌》還成功地塑造了具有高度概括力的典型人
物。作者善於從尋常中燭照偉大，從瑣碎中提升崇高。注意攝取
細節，特別是典型化的核心細節用以人物立體的造型。整篇作品
以反映家庭生活、工廠工作的若干細節連綴而成。作品有小說的
細膩和生活味。感動人的就是作品的「細節鏈」。透過尋常的細
節，我們可以看見一個普通勞動者的偉大靈魂，可以一睹中年這

一代「社會的壯工，國家的筋骨」的生活狀況和令人感奮的精神風采。

陳祖芬（1943—　　），上海人。上海戲劇學院戲劇文學系畢業。1977年開始在《人民文學》等報刊發表詩作。1979年起從事報告文學寫作。陳祖芬是新時期報告文學作家中最具有職業化特點的作家之一。作品《祖國高於一切》、《共產黨人》、《催人復蘇的事業》、《理論狂人》，在80年代分別獲得第一至第四次全國優秀報告文學家。她是80年代唯一享有「四連冠」美譽的女報告文學作家。

陳祖芬的作品大致可分為兩個系列，一個是知識分子題材系列，另一個是經濟改革題材系列。由於作者創作觀念與作品內存有很大的不同，所以兩類作品風貌相異。在求異中實現自我超越與超越時人，這正是陳祖芬報告文學一道可觀的創作風景。在知識分子題材系列中，陳祖芬寫有《祖國高於一切》、《中國牌知識分子》、《人生的抉擇》等大量作品。作者著力表現「中國牌」知識分子忍辱負重、忘我奉公的感人事迹和高尚情懷。作者寫人，並不只是展示人物外在的先進事迹，而是刻意挖掘人物靈魂的美質。陳祖芬說：「我讚美人的精神力量！我們的人民歷盡苦難而依然百折不撓，這是我們的國民性中的精華。」⑰她所報告的優秀知識分子，個人榮辱置之度外，祖國利益高於一切。在他們身上集中體現著作為民族精華的偉大的精神力量。陳祖芬的許多作品文采斐然，頗多文學的精緻與情韻，因為她「苦心經營，她確實把報告文學當作文學來寫，而不是當作報告在寫。」⑱當然，其中有些作品亦有拔高人物之嫌。

從1984年起，陳祖芬涉足經濟改革領域，寫作「經濟與人」的系列作品，開始走向獨具價值的超越。以系列的形式，報告經

濟的改革開放，這在報告文學中屬於首創。「經濟與人」的系列，以《挑戰與機會》爲總題，包括《挑戰與機會》、《全方位躍動》、《經濟與人》等11篇作品。寫作「經濟與人」系列，陳祖芬的創作觀念發生了新變。她說：「及至改革進入到今天，呈現在我面前的是社會的一個一個橫斷面，是一個一個群體的形象。如果囿于一人一事的報告文學，傳遞的信息量太有限。」⑲由此可見作者的思維模式開始變異。她關注的不再是局部的點、人物的個體，而是整體的全貌、人物的群體。作者的思維呈現出「全方位躍動」的態勢。此間的作品視界開闊，構架宏大，信息流量密集，哲理思辨見強。「經濟與人」系列是以信息爲本的。作品以集納、全景的體式，全方位地報導改革開放進程中觀念的衝撞與世相的變遷。我們可以將它視爲研究大陸80年代改革態勢的「信息庫」。

【注　釋】

① 黃浩《當代中國散文：從中興走向沒落》，《文藝評論》1988年第1期。
② 《隨想錄》封底語，人民文學出版社1986年版。
③ 林非：《新時期優秀散文精選·序言》，廉正祥選編，四川文藝出版社1991年版。
④ 錢鍾書：《幹校六記·小引》，三聯書店1981年版。
⑤ 李存光：《巴金〈隨想錄〉五集筆談》，《文藝報》1986年9月27日。
⑥ 巴金：《合訂本新記》，北京三聯書店1987年版。
⑦ 巴金：《無題集·「文革」博物館》。
⑧ 巴金：《眞話集·〈隨想錄〉日譯本序》。
⑨ 巴金：《說眞話集·說眞話之四》。
⑩ 見《上海部分文學藝術家談巴金近作》，《文滙報》1986年9月29日。
⑪ 巴金：《探索集·探索集之三》。

⑫　陳祖芬：《挑戰與機會‧後記》，北京十月文藝出版社1986年版。

⑬　李炳銀：《「問題報告文學」面面觀》，《解放日報》1988年1月26日。

⑭　《參與評獎工作的評論家說……》，《文藝報》1988年5月7日。

⑮　徐遲：《再談散文》，《湖北文藝》1978年第1期。

⑯　劉茵、理由：《說話「非小說」——關於報告文學的通訊》，《鴨綠江》1981年第7期。

⑰　陳祖芬：《當生活呼喚我們的時候》，《陳祖芬報告文學二集》，四川人民出版社1984年版。

⑱　梅朵：《尋火者‧陳祖芬報告文學選序》，北京出版社1982年版。

⑲　陳祖芬：《挑戰與機會‧選擇和被選擇》，北京十月文藝出版社1986年版。

第五章 九十年代散文

第一節　九十年代散文概述

　　人們逐漸習慣於把「散文熱」確定爲大陸90年代文學的重要現象。

　　大陸散文在由80年代向90年代的過渡、發展過程中，有兩個重要的環節：「楊朔模式」之遭遇挑戰和巴金五集《隨想錄》之寫作。「楊朔模式」以及與此相關的種種評論，作爲當代散文發展中的一個重要環節，顯然已具有文學史的意義。在特定的政治文化環境中成長起來的「楊朔模式」，代表了文學抒情時代的別一種抒情方式。「楊朔模式」影響所及，不可低估。在深刻的意義上說，對「楊朔模式」的懷疑、挑戰，是對一代作家心靈歷程、美學理想、話語方式的一次梳理。《隨想錄》最充分的意義，在於它是歷史轉折時期一代知識分子的心靈史，它在歷史、現實、社會、人生、思想、感情、道德等不同側面重新確立了知識分子的存在方式，重新思考了知識分子的良知、精神、責任、使命，重新思考了知識分子之於現代社會的意義。就散文發展歷程而言，這兩個事件促進了作家心靈的自由生長和個人話語權利的保障，它使 90年代散文有可能成爲知識分子心靈的自由與樸素的存在方式。

　　大陸90年代散文烙上了文化轉型的印記。在貧困、愚昧與落後的境遇中，尋找現代性是文學的世紀性主題；同時，文學對市場經濟下人的異化又表現出特別的警醒與憂慮，甚至由對現代化

負面影響的不滿進而對現代化再思考。在物質／精神、技術／人文的衝突中，現代人圍繞著難以自釋的困惑與焦慮，這幾乎是一個世界性的文學話題。大陸90年代散文始終沒有擺脫這一話題。90年代以來，「後現代」話語一時興起，從90年代的散文中也可以發現「後現代性」。轉型期文化格局與價值系統的複雜性影響著散文創作。正是在這種特定的文化語境中，體現出不願放棄文化關懷的散文創作的堅韌性。

文化轉型對大陸90年代散文的直接影響至少有以下幾個方面：在文學由中心到邊緣的位移中，散文在邊緣處的定位，保證了散文這一文體的從容發展；轉型期知識分子精神與立場的分流，使散文成為知識分子精神與情感的存在方式；市場經濟不僅使散文的創作與出版帶有商業性，而且確認了市民階層的合法性並因此使部分散文成為消費品；傳播媒介的發展為散文創作提供了物質條件；文學進入了一個多元化的審美時代。

90年代大陸的所謂「散文熱」大致包括這樣幾個方面：一是舊作重刊，各類散文書系、類編、選本層出不窮；二是散文刊物增多，「晚報」、「周末」類報紙幾乎都闢有隨筆、小品專欄；三是染指散文者日眾，名家、非名家的散文集（或隨筆、小品）成為暢銷書；四是讀者對散文的高消費。在各種選本、書系中，浙江文藝出版社的「現代散文全編」系列，百花文藝出版社的「百花散文書系」，中國社會科學出版社的「世界散文隨筆精品文庫」以及漢語大詞典出版社的「海派小品集叢」等，都是體現了編選的學養、識見的。在眾多的散文家中，汪曾祺、王蒙、劉心武、余秋雨、張中行、張承志、韓少功、張煒、史鐵生、張抗抗諸家的創作仍然保持著較高的品位。他們或以文人性的情趣見長，或以現代人的睿智通達取勝；有的面向社會歷史，有的走向自我

心靈。無論是走進歷史還是直面現實抑或回歸自然，都以散文的方式表達了知識分子的文化關懷，大致構成了文化轉型期散文創作的主要審美特徵。

經典散文的不斷重複出版，給大陸90年代散文創造了繁榮的氛圍，對「大師」的借鑑開始變成仿製，從另一個極端把散文藝術傳統拒之於門外。專欄的湧現，為人們用經濟的方式處理自己的感情與體驗提供了可能。生活與感情、社會與自我，經散文的處理後愈來愈瑣碎，而文體藝術則是散文充當文化快餐的佐料。另一方面，散文出版物和寫作的商品化，加速了人文環境的世俗化。在還俗之中，散文在許多方面失去了它的人文精神，失去了它的文學信息，陷入自身藝術發展的某些泥淖。這一深刻的危機已在「散文熱」中顯露出來。

90年代散文創作的主要類型，大致有：以汪曾祺、張中行為代表的文人散文，以余秋雨為代表的文化人散文，以季羨林、金克木等為代表的學者散文，以張承志、韓少功等為代表的突出人文關懷的散文，素素、黃愛東西等為代表的小女人散文，一些在體制外的非職業散文家的創作如鍾鳴、王小波等人的散文創作也受到重視。

汪曾祺散文的出現，在較成熟的層面上恢復了與明清散文和五四後閑適散文傳統的聯繫。他被戲稱為本世紀的最後一個「士大夫」。在擁有了多樣化的文化背景之後，汪曾祺以他的散文創作提供了文人審美化的生存方式。能夠從容地表現文人的性靈，意味著新時期的文化已初具兼容性。以雅致的情趣去掉日常生活的粗鄙，以書卷氣多少沖淡點銅臭氣。汪曾祺在新時期一直是個邊緣化的作家，當文化轉型期文學由中心至邊緣時，他仍然從從容容而無失落感。汪曾祺作為「最後一個」的意義因此更為突出。

　　余秋雨散文的出現意味著知識分子在民族文化的大背景下，以個體的生命體驗來詢問中國文化的命運。余秋雨以重溫和反思歷史的方式走上「文化苦旅」之途，拾掇整合已經「破碎」了的文明，並由此重構現代知識分子的文化人格。余秋雨的散文，顯示出「文化故鄉」與「精神故鄉」在他心中的位置。他是一個略帶悲觀的理想主義者。他找到了蘊藉在文明中的大感覺與大痛苦，他在整合文明「碎片」時的思想力量、理想情懷和悲劇體驗，都把人們引入了一個可以稱之為悲壯、輝煌的境界。這樣沉重的體驗使人意識到生命中不能承受之輕。

　　在余秋雨看來，「文明是對瑣碎實利的超越，是對各個自圓其說的角落的總體協調，是對人類之所以成為人類的基元性原則的普及，是對處於日常迷頓狀態的人們的提醒」，但這些作用都非常容易被消解，「消解文明的理由往往要比建立文明的理由充分」①。這一歷史啓示未嘗不是對現實某些狀態的暗示。「日常迷頓狀態」和「消解理由」的擴散，成為對80年代、90年代或一種人文狀態的概括性的表述。

　　世俗的「日常迷頓狀態」不斷侵擾著知識分子並使其中的不少人也終於陷入「日常迷頓狀態」。因此，沉淪與抵抗是知識分子在當下不可迴避的選擇。張承志、韓少功、張煒以及史鐵生等人的散文在這樣的背景下出現有非同尋常的意義。從某種意義上說，張承志、韓少功、史鐵生和張煒所處的位置就是現世的精神空白處。他們是重構人文精神的力量之一。理想、道德、生命、靈魂、人格、宗教、血性、崇高、戰鬥、抵抗、仇恨、堅持、玄想等等，是他們思想的關鍵詞。他們的主題話語幾乎都由這些關鍵詞展開。他們對世紀末知識分子境況和文化命運的思索以及圍繞他們展開的莫衷一是的議論，無論正確與否，偏頗與否，都已

成為 20世紀末的文化景觀。

到目前為止，90年代大陸散文的主要代表有汪曾祺、張中行、余秋雨、張承志等人。

汪曾祺第一部《蒲橋集》有一出自作者手筆的「廣告語」。其一曰：「齊白石自稱詩第一，字第二，畫第三。有人說汪曾祺的散文比小說好雖非定論，卻有道理。」其二曰：「此集諸篇，記人事、寫風景、談文化、述掌故、兼及草木蟲魚、瓜果食物，皆有情致。間作小考證，亦可喜。娓娓而談，態度親切，不矜持作態。文求雅潔，少雕飾，如行雲流水。春初新韭，秋末晚菘，滋味近似。」汪曾祺以小說家而作散文並有這樣的成就，是否說明，散文作為邊緣性的文體一旦被人「職業化」，其審美空間就會變形和萎縮。汪曾祺似乎和士大夫人格、性靈派傳統一脈相承。正是在適度靠近傳統中，汪曾祺顯示了他的魅力。不必誇大汪曾祺所達到的境界，但是在這個浮躁的世紀末，他的文章滋味確是近似春初新韭、秋末晚菘。套用賈平凹說佛的話，汪曾祺是一種和涵、一種平靜，有一雙寬容溫柔的慈眉善眼，微笑亦運動在嘴邊的寫作行狀。從散文發展的歷程看，汪曾祺的人生態度、審美情趣與話語方式都不能說獨創，可以用現成的「沖淡」、「閑適」、「性靈」、「情趣」等概念和範疇來描述他；但這不影響我們對汪曾祺意義的估價，因為他的出現，使人們重新領略了傳統與文人的魅力。汪曾祺散文成為文化轉型時期當代作家對傳統的一次成功的「聚焦」。其散文創作也成為文人傳統復活與轉化的精神與藝術的標本。從作家與現實的關係看，汪曾祺所持的似乎是「邊緣化」的立場；同時汪曾祺還以他的創造讓人們重溫了審美化的人生之魅力。他以文人的情致雅趣和關懷去掉了日常生活的粗鄙，代之以詩意和書卷氣。汪曾祺散文的意義不僅表明了以漢語

爲母語的寫作和傳統不可分割的血緣關係，而且展示了漢語寫作的永恒魅力。《蒲橋集》多佳構，而最能代表其語體風格的便是《葡萄月令》。他的許多文章都可分析，惟獨這篇不行，由此體會到「只可意會不可言傳」的意蘊。汪曾祺沖淡，但沒有周作人的苦澀。90年代閑適如潮，但閱讀汪曾祺散文的人常常抽掉其作品的內涵。因此，散文的閱讀也常是誤讀。這一方面可能是因爲讀者的定勢和遲鈍，另一方面，當汪曾祺把「傳統」、「文人」、「閑適」的魅力帶給我們時，其局限也隨之而來。汪曾祺所選擇的方式在《蒲橋集》中達到了極致，再下去不能不爲才氣和性靈所累。

　　張中行以《負暄瑣話》、《負暄續話》、《負暄三話》成爲文人散文的代表作家之一。張中行在圈內有「雜家」之譽，曾任教於中學、大學，長期從事編輯工作，著述多爲語言方面。80年代伊始，陸續撰文，記30年代前期以北京大學爲中心的人與事，得章太炎、黃晦聞等60餘篇，結集爲《負暄瑣話》；其後，又著文50餘篇，結集爲《負暄續話》；以後又有《負暄三話》。關於這類文章寫作的動因，張中行在《負暄瑣話》之《小引》中說：「有時想到『逝者如斯』的意思，知識已成爲老生常談，無可吟味，旋轉在心裡的常是傷逝之情。華年遠去，一事無成，眞不免有煙消火滅的悵惘。」但「並沒消滅淨盡，還留有記憶。所謂記憶都是零零星星的，既不齊備，又不清晰，只是一些模模糊糊的影子。影子中有可傳之人，可感之事，可念之情，總起來成爲曾見於昔日的『境』」。「境」是什麼？是「已然和還在一步步地消亡」的「文化之至美」。張中行用他的筆復活了與20世紀中國思想尤其是文化、學術發展密切聯繫的文化人的形象，復活了、體現了文化之至美的文化人格。張中行寫瑣話，重構人生，重構

歷史，述說著「逝者如斯」的文化鄉愁——這是作者自己的當日之「境」。雙重「境」都令人珍惜。在物欲與技術的逼迫下，人文環境業已世俗化。性靈的清流開始渾濁，學問裡滲透著濁氣，帶著生命血脈、稟性的學人被目為怪異。張中行就是在這樣的境地中「出土」的。他如數家珍地說著文人的性情，說著文人的人格，說著學問的意義，那是一種美麗。張中行就這樣曬著太陽，說著閑話，我們於是有緣傾聽到文化血脈的流淌之音。

　　《綠風土》是張承志的第一部散文集。張承志的《荒蕪英雄路》被列入知識出版社（滬）《當代中國作家隨筆》叢書（這套叢書由柯靈作序言，是90年代散文叢書中具有較高品味的）。在此之前，文學界更多關注的是張承志的小說。張承志在《荒蕪英雄路》的《作者自白》中說：「回憶起來，這本隨筆集以前的我，弱似一片枯葉卻經歷了思想的許多巨浪狂風，甚至我並不認為有哪一個人具有與我匹敵的思想經歷。」這本隨筆集是張承志個人思想歷程中的一座「里程碑」，而它又始終和90年代中國思想文化界這一大背景聯繫在一起的。張承志在聽著1993年的鐘擺聲時，不能預知自己的思想會走到哪裡；無疑，他後來又走了一程，但他的起點和思想的基本輪廓則是《荒蕪英雄路》。該書編者所作的內容提要說：「全書輯入作家近年來創作的隨筆40篇，旨在反映他近幾年的生存狀態和創作背景。生活的磨難和心靈的煎熬，化成了《荒蕪英雄路》、《芳草野草》等篇章；出自生命對自然的感應和作家內心迸發出的呼喚，《心靈模式》、《神不在異國》等充滿力度的文字就極具穿透力。作家毅然走出世俗，走出虛榮，走入茫茫的黃土和廣闊的天地間，在理性和情感的沖撞下，抖出一個活生生的靈魂。」這是理解張承志和《荒蕪英雄路》的一個角度。其「旨」在強化作家自己獨立地做人，獨立地思考、創造

和戰鬥的聲音，或者說是表現他意在「獨立地樹立起一面旗幟」
的思想吶喊。張承志對他的周邊狀態和背景不無情緒化地否定，
對現實狀況因果關係的揭示也甚至有本末倒置的傾向，對關懷途
徑的選擇也未超越歷史的預設，等等，這些都使張承志和他的思
想一時間成為爭論的焦點之一。張承志要重走荒蕪了的英雄路，
文集的全部意義也許就在於：「用一本記錄終止自己，並且靜靜
地整理好行裝準備再上旅途，是太幸運了。旅人一詞的分量在於
這旅途無止無盡，和命一樣短長。只要活著，我總是面臨這跋涉
的壓力，總是思考著各種大命題，思考著怎樣獲得美和戰勝污髒。
對於自己在思想、文學以及同時代人中保持的這個位置，我開始
重視和自以為榮。」②在以前的作品中，他「曾經獨自與下述命
題相遇：時代、國家、民族、宗教、教育、真的學問、心的歷史
人與上述問題衝突後的境遇、人在中國追求的可能。」張承志檢
討自己「在許多大命題上我都自嘲般放棄了前衛意識，用幾個句
子或幾個段落一劃而過」。在90年代初張承志意識到大命題和小
命題都不應當一劃而過，應該再接觸它們一遍，並且採用了「吶
喊」的方式：「我不認為重新回到這些陣地就是重複自己。思想
的悲劇是它首次問世時缺乏傳播，而它的前衛又太忌諱重複自己，
宣言應當是吶喊，而且應當是有強度的吶喊。不應該過於看重習
慣哪怕是高貴的習慣——只要你握著思想的意義。」張承志躁動
不安地發出了他的「強音」，他向別人挑戰事實上也向自己挑戰。
張承志不是一個成熟的思想家，他帶著這個時代的文化局限向這
個激劇變革的時代挑戰，由此而引發的爭論甚至無法說究竟誰「
戰勝」了誰。張承志散文的出現，使90年代的大陸散文再次觸發
了對中國社會、文化發展命題的深沉思考。

第二節　余秋雨

　　余秋雨著有《文化苦旅》、《山居筆記》和《秋雨散文》等。其「文化散文」引起廣泛反響。他在反顧中詢問中國文化的來路，在解讀歷史中確立當代人的精神標高。他在與歷史精魂的對話中，給當代人文知識分子還原出一個深厚寬廣的歷史文化背景，以自我生命的體驗，接續中國文人的血脈。無論詢問、對話還是承接，都是對當代人的一次考驗，是對處於日常迷頓狀態的人們的一次提醒。當然，對於眾多人來說，余秋雨的提醒方式可能過於深沉與悲壯。

　　余秋雨帶著這種「重溫和反思」，開始他的「文化苦旅」。他要在「苦旅」之中整合文明的碎片，並由此重構現代人文知識分子的人格。用他在《山居筆記》「小引」中的話說，「借山水風物與歷史精魂默默對話，尋找自己在遼闊的時間和空間中的生命座標。把自己抓住。」且不論苦旅的目的地如何，這行為本身就是那麼富有詩意而讓人感奮。

　　尋找中的余秋雨，感到「每到一個地方，總有一種沉重的歷史氣壓罩住我的全身，使我無端地感動，無端地喟嘆。常常像傻瓜一樣木然佇立著，一會兒滿腦章句，一會滿腦空白。我站立在古人一定站立過的那些方位上，用與先輩差不多的黑眼珠打量著很少會有變化的自然景觀，靜聽著與千百年前沒有絲毫差異的風聲鳥聲，心想，在我居留的大城市裡有很多貯存古籍的圖書館，講授古文化的大學，而中國文化的真實步履卻在這山重水複、莽莽蒼蒼的大地上。大地默默無言，只要來一二個有悟性的文人一站立，塵封久遠的歷史文化內涵也就能嘩嘩一聲奔瀉而出。文人

本也委靡柔弱，只要被這種奔瀉所裹捲倒也能吞吐千年。結果就在這看似平常的佇立瞬間，人、歷史、自然渾沌地交融在一起了，於是有了寫文章的衝動。」⑤這段話大致表明了余秋雨的心態、情感特徵和他藝術地觀照把握人、歷史、自然的方式。

《文化苦旅》最初和基本的文化意義是將自然山水置於人文山水的層面上，從中探尋中國文人艱辛跋涉的腳印，挖掘積澱千年的文化內涵。這種筆法，在審美和文化的雙重意義上，改變了抒情主人公田園詩人式的身分，在深層次上將人的精神空間對象化。他對自然山水的投入，成爲對人文山水的勘探。他所作的不是一般的文化評述，而是在感性與知性的雙重作用下，抒發審美化的人文意義。余秋雨發揮了學者兼作家的優勢，他以感性爲情懷，以知性爲學養，讓靈性浸潤著意義。

余秋雨解析自然山水的人文意義的思維特徵是，回到特寫的歷史氛圍和文化情境中，尋求文人與山水的會心處。在《江南小鎮》中，他深刻剖析了中國文人人格與小鎮的契合，「想來想去，沒有比江南小鎮更足以成爲一種淡泊而安定的生活表徵了」，「山林間的隱蔽還保留和標榜著一種孤傲，而孤傲的隱蔽終究是不能誠懇的；小鎮街市間的隱蔽不僅不故意地折磨和摧殘生命，反而可以把日子過得十分舒適，讓生命熨貼在既清靜又方便的角落，幾乎能夠把自身由外到裡溶化掉，因此也就成了隱蔽的最高形態」。這樣的分析確乎深入。但是，把小橋流水人家和蓴鱸之思都看成「一種宗教性的人生哲學的生態氣象」，這就過於純化了文人隱逸的境界。

當山水風物的人文內涵在余秋雨「啓封」下嘩嘩奔瀉而出時，人們所領略到並產生心靈震撼的是與山水風物熔鑄在一起的、中國文明的歷史和文人的命運。余秋雨散文的沉重感、滄桑感也往

往在此時傳達出來。他在對文化個案的解析中,發現中國傳統與山水風物的最初聯繫;在對文明傳播過程的描述中,發現文人與文明難以掙脫的歷史宿命。在承德避暑山莊,這個清王朝的背景裡,余秋雨面對清澈湖水,想起的是王國維的面容和身影,他的一聲嘆息彷彿是對所有淒怨靈魂的哀悼:「一個風雲數百年的朝代,總是以一群強者英武的雄姿開頭,而打下最後一個句點的,卻常常是一些文質彬彬的淒怨靈魂。」這一命運的深層原因,余秋雨以為是文化的力量,是文化認同的結果,「我們記得,在康熙手下,漢族高層知識分子經過劇烈的心理掙扎已開始與朝廷產生某種認同,沒想到的是,當康熙的政治事業和軍事事業已經破敗之後,文化認同竟還未消散。為此,宏才博學的王國維先生要以生命祭奠它。他沒有從心理掙扎中找到希望,死得可惜又死得必然。知識分子總是不同尋常,他們總要在政治軍事的折騰之後表現出長久的文化韌性,文化變成了生命,只有靠生命來擁抱文化了,別無他途;明末以後是這樣,清末以後也是這樣。但清末又是整個中國封建制度的末尾,因此王國維先生祭奠的該是整個中國傳統文化。清代只是他的落腳點。」余秋雨的這一分析發揮了當年陳寅恪的看法。在《風雨天一閣》中,余秋雨由天一閣的「風雨」,寫出了民族精神史的滄桑。天一閣是一個藏書樓,但它又是「極端艱難、又極端悲愴的文化奇蹟」,在對書籍文明的歸攏中,它為我們民族斷殘零落的精神史,提供了一個小小的棲腳處。它在今天的主要意義「已不是以書籍的實際內容給社會以知識,而是作為一種古典文化事業的象徵存在著,讓人聯想到中國文化保存和流傳的艱辛的歷程,聯想到一個古老民族對於文化的渴求是何等悲愴和神聖。」當然,它還讓我們緬懷范欽這位藏書家的健全人格與文化良知。

　　余秋雨始終保持著探究文化底蘊和歷史的興趣、信心與筆力，這讓人們感受到他的深刻與力量。這種深刻與力量不是大而無當或大而化之的，它常常是細微的精深的。他對文化底蘊和心靈深處的把握，往往使我們感受到他是在用全部身心與學養去和歷史精魂對話，他的行文在灑脫中擴散著心理張力，這也是閱讀余秋雨散文會有思想的緊張與疲勞的原因所在。這是和他個人的精神深度聯繫在一起的。在莫高窟，余秋雨眼前出現的是兩個長廊與兩個景深：藝術的長廊和觀看者的心靈長廊，歷史的景深與民族心理的景深。

　　面對文明的斷裂和文人的落魄，余秋雨的體驗帶著悲哀、無奈與蒼涼。在岳麓書院的庭院裡，他每次都嗅到一股透骨的涼氣。這涼氣來自那個「怪圈」，「本來岳麓書院可以以它千年的流澤告訴我們，教育是一種世代性的積累，改變民族素質是一種歷時久遠的磨礪，但這種積累和磨礪是不是都往前走的呢？如果不是，那麼，漫長的歲月不就組接成了一種讓人痛心疾首的悲哀？」既然掙脫不了這個怪圈，那麼，人類歷史上許多躁熱的過程、頑強的奮鬥最終仍會組接成一種整體性的無奈和悲哀。於是作者引我們去尋思那個「不知怎麼回事」的問題：我們這個文明古國有一種近乎天然的消解文明的機制，三下二下，琅琅書聲沉寂了，代之以官場寒暄、市井嘈雜和小人哄鬧。對中國文化人格結構中的盲點，余秋雨也充滿了不安和憂慮。他認為「安貧樂道的達觀修養，成了中國文化人格結構中一個寬大的地窖，儘管有濃重的霉味，卻是安全而寧靜」，但是「寬大的地窖」使得「群體性的文化人格日趨黯淡」，「春去秋來，梅凋鶴光。文化成了一種無目的浪費，封閉式的道德完善成了總體上的不道德。文明的突進，也因此被取消，剩下一堆梅瓣、鶴羽，像書籤一般，夾在民族精

神的史冊上。」

　　在蒼涼與悲哀的情境中，余秋雨散文隱潛著一個重要的主題：圍困／突圍成為文人生存的基本衝突。圍困是有差異的，一是被圍，二是自圍，也即作繭自縛；而圍困又有有形與無形之分，當然，無形比有形的圍困更為可怕。突圍作為一種抗爭與完善，從來就是艱難與悲壯的。《蘇東坡突圍》具有圍困／突圍這一主題的全部的複雜性與深刻性。

　　余秋雨在追尋文明的星光與文人的足迹時，充滿了激情與理性。就文化人格而言，余秋雨是學者與詩人的統一，詩人的激情與才氣在他筆端湧動。他的創作洋溢著理想主義者的精神氣息，學者的理性保持了他思想的厚度，在一定程度上抑制住激情的誇張和傾斜。顯然，余秋雨已讓人們熟悉。這當中包含著在一個不變的模式中激情與理性都會疲倦。所有的關懷都應當與生命的原創力聯繫在一起，不應有生命的雕琢。

【注　釋】

① 余秋雨：《文明的碎片・題叙》，春風文藝出版社1994年版。
② 張承志：《荒蕪英雄路・作者自白》，（上海）知識出版社1994年版。
③ 余秋雨：《文化苦旅・自序》，（上海）知識出版社1992年版。

戲　劇　卷

引　言

　　二十世紀中國文學的各種文體中，戲劇的變化最大。

　　中國古典戲曲本來自有藝術規範與體式。自宋元雜劇興起至明清傳奇繁盛，中國戲曲已經形成相當成熟與獨具體系的藝術形式和美學規範。中國戲曲是一種抒情寫意的戲劇藝術，戲曲舞臺對生活與人生作寫意的表現，戲曲以曲詞爲主體，以歌舞表演故事。劇作家視寫戲爲作詩，劇作家代入劇中人直接抒寫劇中人的情感。在傳奇性的情節中糅合劇中人的抒唱。唱念做打與特殊的舞臺表現形式，自由流動的戲劇時空處理，形成了以昆劇、京劇爲主體的國劇寫意抒情戲劇觀。這一戲劇觀追求的是娛樂、欣賞，是趣與美。它體現了東方傳統文化與藝術精神。但是到清末民初，中國戲曲面臨新世紀挑戰。時代遞轉，世風改變，憂國之士倡言戲劇的功用應是改良人心、改造社會。於是有梁啓超、汪笑儂等的改良戲曲問世，有陳獨秀提倡「採用西法，戲中有演說，可長人見識」，有柳亞子、陳去病等創辦《二十世紀大舞臺》：「以改革惡俗、開通民智，提倡民主主義，喚起國家思想，爲唯一之目的」，以「翠羽明璫，喚醒鈞天之夢；清歌妙舞，召回祖國之魂」。1907年春柳社演出《茶花女》、《黑奴籲天錄》。這種「新的戲劇」雛型問世，它引進的是西方寫實型戲劇形式。

　　文明新戲雖然在「五四」前衰落，而「五四」新文化的藝術

新品之一，就是建設以仿效易卜生式西方寫實戲劇爲藝術目的的現代戲劇。1928年洪深以「話劇」命名新劇，固化了這一新藝術的規範。其間歷經一批藝術家的探索，曹禺發表於三十年代的《雷雨》、《日出》、《原野》是中國寫實話劇藝術成熟的標誌，也是二十世紀中國現代戲劇的傑出代表。這一現代戲劇美學觀認爲，戲劇模仿生活，舞臺是生活的再現，以在舞臺上創造「生活的幻覺」、追求酷似生活的「眞實」爲戲劇藝術創造的目的。老舍《茶館》則以精湛的舞臺表演體現出中國寫實體驗戲劇表導演藝術的成就。這一藝術經驗，是與以焦菊隱爲代表的北京人民藝術劇院獨具特色的體驗派演劇風格的創立，聯繫在一起的。

二十世紀中國現代戲劇始終面臨如下選擇和挑戰：戲劇應是寫實的，還是寫意的？舞臺應是對生活的模仿和再現，還是對生活和人生的寫意與表現？是接納西方寫實戲劇的藝術規範，還是傳承與發展國劇的美學傳統？戲劇的內容與功用是直接作用於改造社會、參與政治，還是怡情抒心、娛樂欣賞？

八十年代中國文化界反思歷史，重估本土傳統文化價值，布萊希特等西方戲劇家對中國戲曲的青睞，引起我們重新發現中國戲曲的魅力。寫實戲劇觀與寫意戲劇觀的討論中，「國劇」之魂重新返回現代戲劇舞臺。

第一章　二十年代戲劇

第一節　早期話劇創作

　　中國現代話劇發端於留日學生組織的春柳社演劇活動與國內學校的學生演劇。曾孝谷、李息霜（叔同）、陸鏡若、歐陽予倩等一群中國留日學生於1906年底在日本東京成立春柳社演藝部演劇團體，發表《春柳社演藝部專章》，並於次年二月演出了《茶花女》第三幕，1907年6月作第二次公演，演出根據林紓的翻譯小說改編而成的五幕劇《黑奴籲天錄》，這是中國第一次比較完整的近代話劇演出。據現有資料，文明戲的濫觴可追溯至19世紀末上海的學生演劇。1899年上海聖約翰書院學生在聖誕晚會上演了一齣自編的時事新戲《官場醜史》，「這種穿時裝的新劇既無唱工，又無做工」，實為話劇萌芽期的雛形。隨後有汪仲賢等學生自編自演過戊戌六君子與義和團故事等。1905年他們組織文友會演出《捉拿安德海》、《江西教案》，1907年組織開明新劇會公演《六大改良》為總名的新劇。與此同時，上海出現王鐘聲領導的春陽社與通鑑學校，演出根據楊紫麟、包天笑譯述的同名小說改編的《迦茵小傳》，學習日本新派劇與西洋話劇形式，並且採用分幕制。此外，還有任天知領導的進化團，同陸鏡若、歐陽予倩領導的春柳派新劇同志會，同為文明新戲重要劇社。由於中國初期話劇在內容與形式上都有別於舊戲，故被稱為「文明戲」。在劇中常常出現所謂「言論小生」，直接代表作者向觀

衆發表長篇講演，進行政治鼓動。但由於小市民趣味的日益加劇，文明新戲於1916年後便全面衰落。唯有天津南開新劇團堅持嚴肅認眞的藝術態度，以歐洲近代寫實劇爲榜樣，在創作與理論上由萌芽期的話劇向現代話劇演變。

　　適應新文化思潮的要求，現代話劇運動在五四時期再度興起。它以五四先驅者們對傳統舊劇的批判爲先導。《新青年》在1917年至1918年間曾開展過「舊劇評議」，批判的鋒芒直指傳統舊戲所包含的封建性內涵。周作人、錢玄同、劉半農、胡適等人在批判過程中倡導建立中國現代戲劇理論，其內容包括兩個方面：一是把戲劇當作改善人生的工具，二是提倡寫實主義戲劇。這些先驅者們還決定大量翻譯與改編西洋的戲劇名著，以《新青年》在 1918年的「易卜生專號」爲開端，迅速形成了一個介紹外國戲劇理論、翻譯和改編外國戲劇創作的熱潮，西方戲劇史上各種流派——從寫實主義、浪漫主義戲劇到現代派戲劇差不多同時湧入了中國，被不同個性的劇作家所吸收，對中國現代話劇的發展起了推動、促進作用。從1921年開始，中國現代話劇運動就逐漸進入了建設時期，開始出現各種戲劇團體、刊物，並形成多種戲劇風格的雛形。1921年3月，沈雁冰、鄭振鐸、陳大悲、歐陽予倩等發起成立民衆戲劇社，同年5月創辦了《戲劇》月刊——這是新文學運動中最早出現的專門性戲劇雜誌；這一年應雲衛、谷劍塵等還組織成立了上海戲劇協社。兩社都倡導「寫實的社會劇」，強調戲劇必須反映時代與人生，肩負起社會教育任務；同時，提倡「愛美劇」，倡導「非營業性質」的業餘演劇，反對戲劇商業化，反對新興話劇重蹈文明新戲被資本家操縱作爲賺錢工具而日趨墮落的舊轍。這兩個戲劇社作家的劇作明顯受到易卜生影響，形成了「社會問題」寫實劇的潮流。胡適雖不是該兩社

成員，但他模仿易卜生《玩偶之家》創作了《終身大事》，該劇借主人公之口喊出的「孩兒終身大事，孩兒應該自己決斷」的呼聲，表達了「五四」新青年反抗封建束縛、追求人格獨立的共同心聲。陳大悲的《幽蘭女士》也是從一個家庭入手來分析社會問題的，劇本涉及到了反對封建婚姻、官僚家庭的罪惡、勞動人民的苦楚等一系列問題。歐陽予倩創作的《潑婦》則從男子對愛情不專一的現象入手，提出了在整個社會政治、經濟制度沒有根本改變之前「自由戀愛」、「婦女解放」能否順利實現的問題。該劇的題目就是反義的，被封建勢力斥為「潑婦」的于素心實際上是一個娜拉式的新女性，她的「潑」，是對封建勢力的有力衝擊，對獨立人格的熱切呼喚。

　　郭沫若是中國現代歷史劇的開拓者。在早期，《黎明》（1919）、《廣寒宮》、《孤竹君之二子》（1922），以及「女神三部曲」《棠棣之花》、《湘累》（1920）、《女神之再生》（1921），或取材於神話，或取材於歷史，卻不拘於史實，常憑主觀的理解和想像結撰劇情，塑造人物，都採取了詩劇或劇詩的形式。郭沫若早期歷史劇的代表作是被合稱為「三個叛逆的女性」的《卓文君》、《王昭君》、《聶嫈》。他創作這類劇作的動機是「要借古人的骸骨來，另行吹噓些生命進去」①。在歷史人物身上，他灌注了五四時期追求人的尊嚴、反對封建禮教與專制（甚至不畏封建皇權的淫威）等精神，表達了五卅慘案中所表現出來的悲壯情緒。這一切都是通過歷來被人稱為「弱者」的女子形象表現出來的，自然契合了「婦女解放」的時代課題。歷史翻案劇是五四戲劇的重要類型。陳白塵指出：「那種翻案法的歷史劇，如今是沒人寫了，但在1927年前後，卻是歷史劇創作上最風行的方法。」②當時，還有歐陽予倩的《潘金蓮》，袁昌英

的《孔雀東南飛》，熊佛西的《蘭芝與仲卿》，王獨清的《楊貴妃之死》、《貂蟬》，顧一樵的《荊軻》、《項羽》、《蘇武》，楊蔭深的《一陣狂風》、《磐石與蒲葦》，伯顏的《宋江》等。這些翻案劇都以現代觀念重新詮釋歷史、傳說，賦予劇中人以現代人的觀念，或以現代心理學、精神分析學解釋歷史、傳說人物的行爲動機。歐陽予倩創作的歷史翻案劇《潘金蓮》，對早已被認定爲「淫婦」代表的潘金蓮進行了重新塑造，表達了強烈的反封建精神。袁昌英創作的《孔雀東南飛》則運用弗洛伊德理論來表現「焦母」在精神上一味依戀兒子而排拒兒媳的變態心理。

另一位創造社作家鄭伯奇創作的《抗爭》（1928年）一劇，正面描寫了熱血青年與企圖侮辱中國婦女的外國士兵的英勇搏鬥，被洪深譽爲最早顯露「反帝意識」的獨幕劇。1926年，熊佛西、陳大悲、余上沅等提倡迎合觀衆趣味的「國劇運動」，熊佛西的《洋狀元》、余上沅的《兵變》就是這種戲劇觀的實踐之作，它們情節熱鬧、趣味性強，但又不免有鬧劇的意味。熊佛西在五卅之後創作的《一片愛國心》則因其表現了強烈的反帝愛國傾向而聲名大振。

丁西林是20年代喜劇園地裡的卓有成效的耕耘者，他的第一個劇本——《一隻馬蜂》，用輕鬆活潑的喜劇衝突來表現反封建主題。 1925年創作的《壓迫》是他早期劇作的代表性，寫的是由於房東太太與女兒在出租房子問題上難以達成一致，導致房東太太與男客吳某發生衝突，是一位性格倔強的女客主動提出與這位男客假扮夫妻才使矛盾化解，這個劇作把丁西林早期喜劇的特點表現得最爲突出。抗日戰爭爆發後，他創作了獨幕劇《三塊錢國幣》，借助女傭不愼打破女主人一只花瓶，因而被要求賠三塊錢國幣的故事，諷刺了國民黨上層人物愛錢如命的醜態。四幕喜

劇《妙峰山》寫的是以「王老虎」爲首的一群知識分子聚集在妙峰山上，把槍口專門對準日本鬼子的情節，妙峰山成了作者心目中「理想的樂土」。丁西林喜劇創作受近代英國喜劇，主要是世態喜劇，亦稱機智喜劇的影響，如米倫、王爾德喜劇的影響。「這種喜劇描寫『上流社會』的人情世態，揭露其虛僞腐敗、荒謬可笑之處，語言聰明俏皮，富於機智，情節結構曲折而多變化。」③這些特點在丁西林喜劇中都可發現。「就其主要精神來說，卻是幽默的而不是諷刺的喜劇。」④

第二節　田　漢

在20年代戲劇創作中，成績最豐的是田漢。田漢（1898—1968），原名田壽昌，1911年改名爲田漢，湖南長沙縣人，創造社的發起人之一，也是該社最重要的劇作家。1920年完成處女作《梵峨璘與薔薇》，這個劇本的思想與藝術都不夠成熟，但它所追求的藝術與愛情的完美結合，則貫穿在田漢生活與創作的全過程中，成了他戲劇創作的「情結」。田漢第一個正式公演的劇本是一幕三場劇《靈光》。田漢領導了南國戲劇運動，它包括1924年創辦的《南國半月刊》時期，1926年至1927年借上海《醒獅周報》編的附刊《南國特刊》時期，1926年至1927年的南國電影劇社時期，　1927年的上海藝術大學時期，1928年至1930年的南國社及其所屬的南國藝術學院時期。這一時期他創作的20多個劇本中，《咖啡店之一夜》（1922年）、《獲虎之夜》（1924年）、《蘇州夜話》（1928年）、《湖上的悲劇》（1928年）、《古潭的聲音》（1928年）、《名優之死》（1929年）、《南歸》（1929年）等都是優秀之作。這些劇作「保存一些青

年期可貴的眞誠和純情」⑤，是田漢戲劇創作中最具個人氣質之
作。

　　田漢早年留學日本時嘗自署爲「中國未來的易卜生」，他說
處女作《梵峨璘與薔薇》「此劇是通過了Realist（現實）熔爐
的Neo-Romatic（新浪漫劇）」⑥。五四時期，所謂新浪漫主義
是指19世紀末20世紀初，西方以現代非理性哲學爲美學基礎，
與傳統寫實主義相對抗的多種現代主義流派，如象徵主義、表現
主義、唯美主義、未來主義、精神分析主義等。梅特林克、王爾
德、霍夫特曼、斯特林堡、安德列耶夫、鄧南遮、倍那文德、施
尼茨勒的劇作，包括易卜生後期的象徵主義戲劇，都被稱爲新浪
漫主義戲劇。新浪漫主義戲劇，也是五四時期譯介西方戲劇的一
個熱點。新浪漫主義反撥傳統的寫實主義文學觀，追求「靈的覺
醒」。「所謂新浪漫主義，便是想要從眼睛看得到的物的世界，
去窺破眼睛看不到的靈的世界，由感覺所能接觸的世界，去探知
超感覺的世界的一種努力。」⑦新浪漫主義重情緒、重直覺、重
幻想與想像，以抒情與表現來直接呈露人生內面，表現靈肉激鬥
與心靈的渴求，抒發一種「世紀末」焦灼、悲觀、頹廢情緒，而
這成了五四文學青年反叛現實、追求理想又不得的心靈的噴發口
與棲息地。田漢自視爲「出世作」的《咖啡店之一夜》中，青年
學生林澤奇與白秋英不期而遇，他因自己的婚姻悲劇而哀嘆自己
的心靈痛楚與迷惘、悲觀：「不知道是生於永久的好還是生於刹
那的好，還是向靈的好，還是向肉的好」。《湖上的悲劇》中青
年詩人楊夢梅在遭逢一系列婚戀奇變後，身心憔悴：「我以爲我
的心在這一個世界，而身不妨在那一個世界，身子和心互相推諉，
互相欺騙，我以爲這是調和，誰知道卻是分裂」。《南歸》中春
姑娘期盼著流浪者歸來，而流浪者歸來時春姑娘已被許給他人，

流浪者含恨離去，「我孤鴻似地鼓著殘翼飛翔，想覓一個地方把我的傷痕將養。但人間哪有那種地方，哪有那種地方？我又要向遙遠無邊的旅途流浪。」春姑娘痛苦地追趕去。田漢稱此劇「充滿著詩，充滿著淚」。「《南歸》的好處，主要並不在於表現了社會生活不如人意而引起的哀愁和悲傷，而是在於竟將幻想寫得那樣眞實。」「《南歸》是浪漫主義悲劇，運用幻想形式，表現現實生活的苦惱和理想追求的幻滅。」⑧這些抒情震撼著20年代青年的心靈，說明它折射了一代青年的心靈眞實。這些受現代派影響的浪漫主義抒情劇，還在抒情中追求人生哲理：林澤奇與白秋英痛苦地追問人生孤獨，「人類和人類之間何以要取這一種冰冷的態度」；《湖上的悲劇》中楊夢梅感嘆人生的無奈和虛無；《南歸》中充滿深深的寂寞和絕望的哀感，流浪者就是永遠得不到愛的「苦悶與孤獨」的象徵；《古潭的聲音》中那舞女之縱身一躍，發出了尋找未知神秘世界的最強音。田漢這些劇作往往從新浪漫主義作品中獲取藝術靈感。《古潭的聲音》的創作意念來自日本俳人芭蕉翁一的詩，《南歸》有象徵派詩人魏爾倫式的感傷情緒，《顫慄》因「惡魔詩人」波德萊爾《惡之花》而觸發，《靈光》採用了斯特林堡《一齣夢的戲劇》展示「夢的意識」的表現主義手法。當然，《湖上的悲劇》也受到中國古典浪漫主義戲劇《牡丹亭》的影響。田漢說：「舊浪漫主義是睡夢，新浪漫主義是醒夢」⑨。這表明，田漢創作中的「新浪漫主義」是面對20年代中國凝滯壓抑的社會現實的。

　　在《獲虎之夜》、《名優之死》中，田漢戲劇創作中的現實主義因素逐步增強，戲劇性與抒情性也互相依存、融合。獨幕劇《獲虎之夜》寫青年男女的愛情追求與家長專制的悲劇衝突。表兄妹黃大傻與蓮姑青梅竹馬，萌生了眞摯的戀情，由於黃家家道

中落，蓮姑之父魏福生就決定把女兒嫁給有錢人家，兩個年輕人在各自能力範圍內作了最大限度的抗爭，最後仍以悲劇告終。這個故事本身並不新穎，該劇的獨特之處在於它所著力開掘的人物心靈深處的美，黃大傻只是由於對愛情十分痴迷，才給人以顛顛傻傻之感的，他在「獲虎之夜」被捕虎陷籠所傷而造成的肉體痛苦，遠遠沒有真摯戀情被拆散而鑄就的心靈創傷厲害，當這個「感傷的殉情者」被抬到心愛的人蓮姑家裡時，隨著大段大段對心上人的心曲傾吐，他的心靈世界暢然洞開，這不僅讓蓮姑泣不成聲，堅定了她愛的忠貞之心；而且感人肺腑，具有攝人心魄的感染力，特別是他最後抓取獵刀殉情自盡的場景，其心靈世界的光彩就飛升到了頂至。

《名優之死》於1927年冬寫成並曾演出，1929年底在南京演出時，補加了中間一幕，於是便定型為一個三幕話劇。《名優之死》的最初構思受啓發於波德萊爾詩《英勇的死》，田漢執意「寫一篇中國名伶之死為題材的劇本」⑩。劇本通過著名京劇藝人劉振聲與流氓、惡棍楊大爺的尖銳鬥爭以及他慘死在舞台上的故事，揭露了舊社會的罪惡。該劇最成功的地方是在於塑造了劉振聲的藝術形象：他視藝如命、重視「戲德」，他寧可不顧疲勞自己演「雙齣戲」，也絕不以迎合低級趣味來博取上座率。他十分愛惜人才，當他的藝徒劉鳳仙經不住楊大爺的誘惑而走上邪路時，他十分痛心與憤懣，當面痛斥楊大爺，因而遭對手暗算，他則心力交瘁，為了捍衛藝術事業而倒在了為之奮鬥了一輩子的舞台上。他為藝術獻身的人生充滿了悲壯色彩。

綜觀田漢20年代的劇作，在思想內容上的共同特質是：感應著那個時代思想解放、個性解放的節拍，一方面，無情地揭露了當時社會以及傳統勢力剝奪人的自由與幸福的罪行，並隨著創作

歷程的推進，對社會問題的關注與表現也在不斷加強；另一方面，則著力表現人們面對黑暗現實所產生的苦悶、思索以及對光明的熱烈追尋。這一主題貫穿在這個時期的所有劇作中，而尤以《咖啡店之一夜》、《獲虎之夜》、《名優之死》爲最。《咖啡店之一夜》通過鹽商之子李乾卿對純眞愛情的背叛與褻瀆，揭示了帶有濃厚封建主義色彩的資產階級市儈的醜惡嘴臉，又通過白秋英與林澤奇的覺醒，體現了作者「由頹廢向奮鬥之曙光」的理想。《獲虎之夜》的主題也直接融會到了當時反封建的潮流之中。《名優之死》，通過劉振聲與強大的邪惡勢力的鬥爭，更讓人感到振奮、鼓舞。

　　現實主義與浪漫主義融爲一爐、交互輝映，是田漢這一時期藝術上的一大特色。田漢明確指出其處女作《梵峨璘與薔薇》是「通過了現實主義熔爐的新浪漫主義劇」，以後的劇作大多沿著這一思路創作。《獲虎之夜》是較典型的。「田漢決非將黃大傻作爲一個現實人物來寫，他筆下不過畫出了一縷寄情的光，一團寫意的雲，一個詩的影子，借此渲染一種熱烈而悲涼的『美』，表現歷史轉型期的青年人不滿於現狀、追求著什麼而又莫可名狀的靈肉衝突的感傷情調，這就是『南國』式的浪漫主義。」因此，「在《獲虎之夜》的寫作中，田漢所追求的並非寫實主義的社會問題劇。」⑪其實，就是在大家公認的現實主義力作《名優之死》中，主人公劉振聲的人格上也閃耀著理想主義光彩。

　　把抒情性與戲劇性有機地結合起來，是田漢本時期劇作趨向成熟的標誌之一。《獲虎之夜》之所以吸引人，一個重要原因就在於它結構巧、戲味濃。精設懸念、頗多巧合，故事衝突安排在「獲虎之夜」、蓮姑出嫁前夕，滿以爲又能獲虎，可萬沒想到竟傷了人，而且偏巧又是蓮姑戀人黃大傻，完全出乎意料之外，可

仔細想想又在情理之中——黃大傻，也只有黃大傻在那一晚會上山去，因爲他要最後一次看心上人窗戶上的燈光。而且，正是他的受傷，才讓他自然而然地與蓮姑見面，使得其心靈世界得以全面敞開。《名優之死》則不同，它美在自然、流暢，把戲劇性深深隱藏在純樸自然的畫面之中，主要通過人物的鮮明個性來吸引人，在形象塑造過程中抒發作者的情感，表面的熱鬧被凝練、簡潔的描寫所取代。不僅主要人物劉振聲個性鮮明，他剛正抑鬱的特徵得到了充分的表現，而且其他人物也被塑造得栩栩如生。作品的語言凝練、簡潔、個性化。

　　30年代，田漢劇作的題材主要有兩類，一是反映工人生活與鬥爭的劇本，其代表作是獨幕劇《梅雨》，這類作品不但描寫了工人生活的苦難，而且歌頌了他們反壓迫的鬥爭精神。二是表現抗日愛國主題，從1931年九一八事變到1937年七七抗戰爆發，田漢共寫了約20多個抗日宣傳劇以及以抗日爲背景的社會問題劇。《回春之曲》的表現視角較爲獨特：在南洋教書的愛國華僑高維漢感於國難而返國抗日，他在一二八激戰中被大炮震壞了腦子，失去了記憶，連前來照顧他的在南洋的熱戀情人梅娘都不認識了。梅娘——這個「愛上了你就會把性命交給你」的姑娘，面對爲抗日負傷的情人，她把對愛情的忠貞與愛國激情緊密結合起來。經過三年的治療與休養，在梅娘的精心護理下，高維漢奇蹟般地恢復了記憶，痊癒之後他最關心的就是抗日進程與祖國命運，並從心底發出了將抗日進行到底的呼喚。這個劇作將高維漢健康的「回春」、愛情的「回春」和熱望祖國在抗日中的「回春」統一了起來。該劇的情節與構思帶有明顯的傳奇性。高維漢與梅娘的命運就是在一系列出人意料的事件中展開的，其間懸念叢生，扣人心弦，富有引人入勝的戲劇性。劇本詩情洋溢、優美動人，抒情

氣氛濃郁，特別是滿含深情的歌曲的幾度穿插，使現實的主題充滿了詩情畫意。這些都是該劇高出同類題材劇作的地方。

　　田漢40年代的代表作是《秋聲賦》與《麗人行》，前者通過家庭生活與個人命運的變遷，表現了抗戰大熔爐對人的鍛鍊，特別是對人的心靈的洗禮。《麗人行》（1947年），這是田漢劇作的一個高峰，它全景式地反映了一個歷史時代的社會生活，這裡有工人、城市貧民的苦難與掙扎，有共產黨人的工作與鬥爭，有侵略者的凶殘與漢奸買辦、地痞流氓的無恥，也有女性的苦悶與彷徨。劇本有三條線索：一是女工劉金妹的遭遇，二是革命女性李新群在逆境中的奮進，三是摩登女性梁若英的動搖與醒悟。三條線索既相對獨立又互有聯繫，被有機地納入全劇藝術構思之中。在戲劇結構上，它借鑑中國戲曲經驗，打破了「幕」的切割法，將全劇分為21場，以報告員的報告串起全劇，一氣呵成，使各條線索多頭歸一，條理清晰。《麗人行》之後，田漢的許多劇作（包括《關漢卿》在內）都運用了這種多場式結構，這種結構方式還被其他許多劇作家所賞識與借鑑。

【注　釋】

① 郭沫若：《孤竹君之二子·幕前序話》，《創造季刊》第1卷第4期（1923年2月）。

② 陳白塵：《歷史與現實》，《陳白塵論劇》，第93頁，中國戲劇出版社1987年版。

③ 陳瘦竹：《丁西林的喜劇》，《現代劇作家散論》，第211頁，江蘇人民出版社1979年版。

④ 陳瘦竹：《丁西林的喜劇》，《現代劇作家散論》，第212頁，江蘇人民出版社1979年版。

⑤　田漢：《田漢劇作選·後記》，第428頁，人民出版社1955年版。

⑥　田壽昌（田漢）等：《三葉集》，第81頁，亞東圖書館1920年版。

⑦　田漢：《新羅曼主義及其他》，《少年中國》第1卷第12期（1920年）

⑧　陳瘦竹：《且說〈南歸〉》，《戲劇理論文集》，第382頁、第388頁，中國戲劇出版社1988年版。

⑨　田漢：《新羅曼主義及其他》，《少年中國》第1卷第12期（1920年）。

⑩　田漢：《田漢戲曲集·第四集·自序》，上海現代書局1931年版。

⑪　董健：《田漢傳》，第207—208頁，北京十月文藝出版社1996年版。

第二章　三十年代戲劇

第一節　三十年代戲劇概述

中國現代戲劇在30年代有了重大發展。

1927年後，初生的現代話劇處於尋找發展的轉折期。應雲衛領導的上海戲劇協社於1927年後以單純介紹、排演莎士比亞等西洋古典名劇為主，朱穰丞、袁牧之主持的辛酉劇社提倡「難劇運動」以鑽研演技，曾上演過《文舅舅》（即契訶夫《萬尼亞舅舅》）等，洪深等領導的復旦劇社排演《西哈諾》等外國名劇，田漢領導的南國社擁有更多的青年學生觀眾，公演劇目有田漢創作的《古潭的聲音》、《南歸》、《第五號病室》、《火之跳舞》、《孫中山之死》和王爾德的《莎樂美》。南國社的演出抒發了青年知識分子的「動搖與苦悶」的心聲，以「淚的感傷情調」引起共鳴。

為了提倡和推進無產階級戲劇運動，當時在上海的部分左翼文藝家策劃成立上海藝術劇社，參加者有馮乃超、鄭伯奇、沈端先（夏衍）、陶晶孫、錢杏邨、孟超、葉沉、許幸之、劉保羅、屈文（司徒慧敏）、朱光、石凌鶴、陳波兒、王瑩等人，社長鄭伯奇。藝術劇社第一次提出「無產階級戲劇」（「普羅列塔利亞戲劇」）的口號，使中國現代戲劇運動由五四開始的個性解放潮流轉而走向無產階級革命運動。藝術劇社編輯出版了《藝術》月刊、《沙侖》月刊（夏衍、馮乃超主編）和《戲劇論文集》。他

們宣傳「普羅列塔利亞戲劇」的主張：「普羅列塔利亞是現代負有歷史使命的唯一的階級。一切藝術都應該是普羅列塔利亞藝術」；明確提出：「中國戲劇運動的進路是普羅列塔利亞演劇」①；強調戲劇要以唯物論的立場、無產階級的目的意識，「闡明社會的矛盾，引導大衆發生一種革命的熱情來反抗奮鬥，而達到革命的目的」②。藝術劇社先後於 1930年1月、3月上演了一批富有革命色彩的劇目和馮乃超、龔冰廬寫的反映工人與資本家鬥爭的獨幕劇《阿珍》。

「無產階級戲劇」運動推動了上海話劇界向「左」轉。田漢於1930年4月發表《我們的自己批判》，批判南國社的小資產階級感傷傾向，並且改編梅里美小說《卡門》爲話劇上演，以鼓吹革命。

1930年8月，以藝術劇社爲中心，聯合辛酉、摩登、南國社等戲劇團體，成立「中國左翼劇團聯盟」，後又改組爲以個人名義參加的「中國左翼戲劇家聯盟」（簡稱「劇聯」）。這是繼「左聯」之後，又一個左翼文藝組織。左翼戲劇運動強調演劇是「一種政治的輔助工作，所以是武器底藝術，鬥爭藝術！」③《中國左翼戲劇家聯盟最近行動綱領》強調革命戲劇深入工農群衆，創作內容強調暴露地主資產階級與反動派的罪惡，從各種鬥爭中指出政治出路等。當時的左翼劇社有大道劇社、光華劇社、春秋劇社、藍衫劇團等。此時，黨內正值李立三、王明「左」傾路線統治時期，因此左翼戲劇運動也帶有明顯的「左」的傾向，其理論與指導思想主要受當時蘇聯「拉普」、日本「納普」思想的影響，片面地理解文藝與政治、社會的關係，忽視藝術規律。

從1936年開始的「國防戲劇」，是30年代戲劇運動的又一轉折。爲了建立抗日民族統一戰線，1936年春「左聯」解散，

在這之前左翼「劇聯」已於1935年冬自動解散，配合「國防文學」提出「國防戲劇」口號，以代替「無產階級戲劇」口號。1936年初，上海劇作者協會成立，制訂了《國防戲劇綱領》。在「國防戲劇」熱潮中出現了不少新人新作，初露頭角的劇作者有尤兢（于伶）、宋之的、陳白塵、凌鶴、章泯、姚時曉等，劇目有《走私》、《鹹魚主義》、《洋白糖》、《東北之家》、《回聲》、《浮屍》、《別的苦女人》、《秋陽》、《漢奸的子孫》等。「好一記鞭子」（《三江好》、《最後一計》、《放下你的鞭子》）演遍中原大地、大江南北。夏衍創作了多幕劇《賽金花》、《自由魂》（即《秋瑾傳》、《上海屋檐下》，其中歷史諷喻劇《賽金花》曾被譽爲「國防戲劇的力作」。

　　本時期的主要劇作家有田漢、洪深、曹禺、熊佛西、李健吾、袁牧之、宋春舫等。田漢創作了《梅雨》、《月光曲》等反映工人生活的劇作，已消退了他在南國社時期形成的個人風格。熊佛西在河北定縣實驗「農民戲劇」。在五四時期以介紹西洋戲劇著名的宋春舫創作了獨幕喜劇《一幅喜神》（1932年）、三幕喜劇《五里霧中》（1936年），具有較強的喜劇性，藝術技巧比較講究。王文顯寫作了三幕喜劇《委曲求全》（1929年在美國演出，1932年出中文版）、《夢裡京華》（1927年在美國演出，1944年出中文版），他的戲先以英語在美國演出，然後以中文在國內出版。他是清華大學西洋文學系主任，李健吾、曹禺、張駿祥、楊絳、陳銓等都先後在清華該系就讀。沉鐘社的楊晦於1933年發表五幕歷史劇《楚靈王》。袁牧之善寫喜劇，《一個女人和一條狗》（1932年）、《寒暑志》等構思巧妙，幽默機智、輕鬆活潑。徐訏在本時期開始文學創作，他的早期劇作受西方現代派，尤其是未來派影響明顯，有獨幕劇《荒場》、《鬼戲》、

《人類史》、《女性史》等,後收入《燈尾集》,他在40年代以寫小說著稱。陳楚淮主要在《新月》發表劇作,其《骷髏的迷戀者》運用象徵主義與表現主義的手法刻畫一位老詩人在死神降臨前哀嘆生命、渴望生活的心境,以現代派的鮮明特色在當時劇作中引人矚目。

洪深(1894—1955),與歐陽予倩、田漢被稱爲「中國話劇的三個奠基人」④洪深,學名洪達,字淺哉,江蘇武進人。他在清華大學讀書時,就作有《貧民慘劇》。1916年洪深赴美國入俄亥俄州立大學學習燒瓷專業,旋後考入哈佛大學貝克教授的「47學程」,學習編劇,成爲從中國到國外專攻戲劇的「第一人」⑤。1922年洪深學成歸國,創作《趙閻王》。劇中趙大原是本分的農民,被迫當兵後,逐漸喪失良心,幹盡壞事,甚至活埋傷兵,無惡不作。當他偷了營長剋扣的餉銀潛逃林中時,因良心受折磨而精神錯亂,終被追兵擊斃。洪深要「說明『社會對於個人的罪惡應負責任』:世上沒有所謂天生好人或天生惡人,好人惡人都是環境造成的」⑥。劇作所運用的表現主義藝術直接模仿於當時正走紅的美國劇作家奧尼爾的《瓊斯皇》(1920年作),不僅劇作的立意與《瓊斯皇》的表層意思接近,而且兩劇結構類似。第二景以後,「借用了歐尼爾底《瓊斯皇》中的背景與事實——如在林子中轉圈,神經錯亂而見幻境,衆人擊鼓追趕等等」⑦,其他如通過獨白與無聲幻象的出現,將主人公迷亂的精神世界外部化、戲劇化,甚至一些細節如森林入口處的標記、逃跑者點燃火柴無意中暴露行蹤、開槍擊破幻影等,都來自《瓊斯皇》。1922年2月,洪深個人出資在上海公演此劇,親自導演並主演。由於中國觀衆缺少對表現主義戲劇的理解與欣賞能力,演出失敗。直至1929年重演此劇,才初獲成功。1923年秋,洪深參加上海

戲劇協社。他通過排演《終身大事》，革除了文明戲中男扮女的舊習。1924年洪深根據英國王爾德名劇《溫德米爾夫人的扇子》，改譯爲故事、背景均「中國化」了的《少奶奶的扇子》。他通過排演此劇，在中國話劇界建立起正規的現代話劇表、導演體制。

　　30年代，洪深開始傾向於左翼革命文藝運動。他參加左翼劇團聯盟，並創作了當時頗有影響的左翼劇作《農村三部曲》，包括獨幕劇《五奎橋》（1930年）、三幕劇《香稻米》（1931年）、四幕劇《青龍潭》（1932年）。《農村三部曲》以作者熟悉的江南農村爲背景，展示了20、30年代農民的苦難遭遇，他們從苦難中逐漸覺醒，向封建勢力、帝國主義勢力進行自發鬥爭的情況。《香稻米》中農民黃二官遇到「豐收成災」，劇本揭示農村經濟破產及其社會原因：軍閥混戰、苛捐雜稅、奸商盤剝，加之「洋米大幫大批傾山倒海地運進中國了」。《五奎橋》圍繞拆橋與保橋的激烈衝突，展開了農民與地主豪紳間的社會鬥爭。對於周鄉紳來說，五奎橋象徵地主鄉紳的威權與利益，但是五奎橋使裝抽水機的船無法通過，農民不畏強暴、衝破官吏「六法」的威壓，終於拆毀了五奎橋，表現出英勇的抗爭精神。獨幕劇《五奎橋》的戲劇結構完整嚴密，戲劇衝突逐漸展開，波瀾迭起，當衝突進入高潮，戲劇立即收結。劇中農民李全生、地主周鄉紳的形象給人印象較深。

　　《農民三部曲》已顯示洪深創作思想已從《趙閻王》時的社會問題劇轉向政治宣傳劇。這是30年代初期左翼劇壇的一個趨勢。洪深的戲劇創作思維側重理性化。洪深將「應求能對社會說一句有益的話」⑧，作爲劇作成敗的關鍵。他認爲戲劇要「幫助他們解答目前生活中所遇到的困難問題」，使他們有一個「可以領導著他們走著正路到達光明的人生哲學」⑨。左翼政治宣傳劇實行

過於理性化的創作方法，直截地以唯物辯證法來化為戲劇創作方法，這是違背現實主義原則的。這當然給洪深戲劇創作帶來影響。當時張庚就指出：「這，可以概括地說，是形象化的不夠；是太機械地處理了題材……事件的發展不是沿著現象對於作者興趣的逼迫，而是沿著最後的結論所逼成的戲劇的Action（行動）前進的。也因此，人物不是閃耀在作者頭腦中的不可磨滅的『幻影』，而是為了整個戲劇Action上的需要才出現的代言者。」⑩這一批評切中要害。

　　洪深積極倡導「國防戲劇」，他的《走私》、《鹹魚主義》在當時反響強烈。「蘆溝橋事變」後，洪深毅然辭去復旦大學教授職位，投入抗敵演劇活動。隨後赴重慶，1938年他被任命為周恩來領導的軍事委員會政治部第三廳所屬戲劇科科長，與郭沫若、田漢等組織抗敵演劇隊與救亡宣傳隊。他創作了《飛將軍》、《包得行》、《雞鳴早看天》。四川方言劇《包得行》（1939年），寫一個綽號「包得行」的無業游民包占雲，在抗戰潮流下由落後分子轉變為抗日戰士的過程。三幕喜劇《雞鳴早看天》（1945年）中，一群因抗戰勝利紛紛歸家的人們，由於汽車拋錨暫時聚居在川北公路邊小旅店內，通過一天24小時之內的變化，作者截取橫剖面，以小見大地揭示了抗戰勝利後不久社會上陰暗駁雜等醜惡現象與生活的新動向，爭自由、爭民主的青年一代同封建家長發生了衝突，去迎接黎明。劇名寓示人們辨別晴雨明晦，告別黑暗走向光明。這部戲場景集中，人物眾多，喜劇效果強烈，成為洪深的代表作。

　　洪深是著名導演。他富有創造性地導演了《少奶奶的扇子》、《米》、《麗人行》（田漢作）、《法西斯細菌》（夏衍作），在我國話劇演出史上留下了藝術經驗。洪深還是我國電影事業的

開拓者之一。1922年他寫出我國第一個比較完整的電影文學劇本《申屠氏》，他編劇的《歌女紅牡丹》是我國第一部有聲電影。作爲著名的電影導演，他爲我國電影事業的早期發展作出了貢獻。

　　李健吾（1906—1982），山西省安邑縣（今運城縣）人。其父是辛亥革命晉南領導人，1919年被北洋軍閥殺害。這對李健吾傾向民主主義有深刻影響。他還是小學生時，就參加北京學生話劇運動。他畢業於清華大學西洋文學系，30年代留學法國。他的戲劇創作觀基於人性：「作品應該建立在一個深廣的人性上面，富有地方色彩，然後傳達人類普遍情緒」⑪；他刻畫戲劇人物重在人性中「善惡並存」，重在描寫人物內心矛盾衝突。他的早期創作有《母親的夢》等。1933年他回國後，發表《這不過是春天》（1934年）、《梁允達》（1934年）、《村長之家》、《以身作則》（1936年）、《新學究》（1937年）、《十三年》（1937年，又名《一個沒有登記的同志》）。這些劇作充分反映了他的戲劇創作特色。

　　《這不過是春天》（三幕劇）是李健吾代表作。劇中，北伐軍革命者馮允平突然來到舊日情人、北洋軍閥某警察廳長夫人的客廳，當馮允平面臨即將被捕時，這對於廳長夫人的心靈是個嚴重考驗。她雖然惱恨於對方隱瞞其革命者身分，但又不願失去他的愛情，她終於巧妙地使馮允平化險爲夷。劇作在愛情與革命的糾葛中，通過幾個反覆，著重刻畫了廳長夫人內心的矛盾衝突，她對於舊情的眷戀與對現實身分的滿足，對革命者忠於信仰的精神境界的敬佩與對沉溺於富貴生活的庸俗靈魂的反思。《梁允達》中，貪財殺父的梁允達是作者要譴責的對象，但是劇作抓住了梁允達內心世界的善惡並存來展開他的內心衝突。戲劇衝突的高潮不在梁允達同惡痞劉狗的正面交鋒，而是梁允達之子四喜受劉狗

挑唆，以殺父之事脅逼梁允達，梁允達決定殺死同伙劉狗。這時梁允達的內心衝突激發了戲劇高潮，他的殺父、刺殺劉狗的外部行為被置於幕後，成為戲劇的外在情節以激化內心衝突，戲劇著重刻畫的是梁允達殺父後的悔疚不安，他刺殺劉狗前從惡不甘、行善不能的激烈的思想鬥爭。李健吾創作的戲劇衝突多樣而緊湊於劇中人內心衝突，運用「佳構劇」的技巧善於處理情節的「突轉」，做到結構嚴謹、精練緊湊。

《梁允達》是刻畫人性淪喪的心理悲劇，《新學究》、《以身作則》則是具有獨特藝術品格的喜劇。《新學究》中教授康如水、《以身作則》中舉人徐守清，都是被金錢與舊禮教扭曲人性、心靈變態的喜劇人物，他們的複雜內心中也不無正常人性情懷。這些愚拙可笑、被嘲弄、被諷刺的喜劇性格中也蘊含了他們是舊時代犧牲品的悲劇性因素。這是李健吾從戲劇描摩人性、刻畫「善惡並存者」觀念出發而創造的悲喜交融的戲劇美學品格，他的劇作具有獨特的美學價值。

李健吾於40年代參加上海「孤島」時期的戲劇活動，創作多幕劇《黃花》（1939年）、《青春》（1944年）、《販馬記》（1942年，下部未完成）。傳奇劇《販馬記》以喜劇手法寫辛亥革命的悲劇，將革命與愛情兩條悲劇線索有機結合，戲劇結構開放自如，吸收中國傳統戲曲結構分「折」而不分幕，靈活自如地展現主人公的命運與內心活動，體現了40年代我國話劇藝術向民族化探索的傾向。他還將外國名劇如莎士比亞《麥克白》、《奧賽羅》改為「中國化」的《王德明》、《阿史那》。

李健吾以「劉西渭」筆名發表的許多文學評論，如評《雷雨》，評夏衍戲劇，評卞之琳詩，評《邊城》等，獨具慧眼，見解精闢，文筆空靈精練，備受文壇稱譽。後來他成了著名的法國文學翻譯

家。

第二節　曹禺與《雷雨》、《日出》、《原野》

曹禺（1910—1996），是一位對中國現代戲劇的發展做出傑出貢獻的劇作家。《雷雨》、《日出》的出現，標誌著中國現代話劇文學的成熟。

1910年9月24日，曹禺出生在天津一個沒落的封建家庭。他原名萬家寶，祖籍湖北省潛江縣。曹禺的父親在辛亥革命後曾出任宣化鎮守使等職，但不久官場失意，回家常是牢騷滿腹，整個家庭的空氣是抑鬱的。曹禺生長在這樣的封建家庭裡，對這類家庭和生活中的人物相當熟悉。他後來說，「《雷雨》、《日出》、《北京人》裡出現的那些人物，我看得太多了，有一段時間甚至可以說和他們朝夕相處」⑫。他母親生下他三天即患產褥熱去世，繼母把他扶養大。曹禺少年時代跟隨母親觀看了京戲、昆曲與河北梆子、蹦蹦調、唐山落子等許多地方戲，以及當時流行的文明新戲，欣賞到譚鑫培、楊小樓、余叔岩等著名演員的精彩表演。

1922年曹禺進入南開中學。1925年他參加南開新劇團，先後演出過《壓迫》（丁西林）、《玩偶之家》、《國民公敵》（易卜生）、《織工》（霍普特曼）等劇，改編並參加演出了《財狂》（莫里哀《吝嗇鬼》）、《爭強》（高爾斯華綏作，與張彭春合作改編），這使他懂得舞台。1930年，曹禺升入南開大學，旋又轉入清華大學西洋文學系。他通讀了英文版《易卜生全集》，了解到戲劇藝術原來有如此多表現方法。他還學習了更多的西歐古典戲劇與現代劇作，研讀了希臘三大悲劇家以及莎士比亞、奧尼爾、霍普特曼等的劇本。再後，他又接觸到契訶夫戲劇。經過

五年醞釀，他終於在1933年完成了四幕話劇《雷雨》。那年，他從清華大學畢業。

從《雷雨》（1934年）到《日出》（1936年）、《原野》（1937年），是曹禺創作道路的第一階段。反封建與個性解放的主題在這三部劇作中不斷發展與深化。《雷雨》描寫一個現代社會中的封建家庭的悲劇，《日出》進一步抨擊金錢化社會的罪惡，中國封建宗法社會統治下農民的遭遇和反抗在《原野》中得到反映。這三部劇作顯示出曹禺獨特的戲劇風格與悲劇藝術才華，顯示出他深入刻畫人物內心世界、善於組織戲劇衝突的卓越藝術。《雷雨》、《日出》對中國現代話劇的成熟做出了決定性貢獻。

曹禺於1936年應聘到南京的國立戲劇專科學校任教。抗戰爆發後，他隨劇專輾轉到重慶，後又到四川江安。他創作道路的第二個階段由此開始。1938年他與宋之的合作改編抗戰劇《黑字二十八》（又名《全民總動員》），1939年他創作《蛻變》，1941年發表《北京人》。 1942年，他離開國立劇專到重慶，任中央青年劇社、中國電影製片廠編導，據巴金小說改編了話劇《家》。他還翻譯了《羅密歐與茱麗葉》，曾先後改編了《正在想》（據尼格里的《紅法蘭絨外套》）與《鍍金》（據法國拉比什的《迷眼的沙子》）兩個獨幕劇。1946年，曹禺與老舍應美國國務院邀請，赴美講學。次年歸國後，他在上海任文華影業公司編導。1948年發表電影劇本《艷陽天》。

四幕劇《蛻變》意在反映「我們民族在抗戰中一種『蛻』舊『變』新的氣象」⑬。劇本描寫抗戰初期某省立醫院遷移到後方一小城後，當領導的胡作非為，下面的人苟且偷安，整個醫院變成一潭發臭的死水。它暴露了戰時後方機構中貪污腐化、弄虛作假、發國難財的種種腐敗現狀，塑造了一位富有獻身精神的愛國

知識分子丁大夫的形象。劇中由於正直無私的專員梁公仰的到來，才對醫院進行徹底整治。在《北京人》與《家》中，他發揮了自己的藝術擅長，前者追求平淡深沉的美與戲劇性，後者的詩意抒情風格臻於優美境界，兩劇都顯示了曹禺戲劇民族風格的進一步成熟與發展。

　　1949年後，曹禺歷任中央戲劇學院副院長、北京人民藝術劇院院長、中國戲劇家協會主席、中國文聯主席等職。在創作道路的第三個階段，他先後創作有《明朗的天》（1954年）、《膽劍篇》（1961年，與梅阡、于是之合作，曹禺執筆）和《王昭君》（1979年）等，展露出劇作家的藝術才華。

　　四幕話劇《雷雨》是曹禺的代表作，這是一部傑出的現實主義的家庭悲劇。戲劇集中於一天時間（上午到午夜兩點鐘），兩個舞台背景（周家客廳、魯家住房），從周樸園家庭內、外各成員之間前後30年的錯綜糾葛深入進去，寫出了封建家庭不合理關係所造成的罪惡和悲劇，剖析了人性中愛與恨的深刻交織。故事被安放在長達30年的背景上展開，悲劇的衝突建築在歷史的積累與醞釀中，這就從歷史發展的過程，揭示出悲劇的淵源。周樸園是《雷雨》的中心人物。劇本通過周樸園形象對封建專制統治作了深入揭示。這在周樸園對婦女的態度中被揭露得淋漓盡致。他年輕時愛上了女佣梅媽的女兒侍萍，就30年前的情形言，侍萍的年輕美麗確能牽動這位青年的心。但是為了娶一位有錢有門第的小姐，周家人逼使侍萍投河自盡。儘管此事主要是封建家長作主，但周樸園本人並沒有反抗的表示，而是默認了。因此，他後來的內疚、懺悔是必然的。但活著的侍萍再次出現在他面前時，他立即聲色俱厲地逼問：「你來幹什麼？」這暴露出他的本性。對待妻子繁漪等人的態度，支配著周樸園在劇中的主要動作。他運用

不近人情的手段將其他人納入自己的家庭統治軌道。戲劇通過周樸園威逼蘩漪「喝藥」這個典型的戲劇動作，讓人們看到他的封建家長統治。封建統治不僅表現為政治上、經濟上的控制，更表現為精神方面對人、對人的精神意志的壓迫、扼殺、毒害與控制。周樸園在「仁義道德」的觀念下施行著殘酷的封建專制手段。周樸園本人的主觀意願卻是真心為妻兒家庭著想。曹禺在透析周樸園靈魂時，始終把他作為一個「人」來寫，寫他與侍萍年輕時的真情，寫他深深的內疚與沉痛的回憶。劇終，當侍萍再次出現在周家客廳裡，經歷了一天人世滄桑的周樸園以沉痛的口吻命令周萍去認生母，並向侍萍懺悔。作者的這一筆曾受到不斷的批評和指責，實際上這一描寫正體現出劇作家深入人物心靈深處的真實性。這是周樸園形象塑造成功的奧秘。

　　蘩漪的悲劇靈魂中響徹著受到五四個性解放思想影響的一代婦女的抗議與追求的呼聲。在這個悲劇女性身上，閃耀出曹禺藝術才華的獨特光輝。劇作家對蘩漪傾注了深厚的同情，懷著詩人滿腔的激情塑造這個形象。劇中，蘩漪在雙重的悲劇衝突中走完她心靈的全部歷程。作為一個追求自由的女性，蘩漪在家庭生活中陷入了周樸園封建專制主義精神折磨與壓迫的悲劇；周萍背棄愛情的行徑，又使這位要求擺脫封建壓迫的女性在愛情追求中遭受拋棄，再一次陷入絕望的悲劇。若問蘩漪為什麼會愛上周萍這個卑怯、不負責的人，「這只好問她的運命，為什麼她會落在周樸園這樣的家庭中」⑭。這是時代的不幸。而周萍的卑怯靈魂又係由周樸園直接造成。雙重的打擊與痛苦，使蘩漪成為一個憂鬱陰鷙性格的女性，終於從她那顆受盡蹂躪的心靈中升騰起不可遏壓的力量。在第一幕喝藥時，她痛苦地忍受了周樸園的威壓，想到的是她與周萍的特殊關係；隨著她與周萍關係的漸趨緊張，她

對周樸園的專制始而頂撞，繼而嘲弄，最後爆發為反抗與報復。蘩漪精神上的主要對立面是周樸園。她與周萍的衝突反映了她與周樸園的深刻矛盾。但是，劇作者獨特的構思在於，將蘩漪與周萍的戲劇衝突作為結構全劇衝突的主線。劇中著力寫她不顧一切地追求周萍的愛情，不顧一切地反抗與報復，對生活與愛情熱切渴望。正是這個女性的精神覺醒與所爆發出來的力量，在「最殘酷的愛和最不忍的恨」⑮（著重號為作者原有。——引者）的性格交織中，她的內心向變態發展，愛變成恨，倔強變成瘋狂。這就對悲劇進行了更獨特而深入的發掘。她絕望中的反抗，充滿著一個被壓迫女性的血淚控訴，表現出對封建勢力及其道德觀念的勇敢蔑視與反叛。她反駁周萍：「我不反悔」，「我的良心不叫我這樣看」。可見作者要肯定的，不是亂倫，而是蘩漪反叛封建道德的勇氣。她的「雷雨」式的激情摧毀了封建家庭秩序，也毀滅了自己。蘩漪這一悲劇形象，是曹禺對現代戲劇的一大貢獻，深刻地傳達出反封建與個性解放的五四主題。

　　在蘩漪悲劇的形成中，周萍是重要因素，但造成他人悲劇的周萍，自己也是個悲劇，儘管他的悲劇不同於蘩漪。封建家長總是按照自己的意志用軟硬兼施的手段控制與鑄造子弟的靈魂。周萍空虛、憂鬱、卑怯、矛盾的靈魂始終被籠罩在周樸園精神統治威壓的陰影中。這是一個在封建專制主義環境裡，人的靈魂被壓抑、毒化、吞噬的悲劇。劇中年輕的周沖的追求，寄寓著作者的憧憬。他的死亡，既是對封建勢力的控訴，也流露出曹禺這位探索社會問題、追求出路的藝術家面對人生現實的苦悶、悲憤之情。

　　在劇作中，命運把魯侍萍引回周公館，重提三十年前舊事，而四鳳又在重演母親的悲劇，這就從歷史的角度揭露了婦女所受的欺凌。曹禺運用他刻畫悲劇女性形象的卓犖才能，描寫侍萍這

個善良婦女精神上所遭受的不堪忍受的沉重打擊。周樸園的遺棄給她帶來了一生的不幸，她唯一的希望是千方百計避開過去悲劇的重演，帶女兒離開周家。可是她最後一線的人生希望仍然受到毀滅性打擊。她受著宿命思想的影響，悲憤恐懼，被逼上人生盡頭。這是《雷雨》反封建主題的深化。而寫魯大海出現在周樸園面前，父子之間展開一場對立階級的鬥爭，將中國20年代勞資鬥爭的風雲席捲進周樸園家庭的內部。在劇本初版中，魯大海的結局是走向渺茫。曹禺在1949年的修改本中，改爲魯大海決心回到礦上重新發動工人鬥爭。

　　曹禺說，「《雷雨》對我是個誘惑。與《雷雨》俱來的情緒蘊成我對宇宙間許多神秘的事物一種不可言喻的憧憬」。這種全劇始終閃示的「隱秘」，就是「宇宙裡鬥爭的『殘忍』和『冷酷』」。「在這鬥爭的背後或有一個主宰來管轄，這主宰，希伯來的先知們讚它爲『上帝』，希臘的戲劇家稱它爲『命運』，近代的人撇棄了這些迷離恍惚的觀念，直截了當地叫它爲『自然的法則』。而我始終不能給它以適當的命名，也沒有能力來形容它的眞實相。因爲它太大，太複雜。我的情感強要我表現的，只是對宇宙這一方面的憧憬。」⑯年輕時的曹禺，受到易卜生等西方個性主義、人道主義思想影響，也受到基督教思想影響。《雷雨》在藝術精神上受到古希臘悲劇與美國劇作家奧尼爾的現代悲劇的影響。戲劇情節的展開借助於過多的血緣倫常糾葛，悲劇的結局染上神秘的命運色彩（尤其在未刪去序幕、尾聲之前）。這不僅在技巧上「有些太像戲」，而且反映出作者當時思想認識上的特點。在該劇1934年的初版本序幕、尾聲中，魯媽、繁漪兩人發瘋，周公館被捐爲教會醫院，周樸園成了基督教信徒，他去看望這兩個病人。曹禺運用現實主義的創作方法提煉戲劇形象，善於深入到現

實世界的錯綜複雜的人生中，運用戲劇藝術表現出自己對人生的某些深刻的感受與理解。因此，人物的血緣糾葛與命運巧合更真實、更典型地反映了人性的複雜性與人生的殘酷性，悲劇的結局引人思索，在思索中探究釀成悲劇的根源。

《雷雨》於1935年4月27日由中國留日學生組織的「中華同學新劇公演會」在日本東京的神田一橋講堂首次公演，導演是吳天、劉汝醴、杜宣。當時在日本的郭沫若為《雷雨》日譯本作序，讚揚「《雷雨》的確是一篇難得的優秀的力作」，「作者在中國作家中應是傑出的一個」⑰。1935年8月17日，天津市立師範學校孤松劇團在該校大禮堂演出《雷雨》，這是國內首次演出。60年來，《雷雨》歷演不衰，富有舞台生命力。

《雷雨》發表一年以後，曹禺創作了又一部現實主義的力作——四幕劇《日出》。從《雷雨》的家庭悲劇到《日出》的社會悲劇，曹禺在思想和藝術上都有新的發展。《雷雨》主要是從家庭內部關係揭露封建統治，《日出》寫的是現代都市社會中上層社會的醜行，描繪出當時社會的全貌，揭示出上層社會與下層社會之間「損不足以奉有餘」⑱的不合理現象。《雷雨》著力反映封建專制主義對人的壓迫與虐殺，《日出》則揭露金錢化社會對人的毒化、吞噬與殘殺。曹禺對那個腐爛社會抱著極端憎惡的感情與抨擊態度。

人們經常把《日出》中人物分為兩個陣營。劇作家確實把「鬼」似的人們生活的天堂與「可憐的動物」生活的地獄加以強烈對照，揭露出這個現代都市社會是個畸形的、不公平的世界。為了維持大豐銀行，潘月亭一方面裁員扣薪，另一方面以變賣地產、佯裝蓋洋樓來製造假象。當他的把柄被李石清抓住後，立即施以籠絡，而一旦自以為穩操勝券，則很快實行惡毒的報復。作者圍

繞著他與李石清鬥法的三個回合，對資產階級內部勾心鬥角的醜態進行了淋漓盡致的刻畫，暴露了潘月亭的荒淫無恥、心狠手辣與狡詐虛弱。在潘月亭那裡，「人不能沒有錢，沒有錢不要活著」。劇中「金錢萬能」的原則也體現在其餘人身上。庸俗愚蠢、故作多情的富孀顧八奶奶，油頭粉面、下流卑污的面首胡四，以為有了金錢就可以隨心所欲地結婚、離婚的洋奴張喬治、狡點勢利的茶房王福升，凶狠殘忍的流氓打手黑三，這些人物湊在一處，形成了旅館裡污濁、糜爛、混亂的生活場景。劇本成功地描寫了一個拚命向上爬而終於被摔下來的銀行秘書李石清。對李石清的不擇手段、卑污虛偽、奸詐逢迎的揭露，體現出作者對他的批判。但是曹禺塑造李石清藝術形象的成功之處，在於同時還展示了李石清複雜的內心，卑污靈魂內還未完全消盡人性與自我認識，李石清有許多無奈。通過這個複雜性格，曹禺深刻地揭露了金錢的罪惡在於如何腐蝕人，卑污的社會如何扭曲一個人。

　　《日出》以陳白露的休息室與翠喜的臥房為舞台場景，分別連結兩類社會生活。通過方達生尋找小東西，來展示社會最底層人們的苦難遭遇。翠喜為生活所迫，操著皮肉生涯。小東西終於逃不出金八的魔爪，只能懸樑自盡。曹禺為了刻畫這類人的生活，曾冒著危險深入其中觀察、了解，並發現像翠喜一樣的人也不乏金子似的心。第三幕浸透著劇作家的辛酸血淚與憤怒的抗議，是全劇有機統一體的一部分，是深化戲劇主題的必需。劇作展示出喧囂嘈雜的地獄充滿著騷動不安，揭示出這個社會從上層到下層全部腐爛、解體了。劇本還安排了一個不出場的人物金八，作為這個社會惡勢力統治的代表，探索種種罪惡的社會根源。

　　在《日出》總的氣氛裡，有一股光明的力量在潛滋暗長。方達生儘管有書呆子氣，但可以理解為光明的探求者。他是《雷雨》

中周沖形象的發展，表現了作者的心靈追求，當然也包含著作者對他天眞、幼稚、不諳世事的微諷。作者讓他走進《日出》的環境中，代表著人們對「日出」——光明、自由的尋找與嚮往。他最後決心做點事，同金八們拚一拚，並朦朧地看到希望在勞動者身上，迎著「日出」走去。全劇四幕劇情展開的時間是：黎明前，黃昏、午夜，凌晨日出。這些在作者的構思中是有寓意的。

　　曹禺雖說《日出》沒有主角，但陳白露畢竟處於舞台中心，她的悲劇形象是劇本的靈魂。《日出》的主題詩是陳白露呼喊出來的，她的內心悲劇性衝突搭起了《日出》戲劇衝突的基本骨架。陳白露曾是「天眞可喜的女孩子」，但是資產階級生活的刺激，銹蝕了她純潔的靈魂，以致她與詩人的遇合以分手而告終，她再次投入金絲籠而無力飛翔。陳白露拒絕方達生的挽救，似乎玩世不恭、傲慢自負，但她又不由自主地洩漏了心靈的顫抖。她爲出賣自己的美麗與青春斷送了人生希望而痛苦。在方達生面前，她發現了自己的「孩子時代」，也發現了自己的悲劇。人生道路與命運的抉擇又一次擺在她面前，她產生了「竹均」與「白露」的激烈內心衝突。在第一幕中，她與方達生談話，讚美潔白的霜，呼喚自己少女時代的名字；她挺身而出，怒斥黑三，救下小東西；她歡呼太陽，歡呼春天，讀起心愛的「日出」詩。「舊我」——她內心中人的要求、意志，要突破「新我」頑強地表現⑲。第三幕，陳白露儘管沒有出場，但翠喜、小東西的遭遇同陳白露的命運遙相呼應，並且這一幕的直接結果導致陳白露的希望與追求落空。因此第四幕一開始，陳白露已是淚流滿面，陷入了深深的絕望與痛苦。她從小東西的遭遇終於明白無法掌握自己的命運，她痛苦地回憶著昔日的悲劇，詩人的形象又一次出現在她的眼前，喚醒她的「竹均」意識。而歷史的隱痛同時也被血淋淋地挑出來，

她明白寄生的腐朽生活使她陷入深淵無力自拔，而她又不願再過這種出賣心靈與肉體的生活。她終於斷然結束了個人的生命。她的悲劇是黑暗社會對人的精神要求的毀滅。陳白露懷著嚮往「日出」之心而死，反映了她內心對人的自身價值的追求。曹禺描寫陳白露的悲劇，對金錢社會的揭露與控訴是深刻、有力的。這是劇作家繼繁漪形象之後，爲中國現代戲劇創造的又一傑出藝術形象。從繁漪、侍萍、四鳳到陳白露、翠喜、小東西，都體現了曹禺對中國婦女命運的深切關注。

　　《雷雨》、《日出》的卓越藝術成就，同曹禺多方面吸收西方戲劇藝術，又能融會貫通分不開的。兩劇的戲劇藝術形式基本上取自西方戲劇。曹禺的悲劇觀受到古希臘命運悲劇與西方傳統悲劇觀的影響。他的戲劇觀接近易卜生。《雷雨》和《日出》兩個劇本，都是從一個非常性的緊急事變提取戲劇衝突與中心動作，衝突緊張激烈，全劇貫串「激變」與「危機」，從中產生激盪人心的戲劇性。易卜生的社會問題劇對曹禺創作思想有深刻影響。《雷雨》與易卜生的《玩偶之家》、《群鬼》等劇有許多若隱若現的精神聯繫。「易卜生把火炬投進了市儈的『和睦家庭』，宣布了資產階級買賣婚姻內蘊的欺騙性的罪狀」[20]，曹禺則用「雷雨」中令人震顫的閃電，燭見了中國舊家庭的罪惡，作品對於黑暗現實的批判態度和否定精神，對於婦女不幸遭遇的同情，無疑是對《玩偶之家》、《群鬼》等劇的呼應。

　　《雷雨》的「回溯式」戲劇結構，主要得力於易卜生戲劇與古希臘悲劇。易卜生將希臘悲劇家慣用的「回溯式」結構藝術發展到極至，《群鬼》充分體現了易卜生戲劇結構藝術的特點。《雷雨》與《群鬼》在舞台時間、地點、基本事件、人物關係和「三一律」、「回溯式」結構等方面，有許多相似之處[21]。《雷雨》要

表現的故事時間跨度長達30年。曹禺從30年來的矛盾著眼，就一天之內的衝突落筆，從戲劇激變的中心單刀直入，大幕拉開，已是危機降臨前夕，周家30年來驚心動魄的故事都在這最後一天內暴露，悲劇的發生僅僅是過去一系列罪惡的結果。這些相似而並非簡單模仿的手法，主要取決於曹禺的創作意圖和強化劇本主題與緊張激盪風格的需要。兩劇都有「過去的戲劇」與「現在的戲劇」兩層戲劇動作，《群鬼》以成功地揭示過去的戲劇動作著稱，整個回溯才是《群鬼》的真正戲劇動作，《雷雨》則以表現「現在的戲劇」為主，將「過去的戲劇」與「現在的戲劇」緊密結合起來，用前者不斷來推動後者的急劇發展，從而把我戲劇的幾組重要衝突交織到一起。曹禺寫《日出》時，對《雷雨》「太像戲」深為不滿，他想「完全脫開了La pièce bien faite（佳構劇）一類戲劇所籠罩的範圍，試探一次新路」。他說：「我決定捨棄《雷雨》中所用的結構，不再集中於幾個人身上。我想用片段的方法寫起《日出》，用多少人生的零碎來闡明一個觀念。如若中間有一點我們所謂的『結構』，那『結構』的聯繫正是那個基本觀念。即第一段引文內『人之道損不足以奉有餘』。所謂『結構的統一』也就藏在這一句話裡。」㉒這種「用片斷的方法」、「人生的零碎」的描寫方法又比較接近西方自然主義的戲劇主張，同時又受到根據奧地利小說家維姬巴姆同名小說改編的美國電影《大飯店》的影響。曹禺善於靈活地借鑑、化用外來藝術，形成自己的血肉。他曾表示：也許在「潛意識」的下層，一縷一縷地抽取了他人金線，織成自己的衣服，但是，「我是我自己」㉓。話劇是外來藝術形式，如何反映中華民族生活，幾十年來有成功也有教訓。曹禺的《雷雨》、《日出》出色完成了以現代話劇藝術形式反映中華民族的現代生活與人性嬗變的任務，證明西方戲

劇形式已爲我所有。

　　《日出》曾獲得《大公報》「文藝獎金」。1937年2月2日由上海戲劇工作社首演於卡爾登大戲院，導演歐陽予倩。當時一位外國學者稱讚《日出》「可以毫無羞愧地與易卜生和高爾茲華綏的社會劇的傑作並肩而立」㉔。周揚針對當時某些粗暴批評，撰寫《論〈雷雨〉和〈日出〉》㉕一文，高度評價了兩劇的反封建意義。

　　曹禺在第三個劇本《原野》（三幕劇）中將創作視野轉向農村，寫了民國初年、北洋軍閥混戰初期一個農民復仇者的故事。曹禺憧憬反抗壓迫的原始生命力，而且開掘出一個在封建宗法思想影響下農民復仇者的心理悲劇。

　　戲劇正面表現的，是八年後仇虎逃出牢獄來到焦家報一家兩代之仇。衝突在仇虎與焦母之間展開。曹禺通過激烈的戲劇衝突，刻畫仇虎這個農民復仇者那滿蓄著仇恨與反抗力量的靈魂。焦母的暴戾、凶殘、詭計多端，被刻畫得入木三分，又極富個性特徵。第二幕她與仇虎拉著手「談談」，借敘舊之名，貌似關心，實則心懷叵測，暗伏殺機，仇虎只得虛與周旋。隨著衝突的進展，仇虎的反抗意識漸趨清醒，臨死前他說：「不！不！不能完。我完了，還有兄弟；兄弟完了，還有兄弟。我們不能子子孫孫生下來就受人欺負。」

　　仇虎形象中有一股「原始的力」。這反映出劇作家對社會抗爭力量的一種憧憬。從《雷雨》、《日出》到《原野》，曹禺在抨擊封建家庭和都市社會的醜惡的同時，不斷流露出對未蒙受現代文明腐蝕的原始性的憧憬。這是劇作家關心人類命運、尋找社會出路的一種探索。「原野」，既未受封建家庭制轄，亦非金錢化社會，正如劇本開頭提示：「大地是沉鬱的，生命藏在裡面。」

曹禺描寫仇虎是一個「原野」的人，那種反抗的意志與威力，熾烈的性愛與粗野的激情（愛與恨），都染有一層原始蒙昧的色彩。這在劇中是作爲與封建主義精神統治重壓下的腐朽空虛精神面貌（如焦大星）相對立而出現的，它本身是一種被壓迫者自發反抗黑暗勢力的力量。劇本描寫它，反映了作者對黑暗社會的憤懣，對社會、對人類的希望以及個人的苦悶與追求。

劇本從內、外兩種衝突來塑造仇虎形象。戲劇的外部衝突——仇虎爲復仇而同焦母展開的衝突，表現出農民的反抗；人物的內心衝突——仇家殺人前的矛盾，殺人後的恐懼、自責，深入一步體現出悲劇的成因。《原野》的戲劇動作在這裡得到統一，兩種衝突沒有造成仇虎形象的前後隔離。仇虎復仇殺人的現實對象是焦大星與小黑子，而他們是無辜的。仇虎之所以忍心下手，就在於他認爲焦大星是焦閻王的兒子。這種「父債子還」的封建宗法倫理觀念，其實是十分愚昧的，它不是農民反抗黑暗的有效手段，更不是農民的眞正出路。不幸者的慘叫觸動了人性的神經。仇虎奮起一擊，沒有觸動黑暗統治勢力本身，卻使自身陷入了自責與痛苦，掉進了恐懼的心獄而不能自拔。焦母叫魂，廟裡鼓聲，使他神經錯亂。愚昧、迷信，將他的心靈推進幻覺引起的恐怖中。曹禺描寫舞台上焦家的陳設，右面是黑暗統治者焦閻王的畫像，左面則是供奉菩薩的神龕，象徵黑暗世界的精神統治孕育著愚昧和迷信。這是仇虎恐懼「心獄」中的魔鬼，導致了他內心的悲劇性衝突。序幕中，他敲掉了焦閻王給他戴上的鐐銬，但無法掙脫精神鐐銬的束縛，最後仍然回到十天前掙脫的鐐銬面前。實際上，肉體的與精神的兩種鐐銬他都沒有掙脫。在當時，「『五四』運動和新的思潮還沒有開始，共產黨還未建立。在農村裡，誰有槍，誰就是霸王。農民處在一種萬分黑暗、痛苦，想反抗，但又找不

到出路的狀況中」㉖。

　　在描寫仇虎形象的同時，劇本還成功地塑造了花金子與焦大星的形象。金子與焦母針鋒相對而勉強自我克制，她滿懷狂熱的青春激情，對大星這窩囊廢既同情又厭惡，她風流、潑野，以女性的誘惑力吸引著仇虎，又將這種肉體的欲望昇華爲精神的愛戀。所有這些，都與仇虎的原始的激情互相呼應，並被表現得血肉豐滿、富有魅力。焦大星也是曹禺長於描寫的人物形象。這個善良人的懦弱無能的可憐蟲地位，直接導源於焦閻王夫婦的封建淫威與剛愎意志，他的憂鬱痛苦的靈魂也係其父母的罪惡直接、間接鑄成。這個形象與《雷雨》中的周萍、《北京人》中的曾文清屬同一類型。

　　《原野》緊張熱烈激盪的風格與手法，同《雷雨》接近。曹禺塑造仇虎這位因殺人而心靈分裂的悲劇英雄，受到莎士比亞悲劇《馬克白斯》的影響。第三幕仇虎在森林中逃跑的幻覺描寫，則是吸收了美國劇作家尤金・奧尼爾《瓊斯皇》的表現主義藝術。《原野》與《瓊斯皇》的戲劇情節有許多相似之處㉗。正是由於借鑑了表現主義藝術，曹禺才別開生面地展示了仇虎的內心悲劇衝突，重現了他所遭受的種種不公，他在種種幻覺糾纏下拚命掙扎、苦鬥，反抗意志愈益頑強。表現主義認爲，人的根本的眞實在於他的心靈內部，在他的精神、情感、欲望、幻想、潛意識裡。表現主義重人的主觀衝動甚於客觀現實，將人的主觀感覺外部化、戲劇化，強烈地表現出人物（也是作者）的內心感情，被稱爲「靈魂的戲劇」。洪深1922年借鑑《瓊斯皇》的手法創作、演出《趙閻王》，沒有獲得觀眾理解。曹禺繼洪深之後，再次探求藝術新路。儘管劇本在渲染仇虎恐懼心理時有失分寸，但曹禺終於在現實主義中吸收了表現主義，成功地進行了一次藝術嘗試。

　　1937年8月7日，《原野》由上海業餘實驗劇團首演於卡爾登大戲院，導演應雲衛。《原野》問世後，褒貶毀譽不一。80年代，《原野》被搬上銀幕與舞台，獲得普遍讚譽。

第三節　《北京人》

　　《北京人》和《家》，顯示出曹禺的戲劇創作藝術在40年代達到新的高度。

　　三幕劇《北京人》（1941）以曾家的經濟衰落為串連全劇矛盾衝突的線索與戲劇衝突發生的具體背景，展開家庭中善良與醜惡、新生與腐朽、光明與黑暗的衝突。並透過這些衝突，深入封建家庭這一軀體深處，著力反映出封建主義精神統治對人的吞噬，人們在這種精神統治下對人生的追求，以及這種精神統治的破產。 1941年10月24日，該劇由中央青年劇社首演於重慶抗建禮堂，導演張駿祥。

　　曹禺選取一個典型的沒落士大夫家庭，寫了曾家三代人。老一代「北京人」曾皓是封建家庭權勢與精神統治的代表。他心中似乎裝滿了各種憂慮與煩惱、委屈與同情，但實際上，在「仁義道義」的面孔下是一顆自私虛偽的心，苦難哀憐遮掩著自私與虛弱。作者尤其通過他與愫方的關係，將這種心靈刻畫得入木三分。曹禺塑造這個形象，揭示了封建階級的衰亡。在經濟與權勢的跌落中，曾家賴以生存的精神支柱——封建禮教，也正在喪失其統治威力。家庭矛盾叢生，翁媳勾心鬥角，夫妻性情不和，姑嫂相互傾軋，兒子離家出走，第三代人對家庭深懷不滿。封建家長再也不能維持傳統的宗法家庭秩序。當曾皓半夜裡跪下來哀求兒子不要再抽鴉片，他本人心靈中的支柱也傾塌了。比起封建家庭最

終的分崩離析，曾皓精神上的幻滅來得更早。曾家的管家奶奶曾思懿雖然幹練潑辣、能說會道，但她的精力卻放在控制丈夫或與家人的傾軋上，對曾家實際上是敗事有餘，促使了整個家庭的四分五裂，以至於最後丈夫自殺，媳婦出走，兒子曾霆也懷有反感。劇本圍繞曾皓、曾思懿的形象，給這個家庭走向死亡路上的種種掙扎以無情的揭示。

曾文清與愫方是曹禺傾心塑造的兩個藝術形象。他們的內心悲劇衝突與不同命運構成了戲劇衝突的主線。曾文清是劇中曾家第二代「北京人」。他聰穎清俊，善良溫厚，不乏士大夫階級所欣賞的瀟灑飄逸。他的悲劇在於，他所長期生活其間、受其多年熏陶的封建文化思想和教養，腐蝕了他的靈魂。精緻細膩的生活銷蝕了展飛的健翮。他身上理應得到健全發展的真正的人的因素、人的意氣，被消耗、吞噬了。「重重對生活的厭倦和失望甚至使他懶於宣洩心中的苦痛。懶到他不想感覺自己還有感覺，懶到能使一個有眼的人看得穿：『這只是一個生命的空殼』」。「不說話」的曾文清的悲劇在劇中似乎悄無聲息，然而卻驚心動魄。他儘管愛上一支空谷的幽蘭，卻只敢停留於相對無言中獲取慰藉，愛不能愛，恨不能恨。他出走後又沮喪地歸來，以至吞食鴉片自殺，都是必然的。當然，曾文清最後的舉動，說明他已認識了「自我」，對自己、對封建家庭生活已經厭棄與絕望。曾文清的悲劇有他個人不可推卸的責任，更有深刻的社會原因，後者正顯示出劇本思想意義的深刻性。

曹禺在愫方與瑞貞這兩位受欺壓的女性身上投射了一束光輝，昭示出人類對光明與自由的嚮往。曹禺細緻、深入地塑造了愫方這位女性形象，讓她受苦受難的靈魂在周圍的黑暗中閃爍出光輝。蘩漪、陳白露、愫方是曹禺戲劇中三位卓越的悲劇女性形象。他

賦予愫方、陳白露形象以更多的詩意與哲學意味，在愫方那富有人情美的憂傷而堅韌的閃光靈魂中傾注了作者的審美理想。在愫方形象上，劇作家蘊含進了個人的一段愛情生活體驗。愫方是舊時代的優秀女性。她沉默憂傷，處處忍讓。寄人籬下的生活使她不得不忍受舊家庭中襲來的種種不堪。她愛上了曾文清這樣一個廢人，面對種種無望的境遇，她的忍受順從反映出她的獻身精神、堅韌毅力和獨特的人生追求，也顯出封建家庭中腐朽醜惡勢力與精神統治在善良人心上投注的陰影。劇本進而揭示了愫方驚人的耐力，從逆來順受的外觀挖掘出她堅毅的性格力量。她的沉默無言並不意味她對凌辱的低頭，她心中懷著對人生的執著追求。第三幕第一景愫方與瑞貞的一席傾談，層層展開了愫方的心幕。「什麼可憐的人我們都要幫助，我們不是單靠吃米才活著啊！」愫方的格言浸潤著她立身行事的準則與人生哲理。儘管她充當了無價值愛情的殉情者，但她把對人生的嚮往和深摯的愛情注入曾文清身上，體現出她的人生態度。曹禺談到《北京人》的寫作動機時說：「當時我有一種願望，人應當像人一樣活著，不能像當時許多人那樣活，必須在黑暗中找出一條路子來。」㉘愫方、瑞貞的出走，正是黑暗王國裡的一線光明。

劇中還有一個原始猿人「北京人」的形象。這是曹禺採用的一個戲劇象徵。他以「北京人」爲劇本命名，囊括史前社會、現實社會、理想社會三種「北京人」，象徵劇本主題的豐富含義。以人類的祖先，對照、批判它的「不肖子孫」——現實中的「北京人」，揭示出象徵意義。劇作家以原始人的勇敢有力，反襯出囚禁在封建精神統治下的北京人的空虛、怯懦、腐朽、墮落。他讚美原始人的純眞、單純，斥責剝削階級的自私、僞善、陰險、傾軋。這是對現實的憤慨，決非表示曹禺主張「返回原始」。他

借用原始人生活來寄託對新生活的憧憬與追求。他找到了一個戲劇象徵，但手法過於荒誕，與全劇樸素眞實細緻的現實主義風格不夠和諧。 1949年後，曹禺對這方面的內容作了刪削。

　　根據巴金同名小說改編的話劇《家》（四幕劇），是曹禺又一出色的創造，既忠於原著的精神，又有獨特的創造性。「他覺得劇本在體裁上是和小說不同的，劇本有較多的限制，不可能把小說中所有的人物、事件、場面完全寫到劇本中來，只能寫下自己感受最深的東西。他讀巴金小說《家》的時候，感覺最深的和引起當時思想上共鳴的是對封建婚姻的反抗。當時在生活中對這些問題有許多感受，所以在改編《家》時就以覺新、瑞珏、梅小姐三個人物的關係作爲劇本的主要線索，而小說中描寫覺慧的部分、他和許多朋友的進步活動都適當地刪去了」㉙。正如一位導演所說：「《家》裡面覺新、瑞珏、梅小姐都是好人，但是這三個善良的人物之間卻產生了不該由他們負責的、複雜痛苦的矛盾，造成了大家的不幸。」戲劇雖然不像原小說以強烈的戰鬥激情取勝，卻以扣人心弦的沉摯的控訴見長。曾有評論批評劇本沒有寫「封建社會的主要矛盾」，認爲劇中所描寫的封建婚姻造成的不幸，「不過是一種情感上的牙痛症吧了」㉚。這顯然是狹隘地理解了藝術同時代、同人生的關係。

　　曹禺在劇中著力塑造了覺新形象以及瑞珏、梅、鳴鳳這些優美女性的形象。瑞珏在劇中是最富魅力的主角，她與覺新的關係和心理變化被描寫得十分細膩。戲劇由她在杜鵑聲中與覺新結婚開始，到她在杜鵑聲中死去閉幕，這個嚴謹的戲劇構思的中心就是瑞珏的悲劇。通過新婚之夜的朗誦詩式的獨白，她與梅小姐的情致哀傷的長談，以及輾轉病榻的訣別場面，戲劇始終突出她對覺新深摯的愛情，突出她對人生的嚮往。這位女性溫婉的心靈閃

現出青春美的詩意光輝。瑞珏是曹禺的審美獨創，可以列入曹禺
劇中卓越的悲劇女性的畫廊。憂鬱不幸的梅表姐在劇中出場不多，
曹禺運用虛實結合的手法，含蓄地表現出了她深沉的愛，她對覺
新的諒解、關切與對瑞珏的誠摯的感情。

話劇《家》是一首情思淒婉、深沉美麗的詩，不像原小說是
一支戰鬥的進行曲。正面的暴風雨般的激昂控訴與戰鬥不見了，
但真誠的鼓舞、熱情的召喚沒有消失，而是以另一種熨貼人心的
詩意般的抒情境界出現在觀眾面前。與巴金小說奔放激昂、沉鬱
悲傷的抒情不同，曹禺式的戲劇詩情風格是情思淒婉、纏綿悱惻，
又潛動著一脈春溫。

從30年代的《雷雨》到40年代的《北京人》、《家》，曹
禺的悲劇觀在發展。曹禺戲劇一貫的悲劇主調仍震響在這些劇本
中，同時融合進了隱含的喜劇性因素。曹禺對人生的認識比過去
有了發展。他不是站在劇中悲劇人物同一思想水準去哭泣生活，
而是深刻地辨識了劇中人物的悲劇命運，給那些可憐、可愛的悲
劇人物投以深沉的責備與帶著憂傷的微笑，對那些「耗子」般的
人物和崩潰中的家庭投以隱喻的諷刺，將他心愛的、富有優美靈
魂的女主人公放出黑暗的牢籠，讓光明前景展開在她們面前。《
北京人》、《家》的悲劇並不使人悲觀失望，而是鼓舞人去尋找
人生。

從自己的創作個性出發，有機地吸收西方戲劇藝術與民族古
典文學營養，形成了個人民族風格，是曹禺戲劇創作的重要特點。
《北京人》具有契訶夫戲劇的現實主義特色。曹禺說：「他（指
契訶夫）教我懂得藝術上的平淡。一個戲不要寫得那麼張牙舞爪。
在平淡的人生的鋪述中照樣有吸引人的東西。」㉛《三姊妹》、
《櫻桃園》等契訶夫戲劇描寫日常生活瑣事，「在舞台上得讓一

切事情像生活裡那樣複雜，同時又那樣簡單。人們吃飯，僅僅吃飯，可是在這時候他們的幸福形成了，或者他們的生活毀掉了。」㉜描寫日常生活瑣事的敘事性，是契訶夫戲劇觀的一個重要特徵。從編劇藝術看，《雷雨》屬於歐洲傳統型的、易卜生式的戲劇，《北京人》則著意追求契訶夫的風格，「平淡的人生的鋪述」成為該劇的主要特徵。其次，契訶夫戲劇的衝突與戲劇性，是以潛伏的內心衝突、內在戲劇性的特殊方式存在著的。用這種特殊戲劇性來表現平淡生活所蘊含著的豐富複雜人生的悲劇性。《北京人》中人與封建主義精神統治的內心悲劇衝突，是一條與表面情節相呼應的內在動作線。沉滯的舊家庭生活中人生的深刻複雜內涵，在戲劇衝突中獲得深沉的體現。在契訶夫戲劇影響下，曹禺從《雷雨》緊張激盪鬱憤的風格轉而追求平淡自然憂鬱深沉的美。曹禺在改編《家》的同一年，還翻譯了莎士比亞的《羅蜜歐與茱麗葉》。由於曹禺熟悉戲劇藝術，他用詩體翻譯更好地傳達了原著熱情纏綿的詩意風貌。

　　《北京人》和《家》還同時吸收了中國古典文學的營養。曹禺的中國古典文學修養，使他能嫻熟地描寫《北京人》、《家》中那些受中國文化教養很深的劇中人形象，熨貼逼真地傳達出這些人精神世界中特有的韻味。《北京人》與《家》標誌著曹禺戲劇的民族風格達到了新的美學境界。

　　從《雷雨》的緊張熱烈、激盪鬱憤，到《北京人》的平淡而深沉、憂鬱而明朗，曹禺一方面保持戲劇風格中屬於他個人所有的一貫穩定性特質，一方面又發展了自己的戲劇藝術與特色。曹禺是一位擁有熾熱激情的作家。這種獨特而熾熱的審美情感決定了他創作的藝術風貌：「雷雨」式的沉悶壓抑，「雷雨」式的洶湧激盪。這種獨特而熾熱的審美情感，決定了他戲劇創作的形象

思維過程具有情感與形象的直覺性特點。他寫《雷雨》：「並沒有明顯地意識著我是要匡正、諷刺或攻擊什麼。也許寫到末了，隱隱彷彿有一種情感的洶湧的流來推動我，我在發洩著被壓抑的憤懣，誹謗著中國的家庭和社會。然而在起首，我初次有了《雷雨》一個模糊的影像的時候，逗起我的興趣的，只是一兩段情節，幾個人物，一種複雜而原始的情緒」㉝。他獨特的審美情感在其所創造的戲劇世界裡留下了鮮明的痕迹。

曹禺是卓越的悲劇藝術家。他筆下最成功的人物，是心靈受到壓抑的悲劇女性，如蘩漪、侍萍、陳白露、愫方和梅、瑞珏；是內心憂鬱矛盾的悲劇性男子，如周萍、曾文清、覺新。他們都具有濃郁的抒情性，各是某種複雜情感的化身。他們每一顆心靈都會燃燒起人類感情欲望的熱火。在情感的火坑裡打著昏迷的滾，就像受了夏日雷雨的蒸騰，充滿著郁熱的氣氛。激盪的感情甚至會勝於理智，讓自己的心靈流著血，不是恨就是愛，「要如雷如電的轟轟地燒一場」。他們都在拚命尋找出路，在同黑暗勢力的盲目搏鬥中苦苦掙扎。曹禺的悲劇人物，他們憂鬱的心靈處於壓抑狀態而不是激昂、奔放的。戲劇人物的情感風貌與戲劇的藝術特徵相聯繫。《雷雨》呈現出緊張熱烈激盪鬱憤的風格。它是夏日雷雨降臨前的沉悶壓抑，而內裡蒸騰著洶湧激盪的風暴，是地下熔岩即將爆發而表面沉靜的內在緊張。《日出》的總的氣氛是緊張、嘈雜、惶惶不安，給人一種窒悶、躁動的感覺。

曹禺的悲劇人物特徵與戲劇風格在《北京人》中有了新的發展。他在契訶夫戲劇影響下追求平淡深沉的美。愫方、瑞貞乃至曾文清、曾霆這些舊式家庭中的人物受著封建禮教的束縛，不敢宣洩內心苦情，只是長期處於孤獨的憂思與痛苦的壓抑中。深沉的憂鬱苦悶，就成為曹禺筆下「北京人」共同的精神特徵。同時，

曹禺又將自己對新世界的追求與生活信念傾注在他的戲劇形象身上。《北京人》的悲劇人物於憂鬱哀傷中透露出明朗的色調。平淡而深沉、憂鬱而明朗，構成曹禺戲劇風格的新特色。

曹禺處理戲劇衝突，能深入劇中人的內心世界，或則表現人物與人物之間的心靈交鋒，或則刻畫劇中人內心的自我交戰。表現的爭執、外部的衝突都包蘊著劇中人的內心交戰。一切外在的衝突、爭辯與日常生活場景，都是醞釀、激發與表現內心衝突。只有這類衝突，才是眞正富有戲劇性的衝突。《雷雨》在激烈緊張的戲劇衝突中展現人物之間的心靈交鋒。《北京人》在隱約閃爍、迂迴曲折的衝突中展開人物心靈上同樣錯綜複雜、嚴重尖銳的搏擊。在他們平淡的看似無心的言詞中，都有心靈的刀槍你來我去。

曹禺戲劇的語言富有心靈動作性與抒情性。《雷雨》與《原野》中的人物由於各懷著深仇宿怨，語言的進攻性更強烈，那種感情的巨大衝擊力呈現出緊張激盪的濃郁風格。《北京人》的人物語言更爲簡潔凝練，具有委婉深長的抒情詩意。劇中人物的教養、身分和戲劇衝突的特點，決定了戲劇語言在隱晦曲折中包蘊了尖銳的內在動作性和抒情性。在愫方、曾文清形象的塑造上，曹禺的語言藝術又有發展，他往往只用一兩個詞，一句簡短的話，甚至幾個語氣詞，來表現人物的複雜情致與內在動作，用無聲語言即停頓來抒情。

曹禺戲劇對中國現代戲劇的發展作出了傑出貢獻：

他的戲劇深刻集中地表現了反封建與個性解放的「人」主題，這是五四主題的發展，他出色地描寫了封建沒落家庭及其眾多人生，有力地衝擊了封建主義與黑暗社會，並以《雷雨》、《日出》、《北京人》爲代表，在中國現代戲劇史上樹起了一座豐碑。《雷

雨》、《北京人》等，堪與巴金的《激流三部曲》雙峰對峙，在
現代文學史上占有重要地位。

　　曹禺戲劇發展了我國的悲劇藝術，進一步開拓了悲劇文學的
表現領域與精神刻畫的深度，爲悲劇藝術提供了典範。在現代戲
劇史上，主要致力於悲劇創作，並取得獨特成就因而推動了我國
悲劇藝術發展的，除郭沫若外，當推曹禺。曹禺塑造了蘩漪、陳
白露、愫方這樣卓越的悲劇女性，刻畫了魯侍萍和周萍、曾文清
等優秀的藝術典型，爲現代戲劇的人物畫廊貢獻出一系列光彩奪
目的悲劇形象。這些曹禺式悲劇人物在我國悲劇藝術發展上的意
義，還在於他們顯示了悲劇人物和悲劇樣式的發展。古代悲劇歷
來以表現英雄、偉人爲主。曹禺從現實生活提煉出悲劇衝突，描
寫平凡生活中受壓迫與摧殘、遭壓抑與扭曲的悲劇人物，反映出
悲劇豐富深刻的社會意義。作家描寫灰色人物、小人物的悲劇，
總是致力於反映人物精神追求方面的深刻痛苦，深入探索悲劇人
物的內心世界，運用藝術手段把這種精神痛苦的深度傳達得淋漓
盡致。他的悲劇主要不是呈現爲悲壯崇高，而是寫出一種憂憤深
沉、纏綿沉摯的美。

　　曹禺戲劇的高度藝術成就對我國現代話劇文學樣式的成熟起
了決定性作用，奠定了五四以來這一新生藝術樣式在我國現代文
學中的地位。一種外來的新興藝術樣式要在一個民族的藝術領域
發展成熟並扎下根來，需要經歷一個過程與許多人的努力。早期
話劇「文明戲」演出不用劇本。五四新文化運動高潮中，隨著易
卜生等外國戲劇文學的介紹，出現了我國最早的話劇文學創作。
此後，田漢、洪深、歐陽予倩、丁西林、熊佛西、汪仲賢、陳大
悲等人，都以自己的創作對話劇文學的發展做出了各自的努力。
但作爲一種新的樣式仍處於徘徊狀態，尚未發展爲完整成熟的民

族範式。1934、1936年曹禺接連發表《雷雨》、《日出》，標誌著我國話劇文學樣式的成熟。在這同時，1935年田漢創作《回春之曲》，1934年李健吾發表《這不過是春天》，1937年夏衍創作《上海屋檐下》。這些成功劇作的問世表明，30年代優秀劇作家群體把我國的現代話劇推向成熟的階段。《雷雨》、《日出》、《北京人》以卓越獨特的藝術成就，高度滿足了話劇作為舞台藝術所提出的關於人物、衝突、結構、語言等方面的藝術要求，成為我國話劇創作的典範。曹禺戲劇在吸收外來藝術，形成個人風格的同時，能從劇本的精神風貌與藝術表現方面體現出深厚的民族特色，奠定了現代話劇這一新生文學樣式在我國現代文學史、現代戲劇史的地位。

【注　釋】

① 　鄭伯奇：《中國戲劇運動的進路》，《藝術》月刊第1卷第1期（1930年3月）。收入《戲劇論文集》（藝術劇社編），神州國光社1930年版。

② 　葉沉：《演劇運動的檢討》，《創造月刊》第2卷第6期（1929年1月）。收入《戲劇論文集》。

③ 　葉沉：《演劇運動的檢討》。

④ 　夏衍：《悼念田漢同志》，《收穫》1979年第4期。

⑤ 　洪深：《現代戲劇導論》，《洪深文集》第4卷，中國戲劇出版社1988年版。

⑥ 　洪深：《洪深選集·自序》，《洪深選集》開明書店1951年版。

⑦ 　洪深：《現代戲劇導論》，《洪深文集》第4卷，中國戲劇出版社1988年版。

⑧ 　洪深：《屬於一個時代的戲劇》，《洪深文集》第1卷，中國戲劇出版社1957年版。

⑨　洪深：《電影戲劇的編劇方法》，正中書局1925年版。

⑩　張庚：《洪深與〈農村三部曲〉》，《光明》第1卷第5期（1936年）。

⑪　李健吾：《以身作則·跋》，文化生活出版社1945年版。

⑫　《曹禺談〈雷雨〉》，《人民戲劇》1979年第3期。

⑬　曹禺：《關於「蛻變」二字》，《蛻變》，文化生活出版社1948年版。

⑭　曹禺：《雷雨·序》，文化生活出版社1936年版。

⑮　曹禺：《雷雨·序》。

⑯　曹禺：《雷雨·序》。

⑰　郭沫若：《關於曹禺的〈雷雨〉》，《沫若文集》第11卷，人民文學出版社1959年版。

⑱　曹禺：《日出·跋》。

⑲　朱棟霖：《論曹禺的戲劇創作》，第106—126頁，人民文學出版社1986年版。

⑳　弗朗茨·梅林：《亨利克·易卜生》，《易卜生評論集》，外語教學與研究出版社1982年版。

㉑　陳瘦竹：《現代劇作家散論》，第219—248頁，江蘇人民出版社1979年版。

㉒　曹禺：《日出·跋》。

㉓　曹禺：《雷雨·序》。

㉔　H.E.謝迪克：《一個異邦人的意見》，《大公報》1936年12月27日。

㉕　周揚：《論〈雷雨〉和〈日出〉》，《光明》第2卷第8期（1937年）。

㉖　《曹禺同志談劇作》，《文藝報》1957年第2期。

㉗　劉海平、朱棟霖：《中美文化在戲劇中交流——奧尼爾與中國》，第59—63頁，南京大學出版社1988年版。

㉘　曹禺：《和劇作家們談讀書和寫作》，《劇本》1982年第10期。

㉙　《曹禺同志漫談〈家〉的改編》，《劇本》，1956年第12期。

㉚　何其芳：《關於〈家〉》，《關於現實主義》，第208頁，上海文藝出版社1962年版。

㉛　曹禺：《和劇作家們談讀書和寫作》。

㉜　《契訶夫論文學》，第420頁，人民文學出版社1958年版。

㉝　曹禺：《雷雨·序》。

第三章　四十年代戲劇

第一節　四十年代戲劇概述

　　1937年7月7日，日本發動全面侵華戰爭，中國社會進入一個新的歷史時期。隨著抗日救亡運動的高漲，戲劇運動相當活躍。在文協提出的「文章下鄉」、「文章入伍」口號的鼓舞下，大批戲劇工作者積極行動起來，組織救亡演劇隊、抗敵宣傳隊和孩子劇團，紛紛奔向內地、農村和前線，懷著高度的愛國熱情，投入了抗日救亡的鬥爭。爲了適應戲劇服務對象的變化，戲劇的形式也發生了明顯的變化，即趨於小型化、輕型化和通俗化，出現了能夠迅速反映抗日鬥爭現實、有宣傳鼓動作用、易於爲廣大群眾所接受的街頭劇、活報劇、茶館劇、朗誦劇、遊行劇、燈劇等。被戲劇界稱爲「好一記鞭子」的三個短劇《三江好》、《最後一計》和《放下你的鞭子》，就是風行一時的小型戲劇，以抗日爲主題的《保衛蘆溝橋》、《台兒莊》、《八百壯士》，以及夏衍的《咱們要反攻》、荒煤的《打鬼子去》、易揚的《打回老家去》、《尤兢》（于伶）的《省一粒子彈》、西苓的《在烽火中》，都是有影響的劇目。這些小型劇作通俗、活潑，富有戰鬥性，使話劇向群眾化邁出了可喜的一步。由於時局動盪、時間倉促，這些劇作顯得有些粗糙，有些公式化和概念化。抗日戰爭進入相持階段以後，戲劇活動中逐漸由農村、戰區移向大後方的城市，演出場所則由街頭移向劇場，多幕劇的創作隨之產生。國統區和「孤

島」上海的劇作家一方面創作抗戰題材的劇作，一方面創作了一些批判腐敗統治的劇本。

現實題材創作方面，夏衍的藝術成就比較顯著。他繼《上海屋檐下》（1937年）之後，又寫了《一年間》（1938年）、《心防》（1940年）、《愁城記》（1940年）、《水鄉吟》（1942年）、《法西斯細菌》（1942年）、《離離草》（1944年）和《芳草天涯》（1945年）。夏衍戲劇以細緻刻畫、平淡雋永的抒情性、社會政治意識與藝術的良好結合，顯示其現實主義的特色。

在40年代，田漢的劇作表現了抗日和民主兩大主題。主要劇本有《秋聲賦》（1941年）、《風雨歸舟》（1942年）又名《再會吧，香港》，（與洪深、夏衍合作）、《黃金時代》（1942年）、《麗人行》（1946年—1947年）、《朝鮮風雲》（1948年）等。《秋聲賦》中的徐子羽是個革命作家，他為革命坐過牢，生活十分清苦，在惡劣的環境下，他拒絕妻子要他去南洋的建議，堅守文化陣地，寫劇本，支持抗戰刊物。但面對凋零冷落的文壇，加之家庭生活中的矛盾，心中的「秋意」──憂鬱苦悶情緒油然而生。後來，由於抗日戰火的鍛鍊和激勵，他逐漸驅逐了心中的「秋意」，唱出了抗日救亡的新的「秋聲」。《麗人行》以全景性構思容納了三條各自相對獨立又有聯繫的劇情線索，通過女工劉金妹、地下革命工作者李新群、資產階級女性梁若英三位女性的不同命運，體現劇作家對時代的思考。多場式（21場）的戲劇結構，以報告員串起全劇，多頭線索有條不紊，靈活歸一。這是田漢對話劇結構的創新。

宋之的的《鞭》和《祖國在呼喊》是40年代較有影響的作品。寫於1940年的五幕劇《鞭》（又名《霧重慶》），通過一群由

北平流亡到重慶的大學生生活無著，報國無門，最後在惡濁社會環境中走向沉淪的過程，既批評了小資產階級知識青年的軟弱性、妥協性，又揭露了社會的黑暗。劇本描繪出一幅幅霧氣沉沉，灰暗、污濁的社會圖景，人物性格也較鮮明，在重慶演出時，曾引起很大的反響。宋之的寫於1943年的另一個五幕劇《祖國在呼喚》，以日本侵略者占領下的香港爲背景，通過一對知識分子夫婦在革命者的影響下離開香港的過程，歌頌了革命者和知識青年獻身抗戰事業的可貴精神，具有很強的感染力。在國共內戰時期，宋之的還寫了獨幕諷刺喜劇《群猴》。劇本以國民黨「國大代表」選舉爲背景，讓國民黨各派系的代表人物變戲法，拉選票，作耍猴式的自我表演，充分揭露了國民黨所謂「民主憲政」的虛假內幕。

于伶（常用筆名尤兢）的劇作大都以上海的現實生活爲題材，在反映下層群眾苦難和反抗意識的同時，又揭露了日本帝國主義和賣國賊迫害人民的罪行。《夜上海》（1939年）和《長夜行》（1942年）是于伶抗戰時期的代表作。《夜上海》以開明士紳梅嶺春一家在「孤島」上海屢遭打擊的悲慘命運爲線索，較爲廣闊地展示了上海社會各階層人物的動態，反映了人民日益高漲的抗日情緒，被譽爲「上海變成『孤島』後最現實的一個劇本」①。《長夜行》寫的是上海淪陷前後一群小學教師與敵僞勢力進行鬥爭的情形，主人公兪味辛和他的愛人任蘭多，都是愛國知識分子，他們恪守「人生有如黑夜行路，失不得足」的人生信條，在貧病交迫與威脅利誘面前，保持節操，毫不動搖，表現出「決不屈服於侵略者」的堅強意志。沈浮有《重慶二十四小時》（1943年）、《金玉滿堂》（1943年）、《小人物狂想曲》（1945年）等，這些劇本反映了抗戰相持階段大後方城鎮中形形色色的社會生活

面貌，或歌頌進步青年不爲邪惡勢力所誘惑，堅貞自守，從事抗日救亡活動的精神，或諷刺官僚集團和地主階級的惡德惡行。沈浮的劇作情節曲折，衝突激烈，戲劇性強。

　　張駿祥（筆名袁俊）1944年寫的四幕劇《萬世師表》，也是本時期有一定影響的劇作。劇本塑造了一個可歌可泣的大學教授林同的形象。劇本不設置曲折的情節和激烈的矛盾衝突，而是選擇一系列感人的生活細節，來表現林同清貧自守、堅貞不渝的「師表」形象。這一形象精神品格在當時是很難得的。袁俊的劇本還有《小城故事》、《邊城故事》、《山城故事》和《美國總統號》等，這些劇作藝術較爲圓熟，語言俏皮，富有諷刺性，但人物形象不夠鮮明，其影響不及《萬世師表》。

　　陳白塵以擅長寫諷刺喜劇著稱。抗戰時期他創作了《魔窟》、《亂世男女》、《結婚進行曲》等多幕劇和總稱爲《後方小喜劇》的一組獨幕劇。其中《亂世男女》（1939年）和《結婚進行曲》（1942年）受到廣泛好評。前者勾勒了抗戰初期由南京逃到大後方的一群社會渣滓的形形色色的醜態。在一定程度上暴露了社會的腐朽、黑暗，但對社會現象還缺乏更深刻的解剖和表現，後者通過女知識青年黃瑛在國統區求職過程中所遭受的種種挫折，暴露了現實社會的腐朽黑暗。黃瑛是一位有獨立人格的女性，不願做男人的附庸，她要自食其力，於是走出家庭，闖進社會，四處求職，然而卻四處碰壁，社會對於她來說並不是什麼「花園」，而是陷阱和「泥坑」。她飽受失業的痛苦，萬般無奈，終於做了家庭主婦和孩子的母親，只有「在苦難生活中打滾」。陳白塵以喜劇手法描寫黃瑛的悲劇性遭遇，調侃、揶揄種種荒唐現象，悲喜交融。

　　完稿於1945年的《升官圖》顯示出陳白塵出色的諷刺藝術

才華。劇情圍繞兩個強盜的升官夢展開。夜晚，在一個古老的住宅裡，兩個強盜做了一夜升官發財的美夢。在夢中，他們冒充知縣和秘書長，把持了縣務會議。通過他們與各局長和省長的接觸，暴露了官府的腐敗黑暗。這些反動官僚，互相勾結，貪贓枉法。有的買賣壯丁，有的拿捐款去放債，有的剋扣教師的米貼，有的霸占民房，整個縣城被搞得烏煙瘴氣。忽然傳來省長大人要來視察的消息，於是這群妖魔又玩弄新的把戲，使用各種卑鄙的手段來偽裝自己。誰知省長大人比諸局長更貪婪，設法弄到一批金條和一位美女之後，則宣布視察完畢，「太平無事」，並提拔假知縣為道尹，財政局長升為知縣，而從壯丁中逃回來的真知縣則被槍斃了。最後，省長、知縣一起舉行婚禮，憤怒的群眾把他們統統抓了起來。此時，兩個強盜從夢中驚醒。作者將劇中發生的事情寫為民國初年，其實明眼人一看便知是諷刺的現實，可稱為國民黨統治時期的「官場現形記」。劇本借助夢境，採用誇張與漫畫式的諷刺手法，讓人物作充分的表演，展示反面人物醜惡的靈魂，收到了很好的戲劇效果。劇本的情節近於荒誕，但卻揭示了社會真實，做到了荒誕與真實的統一。其喜劇構思與喜劇性情節、場面、手法，都借鑑了果戈理的諷刺喜劇《欽差大臣》。

1945年出版的《歲寒圖》是陳白塵的又一部力作。劇本以知識分子為題材，讚揚了主人公名醫黎竹蓀在抗日戰爭的艱苦歲月裡愛崗敬業、矢志不移、堅貞不屈的可貴品質，同時也抨擊了冷酷如鐵、嚴寒如冬的黑暗社會。

老舍和茅盾是以寫小說為主的著名作家，抗戰時期在話劇創作上也取得了可觀的成績。繼《殘霧》（1939年）之後，老舍又創作了《國家至上》（與宋之的合作，1940年）、《張自忠》（1940年）、《面子問題》（1941年）、《大地龍蛇》（1941

年）、《歸去來兮》（1942年）、《桃李春風》（1943年）等。
《歸去來兮》可視爲老舍抗戰時期戲劇的代表作。劇本中的喬紳，
缺乏愛國心和人情味，國難當頭，卻見利忘義，不要朋友，不顧
家人，只知撈錢，發展自己的「事業」，最後上了流氓丁影秋的
當，才開始悔悟。老舍將小說創作中的幽默與諷刺運用到戲劇中
來，收到良好的效果。這對於他後來創作出名劇《茶館》，是個
嘗試。茅盾寫於 1945年的《清明前後》，是「大時代的小插曲」，通
過搶購「黃金」時各種人物的表演和不同的命運，暴露了當時政
權的腐朽，提出了中國民族工業的出路問題，其主題具有重大社
會意義。

　　吳祖光最早以《鳳凰城》引人注目，是當時的戲劇新秀。他
有《正氣歌》、《風雪夜歸人》、《牛郎織女》、《林冲夜奔》、
《少年遊》等劇作。三幕劇《風雪夜歸人》（1942年）以浪漫
主義手法描寫了名伶魏蓮生與官僚寵妾玉春的愛情悲劇，以人對
自我價值的認識與無悔追求來刻畫兩個邊緣小人物的心靈覺醒。
這個五四文學的主題在吳祖光劇作中獲得了浪漫主義的、富有詩
意的表現。《捉鬼傳》（1946年）是諷刺喜劇的力作。劇本借
民間傳說中鍾馗捉鬼的故事，影射社會現實。「捉鬼大神」鍾馗
到人間捉了牛魔王等鬼怪，以爲魔鬼已被捉盡，於是臥倒大睡。
一千年後被鬼鬧醒，發現到處是鬼，難以捉盡，終於敗走。

　　在歷史劇創作方面，郭沫若從1941年12月到1943年4月，先
後創作了《棠棣之花》、《屈原》、《虎符》、《高漸離》、《
孔雀膽》、《南冠草》等六部歷史劇。這些劇本以古鑑今，反映
了人們反侵略、反投降、反專制，主張團結禦敵、爭取民主自由
人權的心聲，揭露鞭撻了賣國投降、專橫凶殘、卑鄙無恥的小人，
熱情歌頌了有民族氣節、忠貞剛烈的歷史英雄。郭沫若的浪漫主

義史劇獨樹一幟，在中國話劇史上有相當影響。

　　歐陽予倩成功地創作了歷史劇《忠王李秀成》（1941年）。劇本展示了太平天國的歷史風雲，以李秀成爲核心人物，突出了忠與奸的矛盾鬥爭，說明太平天國失敗的主要原因在於內部分裂，奸臣掌握朝政、背叛革命，在當時具有積極的現實意義。

　　陽翰笙抗戰時期的歷史劇有《李秀成之死》、《天國春秋》和《草莽英雄》等。《天國春秋》完稿於「皖南事變」後的1941年9月。作者在談到該劇的創作動機時說：「當時我爲了要控訴國民黨反動派這一滔天罪行和暴露他們陰險殘忍的惡毒本質，現實的題材既不能寫，我便只好選取了這一歷史的題材作爲我們當時鬥爭的武器。」②劇本以「楊韋事變」爲主要線索，刻畫了楊秀清、韋昌輝、洪宣嬌等人物，指出太平天國革命的失敗，主要原因在於內部自相殘殺。東王楊秀清是太平天國正確的政治路線和軍事路線的代表，他肩負天國重任，辦事果敢認眞，是革命的中堅力量。北王韋昌輝是靠投機起家、混入革命陣營竊取重要權力的陰謀家。他勾結富人，貪贓枉法，腐化墮落，收容內奸，挑撥離間，採用陰謀手段，陷害忠良，殘殺了楊秀清和二萬多名將士，導致太平天國的嚴重分裂。洪宣嬌是一個誤入歧途又有所覺悟的人物。她與楊秀清有愛情糾葛，結果被韋昌輝利用。但當她看到「楊韋事變」的嚴重後果時，她醒悟了，「大敵在前，我們不該自相殘殺！」

　　本時期有影響的劇作還有：阿英於上海「孤島」時期創作的歷史劇《碧血花》（又名《葛嫩娘》）、《海國英雄》（又名《鄭成功》）、《楊娥傳》，被稱爲「南明史劇」，轟動「孤島」劇壇。他的《李闖王》在解放戰爭時期曾產生廣泛影響。楊絳有喜劇《稱心如意》、《弄眞成假》，楊村彬有《清宮外史》，姚

克有《清宮怨》（後改編爲電影《清宮秘史》）。

第二節　郭沫若的歷史劇

抗日戰爭爆發以後，郭沫若秘密從日本回國，任國民黨政府軍事委員會第三廳廳長，在周恩來直接領導下從事抗日救亡文化工作。郭沫若身處國民黨統治的中心重慶，「就像在龐大的集中營裡」。爲了鼓舞全國人民的抗戰熱情，郭沫若以歷史事件和人物爲題材，借古諷今，從1941年12月至1943年春，先後創作了《棠棣之花》（1941）、《屈原》（1942）、《虎符》（1942）、《高漸離》（1942）、《孔雀膽》（1942）、《南冠草》（1943）六部大型歷史劇，歌頌中國歷史上志士仁人，表現反侵略、反投降、反獨裁專制，爭取民主、自由、人權的時代主題。正如郭沫若所說：「要得眞正把人當成人，歷史還須得再向前進展，還須得有更多的志士仁人的血流洒出來，灌漑這株現實的蟠桃。因此聶嫈聶政姐弟的血向這兒灑了，屈原女須也是這樣，信陵君與如姬，高漸離與家大人，無一不是這樣。『殺身成仁，捨生取義』，是千古不磨的金言」。③

《屈原》是郭沫若抗戰時期歷史劇中最有影響的。劇本寫於1942年1月。作者將「這時代的憤怒，復活在屈原的時代裡」，用借古諷今的方法，抨擊了當時政治的黑暗。劇本通過楚國統治集團內部愛國與賣國兩條外交路線的鬥爭，成功地塑造了屈原形象，表現了他熱愛祖國、光明磊落、正直無私的崇高品質。屈原是一個愛國的政治家和詩人的典型。劇本開始，通過屈原賦《桔頌》和他對學生宋玉的教育，表現了他光明磊落、獨立不移、高潔純美的人格。他從祖國和人民的利益出發，揭穿秦國企圖吞併

六國的野心，堅決主張聯齊抗秦，反對妥協投降。爲此，他與統治集團內以南后、靳尙爲代表的投降派進行堅決鬥爭，遭到投降派的陷害，以致受誣「淫亂宮廷」，被革職、囚禁，受盡污辱。在含冤莫白的情況下，他置個人安危榮辱於度外，仍然關心著祖國的命運和前途。他怒斥南后的賣國行爲：「你陷害了的不是我，是我們整個兒的楚國啊！我是問心無愧，我是視死如歸，曲直忠邪，自有千秋的判斷。你陷害了的不是我，是我們的楚國，是我們整個兒的赤縣神州呀！」他勸誡楚懷王「要多替楚國老百姓設想，多替中國的老百姓設想」，要堅持聯齊抗秦的路線。昏庸的楚懷王不聽勸誡走上了投降道路，並下令將他囚禁起來。在政治理想難以實現，並失去人身自由的情況下，他滿腔的憤怒和愛國的激情，借助「雷電頌」作了盡情的噴發：「風！你咆哮吧！咆哮吧！盡力地咆哮吧！在這暗無天日的時候，一切都睡著了，都沉在夢裡，都死了的時候，正是應該你咆哮的時候，應該你盡力咆哮的時候！……啊，電！你這宇宙中最犀利的劍呀！我的長劍是被人拔去了，但是你，你能拔去我有形的長劍，你不能拔去我無形的長劍呀。電，你這宇宙中的劍，也正是，我心中的劍。你劈吧，劈吧，劈吧！把這比鐵還堅固的黑暗，劈開，劈開，劈開！……」「『炸裂呀』我的身體！炸裂呀，宇宙！讓那赤條條的火滾動起來，像這風一樣，像那海一樣，滾動起來，把一切的有形，一切的污穢，燒毀了吧，燒毀了吧！把這包含著一切罪惡的黑暗燒毀了吧！」戲劇構思以屈原情感律動爲線索，以前數幕的受挫、受辱來「徹底蹂躪詩人的自尊的靈魂」④，在「雷電頌」中徹底袒露了詩人深沉偉大的靈魂與洶湧澎湃的激情。「雷電頌」是氣勢磅礡、高亢激越的詩，是從屈原胸中發出的反抗黑暗的戰歌，追求光明的頌歌。在這裡，郭沫若又回到了他的「女神」時代。

　　嬋娟是作者著墨較多的女性形象。她品行端莊，靈魂高尚，有正義感和愛國心。她敬仰屈原，深知「先生是楚國的棟樑，是頂天立地的柱石。」她對屈原忠心耿耿，崇尚屈原的道德文章，不爲讒言所惑，始終將屈原視爲自己的恩師、榜樣。最後，在探望屈原時，誤飲了南后欲毒害屈原的毒酒，不幸身亡。「嬋娟的存在似乎是可以認爲屈原辭賦的象徵的，她是道義美的形象化」⑤。嬋娟的形象對刻畫屈原起了烘托作用。南后是投降派的代表人物。她爲了個人的利益，與秦國使臣張儀勾結，出賣祖國和人民的利益，破壞聯齊抗秦的路線，採用卑鄙無恥的手段製造所謂「淫亂宮廷」事件，誣陷屈原，甚至欲用毒酒毒死屈原，她奸詐、陰毒。南后的形象對刻畫屈原起了反襯作用。劇中的宋玉，是一個「沒有骨氣的無恥文人」。同是屈原的學生，他與嬋娟完全是兩樣的人。他追名逐利，見風使舵，趨炎附勢，賣身求榮，品行惡劣，是個沒有骨氣的文人。這個形象與嬋娟的形象形成了鮮明對比。

　　《棠棣之花》取材於《史記・刺客列傳》，是作者在20年代的詩劇《棠棣之花》和兩幕史劇《聶嫈》的基礎上整理創作的五幕史劇。劇作仍以聶政刺殺韓相俠累的故事爲主要情節，增加了三家分晉的內容。當秦國打著「共存共榮」的幌子企圖併吞韓國時，俠累卻要分裂韓、趙、魏三家，挑動內訌。主人公聶政與《聶嫈》中「士爲知己者死」的遊俠形象不同，已經具有新的精神內涵。他從「墓地」走向「十字街頭」，是爲了去做「救國救民的事業」。聶政刺殺俠累和韓哀侯是因爲他們「勇於私鬥，怯於公仇」，「媚外求榮」，「使橫暴的秦國更加橫暴」，與他們「並沒有私仇」。聶嫈也追隨兄弟的足迹，走向「十字街頭」，召喚民眾進行鬥爭，並在犧牲中實現了自我的價值。劇本批判了「

兄弟鬩牆，引狼入室」的分裂投降行徑、歌頌了聶氏姊弟的愛國主義和自我犧牲精神，突出了「主張集合反對分裂」⑥的政治主題。

「把人當成人」，由「仁義」所產生的「殺身成仁，捨生取義」的精神，是郭沫若歷史劇創作的一個貫穿始終的重要主題。人的價值與自我的追求，是五四時期人的發現而產生的現代觀念。郭沫若五四時期翻案劇表現了這一主題，在抗戰時期六大史劇中，「人」的主題被具體演繹爲「殺身成仁，捨生取義」，並且被注入具有時代特色的愛國主義與反專制獨裁、反強暴的思想。以《虎符》爲代表，郭沫若歷史劇的現代人文主義精神以新的內涵煥發出時代色彩。這一思想也不同程度地表現在其他五部史劇中。五幕史劇《虎符》的題材是戰國時期信陵君竊符救趙的故事。劇中奪取兵權和馳援趙國等情節都被置於幕後，而以「竊符」爲中心，圍繞主人公如姬展開戲劇情節衝突，通過如姬不惜以王妃之尊及付出生命的昂貴代價竊符事件的開掘，揭示出生命的崇高意義。如姬是一位「有擔當，有勇氣，有智謀，有良心，而且不怕死」的人，她爲「仁義」的事業獻出了自己的生命，顯示了生命的意義：「這是人的尊嚴，這也是我的尊嚴」，如姬墓前獨白與「匕首頌」是全劇「把人當成人」、「捨生而取義，殺身以成仁」思想的表現。信陵君是主持公道、維護正義的志士，是「仁義」的化身。郭沫若認爲「戰國時代，整個是一個悲劇時代」，「是人的牛馬時代的結束」，是「大家要求人的生存權」⑦的時代。《虎符》中反覆宣揚著「把人當成人」這一「仁義」思想，如姬、信陵君因具有這一思想而被作者看作「時代之先驅者」⑧。

《高漸離》（五幕史劇，又名《築》），取材於《史記·刺客列傳》，描寫了荊軻刺秦王失敗後，其友高漸離不畏秦王淫威

繼續行刺的故事。高漸離欲謀刺秦王，卻因擊筑暴露身分被捕。
爲伺機再起，忍受矔目去勢之酷刑，最終以筑歌頌了朋友荊軻的
英雄業績並以筑爲武器向暴君發出殊死一擊。劇作歌頌了反抗專
制暴虐統治者的堅毅勇敢、不折不撓的反抗精神，在英雄的悲劇
中顯示其爲了正義而鬥爭的驚人意志與「殺身成仁」的崇高人生。
劇作因爲「存心用秦始皇來暗射蔣介石」，所以秦始皇的形象是
漫畫化的，再版時，作者修改了那些「過分毀蔑秦始皇的地方」
⑨。

　　《孔雀膽》是一個淒婉動人的愛情悲劇，劇本寫元末雲南行
省梁王之女阿蓋與大理總督段功的愛情被丞相車力特穆爾和王妃
陰謀扼殺的故事。段功對於破壞民族團結的異族統治集團優柔寡
斷，一再姑息忍讓，終於家破身亡。該劇明確指出了導致愛情悲
劇的妥協主義的危害。細緻的心理描寫、淒婉的抒情詩風格尤其
動人。《孔雀膽》的主題在觀衆中有不同的理解。作者創作的理
性意念是表現民族團結，劇情實際內涵是表現了政治上的妥協主
義造成了悲劇。而劇作者戲劇構思中的情感傾向則在阿蓋公主身
上。一首舊詩《阿蓋妃》（劉毅庵作）引起了郭沫若「重新溫暖
了我的舊夢」，從阿蓋公主身上聯想到安娜給他的愛情的溫暖和
爲他承受的苦難。郭沫若在阿蓋公主身上傾注了個人的情感。纏
綿悱惻、委婉情深的《孔雀膽》，是郭沫若心靈的紀念⑩。其他
的政治主題都是外加的。《南冠草》（演出時更名爲《金風剪玉
衣》）寫的是明末少年民族英雄夏完淳推戴魯王，聚兵抗清，最
後壯烈殉國的故事，把夏完淳詩集《南冠草》所含的詩情和史實
戲劇形象化了。

　　郭沫若的浪漫主義史劇，創作主體深深介入古人古事，透過
古人古事與現實對話、交流，具有強烈的現實性。他說：「我主

要的並不是想寫在某些時代有些什麼人，而是想寫這樣的人在這樣的時代應該有怎樣合理的發展」⑪。他總是以現代人的眼光去觀照歷史人物和歷史事件，讓人們從古代看到現代，引起人們的聯想和深思。他從史實中發掘與發展同當下的聯繫熱點，讓觀眾從這古今聯繫中更深刻地認識現實，對待現實。通過屈原的悲劇命運，人們自然會聯想到現實。郭沫若是卓越的歷史學家，又是傑出的戲劇詩人，他的歷史劇以歷史事實爲依據，但不拘泥於史實。他說：「歷史研究是『實事求是』，史劇創作是『失事求似』。史學家是發掘歷史的精神，史劇家是發展歷史的精神」，「古人的心理，古書闕而不傳。在這史學家擱筆的地方，便須得史劇家來發展」⑫。「劇作家的任務是在把握歷史的精神而不必爲歷史的事實所束縛」，「他可以推翻歷史的成案，對於既成事實加以新的解釋，新的闡發，而具體地把眞實的古代精神翻譯到現代」⑬。這些史劇創作的見解十分精當，又富有浪漫主義特色。根據劇情和表達主題的需要，他遵循「失事求似」的歷史劇創作原則，往往適當改動歷史事實，虛構人物和事件。例如，《史記·屈原賈生列傳》中寫屈原被疏的原因，是上官大夫與之爭寵，心害其能，進讒言，屈原被疏。而《屈原》則改爲以「淫亂宮廷」被疏，這樣進一步揭露了投降派的陰險、卑劣、狠毒。嬋娟這個人物，則是虛構的，其作用是烘托屈原，鞭撻變節之徒。他從如姬的簡要史實中生發出許多情節，豐富了如姬與信陵君的形象。

　　郭沫若是個感情激越充沛奔放的浪漫主義詩人，他的歷史劇和他的詩一樣，抒情主體凸現，具有濃烈的詩意與優美的抒情，他的戲劇也是悲壯激越優美的抒情詩，富有浪漫主義色彩。他的史劇構思有浪漫主義詩劇的特徵，「劇詩人與劇中人融爲一體，套用他的話，即劇中人『就是我自己』」⑭。他的創作主體與他

所摯愛的歷史人物交流溝通、融為一體，他的浪漫主義詩人的觸感與熱情，「慣會突進」劇中人物的心靈，一如他所讚賞的歌德創作詩劇《浮士德》的情形一樣。他是屈原研究者、崇拜者，他寫《屈原》，當然屈原「就是我」，我就是屈原。《屈原》一劇是以屈原情感的發展來發展劇情的，戲劇衝突就是激發屈原心靈的運動，「雷電頌」是屈原當時可能發出的心聲，更是郭沫若對於當下黑暗現實的詛咒與對理想未來的渴望，他借屈原之口，吐胸中塊壘。稱這是屈原與郭沫若兩位浪漫主義詩人會心的合奏曲，一點也不為過。劇作人已經完全化為劇中人，在舞台上直抒胸臆，「雷電頌」就是郭沫若的詩，他又回到「女神」時代的抒情詩心境。《虎符》中，他的心靈對如姬的傾慕與投入，湧動他以全副心智塑造了一位賢淑智慧剛毅的女性形象，並且在墓前吟誦出「墓前頌」與「匕首頌」兩首詩。這是如姬的詩，更是郭沫若詩心與激情、智慧的結晶。「屈原的獨白是雷電的詩，驚濤駭浪的詩；如姬的獨白是月夜的詩，明淨深邃的詩。屈原的獨白震撼人心，如姬的獨白發人深思」⑮。兩者都是郭沫若的抒情詩，是在《女神》中早就表現出的兩種詩風。在《孔雀膽》的女主人公阿蓋形象上，郭沫若寄託了對安娜的眷戀與感激。這就是這齣纏綿悱惻、哀婉動人的愛情悲劇創作成功的奧秘。

　　郭沫若的浪漫主義史劇都是英雄悲劇，郭沫若的悲劇人物都是「殺身成仁，捨生取義」的英雄人物和志士仁人。這組郭沫若浪漫主義史劇的悲劇群像，或是著名的詩人兼政治家、傑出的豪俠壯士、民族英豪、忠義信守的志士，或是識大體、具遠見、堅毅果敢的女英雄、女豪傑。他們熱愛祖國，捍衛真理與自我人權，堅貞正直，胸懷坦蕩，為民族前途、正義事業、人的權利而勇於抗爭，不計成敗，甚至「知其不可為而為之」，體現出無畏的獻

身精神，人格的偉大與剛強。郭沫若的浪漫主義史劇創作傳承了
索福克勒斯、莎士比亞、歌德、席勒和我國元雜劇等的古典悲劇
美學傳統，悲劇衝突莊重嚴肅，格調高昂悲壯，富有悲劇崇高感。
這同曹禺刻畫灰色人物、平凡人物的精神悲劇與憂憤深沉、纏綿
沉摯的悲劇美不同。郭沫若的悲劇精神是崇高悲壯。

第三節　夏　衍

　　夏衍（1900—1994），原名沈乃熙，字端先，浙江省杭縣
人。1920年杭州甲種工業學校畢業，因成績優異，被保送赴日
留學。第二年考入日本福岡明治專門學校電機科，1925年入九
州帝國大學工業部冶金學科。留學期間，他廣泛涉獵外國文學名
著，曾讀過斯蒂文生、狄更斯、托爾斯泰、屠格涅夫、契訶夫、
高爾基的許多作品，同時，還讀了《共產黨宣言》、《共產主義
運動中的「左派」幼稚病》等馬列著作，對「工業救國」的思想
產生了懷疑。1927年回到上海，在白色恐怖下加入中國共產黨。
從此，投身於黨所領導的革命文藝運動，成了職業革命者。
1929年與鄭伯奇、馮乃超等組織成立了上海藝術劇社，提出了
「普羅列塔利亞戲劇」（無產階級戲劇）的口號。1930年參加
籌建左聯，並被選爲執行委員。　1932年，根據黨的指示，參加
電影工作，並任秘密的黨的電影小組組長，給電影界注入了新的
活力。1937年抗日戰爭爆發後，投入抗日救亡工作，曾發起組
織救亡演劇隊和戰地服務團，主編過《救亡日報》。1942年去
中共南方局重慶辦事處工作，任文化組副組長。1949年進駐上
海，接管上海的文化工作。1949年後，夏衍擔任過文化部副部
長、全國文聯副主席等職務，爲發展我國社會主義電影、戲劇藝

術做了大量工作。「文革」期間，受到「四人幫」的殘酷迫害，被關押8年之久。粉碎「四人幫」後，夏衍奮力寫作，繼續指導著文藝工作。1994年逝世。夏衍是繼田漢、曹禺之後，我國現代戲劇史上又一位有重要影響的劇作家。他最初寫的兩個劇本《賽金花》和《自由魂》（《秋瑾傳》），屬於歷史劇。《賽金花》採用諷喻的手法，畫一幅以庚子事變爲背景的奴才群像。女主人公賽金花憑借姿色與機智替清朝同八國聯軍交涉，減輕了侵略者對京師百姓、官吏的欺凌。這說明滿朝文武還不如一個妓女，由此暴露了清朝政府的腐朽無能。歷史是現實的一面鏡子，通過這一歷史事件，人們自然會聯想到當時的現實。劇本對賽金花給予過多的讚揚與同情，「『諷喻』腐敗政治的現實目的達到了，而主人公又偏離出『作者要諷喻的奴隸』的焦點，暴露出劇本的內在裂痕。」⑯《自由魂》取材於辛亥革命時期的民主主義革命家秋瑾的英雄事迹，表現了她爲爭取婦女解放和民族獨立而英勇抗爭的革命精神和殺身成仁、風骨凜然的浩氣。

　　夏衍以現實生活爲題材的劇本有《上海屋檐下》、《一年間》、《心防》、《愁城記》、《水鄉吟》、《法西斯細菌》、《離離草》和《芳草天涯》等。其中《上海屋檐下》是他的代表作，體現了夏衍戲劇的現實主義特色。正如作者所說「這是我寫的第四個劇本，但也可以說這是我寫的第一個劇本。因爲，在這個劇本中，我開始了現實主義創作方法的摸索。」⑰《上海屋檐下》擺脫了以藝術圖解政治理念的傾向，再現生活的本來面目。劇本寫於 1937年春，「西安事變」雖已發生，但國共聯合抗戰的局面尚未形成，上海社會動盪。作者將筆觸伸向上海市民社會的一角，展示了一幅幅悲涼的人生畫圖。且看這是怎樣的幾戶人家：灶披間住的是小學教師趙振宇夫婦，趙收入低微、生活困難，但他是

個樂天派，常用「比上不足，比下有餘」來麻醉自己。他的妻子狹隘自私，牢騷滿腹，常爲一些瑣事吵吵鬧鬧，怨天尤人，遷怒他人。他們是不調和的一對，其原因是出於貧困。亭子間住的是黃家楣夫婦，黃是靠父親典房、賣地培養出來的大學生，如今患了肺病，失業在家，一籌莫展，連款待一下從鄉下來的老父，盡一點孝心都做不到。爲了生活，常和妻子發生口角。前樓上住的是施小寶，她是海員的妻子，因丈夫經常出海不歸，爲生活所迫，做了流氓的情婦，過著出賣肉體的非人生活，她想掙扎，但跳不出流氓的魔掌。閣樓上住的是老報販李陵碑，兒子在一二八抗戰中陣亡，無依無靠，孑然一身，因思念兒子神經失常。客堂間住的是小職員林志成。他的好友匡復因投身革命被捕入獄，在白色恐怖下他承擔起從生活上照顧匡復妻女的義務，一段時間後，林志成與匡復的妻子楊彩玉同居了。從表面看，他們平平穩穩，但精神上卻非常痛苦，時時受到良心的譴責，有一種沉重的負罪感。匡復出獄後，他們更加感到無地自容。這一群生活在都市角落裡的平凡的小人物，喪失了人的價值和生活的權利，痛苦地維繫著非人的生存。這裡每個人的命運，都是對現實的控訴。作者寫的雖然是「幾乎無事的悲劇」，但透過五戶人家灰暗的生活和「人生的零碎」，我們看到了那個時代的眞貌。

　　匡復是作者著墨較多、處於中心地位的人物。他是革命知識分子，因參加革命被捕入獄，經受了十年牢獄生活的折磨，身體飽受摧殘。出獄以後，他尋找妻子和女兒，渴望回到溫暖的家，用妻子的愛來慰藉他那顆傷痕累累的心。但他發現，他入獄以後，妻子已投入別人的懷抱。於是他被愛情糾葛所纏繞，又經受了一場激烈的思想鬥爭。感情的打擊往往能摧毀一個人的意志，但匡復經受住了情感、道德、意志的考驗，沒有消沉下去，更沒有陷

入愛情糾葛的深淵。於是他從個人感情的圈子裡掙扎出來，以極大的犧牲精神自食了愛情的苦果。另一方面，他對現實的認識也較清醒，出獄以後，看到「上海屋檐下」平民百姓的痛苦，心中萌發出社會責任感，重新走向現實的天地。

　　從《上海屋檐下》開始，夏衍創作中的現實主義傾向有了加強，藝術意識開始覺醒，戲劇藝術取得了可喜的成就。真實性是夏衍現實主義戲劇藝術的基本特徵。他遵循真實的原則，善於選取平凡的人物和普通的日常生活，來展示時代的風貌。他不追求曲折離奇的情節和尖銳激烈的矛盾衝突，自然、平實地再現生活的本來面目，給人一種真實、親切之感。《上海屋檐下》是真實性的佳構。劇本作於抗戰前夕，作者沒有去寫轟轟烈烈、波瀾壯闊的抗日畫卷，而是選取上海市民社會的一角，描寫了一群立人檐下的小人物的平凡、瑣細的生活，讓人看到形形色色的社會相。「作者在介紹芸芸眾生的色相之下，同時提出一些嚴重的社會問題，一些人與人之間的糾紛，一些人與行為之間的關係」⑱，揭示出生活的深刻內涵。與淡化戲劇衝突相一致，夏衍善於刻畫戲劇人物的內心世界，流露出含蓄深沉的抒情特色。他用簡潔、樸素的對話來展示人物複雜的情感、心理的變化，用無言的動作、典型的細節，來透示人物心靈的秘密。《法西斯細菌》中的靜子，是位溫柔文靜，感情深沉的女性，作者刻畫她時，沒讓她傾訴感情，而是通過片言隻語，透視了她情愫的波動。《上海屋檐下》的黃家楣夫婦，在老父面前互相責備、搶白，又互相安慰、相濡以沫的複雜情感，通過人物簡潔的對話、黃家楣無言地撫摸妻子肩膀的動作，表現得感人至深。黃父臨走時悄悄留給孫兒的幾塊血汗錢，也是傳神的細節，很好地展示了人物內心的隱痛。

　　夏衍的戲劇善於創造和人物心境相契合的氛圍，這種氛圍帶

有明顯的象徵性。《上海屋檐下》故事發生的時間是黃梅時節，從開幕到終場，天色昏暗，陰晴不定，細雨連綿，鬱悶得使人透不過氣來，這種梅雨低壓，欲晴又雨，變幻莫測的自然氣候，正是抗戰前夕國統區政治氣候的象徵。作者將自然氣候和政治氣候聯繫起來，將人們對自然氣候和政治氣候的感受與心境融合起來，既影射、暗示了社會，又創造了富有詩意的舞台氛圍。

夏衍的戲劇講究結構藝術，與淡化情節相一致，他的戲劇結構往往呈現出散文化的特徵。《上海屋檐下》在同一時間，同一地點，將五戶人家的故事同時展開，五線並進，縱的線索層次分明，脈絡清晰，但又有橫線相連結，像蛛網般縱橫交織。雖然五線並行，還是有主次的，其中匡復、林志成、楊彩玉三人的愛情糾葛爲結構主線，另外四條線索交錯纏繞，相輔相成，構成了一個戲劇整體。

夏衍於40年代創作的《心防》、《法西斯細菌》、《芳草天涯》都是以知識分子爲主人公的正劇。《法西斯細菌》（1942年）這部現實主義力作，塑造了一位細菌學家俞實夫的形象。展示了他從不問政治到走向抗戰激流的心路歷程。《芳草天涯》探入到知識分子的婚姻、愛情、家庭，抒情性強。夏衍戲劇以平淡雋永的抒情性、社會政治意識與藝術的良好結合，顯示其現實主義的特色。

第四節　　延安地區戲劇概述

戲劇創作，在延安地區（泛指共產黨領導的各抗日根據地）主要體現在舊劇改編、地方戲曲的新編劇目創作和新型歌劇的創作方面。延安地區戲劇創作的高潮來自於延安秧歌劇活動的展開。

在群眾性的新秧歌運動的推動下，出現了不少以秧歌形式寫成的新秧歌劇。如《兄妹開荒》（王大化、李波、路田編劇）、《栽樹》（賀敬之編劇）、《動員起來》（延安棗園文工團集體創作）、《牛永貴掛彩》（周而復、蘇一平編劇）、《張治國》（荒草、果剛編劇）、《寶山參軍》（王血波編劇）等。這些新秧歌劇摒棄了舊秧歌不健康的思想內容、選擇了現實生活題材，描繪了工農兵形象，加之採用了舊秧歌載歌載舞、生動、活潑的民族形式，受到廣大群眾的歡迎。

新歌劇有《白毛女》（延安魯迅藝術學院集體創作，賀敬之、丁毅執筆）、《王秀鸞》（傅鐸編劇）、《血淚仇》（馬健翎編劇）、《赤葉河》（阮章競編劇）和《劉胡蘭》（中國人民解放軍第一野戰軍政治部戰鬥劇社集體創作，魏風、劉蓮池等執筆）等。

歌劇《白毛女》創作於1945年初，1945年4月正式演出。劇本以40年代初流傳於河北某地的「白毛仙姑」的傳說為素材，摒除了原故事所渲染的傳奇色彩和封建迷信色彩，融進了階級鬥爭的思想內容，塑造了楊白勞、喜兒等農民形象。楊白勞是舊社會老一輩農民的典型。他忠厚、勤勞、善良，最後卻被黃世仁逼上絕路，悲憤交加，喝鹽鹵自盡。他的自殺，既是對黑暗社會的控訴，又反映了他性格中軟弱的一面。楊白勞的悲劇，說明受苦受難的人們，不奮起反抗，就不能改變自己悲慘的命運。喜兒是和她父親有著不同性格的另一種農民形象。她3歲喪母，是楊白勞的獨生女，天真活潑、勤勞善良，但各種殘酷的打擊接踵而至。在深山中她熬過數年非人的生活，終於活了下來。在奶奶廟遇到仇人黃世仁時，她胸中燃起復仇的怒火，發出了「我要撕你們！我要掐你們！我要咬你們哪！」的復仇的呼喊。最後，在八路軍

的搭救下，她終於走出深山，報了仇，雪了恨，與大春結合。喜兒的生活道路，表現了「舊社會把人逼成『鬼』，新社會把鬼『變』成人」的主題。《白毛女》富有革命浪漫主義色彩。喜兒從黃家逃出，風餐露宿，奇蹟般地活下來，在奶奶廟與仇人相見，最後走出深山，報仇雪恨，與戀人團聚，情節曲折生動，扣人心弦，有傳奇性。《白毛女》運用了民歌、小調和地方戲曲的曲調，吸收了中國古典戲曲的歌唱、吟誦、道白相結合的傳統，還借鑑了西洋歌劇注重表現人物性格的處理方法，為新歌劇決定了模式。

《王秀鸞》塑造了一個新型勞動婦女典型。主人公王秀鸞是冀中農村的一個婦女幹部，她積極從事抗日工作，放鬆了生產勞動，受到丈夫和婆婆的責難。後來在黨和政府的幫助教育下，她一面開展抗日工作，一面努力生產，並當上勞動模範。在家庭生活方面，她勤勞本分，敬老扶幼，委曲求全處理婆媳關係，是一個模範媳婦。劇本既譜寫了一曲生產勞動的讚歌，又樹立了一個好媳婦的榜樣。

《赤葉河》創作於1947年，寫的是農民王大富一家悲歡離合的故事。王大富的兒媳燕燕遭惡霸地主的侮辱，含憤投河自盡，兒子王禾子被逼出逃求生，他也被趕出了家門。14年後，赤葉河得到解放，黨領導山村人民鬥地主鬧翻身，王大富父子和廣大貧苦農民一起參加土改運動，鬥倒了地主，為燕燕報了仇，伸了冤。劇本的創作和演出，對當時正在深入開展的土改運動起到了推動作用。

《劉胡蘭》寫於1948年，是根據女共產黨員劉胡蘭的英雄事迹編寫的，劇本通過幾個生活片段，反映了劉胡蘭「生的偉大，死的光榮」的一生。劉胡蘭是一位17歲的農村少女，她有堅定的革命信念，積極投身革命，冒著風雪去前線勞軍，掩護傷員，組

織對敵鬥爭；在掩護群衆撤退時不幸被捕，面對敵人的鍘刀，堅貞不屈，視死如歸，壯烈犧牲，表現了革命氣節。

新秧歌運動的開展，對傳統舊戲曲的改造也起了很大推動作用。其中成就比較突出的有《逼上梁山》、《三打祝家莊》和《血淚仇》。新編京劇《逼上梁山》是1943年延安中央黨校大衆藝術研究社集體編寫（楊紹萱、齊燕銘等執筆）的。此劇共3幕27場，根據《水滸傳》中林冲被逼上梁山的故事改編而成。劇本在保存原著基本情節的基礎上，又增添了新的內容，如貧苦農民李鐵一家的顛沛流離，店員李小二爲救李鐵而遭難，以賣肉爲生的曹正痛打高衙內等，這些情節的設置和形象的塑造，一方面表現了階級壓迫的嚴酷，一方面突出了人民創造歷史的主題。1944年元旦前後，該劇由延安平劇院演出，產生了轟動效應。毛澤東看了演出後，給編導者寫了一封信，指出：「歷史是人民創造的，但在舊戲舞台上（在一切離開人民的舊文學舊藝術上）人民卻成了渣滓，由老爺太太少爺小姐們統治著舞台，這種歷史的顛倒，現在由你們再顛倒過來，恢復了歷史的面目，從此舊劇開了新生面，所以值得慶賀。」並稱「這是舊劇革命的劃時期的開端」。繼《逼上梁山》之後，延安平劇院於1945年1月創作並演出的新編京劇《三打祝家莊》（李綸、魏晨旭、任桂林執筆），同樣獲得成功。毛澤東觀後也曾寫信祝賀，他指出：「我看了你的戲，覺得很好，很有教育意義。繼《逼山梁山》之後，此劇創作成功，鞏固了平劇革命的道路。」在對傳統戲曲進行改革方面，馬健翎於1943年創作的《血淚仇》對秦腔的改造也取得了成績。《血淚仇》寫了農民王仁厚一家流離失所，悲歡離合的生活遭遇。在日本帝國主義和國民黨政權的壓榨下，他失去了土地，兒子被抓去當兵，在逃難的路上，兒媳遭匪軍蹂躪身死，妻子悲憤至極

碰頭而亡。他帶著女兒和孫子逃至共產黨領導區，在黨和政府的關懷下，過上了好日子。這個劇本反映了尖銳的階級矛盾和階級鬥爭，採用了老百姓所喜聞樂見的形式，在當時產生了較大的社會影響。

延安文藝座談會以後，延安地區的話劇創作也取得了成績，題材貼近現實生活，在藝術形式上，也吸收了民間戲曲的優秀成分，從而促進了話劇的大眾化。1942年底創作的《把眼光放遠一點》（冀中火線劇社集體創作，胡丹沸執筆）是延安文藝整風後較早出現的優秀獨幕劇。劇本描寫了在反「掃蕩」鬥爭中，一家農民兄弟之間的矛盾衝突。哥哥堅決支持兒子抗戰到底，弟弟卻只求苟安，不顧國家民族的危難，唆使兒子開小差回家當「農民」。作者批判了以弟弟為代表的一部分小私有者自私和短視的行為，歌頌了以哥哥為代表的廣大農民群眾目光遠大、重義明理的崇高思想。《糧食》（洛丁、張凡、朱星南集體創作）和《十六條槍》（冀中火線劇社集體創作，崔嵬整理）是反映農民對敵鬥爭的兩個獨幕劇。劇本描寫了抗日軍民利用敵偽兩面政權之間的矛盾，機智靈活，挫敗敵人，分別將糧食和槍支送給八路軍的故事。這兩個獨幕劇採用喜劇的形式，嘲諷了敵人，歌頌了機智勇敢的抗日軍民。隨著土改運動的不斷深入，反映這一偉大運動的話劇也隨之出現，1947年李之華創作的《反「翻把」鬥爭》則是反映土改題材的較有影響的獨幕劇。劇本描寫了東北農民在土改運動中粉碎地主企圖篡奪領導權，進行反攻倒算的一場鬥爭，題材有一定的教育意義。以部隊戰鬥生活為題材的話劇，有1945年姚仲明、陳波兒等集體創作的《同志，你走錯了路！》、1945年杜烽的《李國瑞》、1947年魯易、張捷的《團結立功》1947年林楊、嚴寄洲、劉蓮池等集體創作的《九股山的英雄》

等。這些劇本或寫部隊領導層兩種思想、兩種作風的激烈鬥爭，或通過一個戰士從落後到先進的變化過程，反映整風運動給部隊帶來的新象氣，或描寫連隊生活和軍民關係，或歌頌戰士們的戰鬥精神，從各個不同的側面反映了火熱的部隊生活。在反映工人生活的話劇中，《紅旗歌》（劉滄浪等集體創作，魯煤執筆）是較有影響的。劇本以正在興起的勞動競賽爲背景，表現工人階級中兩種勞動態度與兩種管理作風之間的矛盾衝突，注意刻畫人物性格，公演之後，引起較大反響。

【注　釋】

① 于由：《評〈夜上海〉》，《大美晚報》1939年8月12日。

② 陽翰笙：《陽翰笙劇作選‧後記》，人民文學出版社1956年版。

③ 郭沫若：《獻給現實的蟠桃》，《沫若文集》第3卷，第58頁，人民文學出版社1957年版。

④ 郭沫若：《〈屈原〉與〈釐雅王〉》，《沫若文集》第3卷，第317頁，人民文學出版社1957年版。

⑤ 郭沫若：《〈屈原〉與〈釐雅王〉》，《沫若文集》第3卷，第317頁，人民文學出版社1957年版。

⑥ 郭沫若：《我怎樣寫〈棠棣之花〉》。

⑦ 郭沫若：《獻給現實的蟠桃》。

⑧ 郭沫若：《虎符‧寫作緣起》。

⑨ 郭沫若：《〈高漸離〉後記二》。

⑩ 參見朱棟霖、王文英：《戲劇美學》，第281—286頁，江蘇文藝出版社1991年版。

⑪ 郭沫若：《獻給現實的蟠桃》。

⑫ 郭沫若：《歷史‧史劇‧現實》，《沫若文集》第13卷，第17頁，人

民文學出版社1961年版。

⑬　郭沫若：《我怎樣寫〈棠棣之花〉》，《沫若文集》第3卷，第164頁，人民文學出版社1957年版。

⑭　陳瘦竹：《再論郭沫若的歷史劇》，《陳瘦竹戲劇論集》下冊，第1356頁，江蘇教育出版社1999年版。

⑮　陳瘦竹：《郭沫若的歷史劇》，《陳瘦竹戲劇論集》下冊，第1337頁，江蘇教育出版社1999年版。

⑯　陳白塵、董健主編：《中國現代戲劇史稿》，第619頁，中國戲劇出版社1989年版。

⑰　夏衍：《上海屋檐下·後記》，中國戲劇出版社1957年版。

⑱　劉西渭：《〈上海屋檐下〉》，《咀華二集》，文化生活出版社1942年版。

第四章　五十、六十年代戲劇

第一節　五十、六十年代戲劇概述

　　大陸當代戲劇40餘年的發展歷史可以分爲三個時期：1949年至1957年，是大陸當代戲劇發展的第一個歷史時期。1958年至1976年是大陸當代戲劇發展的第二代歷史時期。1977年後大陸當代戲劇進入了一個歷史發展的新時期。本節所叙述的是大陸當代戲劇發展的第一、二個階段的歷史。

　　雖說當代戲劇由戲曲、歌劇和話劇三分天下，但話劇卻是「三軍」中的主力。固然，從數量來看，無論是劇團數還是從業人數，戲曲在「三軍」中都占據絕對優勢。可是由於話劇反映生活的現實性、迅捷性和尖銳性，使它在爲無產階級政治的服務中成爲最爲得力的工具，因而它身上的政治色彩和政治傾向也是戲曲和歌劇無法比擬的。惟其如此，所以大陸當代話劇隨政治的波動而升沉起伏，50年來走過了一條艱難曲折而又榮辱交互的道路。

　　新政權成立初期的戲劇舞台上，雖說戲曲改革是最爲引人注目的戲劇現象，是這一階段戲劇史的主要角色。但是這個時期的話劇——尤其是多幕劇在新生活的推動下，也得到了較快的發展，出現了許多有影響的作品。如：劉滄浪等的《紅旗歌》、胡可的《戰鬥裡成長》、老舍的《方珍珠》、《龍鬚溝》、杜印的《在新事物面前》、傅鐸的《衝破黎明前的黑暗》、魏連珍的《不是蟬》、天津碼頭工人集體創作的《六號門》、沈西蒙的《楊根思》、

陳其通的《萬水千山》、胡可的《戰線南移》、黃悌的《鋼鐵運輸兵》、李慶升的《四十年的願望》、安波的《春風吹到諾敏河》、曹禺的《明朗的天》、夏衍的《考驗》，以及《瓦斯問題》、《不能走那條路》、《在激流中》、《前夜》、《在康布爾草原上》、《如兄如弟》、《西望長安》、《馬蘭花》、《友情》等。

　　1953年至1957年間，獨幕劇出現了一個創作數量可觀的現象。田漢在爲《建國十年文學創作選（戲劇）》寫的《序言》中說：「這十年來，全國各地所創作的獨幕劇本，數以萬計。僅據《劇本》月刊統計，平均每年收到的小型劇本就有五六千之多；各地……自己創作並演出的小戲，更是無法統計。」當時具有代表性的獨幕劇有：《婦女代表》（孫芋）、《趙小蘭》（金劍）、《人往高處走》（欒鳳桐）、《夫妻之間》（北京人藝）、《開會》（邢野）、《百年大計》（叢深）、《姐妹倆》（藍光）、《劉蓮英》（崔德志）、《黃花嶺》（舒慧）、《葡萄爛了》（王少燕）、《新局長到來之前》（何求）、《兩個心眼》（趙羽翔）、《歸來》（魯彥周）、《家務事》（陳桂珍）等。

　　新政權成立初期的獨幕劇和多幕劇在新舊社會的強烈對比中，比較眞實地反映了各族人民在新社會裡翻身解放、當家作主的喜悅與自豪，以及由此而生發出來的主人翁責任感和嶄新的精神風貌。許多劇作還塑造了在社會主義革命和建設中湧現出來的英雄人物和新人形象，顯示了那個特有的新舊交替時代的時代精神和由現代戲劇向當代戲劇轉變的思想與內容方面的時代特徵。

　　新政權成立初期話劇的創作和演出，顯示了當代話劇的一個良好的開端。可惜由於當時接連不斷出現的文藝批判運動，給當代話劇的發展造成了無形的阻力；特別是對話劇直接配合政治、運動和政策的要求，更使話劇無可奈何地陷入公式化、概念化的

泥坑，致使這個時期的話劇——尤其是多幕劇雖然數量不少，但在思想上和藝術上都屬於上乘的佳作並不多，精品更是微乎其微。這種情況到1956年的第一屆全國話劇觀摩演出大會到達了頂峰。這次會演有來自全國的43個劇團參加、演出劇目51個，集中地展示了 1949年10月以來話劇創作和演出的成績，但是也集中暴露了新政權成立以來話劇存在的公式化、概念化問題的嚴重程度。所以第一屆全國話劇觀摩演出大會是當代話劇創作和演出的一次盛會，但並不是當代話劇創作的一次高潮。

　　第一屆全國話劇觀摩演出之後，中國作協舉行第二次理事擴大會議，大張旗鼓宣傳反對公式化、概念化的不良傾向，並將公式化、概念化作為「違背現實主義的逆流」加以抨擊，這才使話劇界對公式化、概念化的問題有了一個比較清醒的認識。5月毛澤東在最高國務會議上提出了「百家爭鳴，百花齊放」的方針，更給文藝界送來了寬鬆的民主的空氣，從而使反公式化、概念化成為一種真正的可能。從1956年春天開始出現的「第四種劇本」便是這場反對公式化、概念化運動，特別是「雙百方針」在文藝界掀起的思想解放運動的直接成果。「第四種劇本」的代表作，主要有《同甘共苦》（岳野）、《布穀鳥又叫了》（楊履方）、《洞簫橫吹》（海默）、《還鄉記》（趙尋）等。「第四種劇本」的成就表現在：一、勇敢地突破「人性」、「人道主義」的禁區，大膽描寫人的道德、情操和愛情生活，深入剖析人的豐富複雜的內心世界，塑造出一批真實典型的人物形象；二、勇敢地突破只准「歌頌」不准「暴露」的禁區，大膽地干預生活，尖銳地揭露現實生活中存在的嚴重矛盾和衝突。這是「第四種劇本」的兩個顯著特徵，也是大陸當代話劇第一次高潮的兩個重要成就。但這個時期話劇輝煌的潮頭是老舍《茶館》的出現。《茶館》不僅在

三個舊時代的否定中表現了「只有社會主義才能救中國」的重大主題，而且以獨特而又精巧的戲劇結構，「小說式」的人物刻畫，鮮明而突出的地方特色和民族特色表現出巨大的藝術價值，成為大陸話劇藝術的一顆璀璨的明珠。大陸當代話劇的第一次高潮體現了歷史的必然要求和話劇自身發展的需要。它不僅為克服話劇的公式化、概念化作出了榜樣，也對大陸當代話劇的發展產生了深遠的影響。

可惜的是，隨之而來的「反右」鬥爭，使剛剛步出公式化、概念化的話劇又突然受到了前所未有的打擊和震動。著名劇作家吳祖光成了話劇界「向黨猖狂進攻的急先鋒」，話劇界許多知名人士成了「反黨反社會主義」的「右派分子」。當代話劇的第一次高潮如曇花一現。這場鬥爭對當代話劇的負面影響是極其巨大而深遠的，它使當代話劇直到20年後在「三中全會」掀起的思想解放運動中才擺脫掉「心有餘悸」的沉重陰影，重新開始話劇藝術的探索。

1958年到1962年間，話劇出現了一個歷史劇的熱潮。其數量之多，影響之大，質量之優都是前所未有的。郭沫若的《蔡文姬》、《武則天》，田漢的《關漢卿》、《文成公主》，老舍的《神拳》，曹禺的《膽劍篇》，朱祖貽等的《甲午海戰》等歷史劇的優秀之作都產生在這個時期。所以我們說這個時期是當代戲劇史上一個值得注意的歷史現象。

這個時期的歷史劇從內容和立意來看，可以分為四類：(1)對歷史人物進行重新評價，為歷史人物翻案的，如郭沫若的《蔡文姬》和《武則天》。(2)發掘歷史精神以鼓舞今人的，如曹禺的《膽劍篇》。(3)總結歷史經驗教訓以儆後人的，如朱祖貽等的《甲午海戰》。(4)歌頌歷史上的某些有影響的人物和事件的，如田漢

的《關漢卿》。這四類歷史劇我們並不能以內容和立意論其優劣，它們的價值取決於它們各自藝術的完整性和典型性。

　　1961年隨著國民經濟「八字」方針的貫徹，文藝界在周恩來的領導下開始了調整工作。1962年3月廣州話劇、歌劇、兒童劇創作會議的召開，周恩來在全國文藝工作座談會和故事片創作會議上的講話及《關於知識分子問題》的報告，批判了「左傾」思潮。但此後不久，毛澤東就於八屆十中全會上提出了階級鬥爭新理論，再次鼓勵了「左」傾思潮的湧起。話劇於是在兩種思潮的夾擊中形成了「社會主義教育劇」的繁盛。「教育劇」以對全體國民特別是青年人進行革命傳統和階級鬥爭教育爲主要內容，可分爲兩類：一是完全不顧生活眞實，一味圖解階級鬥爭理論的，如《奪印》；二是矛盾衝突和人物有一定生活基礎，但由於錯誤思潮的揠苗助長，嚴重損害了作品的本質眞實性，如《千萬不要忘記》、《年輕的一代》。其中也有個別好的，如《霓虹燈下的哨兵》突破了以往孤立、封閉地描寫軍隊生活的局限，將戰場、營房和社會聯繫起來，敢於描寫軍隊內容的思想分歧和英雄人物複雜的精神世界和感情世界，從而開創了軍事題材戲劇的新局面。這時，戲劇藝術觀念出現了新變化。黃佐臨在「三大戲劇體系」的宏觀把握中，堅持在中國戲曲「寫意戲劇觀」的基礎上探索話劇的民族化道路，並通過《激流勇進》的實踐，以多元的時空觀念、虛實結合的手法，迅速轉換的分場結構，突破了「第四堵牆」的束縛和新政權成立以來斯坦尼斯拉夫斯基體系一統天下的局面，第一次爲大陸當代話劇帶來了戲劇觀念革新的衝擊波。

第二節　《茶館》

　　《茶館》是老舍1949年後戲劇創作的精品，它不僅是老舍戲劇代表作，也是中國當代戲劇的經典之作，同時是北京人民藝術劇院演劇藝術的卓越代表。

　　與世界上許多傳世之作的命運一樣，《茶館》的命運也不是一帆風順的。它從誕生到被確認爲中國話劇的經典之作，其間經歷了整整23個年頭。1957年北京人民藝術劇院第一次將由著名導演焦菊隱指導、于是之主演的《茶館》搬上舞台。當時雖然受到首都戲劇界和廣大觀眾的歡迎，但卻受到某些政治索隱派和藝術上具有習慣偏見的人的批評，如有人說《茶館》中有「今不如昔」的「懷舊」情緒；「影射公私合營」、「反對社會主義」。所以《茶館》上演不久，便在一片惶恐的情緒中悄悄偃旗息鼓。1963年，《茶館》二度在首都公演，恰巧又碰上當時正在提倡「大寫十三年」，於是《茶館》又被說成是「舊現實主義」、「自然主義」的作品，而再度黯然收兵。1979年，在方興未艾的思想解放運動中，圍繞紀念老舍誕辰80周年，北京和全國其他地方出現了一股「老舍熱」。正是這個時候，《茶館》三度公演，才終於得到國內外輿論的一致好評：公認《茶館》是中國話劇史上的「扛鼎之作」。1980年秋，《茶館》應邀去西歐演出，這是中國話劇有史以來的第一次西征。北京人藝的卓越表演藝術與老舍的戲劇文學成就使這次西征獲得了空前的成功，被西歐戲劇界人士譽爲「遠東戲劇的奇蹟」。西德曼海姆民族劇院甚至特爲《茶館》的演出升起了五星紅旗，意謂《茶館》在歐洲劇壇獲得了奧林匹克式的優勝。1983年，美國紐約「泛亞劇團」用英語

上演《茶館》，這是老舍劇作第一次搬上美國舞台，被美國人譽為是中國的《推銷員之死》（美國劇作家阿瑟·密勒的名作）。《茶館》的價值終於為世界所公認。

　　《茶館》的藝術構思是獨特的。它的重要特徵之一是使用「反描法」。《茶館》生動而精練地描繪了三個時代和三個社會：戊戌政變後的清末社會、辛亥革命失敗後各派系混戰中的軍閥統治的民國社會和抗戰後國民黨統治下的國統區。這三個社會顯然是作者經過慎重考慮而精心選擇的。清代社會，也有它繁榮昌盛的時期，作者卻選擇了戊戌政變後這段最反動、最黑暗的時期。在這段時期中，作者又通過在茶館中進出的各色人物，把一幅幅血淋淋的、令人顫慄的畫面推到讀者和觀眾的面前：太監竟要買大姑娘當老婆，農民無法生活不得不賣兒鬻女，流氓暗探橫行鄉里，正直的人因一句話就要坐牢……這些描寫說明清末社會不僅反動、黑暗而且腐朽不堪。人們在這些血淋淋的事實面前能不對這種社會的存在產生懷疑嗎？常四爺不無惋惜地說出的「大清國完了」那句話，正是作者想說並想告訴觀眾的話。從戲劇的效果來看，作者的目的顯然達到了。對於軍閥混戰和戰後國民黨統治時期的選擇和描繪也都是出於作者這樣一種藝術構思。連王利發、秦仲義、常四爺這些當年尚可苟活的人也活不下去了。大清國完了，軍閥統治也完了，那麼國民黨的統治呢？答案是顯而易見的。作者對於他要闡發的主題，引而不發，而只在反面大做文章，讓觀眾在反面否定的感受中，自然趨向正面的主題。

　　《茶館》藝術構思中還使用「側面透露法」。老舍在介紹他如何構思《茶館》一劇時曾說：「我不熟悉政治舞台上的高官大人，沒法描寫他們的促進與促退。我也不十分懂政治。我只認識一些小人物。這些人物是經常下茶館的。那麼，我要是把他們集

合到一個茶館裡，用他們生活上的變遷反映社會的變遷，不就側面地透露出一些政治消息嗎？」①以小見大，以個別表現一般。「側面透露法」考慮的是主題與典型環境之間的關係。在《茶館》中老舍既沒有選取某個特殊的家庭，也沒有選取某個特殊的地域，而是別出心裁地選擇了北京一個普普通通的大茶館。這個選擇看似平常，卻是《茶館》這個戲成功的關鍵。

首先，中國的茶館是極富地方特色和民族特色的。它雖和西方的酒吧、咖啡館性質有些相近，但更具中國特色。中國的茶館，南北有所不同。老舍描寫的是幾十年前北京的一個大茶館。這使老舍的《茶館》一開幕就染上濃重的地方色彩和民族色彩。其次，舊中國的茶館是個五方雜處的地方，各色人等都可以在這裡自由出入。這裡既可以有上流社會的達官貴人，也可以有下層社會的流民乞丐，甚至還可以有黑社會的流氓打手。讓這些三教九流的人物同時聚集在一起，除了茶館，在中國任何一個地方都是不可能的。老舍選擇這樣一個地方作為他戲劇展開的環境，不僅可以把中國社會各階層的人按他的意願「集合」起來，讓他們各自「亮相」，而且絲毫沒有生硬、勉強之嫌。再次，正因為中國社會各階層人士都在茶館活動，所以各階層，以及各派政治力量之間的矛盾和衝突必然會在這裡有所反映。如《茶館》中所描寫的以龐太監為代表的封建統治階級與以康六為代表的農民階級的巨大反差，以秦仲義為代表的資產階級民主派與以龐太監為代表的封建頑固派的矛盾衝突。正因為各派政治力量都在這裡出沒，所以各種政治消息也自然會常常透露出來。最後，茶館除了它的真實性質以外，又具有象徵意味。小小的茶館成了大中國的一個「窗口」，或是舊中國社會的一個縮影。這種典型環境的成功選擇與描述，正是使老舍的「側面透露法」成為可能的關鍵。

　　《茶館》藝術構思的又一特點是老舍有意識地捨棄中外戲劇傳統的「一人一事」的方法，而採用「人像展覽式」方法來結構全劇、展開場面和刻畫人物。老舍創作《茶館》的意圖是以「埋葬三個時代」來歌頌新時代。這個意圖的關鍵是把三個時代被埋葬的必然性寫足。老舍採用「人像展覽法」把三個時代的各種人物都搬上台，把各種醜惡現象都淋漓盡致地呈現在觀眾面前，使觀眾從三個時代的黑暗、腐朽和反動中，看到這三個時代的無可救藥。這種藝術構思和創作意圖，用任何「減頭緒、立主腦」、「一人一事」的方法顯然都難以實現。所以當有人好心地建議老舍「用康順子的遭遇和康大力的參加革命為主」去發展劇情、貫串全劇時，老舍不能接受。他說：「那麼一來我的葬送三個時代的目的就難達到了。抱住一件事去發展，恐怕茶館不等被人霸占就已垮台了。」②

　　《茶館》在藝術結構上採用了縱橫交錯、虛實結合的「坐標式」結構。這種「坐標式」的藝術結構以清末至國民黨統治崩潰前的近代歷史作為縱線，以特選出來的三個時代的社會作橫斷面，在「史」與「面」交叉點上體現作者的創作意圖。這種藝術結構，具有「史」與「象」的結合、「虛」與「實」的結合，廣度與深度相結合的特點和優越性。

　　《茶館》的藝術結構中每一幕都要穿插描寫一件非常怪異的事件。如第一幕，老舍在眾多精心選擇的事件中，突出穿插描寫了龐太監娶老婆。這個事件比「鴿子事件」、康六賣女等事件都顯得更加荒誕與怪異。在第二幕中老舍則突出穿插描寫了兩個逃兵準備娶一個老婆。這個事件顯然比錯殺劉麻子更叫人感到啼笑皆非。而在第三幕裡，老舍雖著力描繪了小劉麻子等人的醜惡行徑，但他更細緻地描繪了三個老人自悲、自悼、為自己撒紙錢的

場面。這個事件雖不如前兩幕的「太監買老婆」、「兩漢娶一婦」那麼離奇，但對於正常的生活邏輯來說，也是夠荒誕的了。這些事件以它們自身非同一般的荒誕性和怪異性，表現了那個社會的荒誕性和怪異性。這不僅增加了《茶館》的戲劇性色彩，而且對突出劇本表現三個時代衰敗、沒落、腐朽的立意，無疑是有深意的。

《茶館》不僅人物眾多，而且性格鮮明，這是《茶館》人物設置與刻畫上的特點。《茶館》出場人物多達七十幾人，而有名有姓的就有五十多人。這麼多人物，篇幅又不長（三萬多字），卻能刻畫出王利發、秦仲義、常四爺、劉麻子、龐太監、馬五爺、唐鐵嘴等一大批個性鮮活的人物，這不能不說是《茶館》人物塑造上的一個「謎」。

《茶館》之所以能在短短的篇幅中刻畫出眾多的性格鮮明的人物形象，主要是老舍使用了「單純個性化語言」來刻畫人物的結果。戲劇刻畫人物的方法是多種多樣的：可以在激烈的戲劇動作中刻畫人物，也可以在多種語言中刻畫人物。戲劇語言就其不同的功能而言，也有三種，即動作性語言，動作性——個性化語言和單純個性化語言。《茶館》無貫串衝突和貫串情節，要在衝突與情節中塑造人物顯然是不可能的。如果要在動作中刻畫人物，《茶館》人物全部展開動作，《茶館》將成為一個不可想像的龐然大物。在這種情況下，老舍唯一可能選擇的是語言手段。而由於情節、衝突和動作方面的限制，《茶館》要使用動作性語言和動作性——個性化語言來刻畫人物也是不可能的，所以老舍選擇了在《茶館》中使用單純個性化語言來刻畫人物手法。這種語言不要求它具有激化衝突、展開動作、推進情節的作用，只要求它「開口就響」，表現性格。這種語言在老舍小說人物刻畫中使用

較多，老舍運用這種語言駕輕就熟，他在《茶館》中使用這種語言來刻畫人物，可謂揚長避短，這也正是老舍戲劇，特別是《茶館》「三言五語就勾出一個人物形象的輪廓來」的訣竅。

當然，老舍在《茶館》中也不絕對排斥在衝突中塑造人物。但由於《茶館》中並無貫串始終的衝突，所以老舍只能在人物間偶然碰撞出的火花中不失時機地刻畫人物。如秦仲義與龐太監在第一幕中偶然相遇，他們在對待戊戌變法的態度上有所不同，於是發生衝突，但這種衝突缺乏持續性，既無前因也無後果，只是兩個人物偶然相遇碰撞出的火花，老舍就在這火花短暫的閃光中進行人物刻畫。但這種方法老舍在《茶館》中使用得並不多，即使是秦仲義和龐太監他們的形象也是靠他們自身的個性化語言最後完成的。

老舍精心選擇人物某個最能體現其思想性格的「閃光點」，進行簡潔的刻畫。不重整體介紹，而重棱角的表現。秦仲義一生，如何發家，如何致富，他有多少產業，以及如何敗落，老舍全沒有介紹，我們也不得而知。老舍只選擇了他一生中三個「閃光點」──即在王利發面前的財大氣粗，在龐太監面前的狂傲不羈及敗落後的自悼，來刻畫這個人物，其餘皆略去不計。然而人物卻在這三個並無因果關係的「閃光點」中清晰地顯現出來。劉麻子則在兩個「閃光點」（為太監買媳婦及為兩個逃兵買老婆中被殺）中即被老舍刻畫得入木三分。王利發雖是全劇的貫串人物，但老舍也沒有詳細地描寫他的一生，而只是讓他在自身的幾個「閃光點」中站立起來。這種人物刻畫的方法很有點傳統繪畫「神龍見首不見尾」的意味。

第三節　《關漢卿》等歷史劇

　　1949年後，田漢共創作了三部歷史劇，它們是《關漢卿》、《文成公主》和《謝瑤環》。此外還改編了《白蛇傳》、《西廂記》（均爲京劇本）。他的歷史劇爲當代戲劇作出了傑出貢獻。尤其是《關漢卿》（1958年），是田漢戲劇創作的最高成就，也是當代戲劇的經典之作。

　　關漢卿雖然是元代的大戲劇家，但傳世的史料甚少。田漢只能從關漢卿流傳下來的劇作和散曲中去尋找、體察他的性格，挖掘他的精神，設想他的生平和爲人。例如《竇娥冤》是關漢卿的代表作，是作者心血的結晶。田漢從關漢卿對竇娥形象的刻畫，體味出一個人民劇作家同情人民疾苦、不怕觸犯權貴的正義感。田漢從關氏在《竇娥冤》中對楚州太守桃杌的描寫，體味出關漢卿對一切貪贓枉法、草菅人命的貪官污吏的切齒痛恨。從爲竇娥鳴冤叫屈、報仇雪恨的血淚之詞中，田漢又體味出關漢卿「爲民請命」的崇高精神。但是對關氏在散曲中表現出來的消極情緒，田漢則採取了「六經注我」的辦法，將原始材料進行加工改造甚至翻轉重鑄，以塑造他心中的關漢卿形象。田漢從關氏的《金線池》、《救風塵》、《望江亭》等劇中，體味出關漢卿對婦女命運的深切同情和對婦女反抗的衷心讚美，從而否定了認爲關漢卿是「郎君領袖」、「浪子班頭」的流行誤解。又如在關漢卿的散曲《不伏老》（《南呂·一枝花》）中關氏自況：「我是個蒸不爛、煮不熟、捶不扁、炒不爆、響噹噹一粒銅碗豆。」「銅碗豆」之說是當年青樓勾欄中對那些百戰不殆的老狎客的昵稱，頗有點玩世不恭、揶揄自嘲、極盡風流的意味，自然有損關漢卿的形象。

於是田漢在《關漢卿》中便將「銅碗豆」這一意象「反其意而用之」，將其改造成描寫關漢卿與惡勢力鬥爭決不妥協的「鐵漢子」性格的象徵。正是經過這樣一番發掘、翻轉和重鑄，田漢終於將一個史料極少、言行複雜的關漢卿，匠心獨運地塑造成了一個形象豐滿、具有浩然正氣的英雄形象③。

田漢認為「為民請命」的精神不僅在當時具有進步意義，即使在今天也有一定的積極作用。所以他的《關漢卿》便以「為民請命」作為該劇的主題。而這個主題是以對關漢卿響噹噹的「銅碗豆」精神的描寫來體現的。「為民請命」可謂該劇的政治主題，而「銅碗豆」精神則是關漢卿的性格主題，這兩個主題凝聚起來體現在《竇娥冤》的創作及其遭遇中，所以關漢卿的形象也是在圍繞《竇娥冤》的創作、演出和修改的鬥爭中完成的。在關漢卿創作《竇娥冤》的過程中，流言向他襲來，他毫不理會；無恥文人向他發出規勸，他毫不動心；權臣阿合馬威脅他「不改上演，要你的腦袋！」他毫不屈服：「寧可不演，斷然不改！」最後為此銀鐺入獄，他也矢志不移，以《蝶雙飛》一首來表達自己的心志：「將碧血，寫忠烈，作厲鬼，除逆賊，這血兒啊，化作黃河揚子浪千疊，長與英雄共魂魄！」這充分展現了關漢卿「蒸不爛、煮不熟、捶不扁、炒不爆」，威武不屈，貧賤不移、響噹噹的「銅碗豆」的大無畏精神，也充分體現了「為民請命」的主題。

田漢從一個初窺劇苑的習作者到中國劇壇的盟主，他的胸中始終貫穿著一條紅線，即「Violin and Rose」情結。「這個情結的內核是對自由、民主、光明的追求，是『人道主義』之火的燃燒」。這個情結在不同的時期具有不同的具體內容。在《關漢卿》中就表現在「那種強烈的正義感，那種不可征服的是非之心，那種『為民請命』鬥爭精神，最後都要在『Violin and Rose』的情

結中被賦予一種『情』的力量,被昇華爲撞擊靈魂的東西,否則就難以與普通的公案戲區分開來。」④這種「情」的力量體現在關漢卿與朱帘秀爲正義而抗爭的愛情上,更體現在關漢卿從朱帘秀愛的支持和鼓勵中所獲得的信心和力量上。田漢並不是把關漢卿作爲一個完美無缺的,一成不變的英雄來塑造的。他的性格是在朱帘秀的推動下逐步發展的。關漢卿開始並不敢寫《竇娥冤》,朱帘秀當即表示,你敢寫我就敢演。在寫作過程中,關漢卿感到壓力很大,是朱帘秀說你拚著命寫,我拚著命演,這才又給了關漢卿以極大的激勵。在朱帘秀的幫助下,關漢卿的性格弱點逐步得到克服,這樣做並沒有損害關漢卿的形象,相反卻體現出「情」如何昇華爲一種撞擊人靈魂的精神力量,使兩個人物相得益彰。尤其是關漢卿這個人物,作者眞實地寫出了他性格的發展,從而顯示他眞實的心靈美。

劇中朱帘秀的形象也是光彩照人的。她身上充分體現了中國下層窮苦婦女的優秀品質。她激勵關漢卿「爲民請命」。她從容登台,無視阿合馬的淫威,不改台詞,不畏權貴。爲了保護關漢卿,她主動承擔責任,在獄中,她視死如歸,向關漢卿表示了自己的愛情:「俺與你發不同青心同熱,生不同床死同穴;待來年遍地杜鵑紅,看風前漢卿四姐雙飛蝶。相永好,不言別!」。

在《關漢卿》的情節結構中,戲中戲是一大特色。《關漢卿》劇作中穿插了《竇娥冤》一劇的寫作、演出、遭遇。這種藝術構思是新穎而深刻的。關漢卿一生共寫了18部戲,《竇娥冤》被公認爲是成就最高的,是關氏全部創作的靈之所在。《竇娥冤》流傳幾百年,被改編成多種戲劇形式。以《竇娥冤》的寫作概括關漢卿的一生生活和性格精神是十分適當的。戲中戲的構思精巧,提高了劇作的思想性,同時也豐富了藝術性。情節曲折多變,形

式多樣，虛實結合，更富傳奇意味。

「話劇加唱」是田漢的一貫做法，也是他的拿手好戲。「他從《南歸》開始，直到《關漢卿》。經常運用詩歌和音樂作爲抒情的藝術手段；在話劇創作中，他開闢了頗受觀衆歡迎的『話劇加唱』的新風氣。」⑤《關漢卿》結合劇情安排了不少富有意境的歌唱性曲詞，如《蝶雙飛》，第八場朱帘秀半朗誦、半歌唱地吟出，在第十一場裡，朱帘秀又唱了支《沉醉東風》。這些曲詞不僅是關、朱二人精神世界的剖白，也增強了戲劇的詩意和抒情性。這種「話劇加唱」的做法，是田漢對傳統戲曲的繼承，是話劇民族化的一種嘗試。

《關漢卿》結尾的處理還是悲劇結局，作者對此是花了一番心血的。最初，作者想從他一貫的浪漫主義出發，滿足人們喜愛大團圓的心理，讓伯顏赦免朱帘秀，讓朱跟關一起南下。但這個伯顏丞相是個什麼人呢？是「今天在這裡屠城，明天在那裡殺降」的劊子手，讓他赦免朱帘秀無疑是美化了他。這樣的大團圓結尾未免「像落著蒼蠅的饅頭」。作者後來又把伯顏改爲和禮霍孫，據說「他在元世祖的大臣中是比較以『儒雅』著稱的，可能對關漢卿有些理解」，但他也是個幫凶，蒼蠅只不過小了點，吞下去還是會噁心的。所以最後作者下定決心改爲悲劇結尾。朱帘秀未蒙恩准，只能在長亭悲憤地唱一曲《沉醉東風》與關漢卿揮淚而別。演出實踐效果表明，這種悲劇結尾比喜劇結尾更具深沉的力量。

《關漢卿》的美中不足是把關漢卿過分政治化、革命化了，而關漢卿作爲「風流才子」、「雜劇班頭」的一面沒有得到充分的表現。

1960年，田漢又寫成了另外一個歷史劇《文成公主》。這

個戲的創作意圖是為了宣傳民族團結的偉大意義並證明西藏自古就是中國領土的一部分。全劇共十場。中心故事是文成公主入藏遠嫁，主要矛盾衝突是和親與反和親。前三場寫請婚正使祿東贊不辱使命，機智地贏得唐太宗的同意，請文成公主入藏聯姻。後七場寫文成公主入藏的艱難曲折。西藏主戰派首領俄梅勒贊千方百計破壞和親。先是要求用武力侮唐逼婚，接著借人質向唐橫生枝節，入藏途中又對文成公主百般刁難，致使公主在怒江忍受飢寒，但文成公主深明大義，百折不回，終於迎來松贊干布，實現了漢藏和睦。劇中採用了神話傳說和民間故事來寫文成公主和親的歷史，虛實相間，奇異美妙。但是「《關漢卿》裡燃燒著作者的生命，《文成公主》只表現著作者的編劇才華。兩者都有『情』，但前者是內在的、深層的、唯我獨有的；後者則是外部的、表層地、非我獨有的——這是『遵命』之作難以避免的通病。」⑥

《謝瑤環》（13場京劇）是田漢最後一部新編歷史劇，也是田漢生前的最後一部劇作。該劇描寫唐初武則天時代，江南地區的皇親國戚、豪門貴族恃強凌弱，霸占民田，逼得江南人民揭竿而起，嘯聚太湖。武三思、來俊臣等主張派兵鎮壓，而謝瑤環則主張抑制豪門，招民歸田。武則天權衡利弊，決定讓謝瑤環女扮男裝，以「右御史台」銜，授尚方寶劍，巡按江南。謝瑤環到蘇州斬來俊臣異父弟蔡文炳，杖武三思之子武宏，一面命他們退田，一面命人招撫「太湖反民」。謝瑤環的行為激怒了江南豪門貴戚，於是聯名誣告她私通叛匪。武三思、來俊臣為報私仇，矯旨赴蘇，將謝瑤環重刑致死。武則天聞報親幸江南，斬武宏、殺來俊臣、罷武三思，追封謝瑤環為定國侯，最終平息了這場鬥爭，安撫了江南百姓。

該戲是田漢由陝西地方戲碗碗腔《女巡按》改編而來的。而

《女巡按》又是根據清代劇作家李十三的《萬福蓮》一劇改編而成。在改編過程中,田漢有以下幾處對原作進行了重大的修改:

「把罵武則天的改爲肯定武則天,卻對她作一定批評」。田漢這樣改的目的,是爲了體現「武則天一貫與豪門貴族鬥爭的精神。」⑦武則天在歷史上也確實是一個有爲的女皇。她鎮壓唐家諸王叛亂,打擊貴族世家,緩和了中小地主、農民與大地主豪紳及上層統治者的衝突。在軍事政治上開疆拓土,打通了通往西域的道路,客觀上爲唐帝國經濟文化的發展創造了條件。因此,田漢的改動比原作更符合歷史眞實,另外,田劇結尾,謝瑤環被武三思等人迫害致死,無則天親幸便無法收拾殘局。

將喜劇改爲悲劇。原作《萬福蓮》和《女巡按》最後都是謝瑤環受權奸迫害,無法施展抱負,便與所愛江湖義士阮華抗拒追兵逃入太湖,投奔農民軍。田漢則改爲謝瑤環在武三思、來俊巨的嚴刑逼供下壯烈殉職。這樣的改動不僅使戲劇更悲壯、更動人、更深沉,也比較符合謝瑤環的性格邏輯。謝瑤環雖然有「不敢愛身而知愛人」的思想和堅持正義、不怕犧牲的精神,但她畢竟是深鎖宮中,在武則天身邊長大的。對帝王的忠誠使她不可能超越其所處的環境。如果硬要她投奔農民起義軍,只能破壞這個人物性格的完整性和統一性。因此田漢的改動無疑更符合謝瑤環的典型性格。

浪漫主義的結尾。田漢不僅將喜劇改爲悲劇,還在武則天收拾殘局後增添了一個浪漫主義結尾。袁行健完成任務回來後,於荒郊暫歇。夢中與妻子瑤環相會,瑤環向他叙述了被害經過,然後揮淚而別。袁行健醒來後,懷著悲憤的心情,拜別亡妻,重又浪迹江湖。有人以爲這是畫蛇添足,而有人卻認爲:「這一場是改編者的神來之筆,是一個具有獨創性的悲劇結尾。這個結尾的

妙處,不僅引起人們『曲終人不見,江上數峰青』的感慨,而且使這個悲劇的節奏持續下去,直至垂下幕之後,也還餘音裊裊,正是言有餘而意不盡。它輕輕地扣著你的心弦,使你繼續去思考戲裡的思想,體味悲劇的美。」⑧

田漢在《謝瑤環》中進一步表現了他的「為民請命」的思想,它是田漢投入了生命和感情的作品,在思想性和藝術性上都是當時大陸劇壇一流之作。

【注　釋】

① 老舍:《答覆〈茶館〉的幾個問題》,《劇本》1958年5月號。

② 老舍:《答覆〈茶館〉的幾個問題》,《劇本》1958年5月號。

③ 董健:《田漢傳》,第八章「從興奮到困惑」,北京十月文藝出版社1996年版。

④ 董健:《田漢傳》,第798頁,北京十月文藝出版社1996年版。

⑤ 陳瘦竹:《田漢的劇作》,《現代劇作家散論》,第188頁,江蘇人民出版社1979年版。

⑥ 董健:《田漢傳》,北京十月文藝出版社1996年版。

⑦ 田漢:《謝瑤環·小序》,《劇本》1961年7—8月號合刊。

⑧ 伊兵:《漫話〈謝瑤環〉》,戲劇報1962年第3期。

第五章　八十年代戲劇

第一節　八十年代戲劇概述

　　80年代的大陸戲劇，大體可以分爲三個階段：1977—1979年是第一階段，戲劇從一片廢墟上再生，現實主義戲劇傳統恢復並取得了重要的收穫；1980—1985年是第二階段，「話劇熱」突然降溫，戲劇工作者在危機中借鑑西方現代派戲劇，進行了大膽的探索、革新，戲劇觀討論引起理論熱，留下了一批探索戲劇；1986—1989年是第三階段，在總結探索戲劇經驗教訓的基礎上，戲劇工作者進行著更爲堅韌的探索。此時小劇場運動引人矚目。

　　1977年是新時期戲劇孕育、再生的一年。首先是重新上演部分優秀劇目，同時，戲劇界展開了對於「四人幫」「陰謀戲劇」的批判。在重演和批判中，新時期的戲劇得以孕育和再生。《楓葉紅了的時候》和《曙光》的問世，標誌著話劇創作的再生。《楓葉紅了的時候》（金振家、王景愚編劇，1977年）是一齣政治喜劇，以辛辣的諷刺剝開了「四人幫」政治欺騙的畫皮。《曙光》（白樺編劇，1977年）描寫30年代賀龍與「左」傾機會主義路線的鬥爭。作者通過馮大堅等優秀紅軍戰士被殺被抓的故事，試圖從歷史上揭示極「左」路線對於中國共產黨所領導的革命事業的危害，探尋中國革命歷史中「左」傾思潮的淵源。此後，新創作的劇目便大量湧現。這類劇作共同的特點是五四以來形成的話劇傳統的恢復和發揚光大。1976年清明節爆發的人民群眾悼

念周恩來總理的「天安門事件」，曾被定性爲反革命事件。
1978年，《於無聲處》（宗福先編劇）崛起於上海舞台，勇闖
禁區，爲「四五」英雄平反發出第一聲吶喊。在北京，《丹心譜》
（蘇叔陽編劇）以「四人幫」攻擊周恩來總理的政治鬥爭爲背景，
通過得到周恩來總理關心的「03」新藥研製過程中的種種衝突，
塑造了一系列鮮明的人物形象，顯示了現實主義傳統的復興。方
凌軒寧折不彎、嫉惡如仇、光明磊落，丁文忠蒼顏白髮、個性倔
強、出語犀利、嬉笑怒罵、狷而不狂，通過他們反映了中華民族
老一代知識分子的風骨。莊濟生作爲反面人物，也一反當時舞台
上「畫鬼」的流風，寫出人物性格的複雜性。二劇南北呼應，形
成戲劇舞台上繼《楓葉紅了的時候》之後的第二次熱潮。這一年
戲劇在內容和數量上仍以揭發批判林彪、「四人幫」的罪行爲主，
同時，歌頌老一輩革命家的劇目繼《曙光》之後不僅大量出現，
並且在藝術上有所進展。

　　中共十一屆三中全會之後，作家思想進一步解放，劇作界因
之出現了短暫的百花爭艷的局面。與最初兩年有重大影響的劇作
產生於京、滬兩地的局面不同，1979年在全國範圍內，東北、
西北、中南、華東都出現了具有影響的劇目。從主題、題材看，
雖然揭發批判「四人幫」的作品仍然是創作的主流，如《有這樣
一個小院》（李龍雲編劇，1979年）、《神州風雷》（趙寰、
金敬邁編劇，1979年）、《左鄰右舍》（蘇叔陽編劇，1980年）、
《九一三事件》（丁一三編劇，1981年）等表現人民群衆在「
文化大革命」中與「四人幫」及其爪牙鬥爭的劇作都產生過較大
的影響，但是更具時代特徵的是出現了一批反映新時期現實生活
的作品，一些作品接觸了現實社會生活中重大矛盾和問題，突出
地表現了解放思想、面對現實的特點。《報春花》（崔德志編劇，

1978年）、《未來在召喚》（趙梓雄編劇，1979年）、《救救她》（趙國慶編劇，1979年）、《權與法》（邢益勛編劇，1979年）、《灰色王國的黎明》（中英傑編劇，1980年）等劇都曾因其及時地提出社會生活中亟待解決的重大問題（出身問題、平反冤假錯案問題、失足青年問題、權大於法的問題、封建殘餘的問題等等），而引起極大反響。這些劇作的問世，標誌著80年代現實主義戲劇鼎盛期的到來。一些衝破禁區的作品相繼上演，比如《愛情之歌》、《原子與愛情》之寫愛情，《闖江湖》（吳祖光編劇，1979年）之表現舊藝人人生，《淚血櫻花》、《鑒真東渡》之搬演中日關係的故事，《大風歌》（陳白塵編劇，1979年）、《王昭君》（曹禺編劇，1979年）之反映歷史人物，乃至上演翻譯的布萊希特名劇《伽利略傳》等，突破了題材禁區，為豐富戲劇舞台作出了貢獻。在藝術上，人物形象的塑造自覺清除「高大全」、「三突出」模式的影響，致力塑造有血有肉的舞台形象，創造出了梁言明（《未來在召喚》）、李健、白潔（《報春花》）、方凌軒、丁文忠（《丹心譜》）等較為感人的藝術形象。老一輩革命家形象的塑造方面也有了長足的進展。在《轉折》（周來、王冰、林克歡、趙雲聲編劇，1977年）、《報童》（朱漪、邵冲飛、王正、林克歡編劇，1978年）中領袖形象還只偶一露面，《曙光》、《西安事變》（程士榮、鄭重、姚雲煥、胡耀華、黃景淵編劇，1978年）、《陳毅出山》（丁一三編劇，1979年）、《陳毅市長》（沙葉新編劇，1980年）、《轉戰陝北》（馬融編劇，1980年）、《彭大將軍》（王德英、靳洪編劇，1981年）等劇作中，賀龍、周恩來、陳毅、彭德懷、毛澤東等領袖人物已成為劇作的中心形象，《陳毅市長》等作品中，領袖人物已經從理想化、神化、個人崇拜中解放出來，逐漸走向

「人化」。不過，在創作思想、創作方法、戲劇觀念和藝術手法等方面，這些作品基本承接了「十七年」話劇模式，繼承有餘而創新不足。

　　在思想解放、新作蜂起之際，《假如我是眞的》（六場話劇，沙葉新、李守成、姚明德編劇）引起了波及全國的爭論。劇本是以反對某些幹部中存在的特權和不正之風爲內容的。1980年1月23日至2月13日，中國戲劇家協會和中國電影家協會在北京聯合召開「劇本創作座談會」。會議圍繞有爭議的幾部作品（《假如我是眞的》、電影文學劇本《在社會檔案裡》①、《女賊》②、中篇小說《飛天》③、電影文學劇本《苦戀》④等），就當前文藝創作的估價、如何認識時代、如何認識文藝任務、如何理解文藝的眞實性以及如何發展文藝批評等問題展開討論。時任中共中央宣傳部部長的胡耀邦在會上對於「如何看待領導我們的、我們自己的黨」，「如何正確地看待我們這個社會」，「如何看待占我國人口絕大多數的從事體力勞動和腦力勞動的人民」，「如何看待我們的人民解放軍」，「如何正確地看待毛主席，看待毛澤東思想」，以及「如何看待我們社會生活中的陰暗面」等問題，作了長篇講話⑤。

　　進入80年代，大陸「話劇熱」降溫，話劇開始步入困境。導致降溫的原因是複雜的，既有話劇生存的社會環境變化的原因，也與經濟生活日益成爲關注的中心，中外交流在經濟、科技、文化方面的大規模開放，休閑方式的多樣化等因素有關，而話劇自身諸如創、演體制問題，戲劇藝術從觀念到形式方面的單一問題也是不可忽視的因素。困境激發了戲劇工作者對於戲劇藝術的探索熱情。

　　大陸戲劇探索在理論和實踐兩個方面同時展開。

　　戲劇觀的討論。大陸新時期戲劇觀的變革，除了受到來自現實的深刻影響外，還受到兩種戲劇傳統的影響：一是五四以來，尤其是「十七年」的話劇正反兩方面的經驗教訓；二是外國現代主義戲劇的觀念和實踐。其中外來影響是顯著的。首先是在1982年前後出現的戲劇觀爭鳴。這次爭鳴是在西方現代派文學對大陸中國文學形成廣泛影響的情形下發生的。外國現代戲劇，除了五四時期曾經介紹過的梅特林克、霍普特曼、約翰·辛格、斯特林堡、凱澤、托勒、奧尼爾以及未來主義劇作家馬利蒂尼、基蒂等劇作家的作品被再度介紹外，本世紀50、60年代在法國興起、一度席捲歐美的貝克特、尤涅斯庫、阿達莫夫、讓·日奈、品特、阿爾比等人的荒誕派戲劇也被介紹到中國大陸。1979年中國青年藝術劇院演出了布萊希特的敘述體戲劇《伽利略傳》，實驗布萊希特與斯坦尼斯拉夫斯基兩大演劇體系的結合。1981年上海青年話劇團在滬演出了薩特的名劇《骯髒的手》。1983年5月北京人民藝術劇院演出了由柯瑟·米勒親自執導的《推銷員之死》。在戲劇理論方面首先得到介紹的是布萊希特的「敘述體戲劇」，緊接著是荒誕派戲劇理論的介紹，然後，格羅托夫斯基的「質樸戲劇」、阿爾托的「殘酷戲劇」等等，也被介紹到中國大陸並對劇作界和舞台實踐產生了廣泛深刻的影響⑥。這些介紹與文學領域對於外國現代派的介紹是同步的。大規模的介紹首先引發了詩歌界的爭論；同年高行健的《現代小說技巧初探》引起一批中、青年小說作家對於現代派小說的注意；1982年徐遲的《現代化與現代派》引發了關於現代派文學的論爭⑦。西方現代派戲劇對於現實主義的反叛，布萊希特的敘述體戲劇、梅特林克的「靜態戲劇」和荒誕派戲劇的理論，對於中國戲劇界重新認識話劇傳統，重新估價中國傳統戲曲遺產，產生了重要影響。這

些影響最終在戲劇觀念方面引起爭鳴。戲劇觀爭鳴，也就是在西方現代派戲劇影響下產生的新的戲劇觀念，對於舊的戲劇觀念亦即長期以來流行的易卜生「社會問題劇」模式和受斯坦尼斯拉夫斯基體系影響的創造生活幻覺的「第四堵牆」模式的衝擊。在爭鳴中，相對於傳統的寫實戲劇觀念，黃佐臨在60年代所提出的「寫意的戲劇觀」被重新提出⑧。高行健認為，易卜生的社會道德劇作為一種觀念的戲劇，距今已經一個世紀了，在它之後，世界戲劇從未停止發展，我們不必把相當於同治、光緒年間的一位外國劇作家的戲劇觀，當作不可逾越的劇作法典來束縛自己的手腳。爭鳴為創作界和舞台實踐上的戲劇探索提供了理論支持。爭鳴中，借鑑西方現代派戲劇，突破寫實戲劇模式的束縛，進行戲劇革新的主張獲得了大陸戲劇界的廣泛關注⑨。

　　這場爭論，在上海，首先是1983年的《戲劇藝術》就黃佐臨的「寫意戲劇觀」之「寫意」與「寫實」、「幻覺戲劇」與「非幻覺戲劇」的理論概括的準確性引起的爭論。在北京，《戲劇報》就戲劇觀的諸多問題展開了討論，影響及於全國。《戲劇論叢》、《劇本》、《戲劇學習》、《戲劇界》等報刊連續多年發表文章，對於戲劇的本性、本質、戲劇的規律、舞台的假定性、戲劇與觀眾、戲劇思維、戲劇生存模式等問題進行了廣泛深入的學術探討。討論至1985年達到高潮，到90年代，有關戲劇觀的討論文章還時見發表⑩。在討論中，高行健、陳恭敏、譚霈生對於戲劇本質分別提出了「動作說」、「外延模糊說」、「情境說」的觀點，童道明著重闡述了戲劇的假定性思想，林克歡等人則對於劇場性觀念給予高度的關注，對於現實主義與現代派的關係，多數論者採取了開放的現實主義的立場。

　　與戲劇理論的探索同步進行的是大陸劇作界的創作和舞台實

踐的探索。

最早引起社會關注的探索戲劇是哲理劇《屋外有熱流》（獨
幕劇，馬中駿、賈鴻源、瞿新華編劇，1980年4月上演，載《劇
本》1980年第6期）。劇情發生在一個孤兒家庭。大哥趙長康爲
了掙錢養活弟妹離城到黑龍江農場農業研究所當了勤雜工，留在
城裡的弟妹受到社會上利己主義思想的影響，自私自利，處處爲
個人打算。得知大哥可能要病退回城的消息後，他們勾心鬥角，
力圖把大哥推給對方。趙長康爲了集體不幸犧牲，組織上寄來一
千元撫恤金，兄妹二人爲了分這筆錢又爭吵不休。大哥的靈魂來
到他們當中，他們在羞愧和自責中得到了心靈的震撼。該劇大膽
借鑑了象徵主義、表現主義和荒誕派的戲劇技巧，現實的場景和
回憶夢幻交錯，自由的舞台時空，死人的穿牆而過，人鬼同時登
台、對話，等等，令人耳目一新，它的獲獎，推動了戲劇探索⑪。至
1984年、1985年，大陸戲劇探索的浪潮達到波峰。在這一階段，
主要是西方現代戲劇觀念和手法影響著探索戲劇的進程。其中較
有影響的作品有， 1981年：《血，總是熱的》（宗福先編劇）、
《秦王李世民》（顏海平編劇）、《阿Q正傳》（陳白塵編劇）、
《路》（馬中駿、賈鴻源編劇），1982年：《絕對信號》（高
行健、劉會遠編劇）， 1983年：《車站》（高行健編劇）、《
十五椿離婚案的調查剖析》（劉樹綱編劇）、《生命·愛情·自
由》（羅國賢編劇），1984年：《周郎拜帥》（王培公編劇）、
《小巷深深》（王樹元編劇）、《本報星期四第四版》（王承剛
編劇），1985年：《一個死者對生者的訪問》（劉樹綱編劇）、
《紅房間·白房間·黑房間》（馬中駿、秦培春編劇）、《天邊
有群男子漢》（周振天編劇）、《野人》（高行健編劇）、《魔
方》（陶駿編劇）、《WM（我們）》（王培公編劇）等。

　　1985年底1986年初，波及大陸的喧囂的探索戲劇熱開始消退，此後，在日趨平靜的探索劇壇上留下的就只是堅韌者的足迹。這一階段，有較大影響的作品大多以現實主義吸收、消化西方現代派戲劇美學的形態出現。《黑駿馬》（羅劍川編劇，1986年）、《狗兒爺涅槃》（錦雲編劇，1986年）、《尋找男子漢》（沙葉新編劇，1986年）、《洒滿月光的荒原》（李龍雲編劇，1987年）、《中國夢》（孫惠柱、費春放編劇，1987年）、《二十歲的春天》（余雲、唐穎編劇，1987年）、《桑樹坪紀事》⑫、《芸香》（徐頻莉編劇，1989年）、《蛾》（車連賓編劇，1990年）等劇作，顯示了話劇探索的深化。

　　從時間上看，大陸的探索戲劇可以分爲兩個階段：在1985年前，探索戲劇受到了西方現代戲劇的戲劇觀念和手法的較多的影響；　1985年至1989年左右則更多體現爲現實主義開放、深化，充分吸收現代派的戲劇美學。從作品與現實主義的關係看，探索戲劇可以分爲兩類：一類是在現實主義的原則之下合理地借用現代派戲劇的手法，其結果是豐富了現實主義的表現手法，推動了現實主義戲劇的發展，如《屋外有熱流》、《絕對信號》、《一個死者對生者的訪問》、《狗兒爺涅槃》、《桑樹坪紀事》；一類是在主流戲劇類型之外，充分借鑑現代主義的戲劇探索，無場次、多聲部組合式、小說式結構、寫意戲劇等等，《紅房間・白房間・黑房間》、《野人》、《魔方》等都屬於此類。

　　《狗兒爺涅槃》⑬劇情圍繞農民與土地展開。在解放戰爭的炮火中，地主祁永年一家爲了逃命，丟棄了即將收割的芝麻，雇工陳賀祥——狗兒爺冒著生命危險收割了芝麻並且據爲己有，其妻子卻被炸死。土改中狗兒爺分得了地，要得了象徵著地主祁永年財富與地位並且吊打過他的高門樓，買了馬、車，娶了媳婦。

合作化後，這一切都歸了集體，狗兒爺發了瘋，媳婦也改了嫁。改革開放後，土地又重回到手中，狗兒爺清醒過來，準備重新整頓家業，可是兒子陳大虎爲了開工廠要拆除與狗兒爺榮辱相聯、視爲命根子的高門樓。阻遏無計，狗兒爺在痛苦悲憤中放火燒了門樓。通過農民狗兒爺幾十年的坎坷經歷，觸發人們對於數十年來農村世態變遷的反思，表現了極「左」路線的危害，同時通過狗兒爺的農民式因循守舊、妄自尊大、狹隘報復等心理特徵的表現，批判了小生產者的落後守舊意識。在狗兒爺與門樓關係的表現中，揭示了農民與地主祁永年精神深處的文化意識的親和相通，將對封建主義思想文化的批判，推向歷史文化的深處。

劇作借用了小說的第一人稱敍事手法，讓狗兒爺充當敍述主體，同時，將人物的內心世界外化爲獨立的藝術形象，創造性地塑造了祁永年鬼魂的形象，狗兒爺精神世界的複雜性與矛盾通過與祁永年的鬼魂的爭辯、撕打中得到了形象直觀的表現。

無場次話劇《桑樹坪紀事》是新時期探索戲劇成熟的標誌，導演徐曉鐘以現實主義藝術爲基礎，融多種戲劇體系、手法爲一體。劇作以1968—1969年前後的中國西部農村爲背景，在一個蠻荒的土地上展現了掙扎在生存線上的西部農民的慘烈人生。劇中的李金斗是農村生產隊的一隊之長。李金斗具有複雜的性格，既是一隻狼，又是一頭老黃牛。他以農民特有的勤勞、智慧與堅韌爲全村人的利益不懈地奮鬥、抗爭，他是村民的保護神，是小輩的慈父；但是他狹隘、殘酷、愚昧，爲了從外姓手裡奪回兩孔窯，毫不手軟地策劃了檢舉信而將王志科置於死地；爲了讓寡婦兒媳彩芳與有拐子病的二兒子倉娃結成轉房親，他親手扼殺了彩芳與麥客榆娃的愛情，榆娃被打傷趕走，致使彩芳跳井自盡。他熱心撮合「陽瘋子」與陳青女的婚事，結果陳青女在「陽瘋子」

當眾扯去褲子的侮辱下終於也成了瘋子。戲劇既有觸目驚心的戲劇衝突、鮮明的人物形象，具有巨大的情感衝擊力，又調動了歌隊、舞隊等敘述手段，賦予作品間離效果；爲了強化對於生活的思考，導演將寫實與寫意有機結合，以象徵昇華寫實，以寫實充實象徵（比如青女被按倒的地方的殘缺的漢白玉塑像，獻上的黃綾等），深厚的現實感與作家強烈的主體意識得到統一。

　　經過一系列戲劇理論和創作方面的探索，中國大陸的話劇在藝術觀念、創作思想、審美追求等方面具有了新的特徵。在藝術觀念上，戲劇擺脫了對於政治的從屬關係，不再是簡單的政治工具。作家們不再是僅僅從政治的角度，而是從社會整體，從文化的各個側面觀察和表現人生，寫出生活的全部豐富與複雜性。在創作中，作家不再是生活的被動的反映者，創作者（導演、編劇）的主體性得到張揚，這首先表現在大多數劇作對於寫實時空的突破；其次表現在突破寫實戲劇的陳規，大膽運用各種手段（如音樂、歌唱、舞蹈、啞劇動作等姊妹藝術的因素，體操、雜技的因素，現代科技所帶來的聲、光、、電等的技術因素），建構起一個龐大的「爲我所用」的綜合藝術體系；在不少劇中，創作者往往借劇中的「主持人」、「敘述者」乃至歌隊闡述自己對於故事的評說，也是主體性的表現；而崇尚心靈表現、追求哲理象徵、注重敘事模式，則是探索戲劇共同的審美特徵。

　　在探索戲劇鋒頭正健之際，大陸的現實主義戲劇在苦撐中仍有不俗的表現。《明月初照人》（白峰溪編劇，1981年）、《誰是強者》（梁秉堃編劇，1981年）、《高粱紅了》（李傑編劇，1981年），《宋指導員的日記》（漠雁編劇，1982年），《風雨故人來》（白峰溪編劇，1983年），《紅白喜事》（魏敏編劇，1984年），《小井胡同》（李龍雲編劇，1985年）等

劇，其現實主義精神比起前一階段已經有所發展。不僅更深入人
生現實，而且其反思也延伸至「十七年」甚至中國古老的文化傳
統，人物形象更趨豐富複雜。隨著探索戲劇的退潮，現實主義戲
劇曾有重新崛起之勢，而此時之現實主義也盡可能吸收現代派戲
劇的表現手法，實現了自身的變革。代表性作品有《黑色的石頭》
（楊利民編劇，1986年）、《田野又是青紗帳》（李傑編劇，
1986年）、《榆樹屯風情》（郝國忱編劇，1986年），《古塔
街》（李傑編劇，1987年）、《不知秋思在誰家》（白峰溪編
劇，1987年），《天下第一樓》（何冀平編劇，1988年）、《
火神與秋女》（蘇雷編劇，1988年），《天邊有一簇聖火》（
鄭振環編劇，1990年）等。

　　80年代的大陸戲劇，值得關注的還有小劇場運動。歐美小劇
場運動已有百年歷史，20年代「愛美劇」是小劇場運動在中國的
初次實踐，1982年北京人民藝術劇院上演《絕對信號》，標誌
著小劇場運動的復興。此後，在1982年至1987年間先後有上海
青年話劇團、哈爾濱話劇院、廣東省話劇院、南京市話劇團、大
連市話劇團、瀋陽話劇團進行了小劇場戲劇演出的實驗。1988
年是小劇場話劇的豐收年，中國青年藝術劇院的「青藝小劇場」
改建成，並上演《火神與秋女》、《天狼星》，中央實驗話劇院
演出了《女人》，南京市話劇團在連續上演幾部小劇場戲之後，
又上演了新作《天上飛的鴨子》。1989年4月由中國戲劇家協會
和南京市文化局聯合舉辦的「中國第一屆小劇場戲劇節」在南京
舉行，來自全國的9個話劇院、團上演了16個劇目，顯示了小劇
場戲劇的實力。

　　西方的後現代戲劇也對中國戲劇產生了影響。其一是各地相
繼出現了一些實驗性探索組織，其二是在南京的小劇場戲劇展演

中，也出現了一些戲劇新因素，如對觀眾參與性的重視，而上海青年話劇團演出的《屋裡的貓頭鷹》則借用了儀式戲劇、環境戲劇的方法。

1993年北京有「『93中國小劇場戲劇展』，其中《留守女士》（上海人民藝術劇院演出）、《尼姑思凡》（中央實驗話劇院演出）、《情感操練》（火狐狸劇社演出）、《泥巴人》（廣東省話劇院、深圳市戲劇家協會兩台演出）受到好評。戲劇工作者試圖建構起與當代普通觀眾的欣賞要求相溝通的橋樑，把視點逐漸轉向當代人的精神世界與感情表達，爲贏得觀眾而進行通俗化追求，從不同角度探求小劇場創作的潛能。這次展演顯示出大陸部分戲劇工作者探求戲劇生存之路而進行的不懈努力。

第二節　沙葉新

沙葉新，1939年生於江蘇南京，回族，中學時即開始發表文藝作品，1957年考入華東師範大學中文系，1961年畢業後，被保送至上海戲劇學院戲曲創作研究班學習。1963年分配至上海人民藝術劇院任編劇。

沙葉新戲劇創作始於60年代，1965年創作獨幕喜劇《一分錢》。新時期十年中，沙葉新先後創作發表了《約會》、《假如我是眞的》（與人合作）、《風波亭的風波》（與人合作）、《論菸草之有用》、《大幕已經拉開》（與人合作）、《陳毅市長》、《馬克思秘史》、《尋找男子漢》、《耶穌‧孔子‧披頭士列儂》、《東京的月亮》、《尊嚴》等劇作。其中，《假如我是眞的》、《馬克思秘史》、《尋找男子漢》、《耶穌‧孔子‧披頭士列儂》均引起爭議，成爲話劇界引人矚目的作家。

　　沙葉新是一位具有強烈社會責任感的、開放的現實主義戲劇家。他的話劇具有鮮明的世俗色彩。這種世俗性首先是對激動著上海這個東方都市市民的社會問題的關切，「每每動筆，總是爲時爲事，憂國憂民」⑭。由此把握普通的市民社會心理動向，或喜其所喜，怨其所怨，如《陳毅市長》和《假如我是眞的》；或則解剖普遍的病態心理，如《尋找男子漢》。其世俗性因而具有現實感、時代感和切近都市市民感性生活的特徵。其次，這種世俗性表現爲劇作中濃重的喜劇色彩。他的喜怒哀樂、他的褒貶，往往通過通俗、輕鬆而機智的喜劇性台詞和荒誕不經的喜劇性情境得以傳達，從而與觀衆產生廣泛的共鳴。

　　沙葉新是與《假如我是眞的》一起知名於社會的。1979年夏上海曾發生一起冒充高幹子弟招搖撞騙的事件，劇本即以此爲基礎虛構了以諷刺揭露某些幹部中存在的特權和不正之風爲內容的六場話劇。東風農場知青李小璋按政策可以上調回城，但是回城名額被一些幹部子弟通過不正當手段占了。他的女朋友周明華已經回城當了工人，且已經懷孕，但他倆的婚事卻因李小璋調不回城裡而受到周父的反對。一個偶然的機會，李小璋聽到了話劇團趙團長、文化局孫局長和組織部錢處長的談話，便冒充中紀委領導幹部張老之子張小理，索性爲自己從農場調回城市而行騙。冒名很快取得了趙、孫、錢的信任，他們爲了各自的個人目的，對於張小理將李小璋從農場調回城裡的事十分熱心，最後因爲農場場長的檢舉信，李小璋的身分騙局戳穿，鋃鐺入獄。在法庭上，李小璋說：「我錯就錯在我是個假的。假如我是眞的，……那我所做的一切就將會是完全合法的。」作品揭露了趙團長、孫局長、錢處長一類人物的眞實面目，顯示了某些封建特權在中國現代條件下在某些環節上仍然存在的嚴峻性，尖銳揭露、諷刺了執政黨

內某些腐敗現象。戲劇上演後⑮，在觀眾中激起了巨大反響，同時引發了激烈的爭論。1980年初的「劇本創作座談會」，肯定了作家的良好創作動機以及揭露領導幹部特殊化方面的「一定的積極作用」，同時認爲「戲中人物形成的整個環境，對於三中全會以後的現實來說，不夠眞實，不夠典型」，劇作家「不加分析地同情了」⑯李小璋，社會效果不好。

繼《假如我是眞的》以後，沙葉新創作了十場話劇《陳毅市長》⑰。戲劇上演後，獲得了社會廣泛的讚譽。《陳毅市長》發表前，戲劇舞台上已有《陳毅出山》、《東進！東進！》、《朋友》等描寫陳毅形象的戲，《陳毅市長》仍然取得成功並在主題、藝術形式上都有所開拓、創新，顯示了作家創新的勇氣和藝術功力。

沙葉新寫《陳毅市長》不是爲寫歷史而寫歷史，更不是爲了逃避現實生活的矛盾，而是「寄深意於現實」⑱。作者認爲「四人幫」倒台時經濟瀕於崩潰，傷痕累累，問題成堆，積重難返，這與陳毅擔任上海市市長初期的歷史驚人地相似。這一明確的創作思想，是作者避開陳毅戰爭年代的傳奇生涯而擇取上海解放初陳毅市長經歷的根本原因，劇本因此具有濃厚的現實感而超越了同類題材的劇作。

戲劇開頭別具一格。陳毅一出場指著台下的觀眾說：「好了、好了！我看大家還是不要鼓掌，不要這麼高興！今天我肚子裡有火，有氣，我要克人，要批評在座的一些同志！」在觀眾的錯愕與思索中，陳毅開始作丹陽整訓報告，迅速將觀眾帶入戲劇情境。陳毅對於接管上海的艱巨性有著清醒的認識，他又對改造、建設上海充滿了信心，「試看明日之上海，竟是誰家的天下！」開端先聲奪人，頗具氣勢。劇本多層次、多側面地刻畫了陳毅對人民

的高度責任感和崇高的品德。赴宴一場，陳毅親自到紗廠總經理傅一樂家中宣傳黨的政策，動員他開工生產；夜訪齊仰之，使這個在舊社會懷才不遇的科學家有機會一展平生才學爲人民服務；拜年一場，深入工人家庭調查研究，調解勞資糾紛；第十場寫他接到調令後，仍然關心交響樂團的房子問題。陳毅全心全意爲人民服務的精神，深入實際、聯繫群眾的優良作風在劇作中都得到了充分體現。

劇本還表現了陳毅嚴於律己、以身作則的高度黨性原則，在似乎絕情的拒絕中，表現了不徇私情、不以權謀利的高風亮節。即便是自己，陳毅也時刻堅持以黨的「規矩」對照。當他發現自己嚴厲的批評傷害了黨外人士時，馬上當面道歉，自我批評，顯示了光明磊落的胸懷。劇本不僅充分揭示了陳毅的思想品格，而且通過人物個性化的語言對陳毅作了出色的性格描繪。陳毅文武兼修，既有軍人的威武、果斷、剛毅的風度，又有豪放的詩人氣質，幽默風趣、平易近人、快人快語的性格。

《陳毅市長》是一部富於喜劇意味的正劇。喜劇因素或表現爲陳毅獨特的台詞，或表現爲喜劇性小糾葛，這些喜劇性植根於人物獨特的性格。作者準確把握陳毅作爲一個共產黨人的本質及其獨特的處事方式，因而能在正劇的樹幹上生出喜劇的枝葉，顯示了作家敢於將黨派領袖人物當作「人」而不是神處理的膽識。

《陳毅市長》精心選擇了十個生活小故事，採用所謂「冰糖葫蘆式」結構，十場寫十件彼此獨立的故事，分別從不同側面揭示陳毅的精神世界，事件之間沒有必然聯繫，由陳毅這一主要人物貫串全劇、穿引各場，在真正的共產黨人精神這一點上統一起來。這種不同於傳統易卜生式劇作的結構，是作家根據內容汲取國外戲劇經驗的成功創造。它既保證了突出陳毅這個主人公創作

意圖的實現，也符合文學必須寫人這一關鍵原則，也沒有遠離中國觀眾的欣賞習慣。十場戲雖然沒有統一的矛盾衝突，但大部分場次都在各自集中的場景中，展開了圍繞人物性格的衝突；在具體衝突的描寫中歷史的真實性、生活的具體性和細節的豐富性有機融合，鮮明的人物形象和生活氣息賦予劇作家的魅力。如第九場，師長彭一虎居功自傲，對陳毅的人事安排不服氣，形成衝突，經過「提意見」、「數傷疤」，彭一虎幡然醒悟，終於心悅誠服地去徵求群眾的批評。一場戲波瀾起伏，跌宕有致，頗似一齣折子戲，適合中國觀眾的欣賞習慣。

　　1983年沙葉新創作了《馬克思秘史》。馬克思憎恨金錢世界的剝削制度，以畢生精力研究貨幣，揭示了資本主義產生、發展直至滅亡的規律，成為無產階級革命的導師。然而馬克思的生存又須臾離不開金錢，一生為金錢所困。為了餬口，為了寫完《資本論》，為了養活一大群孩子，馬克思不得不無休止地向恩格斯要錢，不得不向政敵拉薩爾借錢，在女兒的戀愛中堅持要調查對方的經濟狀況。劇作在馬克思對待金錢的矛盾上，融合了正劇、悲劇和喜劇的因素，令人信服地表現了馬克思這個偉人的豐富的精神世界。

　　《尋找男子漢》[18]是劇作家的又一力作。女雕塑家大齡女青年舒歡，為了找男朋友，開始了尋找真正的男子漢的歷程。劇本以舒歡找男朋友為基本線索，勾勒了五個男性的不同形象，他們或者是得了「胎化病」的「超級兒童」，或者是外剛內怯的嚴重「缺鈣」患者，或者是渾身洋味的「西德利」，或者是俗不可耐的追星族，當然，也有自信自強的開拓者。作者以普遍的社會心理作為解析對象，在舒歡尋找真正男子漢的一次次失望中，透視了陽剛之氣缺乏、委靡之氣充塞的社會病態文化心理。作者寄希

望於青年改革家，反映了在改革中重構民族人格的樂觀信念。作
者曾指出：「我的追求便是她的追求，她的尋找也是我的尋找。
我和舒歡尋找的是那能使我們民族從孱弱轉爲剛強的一種情操，
一種氣概，一種精神，一種文化」⑳。喜劇矛盾自然，手法樸實，人
物的誇張（如西方熱的「小李」，女性化的小白）造成令人發噱
的喜劇效果，場面的怪誕（如舒歡與司徒娃的「相親」）不無眞
實的投影，細節的象徵（如身兼婚姻介紹所和商店兩職的包同志，
司徒娃身上的保險帶）飽浸著諷刺而啓人深思。嚴肅的命意與詼
諧的情致互爲補充，正劇、喜劇、鬧劇乃至荒誕劇因素熔於一爐，
神合於舒歡眼中的世界和她內心「尋找」的主題，這些成爲全劇
的顯著特色。戲劇採用無場次的形式，充分借助舞台的假定性實
現時空的自由轉換，以若干白色立方塊充作道具，通過演員的表
演和情節、場面的規定性，或變爲桌椅，或化爲台階、櫃台，以
一當十，寓繁於簡，顯示了劇作家開闊的藝術視野和不斷創新的
意識。

　　《孔子・耶穌・披頭士列儂》具有強烈的文化關懷精神。在
一個虛擬的時空——天國中，古今中外的亡靈會聚一堂。具有諷
刺意味的是，天國充滿了現代社會的種種危機，爲此，由孔子、
耶穌和披頭士列儂（他們分別是中國古代儒家文化、西方基督教
文化和西方現代文化的代表）組成考察團，前往人間考察。他們
在人間見到的是人類文明的進程中，文化出現反常現象，或則專
注物質而輕棄精神，形成金錢拜物教（金人國）；或則專崇精神
摒棄物質，極端爲思想拜物教（紫人國）。在擬神話的形式中，
包含了作家對於文化偏執的批判與對於理想文明的企望。

第三節　高行健

　　新時期十年的大陸話劇作家中，高行健以探索戲劇而著稱。

　　高行健，1940年生於江西贛州。1962年北京外國語學院法語系畢業，先後當過翻譯、中學教師，1975年調《中國建設》雜誌社任法文組組長，1977年調入中國作家協會對外聯絡委員會工作。1979年發表中篇小說《寒夜的星辰》，此後還發表過小說《有隻鴿兒叫紅唇兒》。1981年出版論著《現代小說技巧初探》，引起較大反響，同年調入北京人民藝術劇院任專職編劇。由他執筆的《絕對信號》上演後，引起廣泛關注。此後，高行健陸續發表劇作，有《車站》、《現代折子戲》、《野人》、《彼岸》等。1985年出版《高行健戲劇集》（群眾出版社）。

　　《絕對信號》㉑是一齣無場次話劇。劇情發生在一列貨運列車的守車上。貨場當臨時工的黑子為籌集結婚款，答應了車匪幫同作案的要求，黑子借與見習車長小號的同學關係將車匪帶上了車，黑子的愛人蜜蜂因為誤了養蜂車，也來搭車。在愛人蜜蜂和同學小號的面前，黑子內心展開了激烈的交鋒，情感在邪惡與理智間掙扎。老車長及時發現了車匪的企圖，發出了信號。在車匪欲行兇的危急時刻，黑子終於醒悟，用匕首刺殺了車匪，自己也受了傷。劇作在形式上打破了現實生活的邏輯，黑子、蜜蜂、小號的回憶、現實與想像有機地交織穿插，現實時空與心理時空交錯迭加。該劇以小劇場方式上演，在現代化的聲光設備的支持下，將人物的內心世界、心理時空具象化地表現於舞台上，拓展了戲劇的舞台時空。同時，突破了第四堵牆，加強了劇中人與觀眾的直接交流。該劇以其小劇場的新穎的演出方式和劇作結構、舞台

形象別具匠心的藝術構思使人矚目。劇作在北京公演時，創下了百場爆滿的紀錄。

《車站》是一部無場次多聲部喜劇。劇情發生在城郊一個公共汽車站。劇中的重要「角色」有「公共汽車」、「等車的人」、「沉默的人」。不同年齡、不同身分的人為了不同的目的乘車進城去：為了趕一局棋，為了約會，為了報考大學，為了喝酸牛奶，為了回家，為了赴宴，為了趕木工活……。「公共汽車」是等車的人們的唯一的希望，等車的為了排隊次序而爭論，然而沒有一輛汽車靠站，人們抱怨、詛咒，但仍然懷著希望在等待。他們是普通人，為了漫無期限的等待而消耗著生命。一年、五年……，在時間的迅速流逝中，劇作從生活的現實逐漸進入抽象的境界，最終達到荒誕。人們要等的始終沒有來的那輛公共汽車顯然是一個象徵，將生活的不合理、不公正乃至生活的荒誕性表現得淋漓盡致。劇作明顯受到荒誕劇《等待戈多》的影響。劇中「沉默的人」寄託了作者的希望：他看到車不停後就毅然決然地扛起行李悄悄離去了。他象徵著感應時代的召喚，爭取時間，積極進取的人。劇中多次出現了「沉默的人」的主題音樂。

高行健在創作探索戲劇的同時，提出了一系列理論主張。1988年有《對一種現代戲劇的追求》（中國戲劇出版社）問世。他認為「我們在戲劇觀上，既不必拘泥於斯坦尼斯拉夫斯基的表演方法，也不必受易卜生式的劇作結構的約束，大可以廣開思路，在藝術上作一些新的探索與嘗試。」[22]他在對東、西方戲劇觀念考察的基礎上，提出參照「西方當代戲劇家們的探索」，「從東方傳統的戲劇觀念出發」，探索「一種現代戲劇」[23]。高行健的現代戲劇在藝術上的創新主要體現在：強調「戲劇是一種綜合的表演藝術」，「歌、舞、啞劇、武打、面具、魔術、木偶、雜技

都可以熔於一爐，而不只是單純的說話的藝術」；「戲劇是劇場的藝術」，必須「承認舞台的假定性」，因而應該強調劇場性；承認戲劇中的「敘述性」，「不受實在的時空的約束」，根據劇作的藝術需要「建立各種各樣的時空關係」㉔。《野人》與《彼岸》突出體現了其戲劇主張。

《野人》被作者稱爲「多聲部現代史詩劇」，時間上下幾千年，戲中有四條平行的線：生態問題、尋找野人、現代人的悲劇、《黑暗傳》的發現，這些含有不同內容的線索交織在一起，構成一種複調。統攝《野人》紛繁頭緒的是人和自然的關係問題。作者從人類文明完美和諧發展的理想出發，揭示了人類發展中的種種偏執的文化現象。古老文明中人與自然之間和諧的神秘圖景與現代都市的污染、與驚心動魄的洪水、旱魃，「野人」的純樸與受蠱於功利而變異的「野人考察隊」……形成強烈、鮮明的對比，凸現了失衡的自然生態、失衡的社會生態以及失衡的現代人的複雜心態，顯示了作者全面反思人與自然關係的企圖和文化意識。

生態學家和梁隊長爲人類對自然的盲目掠奪，爲自然生態的被破壞而痛苦。生態學家環視宇內，憂思深遠，悲憫人類的短視，呼籲保護生態平衡。他與林主任的矛盾是人類保護和開發自然過程中的認識矛盾。梁隊長以一個勞動者的良心，爲遭濫伐的林區憂憤，憤恨人類的貪婪與喪心病狂。他與採伐木材衆人的矛盾，體現了人類在分配和占有自然資源中的利害衝突。作者意圖通過這些表達對人與自然關係中人類所犯錯失的認識與對其社會根源的思考。

老歌師曾伯是一種古樸文化的代表，其核心是先民對大自然的祈求膜拜和神化，對人類史前的追憶和想像。這種文化延續到充滿政治利害、物質利益算計的當代社會必然產生矛盾。曾伯在

動亂年月因唱《黑暗傳》被遊鬥，現今也動輒「犯原則」。曾伯的原始式的生存方式、經驗與現代社會相矛盾而生的痛苦，使他對人性惡有深切的認識：「人這東西最惡」。曾伯對人的失望，蘊含了作者對特定社會災難的嚴峻批判。

芳和么妹子是劇中兩個美麗而痛苦的女性。芳的痛苦是現代自覺女性的痛苦。么妹子是帶一股林區野氣的大自然的女兒。這個大自然的女兒在設計未來的生活時，無師自通地顯示了對東方傳統婦德的皈依，而這恰恰是芳已自覺到了的痛苦。兩個女性既原始而又現代的痛苦顯示了以男性為中心的社會文化的偏頗。

貫串全劇的尋找野人事件，是人類迷惘和痛苦的象徵。尋找野人這一對人類自身、對自然認識的嚴肅課題，在它的展開過程中世俗化、異化了。為了野人而追尋的王記者習慣於看風向去挖新聞以炫奇獵異，林主任、陳幹事則是上面要什麼就給什麼，被調查的人們將野人作為自己發揮利欲、情欲、殘忍念頭的話題。整個尋找野人事件中所表現的人心世態，正是人類自我迷失的象徵。在捲入野人考察事件的形形色色的人中，只有孩子細毛表現出健康的人性。作者把象徵人類明天的旖旎的夢給了這個可愛的孩子，使深浸人類迷惘和痛苦的全劇得到希望之光的照耀。

《野人》突出地體現了作家對現代戲劇的藝術探索。全劇三章，由跳躍很大的三十多段戲構成，作家突破中國傳統話劇寫實時空的藝術規範，根據人與自然關係的總意念，運用音樂中對位與對比的原則，自由地調度戲劇場面。每一戲劇場面的出現，其環境、背景都通過演員的表演來確定，特別其中有些場景不過是人物意識流程或心緒的外化。

在表現手法上，突破了一般話劇以「話」為主的格局，充分調動了朗誦、舞蹈、啞劇、傀儡、面具、歌隊等藝術手段，並將

音樂作爲角色運用，大大豐富了話劇的表演手段。多種藝術媒介的綜合運用，使作品呈現出絢麗多彩的風格。《野人》具有濃烈的民間文化色彩，劇中漢民族史詩《黑暗傳》的吟唱，薅草鑼鼓、上梁號子、《陪十姐妹》的婚嫁歌等交織在一起，爲全劇帶來一股山野氣息。

1985年，高行健發表探討人與人關係的《彼岸》。《彼岸》借用了交響曲式的手法展開無中心多層次的戲劇系統。「人與人的牽制關係」這一主題首先由玩繩子的遊戲體現出來。「我們每個人就牽扯在這紛繁變化的人世間。又像是落在蜘蛛網裡的蒼蠅。還又像是蜘蛛。」隨後，演員們渡過一條莫須有的忘川，到達「彼岸」。在「彼岸」展開的戲劇過程有節奏地反覆展開這一主題，而形成交響樂般的四個樂章。「女人」的故事是主題的第一次重複。「女人」給眾人以語言、智慧，卻被眾人殺害了。「玩牌」的故事再次重複這一主題。「眾人」爲了贏一口酒，參加「玩牌的主兒」的賭博，「眾人」都摸到一張白板，受了愚弄卻不容「人」提出異議，與「玩牌的主兒」一起整垮了「人」。「你找我找，大家都在找」，但只能在圈子裡找，不得逾越界線。「人」想到圈子外去找，就必須趴下，「從看圈子的人的褲襠裡鑽過去了。」「圈子」的故事，是主題的第三次重複。第四次是人與「模特兒」的故事。人創造了模特兒們，賦予它們以生命、運動，獲得生命運動的模特兒卻擺脫了人的指揮不可阻擋地運動變化著、轟響著，「人」捲入其中，身不由己。「最後，好不容易像條蟲子從中爬出來，精疲力竭。」

《彼岸》所提供的只是一種「有意味的形式」，因此，內涵具有模糊性。在其抽象的形式中，既包含了作家對於人類社會中人與人關係形而上的思索，同時又包含了對人與人畸形關係的反

思。作家捨棄了形似，通過一系列顯而易見的遊戲意在揭示社會歷史內容。

【注　釋】

①　王靖：《在社會檔案裡》，《電影創作》1979年第10期。

②　李克威：《女賊》，《電影創作》1979年第11期。

③　劉克：《飛天》，《十月》1979年第3期。

④　白樺：《苦戀》，《十月》1979年第3期。該劇本曾被拍成電影《太陽和人》，但未公映。

⑤　胡耀邦：《在劇本創作座談會上的講話》，載《文藝報》1980年第7期。

⑥　參見袁可嘉等編選：《外國現代派作品選》（第3冊，上），上海文藝出版社1984年版；馬丁・艾思林：《荒誕派戲劇集》（朱虹譯），上海譯文出版社1980年版；馬丁・艾思林：《荒誕派戲劇選》（施咸榮等譯），外國文學出版社1983年版。理論方面，格羅托夫斯基的《邁向質樸戲劇》、彼得・布魯克的《空的空間》、斯泰恩《現代戲劇的理論與實踐》及《外國戲劇研究資料叢書》（中國藝術研究院外國文藝研究所編譯），都在80年代陸續出版。

⑦　孫紹振：《新的美學原則在崛起》，《詩刊》1981年第3期。徐遲：《現代化與現代派》，《外國文學研究》1982年第1期。高行健：《現代小說技巧初探》，花城出版社1981年版。王蒙：《致高行健的信》，《小說界》1982年第2期；馮驥才：《中國文學需要現代派》，李陀：《現代小說不等於現代派》，劉心武：《需要冷靜地思考》，均載《上海文學》1982年第8期。

⑧　參見黃佐臨：《漫談戲劇觀》，1962年4月25日《人民日報》；陳恭敏：《戲劇觀念問題》，《劇本》1981年第5期。

⑨　高行健：《論戲劇觀》，《戲劇界》1982年第1期。

⑩　參加討論的主要文章收入《戲劇觀爭鳴集》㈠、㈡，中國戲劇出版社 1988年版。

⑪　全國總工會和文化部聯合頒發「勇於探索，敢於闖新」獎。1982年5月 17日文化部、中國戲劇家聯合會聯合舉辦的1980—1981年全國話劇、 戲曲、歌劇優秀劇本評獎授獎大會上，作為小話劇獲獎。

⑫　陳子度、楊健、朱曉平根據朱曉平的中篇小說《桑樹坪紀事》、《桑塬》和 《福林和他的婆姨》改編，載《劇本》1988年第4期，在1987、1988年 之交演出。

⑬　發表於《劇本》1986年第6期，獲第4屆（1986—1987）全國話劇優秀 劇本獎。

⑭　沙葉新：《我的幕後語》，《耶穌·孔子·披頭士列儂》，上海文藝出 版社1989年版。

⑮　該劇1979年10月由上海人民藝術劇院上演，此後又在北京和部分省市 上演。

⑯　《劇本創作座談會文集》，四川人民出版社1982年版。

⑰　載《劇本》1980年第5期，該劇獲文化部和中國戲劇家協會聯合頒發的 1980—1981年全國話劇優秀劇本獎。

⑱　沙葉新：《〈陳毅市長〉創作隨想》，《文滙報》1980年8月1日。

⑲　劇本發表於《十月》1986年第3期。

⑳　沙葉新：《我還尋找什麼？》，《戲劇界》1986年第5期。

㉑　高行健、劉會遠編劇，原載《十月》1982年第5期。

㉒　高行健：《論戲劇觀》，《戲劇界》1983年第1期。

㉓　高行健：《對一種現代戲劇的追求》，《文藝研究》1987年6月。

㉔　高行健：《對一種現代戲劇的追求》，《文藝研究》1987年6月。

臺灣文學卷

第一章　臺灣文學發展概述

臺灣現代文學是在中國歷史大背景下由於局部地區的特殊際遇而形成的一個有特色的文學現象。一方面它與大陸文學有著很深的淵源關係，另一方面由於特定的社會政治經濟文化環境它又呈現出獨特的歷史風貌。臺灣現代文學的這一共性和殊相，使它在中國現代文學史中占據了特殊的地位。

第一節　二十～四十年代的臺灣新文學

臺灣新文學的發生，受到大陸新文學運動的號召和影響，並直接以「五四」新文學的理論為旗幟，以新文學作品為典範，經歷了與大陸相似的由文化革命走向文學革命的歷程。

1920年1月，在日本東京留學的臺灣青年發起成立了「新民會」，推林獻堂為會長，蔡惠如任副會長，會員一百多人。其行動目標為：第一，深入開展臺灣的政治革新和社會改革運動；第二，創辦機關刊物《臺灣青年》；第三，圖謀與大陸作家接觸。「新民會」的成立標誌著臺灣新文化運動的開始。該組織在喚醒民族意識，反對殖民統治，傳播新思想、新文化、新文學的種子方面，發揮了積極作用。

1921年10月，臺灣文化協會在臺北成立，林獻堂為總理，

蔣渭水爲專務理事。該會擁有會員一千餘人，是當時規模最大、影響最廣的文化政治組織。其宗旨爲：「楬櫫啓發民智，灌輸民族思想，提倡破除迷信，建立新道德觀念。」①隨著臺灣文化協會影響的擴大，臺灣新文化運動走向高潮，並醞釀了臺灣文學革命運動。

1920年7月，《臺灣青年》創刊號發表陳炘的《文學與職務》，首次提出改革舊文學、提倡白話文的意見。緊接著，黃呈聰和黃朝琴分別在《臺灣》雜誌（1922年4月由《臺灣青年》更名）發表《論普及白話文的新使命》和《漢文改革論》，積極倡導以白話文爲先導的文學革命運動。1924年，深受五四新文學洗禮的張我軍在《臺灣民報》（1923年4月創刊）上接連發表《致臺灣青年的一封信》、《糟糕的臺灣文學界》、《爲臺灣的文學界一哭》等文章，對臺灣舊文學進行猛烈抨擊，引發了新舊文學的激烈論爭。守舊派文人如連雅堂、蕉麓、一吟友等以《臺灣日日新報》、《臺灣新聞》等報刊爲陣地，圍攻以張我軍爲代表的新文學。而蔡孝乾、賴和、楊雲萍等則撰文聲援張我軍，提倡新文學，批判舊文學。至1926年，新文學取得了決定性的勝利。

這次新舊文學論爭實際上是臺灣文學界一場深刻的革命，具有重大意義。首先，沉重打擊了日本殖民當局支持下的臺灣舊文壇，加速了舊文學的沒落，促進了舊文人中愛國者的覺醒。其次，擴大了中國大陸新文學對臺灣文壇的影響。再次，推動了臺灣新文學的理論建設和新文學運動的深入開展。它標誌著臺灣文學進入了一個嶄新的發展時代。

在與舊文學進行論爭的同時，臺灣新文學開始了嘗試性的寫作。而自1925年以後，新文學運動則由理論宣傳轉向創作實踐，並很快顯示了創作實績。

臺灣新文學發生期，小說成績最爲突出。1922年至1924年，出現了幾篇具有開拓意義的新小說，主要有：追風的《她要往何處去》，無知的《神秘的自制島》，柳裳君的《犬羊禍》，施文杞的《台娘悲史》等。其中，追風（原名謝春木）1922年4月發表的《她要往何處去》是臺灣現代文學史上的第一篇小說。經過幾年的嘗試， 1926年出現了臺灣小說第一批碩果，即賴和的《鬥鬧熱》、《一杆「秤仔」》，楊雲萍的《光臨》、《黃昏的蔗園》，張我軍的《買彩票》等。這些作品大都採取現實主義的方法，表現了反對殖民統治，反對封建主義，反映廣大被壓迫者心聲的基本主題，顯示了樸實無華、純眞親切的嶄新文風。新詩創作也是成績顯著的領域。楊雲萍的《桔子開花》、賴和的《覺悟下的犧牲》、楊華的《小詩》、虛谷的《賣花》、張我軍的《無情的雨》等，是臺灣新詩的奠基之作。1925年，張我軍出版了《亂都之戀》，這是臺灣現代文學史上第一部新詩集，標誌著新詩創作已初具規模。與此同時，還有一批作家進行著現代散文和現代戲劇的開創工作。

賴和（1894—1943）是臺灣新文學的奠基者，在開展新文學運動、從事新文學創作、提携新進作家方面，作出了歷史性的貢獻，被譽爲「臺灣的魯迅」。他致力於把現實主義與時代精神、本土環境結合起來，爲臺灣新文學樹起了第一面反帝反封建的旗幟，開創並確立了臺灣現實主義與鄉土文學的傳統。賴和一生最爲人稱道的有三件事：一是他爲了表明自己是中國人，始終堅持穿中國服裝，不剪辮子；二是始終堅持用中文寫作，即使在殖民當局瘋狂推行皇民化運動時，也不改初衷，這在日據時期的臺灣文壇是不多見的；三是在任《臺灣民報》文藝欄主編和《南音》編委時，爲臺灣文壇培養了一批作家，因而被稱爲「臺灣新文學

之父」。賴和是個文壇多面手,既是詩人,又是小說家、散文家。其創作始於20年代初,30年代是創作旺盛期。新詩作品感情熱烈,筆鋒犀利,主要有《流離曲》、《南國哀歌》、《低氣壓的山頂》、《新樂府》等。小說作品常運用諷刺、象徵、對比等藝術手法來刻畫人物形象,揭露了殖民當局對臺灣人民的政治壓迫和經濟剝削,以「哀其不幸、怒其不爭」的態度批判了殖民社會的順民心態,顯示了現實主義作家高度的理性精神,代表作有《一桿秤仔》、《不如意的過年》、《可憐她死了》、《惹事》、《豐作》等。葉石濤和鍾肇政評價道:「他替臺灣的新文學豎起了第一面反封建的旗幟,並且啓示了此後臺灣小說所應走的社會寫實的方向,他的寫實意識影響了以後不少的文學創作者,尤其是搖籃期的楊守愚、陳虛谷;他的嘲弄技法影響了蔡秋桐、吳濁流、葉石濤;而他那不屈不撓的抗議精神更影響了朱點人、楊逵和呂赫若。可以說,臺灣新文學的扎根應當從賴和筆始,而賴和的崛起奠定了現代臺灣文學的基礎。」②

　　經過近10年的開拓,30年代臺灣現代文學進入了初步繁榮的階段。作家隊伍不斷擴大,文藝園地大量增加,文學社團紛紛湧現,文學思潮異常活躍,這些顯示著臺灣新文學旺盛的發展勢頭。1930年,臺灣各地出現了近10種文藝刊物,如《臺灣新民報》、《明日》、《赤道》、《伍人報》、《臺灣戰線》等,從不同方面促進了文學運動的發展。隨後,南音雜誌社創辦《南音》半月刊,臺灣藝術研究會出版《福爾摩沙》,臺灣文藝協會出版《先發部隊》(後更名為《第一線》),這三個文學社團及其文學雜誌激勵和造就了一批批作家和文學青年,使文學運動日趨活躍。在此形勢下,　1934年5月6日,來自全臺各地的83名作家滙集在臺中,召開全島性文藝大會,正式宣告成立臺灣文藝聯盟。

大會推舉賴和、賴慶、賴明弘、何集璧、張深切爲常務委員，張深切爲常務委員長，通過了《臺灣文藝聯盟章程》，決定出版機關刊物《臺灣文藝》。臺灣文藝聯盟以「聯絡臺灣文藝同志互相圖謀親睦以振興臺灣文藝」爲宗旨，以抗日愛國的作家爲主導力量，是一個具有廣泛代表性的全臺統一的文藝組織，對於形成文藝界大團結的局面，促進臺灣文學長足的進步，發揮了重要作用。1935年12月，楊逵、葉陶主辦的《臺灣新文學》月刊出版。這是繼1934年11月創刊的《臺灣文藝》後又一個重要的文學雜誌。兩家刊物並駕齊驅，相得益彰，共同推動臺灣新文學更上一層樓。

　　隨著文學運動逐步走向高潮，這一時期湧現出一批有重要影響的作家和作品。除了繼續從事創作的賴和、楊守愚、虛谷、楊華等外，新出現的作家有楊逵、王錦江、翁鬧、王白淵、朱點人、巫永福、愁洞、呂赫若等。

　　楊逵（1905—1985）早年留學日本，後返臺參加抗日愛國運動，曾多次被捕。1927年開始文學創作，主要作品有小說集《鵝媽媽出嫁》、散文集《羊頭集》等。《送報夫》是其成名作和代表作，完成於1932年，在《臺灣新民報》連載時遭到殖民當局禁止，直至1934年10月才在日本《文學評論》上刊出。1936年胡風將這篇日文小說譯成中文，收入上海書店印行的《世界知識》叢書。小說主人公楊君來自臺灣農村，因不堪殖民當局的殘暴統治而流落東京，歷經坎坷才在派報所找到一份送報夫的工作。在派報所裡，他過著非人的生活，工作艱辛，生存條件極爲惡劣。在日本左翼工人領袖伊藤等的引導下，楊君參加了現實鬥爭，接受了教育和鍛鍊。作品最後，楊君滿懷信心準備回臺灣從事實際的革命工作。這篇小說眞實地描寫了臺灣青年在社會鬥爭中的思想成長過程，表現出高度的民族主義精神。另一篇代

表作《模範村》則通過父子激烈衝突來展示民族矛盾和階級衝突。父親阮固是個大地主，他勾結官府，欺壓百姓，魚肉鄉民，弄得怨聲載道；兒子阮新民曾留學日本，接受了進步思想，為了正義他挺身而出，帶領鄉民與父親鬥爭。阮固為了保住其土皇帝的統治地位，不擇手段地迫害兒子，而阮新民則不畏強暴，決不妥協，表現出強烈的革命性。　1945年抗戰勝利後，楊逵克服語言障礙，艱難地由日文創作轉向中文創作。短篇小說《春光關不住》，散文《智慧之門將要開了》、《太太帶來了好消息》等作品，寫出了民族的深重苦難，表現了作者對未來的嚮往和對理想的執著追求。《春光關不住》又名《壓不扁的玫瑰花》，通過在水泥塊下頑強生長的一株玫瑰花歌頌了臺灣同胞的崇高情操，「壓不扁的玫瑰花」正象徵著臺灣人民在艱難的環境中頑強鬥爭直至取得勝利的不屈品格。總的來說，楊逵的作品著力表現了廣大民眾不屈不撓的反抗鬥爭，激勵人們為追求光明未來而努力奮鬥，蘊含著鮮明成熟的理念，「是指示歷史進路的文學，是為生活在黑暗中的人們心上點燃一盞燈的文學」③。鍾肇政、葉石濤在《光復前臺灣文學全集》中評論道：「楊逵承擔了日據下臺灣共同的苦難命運，並繼承了賴和的尖銳的抗議精神，以誠實的風格、樸實的結構、平實的筆觸，發揚了被壓迫者不屈不撓的民族魂；其次，他的小說意識充滿了希望，瀰漫著一股堅毅的行動力量，既不是楊華的悲厭絕望，也不是龍瑛宗的自憐憂傷，可說是個理想的民族主義者和寫實主義者。他的道德勇氣指出的方向，形成了一塊不可毀滅的里程碑，是臺灣新文學『成熟期』與『戰爭期』的最重要的作家之一。」

1937年以後，隨著日本帝國主義發動侵華戰爭，臺灣殖民當局禁止作家使用漢語創作，加緊推行皇民化運動。40年代前半

期，所有臺灣作家都只能用日文寫作。臺灣新文學運動在極其困難的環境裡艱難發展。這一時期的新文學在堅持反對殖民主義和封建主義的同時，更多地傾向於描寫日常生活，表現社會風情，具有鮮明的鄉土色彩。呂赫若的《牛車》，張文環的《閹雞》，龍瑛宗的《植有木瓜的小鎮》，是代表這一時期文學成就的優秀作品。而最有代表性的作家則要推吳濁流。

吳濁流（1900—1976）是繼賴和、楊逵之後又一位卓有成就的作家。他大器晚成，1936年才發表小說處女作《水月》。童年時期紮實的中文教育，青年時代對中國文化的悉心鑽研，長期的教師生涯，豐富的生活積累，使他的創作起點頗高，一開始便呈現出較為圓熟的藝術風格。吳濁流的小說大都以知識分子為描寫對象，著重反映在日本殖民當局統治下臺灣知識分子複雜的心路歷程，具有強烈的社會批判力量。《先生媽》是一篇優秀的諷刺小說。作品中的錢新發出身貧窮，在父母的苦苦支撐下才讀完了醫科大學，後靠開辦私人醫院成了暴發戶和「紳士」，他一心投靠殖民者，帶頭搞「皇民化」，成為日本人的忠實奴才。作品通過這一人物與其保持著民族氣節的母親的衝突，揭露了民族敗類的醜惡靈魂。這一類作品還有《陳大人》、《糖扦仔》等。吳濁流還有一些作品則著力表現臺灣知識分子在極惡劣的環境中對理想的探尋。長篇小說《亞細亞的孤兒》是吳濁流的代表作，也是臺灣新文學中一部具有劃時代意義的經典作品。這部小說寫於1943年至 1945年。這正是日本殖民統治最黑暗最嚴酷的時期，作者以極大的勇氣冒著生命危險完成了這項工作。小說原名《胡志明》，後改名《胡太明》，1956年重版時定名為《亞細亞的孤兒》。作品主要人物胡太明出生於殖民統治下臺灣一個舊式地主家庭，從小在私塾學習四書五經，接受中國傳統文化教育，後

來爲求「發達」，改入用日文教育的國民小學，又考取師範學校，畢業後當了國民學校一名教師。然而，身穿文官服、自以爲前程似錦的胡太明很快便嘗到了臺籍知識分子被歧視被侮辱的痛苦滋味，尤其是與日籍女教師愛情的破滅，他決定東渡日本。在日本期間，他埋首書本，想多學點知識報效臺灣。返臺後，胡太明四處奔波卻無法找到立足之處，滿腔熱情頓時化爲烏有。爲了尋找新的希望，他毅然奔赴祖國大陸。但在南京、上海等地的所見所聞，加重了他的失望，短暫的婚姻生活也未能給他多少安慰。而在抗日熱潮中，臺灣人的身分又使他莫名其妙地被懷疑爲日本間諜而被捕。隻身逃回臺灣後，胡太明又被強徵入伍，加入侵華日軍的行列。在華南戰場，他目睹日軍的種種暴行，精神受到極大刺激，被遣返臺灣。經歷了一系列重大變故，胡太明對自己的人生道路進行了深刻反思，他從明哲保身的消極人生觀中覺醒過來，立下誓言：「漢魂終不滅，斷然捨此身」，重返大陸投身於抗日的洪流。小說通過胡太明一生的苦難經歷，啓迪人們只有拋棄「孤兒意識」，投身於民族解放鬥爭的洪流，才能找到解放自己的正確道路。作品具有濃厚的鄉土情懷和民族意識。

1945年日本戰敗，臺灣回歸祖國。臺灣作家開始由日文創作向中文創作過渡，作品內容大都是對日據時期孤憤歷程的追憶和反思。由於「二・二八」慘案等政治因素的影響，至1949年，臺灣文學經歷了一段相對沉寂的時期。

第二節　五十年代的臺灣文學

1950年是臺灣文學的一個轉折點。隨著國民黨政權退據臺灣，海峽兩岸經歷了長達30餘年的政治、經濟、文化大隔絕，臺

灣文學與大陸文學從此分道揚鑣。

　　爲了配合所謂「反共抗俄」、「反攻復國」的基本「國策」，臺灣當局大力倡導「戰鬥文藝」與「反共文學」。在當局的支持下，「中國文藝協會」、「中國青年寫作協會」等鼓吹「反共戰鬥文藝」的文藝團體相繼成立，造成了50年代反共文學氾濫一時的局面。

　　從事反共文學創作的主要有兩部分作家：一是國民黨政界作家，如王平陵、尹雪曼、陳紀瀅、王藍、姜貴等；一是國民黨軍中作家，如司馬中原、段彩華、朱西寧、田原、姜穆等。他們以詩歌和小說等形式表現反共的主題，宣洩懷舊復仇的情緒。以長篇小說而言，具有一定代表性的作品有陳紀瀅的《荻村傳》，姜貴的《旋風》、《重陽》，王藍的《藍與黑》，司馬中原的《荒原》等。從本質上說，「反共戰鬥文藝」是一種歪曲生活、反歷史的主觀主義文學。思想內容的概念化，藝術表現的公式化，是其基本特徵，因此被稱爲「反共八股」。

　　反共文學是50年代臺灣文壇的主流。但它決不是文學的全部。與反共文學同時發展起來的還有：著力表現親情和鄉情的懷鄉文學（也稱回憶文學）；在政府高壓下默默耕耘的鄉土文學；以愛情和婚姻爲主要內容，表現浪漫理想的純情文學等。懷鄉文學以往昔大陸的生活經驗爲題材，抒寫對故鄉親人眷戀的情懷，如張秀亞的散文集《三色菫》、林海音的小說集《城南舊事》、謝冰瑩的散文集《愛晚亭》、余光中的詩集《舟子的悲歌》等。鄉土文學則主要表現臺灣的鄉土歷史和文化，將賴和、楊逵、吳濁流等老一輩作家的鄉土主題加以擴展，開拓出一條本土文學發展的新路。鍾理和是戰後臺灣鄉土文學的承上啓下者，鍾肇政、葉石濤、廖清秀亦是其中的佼佼者。鍾理和的長篇小說《笠山農場》

可爲此類文學的代表。純情小說則以孟瑤、郭良蕙、徐薏藍等爲代表，直接開啓了60年代言情小說潮的先河。

　　現代主義文學，此時已開始萌芽並得到初步的發展。1953年2月，紀弦創辦了《現代詩》季刊，在他的周圍很快集結了包括鄭愁予、羊令野、羅門、方思、辛鬱等在內的一批「現代派」詩人。1956年1月紀弦在臺北發起召開第一屆詩人大會，宣布正式成立「現代派」。最初的加盟者有83人，後增至百餘人，幾乎網羅了當時絕大多數的知名詩人，成爲臺灣現代詩運動中規模最大的詩人團體。他們提出了「現代派」六大信條：「第一條：我們是有所揚棄並發揚光大地包容了自波特萊爾以降一切新興詩派之精神與要素的現代派之一群。第二條：我們認爲新詩乃橫的移植，而非縱的繼承。第三條：詩的新大陸之探險，詩的處女地之開拓。新的內容之表現，新的形式之創造，新的工具之發見，新的手法之發明。第四條：知性之強調。第五條：追求詩的純粹性。第六條：愛國。反共。擁護自由與民主。」聲稱要「領導新詩的再革命，推行新詩的現代化」。1954年3月，覃子豪、余光中、鍾鼎文等人在現代詩運動的推動下，成立藍星詩社，同年6月，創辦《藍星周刊》。與「現代派」相比，藍星詩社是一個更具沙龍色彩的鬆散的詩社，它沒有統一的理論綱領和信條，除了普遍傾向於抒情外，成員間很難說有共同的詩觀和風格。張默、洛夫、瘂弦等人則於同年10月在臺灣南部海軍基地左營成立了「創世紀」詩社，出版了《創世紀》詩刊。「創世紀」成立之初提倡「新民族詩型」：「一、藝術的——非純理性的闡發，亦非純情緒的直陳，而是美學上直覺的意象之表現，主張形象第一，意境至上。……二、中國風，東方味的——運用中國文字之獨特性，表現東方民族生活之特有情趣。」（洛夫《建立新民族詩型的芻議》）。

1959年，「創世紀」進行改組，吸收了「現代派」和「藍星」的一些成員，如葉泥、商禽、葉珊、鄭愁予、葉維廉等，從而成為推動現代詩運動的中堅力量。這時，它放棄了「新民族詩型」的主張，轉而提倡詩的「世界性」、「超現實性」和「純粹性」，掀起了新一輪現代主義詩歌風潮。在以上三個詩社的大力推動下，現代主義文藝思潮席捲了60年代的臺灣文壇。

第三節　六十年代的臺灣文學

　　由現代詩為發端的臺灣現代主義文學運動，在60年代達到高潮。現代派文學是60年代占主流地位的文學。

　　1960年《現代文學》雜誌的誕生，標誌著臺灣現代主義文學的崛起。在此之前，夏濟安曾於1956年創辦《文學雜誌》（1960年終刊）。該雜誌雖然倡導的是一條關心人生、反映時代的現實主義路線，但它受到西方現代主義文藝思潮的較深影響。一方面較為系統地評介了西方現代派大師的理論和作品，另一方面為年輕作家的現代派作品提供了發表園地，因此它為現代派文學在臺灣的崛起起了推波助瀾的作用。《現代文學》的創辦者白先勇、王文興、陳若曦、歐陽子、葉維廉、李歐梵、劉紹銘等，大都是在《文學雜誌》上嶄露頭角的年輕人，他們辦這個刊物「打算有系統地翻譯介紹西方近代藝術學派潮流、批評和思想」，「試驗、摸索和創造新的藝術形式和風格」（《發刊詞》）。《現代文學》的主要貢獻是為文壇造就了大批作家，那些活躍於60、70年代的重要作家，如白先勇、陳映真、陳若曦、歐陽子、黃春明、王拓、王禎和、七等生、叢甦、水晶、施叔青、李昂等，都是在這個刊物上成長起來的。

　　臺灣現代派文學深受精神分析學、存在主義、超現實主義、意識流等西方現代文藝思潮的影響，從卡夫卡、喬伊斯、吳爾芙、福克納、詹姆斯、勞倫斯等現代作家的作品中汲取了豐富的營養，從而形成了自己的藝術特徵。它把表現自我放在主要地位，著重開掘人的「內宇宙」，對內心世界進行自我省思，強調表現潛意識，具有鮮明的反理性傾向。在表現手法和藝術形式上追求多元化，廣泛運用隱喻、象徵、超現實和意識流手法，刻意於意象的經營和語言的求新求變。在詩的領域講求「張力」，而在小說方面則講究多角度的敘述觀和多層次的結構，從而使主題較爲含蓄隱晦，耐人尋味。比較而言，現代派詩人從思想意識到創作手法都較爲前衛，更富有實驗精神。現代派小說家眞正背棄傳統的則並不多見，只有王文興、歐陽子等少數小說家才稱得上是典型的現代派，多數作家只是接受了西方現代主義的某些方面，屬於比較寬泛意義上的現代派作家。

　　臺灣現代派文學對50年代反共的政治化文學是一種轉變。它對新的藝術手法和表現形式的探索，豐富了文學的表現力。它是一代知識分子的心靈記錄，反映了當時社會普遍存在的失落感和逃避主義傾向，對認識臺灣社會生活具有一定的意義。同時，它在思想藝術上也存在著不足，題材較爲狹窄，不少作品存在著形式主義的弊端。

　　60年代以後，隨著留學熱潮不斷升溫，反映留學生活的留學生文學也大爲興盛，聶華苓、叢甦、陳若曦、張系國、白先勇等作家都寫過不少這類作品，於梨華是成就較突出的一位。她的創作基本取材於留學生和旅美華人的生活，描寫他們的辛酸、迷惘、追求和覺醒。《又見棕櫚，又見棕櫚》、《傅家的兒女們》是其代表作。

　　60年代，臺灣的通俗文學也獲得很大的發展。步入小康社會的大眾需要較爲輕鬆的文學樣式作爲娛樂和消遣。瓊瑤的言情小說，古龍的武俠小說，高陽的歷史小說，以及由此帶來的通俗文學創作熱潮，正滿足了大眾的精神需求。

第四節　七十年代的臺灣文學

　　70年代，臺灣經濟開始起飛。社會經濟結構的急遽變化對文學產生了深刻的影響。70年代初，臺灣在內政外交上遭到一系列挫敗，「反共復國」的神話徹底破產。尤其是釣魚島事件引發了臺灣社會的文化反思運動，知識界對60年代氾濫一時的西化主義進行了清算。一直處於受壓制狀態的鄉土文學開始崛起，它所表現出的強烈的時代使命感和憂患意識引起了人們的極大關注。

　　其實，早在60年代臺灣省籍作家就大力提倡鄉土文學。1964年老作家吳濁流創辦《臺灣文藝》月刊，主張文學反映人生，注重鄉土色彩，提出扎根於臺灣本土的歷史、文化和社會風貌。這是光復後第一個由臺灣省籍作家主辦的文藝雜誌。該刊的作者既有日據時期的老作家如楊逵、張文環、龍瑛宗、黃得時、王詩琅等，又有一大批戰後作家，如鍾肇政、鄭清文、李喬、黃春明等。　1966年，王拓、陳映眞、黃春明等作家創辦《文學季刊》（尉天驄主編），對60年代文學的現代主義和游離現實的傾向進行批判，堅持現實主義的鄉土文學路線，爲「本土文化的熱潮」開啓了先路。

　　鄉土文學在70年代的崛起，與兩次文學論爭有著密切的關係。1972年至1973年，臺灣文壇爆發了現代詩論爭。唐文標接連發表《詩的沒落——臺灣新詩的歷史批判》、《僵斃的現代詩》、

《日之夕矣》等文章，聲稱現代詩已壽終正寢，並點名批評了余光中、洛夫、葉珊等現代派詩人和王文興、歐陽子等現代派小說家，引發了現代派和鄉土派的激烈論爭，史稱「唐文標事件」。《文學季刊》、《中國時報》、《中外文學》、《現代文學》、《創世紀》、《笠》、《葡萄園》、《龍族》等許多報刊都捲入了這場論爭。在論爭中，大部分人都主張文學須植根於現實生活，須反映民眾的呼聲。「回歸鄉土」成為人們的共識。1977年至1978年，爆發了規模空前的鄉土文學論戰。這場論戰以文學問題為突破口，廣泛涉及政治、經濟、思想、文化等諸多領域。以官方勢力聯合現代派作家為一方，以在野的自由派——鄉土派作家為另一方，兩種意識形態、兩股政治勢力、兩個陣營的作家隊伍在諸多重大問題上展開了激烈較量。

　　1977年4月，銀正雄在《仙人掌》雜誌發表《墳地那裡來的鐘聲》，指出鄉土文學有「變成表達仇恨、憎惡等意識形態的危險」，朱西寧也在同期發表《回歸何處？如何回歸》，認為鄉土文學「流於地方主義，規模不大，難望其成氣候」。王拓立即發表《是現實主義文學，不是鄉土文學》、《20世紀臺灣文學的動向》予以回擊。同年8月17日開始，彭歌在《聯合報》副刊連續三天連載了題為《不談人性，何有文學》的長篇文章，對王拓、尉天驄、陳映真進行公開點名批判，從思想上、政治上對鄉土文學展開全面總攻。8月20日，余光中在《聯合報》副刊發表《狼來了》，指責鄉土文學是「工農兵文藝」，聲稱「北京未有三民主義文學，臺北街頭卻可見工農兵文藝，臺灣的文化界真夠大方」。與此同時，《中央日報》、《中國時報》、《青年戰士報》等許多報刊發表大量文章，予以呼應，他們給鄉土文學定了幾個罪名：鄉土文學即「30年代的革命文學」，是大陸工農兵文藝的翻版，

其目的在於煽動階級鬥爭。一時間，鄉土文學承受著極為嚴峻的
政治高壓。但這場文藝上的白色恐怖並沒有嚇倒鄉土文學陣營，
他們據理力爭。王拓的《擁抱健康的大地》、陳映真的《建立民
族文學的風格》、尉天驄的《鄉土文學和民族精神》進行了辯駁。
隨著論爭的深入，鄉土文學得到越來越多的同情和支持，胡秋原、
徐復觀等老一輩學者也公開站在這一邊。尤其是胡秋原的《談民
族主義與殖民經濟》一文，在理論上深化了鄉土文學派。1978
年1月，國民黨在臺北召開「國軍文藝大會」，在繼續抨擊鄉土
文學的同時，對它也進行了安撫，指出「純正的鄉土文學沒有什
麼不對」，仍企圖把鄉土文學納入官方文學之中。不過，劍拔弩
張的對立局面至此有了緩解。這場論戰實際上是鄉土派與現代派
的大決戰。它理清了1949年以後官方文學與民間文學（主要是
鄉土文學）兩種異質文學的發展路線，為鄉土文學在文壇爭得了
合法的席位。經過論戰，以現實主義為本質的鄉土文學得到復興
和發展，成為臺灣的主流文學。不過，一部分鄉土派作家片面強
調本土意識和「臺灣人的立場」，為日後鄉土文學陣營的分裂埋
下了禍根。

　　70年代活躍的鄉土派作家主要有陳映真、黃春明、王拓、王
禎和、楊青矗、李喬、洪醒夫、宋澤萊等。他們創作了許多優秀
小說，產生較大影響，如陳映真的《將軍族》、《唐倩的喜劇》、
《華盛頓大樓》，黃春明的《兒子的大玩偶》、《我愛瑪莉》、
《鑼》、《莎喲娜拉·再見》，王拓的《金水嬸》、《望君早歸》，
王禎和的《嫁妝一牛車》，李喬的《寒夜三部曲》，楊青矗的《
在室男》、《工廠人》，洪醒夫的《黑面慶仔》，宋澤萊的《打
牛湳村》、《變遷的牛眺灣》等等。這些作品的共同特色是，堅
持現實主義的創作原則，擁抱大地，回歸傳統，關懷現實生活，

關注鄉土小人物的命運，具有鮮明的民族風格。

第五節　八十年代的臺灣文學

　　進入80年代，臺灣文學保持著良好的發展勢頭。多年來現代派和鄉土派兩家占據文壇主導地位的局面被打破，取而代之的是多流派、多風格、多題材的多元化格局。

　　80年代，臺灣作家隊伍不斷壯大。中老年作家中，鍾肇政、葉石濤、李喬、鄭清文、七等生、陳映眞、黃春明、王拓、王禎和、余光中、洛夫、楊青矗、張系國、張曉風、三毛、楊牧等人仍然很活躍，在創作中不斷有新的建樹，思想和技巧愈趨成熟。1949年以後出生的新生代作家大量崛起，他們思想開放，較少束縛，既注重傳統又不忘吸取西方文學營養，在藝術上求新求變，爲臺灣文學帶來了新的希望。代表人物有：黃凡、張大春、王幼華、林燿德、袁瓊瓊、蘇偉貞、吳念眞、呂秀蓮、蕭颯、廖輝英、朱天文、朱天心、平路、簡媜、龍應台、李昂、張曼娟等。

　　80年代臺灣文學出現了許多新品種，如政治小說、都市文學、新女性主義文學、探親文學等等。它們和原有的文學品種一起，構成了臺灣文學百花爭艷的嶄新局面。

　　這裡的政治小說指的是直接或間接、正面或側面反映臺灣政治生活、政治事件，並在一定程度上涉及臺灣當代政治問題的小說。獲1981年「吳濁流文學獎」小說佳作獎的《渴死者》（施明正作），揭開了政治小說的序幕。緊接著，王拓的《牛肚港的故事》，楊青矗的《選舉名冊》，林雙不的《黃素小編年》，張大春的《大說謊家》，李喬的《告密者》等，相繼問世。作家大多以親身經歷爲素材，抗議國民黨當局的政治迫害，揭露監獄生

活對人性的壓抑和扭曲，生動地描繪了臺灣政治帷幕後的陰暗面。其中，陳映眞的政治小說影響最大，其《山路》、《鈴璫花》、《趙南棟》代表了政治小說的較高成就。

都市文學是伴隨著臺灣社會都市化進程而現的描寫都市生活、反映都市問題的文學。現代都市存在著環境污染、人口膨脹、住房擁擠、色情氾濫、青少年墮落等一系列社會問題。反映上述諸問題，描寫五光十色、千奇百怪的都市生活，表現都市人心理的作品，在80年代大量湧現，以至於有人認爲「都市文學已躍居80年代臺灣文學主流」④。都市文學的代表作家有黃凡、林燿德、王幼華等。

新女性主義文學則是與婦女解放運動同步發展，要求從傳統的男性中心主義的枷鎖中解放出來，追求男女平等的社會地位的文學。它仍以愛情、婚姻爲題材，但常以此爲切入點透視社會問題，融入較多的社會內容，深切地探討現代女性的處境，從而超越了傳統女性文學。它是女性意識空前覺醒的產物。重要作品有袁瓊瓊的《自己的天空》，呂秀蓮的《這三個女人》，李昂的《殺夫》，廖輝英的《不歸路》，朱秀娟的《女強人》等。

1987年11月臺灣當局對大陸開放探親以後，大批臺灣同胞回大陸探親。探親文學應運而生。所謂探親文學，指的是臺灣作家以回大陸探親旅遊爲題材，描寫故土家園幾十年的歷史變遷，表現中華民族分久必合的悲喜劇，抒發愛國思鄉感情的文學。洛夫、陳若曦、柏楊、蕭颯、三毛、瓊瑤、羅蘭、張曼娟、張默等都有探親文學作品問世。

雜文創作在80年代也有蓬勃發展。柏楊的《醜陋的中國人》、李敖的《千秋評論》有廣泛的影響。老作家臺靜農的《龍坡雜文》圓熟老到，別具一格。龍應台的《野火集》熱烈關切本土問題，

激起了萬千讀者的共鳴。

第六節　九十年代的臺灣文學

　　90年代，臺灣文學繼續保持著多元並存的發展格局。與此同時，後現代主義文學則成爲越來越引人矚目的文學潮流。

　　從80年代中、後期開始，臺灣文壇正式出現了對「後現代主義」的理論建設和觀念倡導，並開始產生後現代主義文學。「後現代主義」的概念和理論雖是從國外引進的，但它在臺灣有著社會現實基礎。隨著臺灣社會逐漸步入後工業時代而產生的後現代文學，是臺灣由工業文明向後工業文明過渡社會狀態的文學反映。其主要內容便是對後工業文明狀況的描繪、反映和省思。而在藝術形式上，其顯著特徵表現爲拼貼、組合等被大量運用。在多元激盪的文壇上，後現代已成爲一種思潮，爾雅出版社1995年的《年度小說選》所選出的10篇小說，均具有「後現代色彩」。該書編者指出：「這些後現代思潮——包括了女性主義、性別論述、後殖民論述、弱勢論述、後結構主義、日常生活論述、資訊理論——的後現代共同特色就是，都是從超越啓蒙的前提——對最終解放與大叙述的質疑——出發。但這些思潮和表述與狹義『後現代主義』也有所不同，其關鍵就在於前者，『微觀政治』的取向。也就是說，它們是把『反啓蒙』的精神，從議論普遍性議題落實到較爲『社會』的層面。」⑤這基本勾勒出了臺灣後現代文學的風貌。在紛紜複雜的諸種文學現象中，情色文學和後設小說頗爲引人矚目。「性」在臺灣長期被視爲禁忌。從50年代查禁郭良蕙的《心鎖》開始，臺灣文學走過了一段清教徒式的道路。1987年政治「解嚴」後，尤其是隨著婦女解放運動的深化，新女性主

義作家在顛覆傳統的文化、性禁忌的同時，推出了經過精緻包裝、文情並茂的情色小說，著力表現和書寫女子的情欲。與傳統的色情小說相比，情色小說的創作主體和讀者群發生了顯著的變化，作者爲清一色的女作家，讀者則多元化，從社會名流到市井百姓都爭相閱讀；且一改過去粗鄙低級的形象。尤其值得注意的是，情色小說突出地反映了女性的覺醒意識和性解放的觀念。著名的有平路的《行道天涯》、李昂的《北港香爐人人插》等。朱天文描寫男同性戀的長篇小說《荒人手記》以深細的心理刻畫、風格奇異的感覺派描寫手法與語言，獲得1995年中國時報文學獎。具特色的女性作家還有蘇偉貞、李元貞等。所謂後設小說是以小說探討小說的小說，即作家直接在作品中對小說創作中的一些問題加以討論。又稱「反小說」、「自我衍生小說」、「寓言式小說」。後設小說與後結構主義、後現代主義在臺灣的流行有密切關係，它重新反省小說的虛構性及讀者的反應，對小說的語言和結構等方面進行顛覆，揭示了敘述的不確定性和語言的局限。黃凡的《如何測量水溝的寬度》、《系統的多重關係》，張大春的《晨間新聞》、《寫作百無聊賴的方法》，平路的《五印封緘》，蔡源煌的《錯誤》等都是後設小說的代表作品。

　　90年代臺灣文學的消費性格日趨明顯。嚴肅文學與通俗文學的界限逐漸消彌，文學書籍注重包裝，作者明星化，內容偏於軟、淺、甜，成爲一種趨勢。精緻文學通俗化，通俗文學精緻化，這一深具大眾消費社會文化特點的文學走向，將以旺盛的勢頭進入21世紀。

【注　釋】

① 　參見鍾肇政、葉石濤主編：《光復前臺灣文學全集‧總序》，臺灣遠景

出版社1979年版。

② 鍾肇政、葉石濤主編：《光復前臺灣文學全集·總序》，臺灣遠景出版社1979年版。

③ 龍瑛宗：《血與淚的歷史》，臺灣《中華日報》1946年8月29日。

④ 詹宏志：《六十九年短篇小說選·編序》，爾雅出版社1982年版。

⑤ 廖咸浩：《復眼觀花，復音歌唱——八十四年短篇小說選的後現代風貌》，載《八十四年短篇小說選》，爾雅出版社1996年版。

第二章　臺灣小説㈠

第一節　白先勇

　　白先勇（1937—），廣西桂林人。幼年隨家輾轉於重慶、上海、南京、香港等地。1957年考入臺灣大學外文系，次年在《文學雜誌》上發表第一篇小說《金大奶奶》。1960年與陳若曦、歐陽子、王文興等創辦《現代文學》。1963年赴美留學。1965年獲愛荷華大學碩士學位。此後長期在美國加州大學聖塔·巴巴拉分校任教。主要作品有短篇小說集《謫仙記》、《臺北人》、《寂寞的十七歲》、長篇小說《孽子》，散文集《驀然回首》、《明星咖啡屋》，劇本《遊園驚夢》、《金大班的最後一夜》等。

　　白先勇自幼對小說有著極爲濃厚的興趣。中小學時期，一到寒暑假，便去租書鋪抱回一堆堆小說。還珠樓主的《蜀山劍俠傳》，張恨水的《啼笑姻緣》、《斯人記》，徐訏的《風蕭蕭》，巴金的《家》、《春》、《秋》，以及《三國演義》、《水滸傳》、《西遊記》等古典名著，都給他留下了深刻的印象，開啓了其敏感豐富的文學心靈。尤其是《紅樓夢》，對白先勇後來的小說創作產生了巨大影響。在他邁向文壇的過程中，有三個人發揮了重要作用：廚師老央，中學語文老師李雅韻，大學老師夏濟安。老央見聞廣博，能說會道，善於把普普通通的故事說得活靈活現，白先勇童年時最大的樂趣就是聽老央講故事，尤其喜歡聽《說唐》之類的舊小說。李雅韻善於朗誦詩詞，她爲白先勇啓開了中國古

典文學的大門；她還積極鼓勵他寫作，替他投稿，極力勸說他報考外文系。夏濟安則幫助白先勇最終實現了作家夢，他慧眼識人，熱情提携，在《文學雜誌》刊出了其小說處女作《金大奶奶》。

　　白先勇的小說創作可分為三個時期。從《金大奶奶》發表到赴美前夕，是他的創作前期。這一時期的作品主要回憶少年生活，主觀色彩較濃，較多地受到西方現代文學的影響。作為一個涉世未深、對現實不滿的文學新人，其作品不免帶有自傷自憐的色彩。《寂寞的十七歲》中的楊雲峰是個高一男生，不愛讀書，性格孤僻，為人拘謹，與家人缺乏溝通，和同學也少有來往，在自我封閉的環境裡做著許多常人難以理解的事：自己給自己打電話，自己給自己寄信，逃學，變賣父親的相機揮霍……。父母訓斥他，弟弟嘲笑他，男同學攻擊他，女同學玩弄他。作品細膩地表現了這個十七歲少年的病態心理和灰色人生。《月夢》、《青春》等初露白先勇同性戀題材創作的端倪。《月夢》寫吳姓醫生對同性少年的愛憐和對異性的冷漠，《青春》叙寫一個老畫家對裸體少年青春形體的追求，這些作品多採用超現實的表現手法，主觀色彩濃重，具有明顯的現代派特點。《玉卿嫂》是其早期代表作。小說寫了一個叫玉卿嫂的年輕寡婦殺死情人後自戕的悲劇，表現了人物的變態心理。作品以一個四年級男孩的視角展開叙述。在容哥兒（「我」）的眼裡，30歲出頭的玉卿嫂「好爽淨，好標致，一身月白色的短衣長褲，腳底一雙帶絆的黑布鞋，一頭烏油油的頭髮學那廣東婆媽鬆鬆的挽了一個髻兒，一雙杏仁大的白耳墜子卻剛剛露在髮腳子外面，淨扮的鴨蛋臉，水秀的眼睛，看上去竟比我們桂林人喊作『天辣椒』如意珠那個戲子還俏幾分」。然而，正是這樣一個「一舉一動總是那麼文文靜靜」、原本是體面人家少奶奶的弱女子，心中竟蘊藏著無比炙熱的愛情烈火，這團烈火

使她愛得死去活來並最終與心上人慶生同歸於盡。作品以纏綿悱
惻的筆調傳達出低回抑鬱的感傷情調，具有強烈的浪漫色彩。

　　到美國留學，是白先勇人生道路的重要轉折點，也是他創作
的分水嶺。環境的驟然變化使他產生了難以排遣的文化上的鄉愁。
置身於西方社會，面對外來文化的衝擊，白先勇產生了明顯的認
同危機，這促使他對民族、文化、中西價值觀念等進行深刻的思
考。同時，在愛荷華作家工作室，他精心鑽研小說技巧，充分認
識到技巧的重要性。「我研讀過的偉大小說家，沒有一個不是技
巧高超的，小說技巧不是『雕蟲小技』，而是表現偉大思想主題
的基本工具。」（白先勇《驀然回首》）經過兩年的創作停頓後，
白先勇寫了一系列以留學生生活爲題材的作品，其中有：《芝加
哥之死》、《上摩天樓去》、《安樂鄉的一日》、《火島之行》、
《謫仙記》、《謫仙怨》等。《芝加哥之死》是白先勇赴美後創
作的第一篇小說。這篇作品的題材和主題在這一系列小說中很有
代表性。吳漢魂丟下熱戀中的女友從臺灣來到芝加哥深造，經過
六年的苦讀終於獲得博士學位。在忙於博士資格考試時，他得到
了母親辭世的噩耗。獲得博士學位的當天晚上，他平生第一次跨
進燈紅酒綠的酒吧，禁不住一個美國妓女的誘惑投進了她的懷抱。
第二天拂曉，他從妓女的公寓走出，投密歇根湖而死。小說具有
深刻的象徵意蘊。吳漢魂內心深處的痛苦源自於尷尬的兩難處境：
既無法割裂與母體文化的聯繫，又難於融入西方文化。他滿懷著
對西方文化的嚮往和追求來到新大陸，但美國社會給予他的是物
質上的貧窮。留學的六年裡，他蟄居在陰暗潮濕的地下室，靠替
飯店和洗衣店打工來維持生活。因此，雖然身居美國他卻無緣進
入主流社會，不由得產生「與世隔絕」的感覺。另一方面，母體
文化強有力地維繫著他，以至於他在工作申請書上毫不含糊地寫

上「中國人」。然而，西方文明的薰陶又使他無法完全認同母體
文化。他「夢見他母親的屍體赤裸裸的躺在棺材蓋上」，「又涼
又重，像冰凍的一般，他用盡力氣，把屍體推落在棺材裡」。這
一夢境正好可以用來解釋吳漢魂與母體文化的關係：精神上不可
分割而在具體行動上又加以背叛。吳漢魂對美國文化的深入了解
則是通過妓女羅娜來實現的。羅娜偽飾的外表、善解人意的假象
背後蘊藏著的是赤裸裸的物欲，而這使吳漢魂深感噁心。他終於
意識到自己既無法回歸母體文化又不屬於異域文化，在無法解脫
的矛盾痛苦中他只有選擇死亡。兩種文化的衝突最終釀成了悲劇。
與吳漢魂不同，《謫仙記》中的李彤可說是融入了西方文化，生
活放蕩，無所不為，但心靈卻一直是空虛的，最終落得個在威尼
斯跳水自殺的悲慘結劇。在《上摩天樓去》等其他一些作品中，
白先勇一直關注著留學生的遭際和命運，具體描寫他們在兩種文
化衝突中的處境及其隱秘的心靈世界，唱出了深沉而又哀婉的浪
子悲歌。

　　自《永遠的尹雪艷》開始，白先勇的小說藝術臻於成熟的境
界。收在《臺北人》中的14篇短篇小說幾乎篇篇都是精品，它們
奠定了白先勇作為優秀小說家的地位。《臺北人》每篇獨立成章，
各篇之間又有內在聯繫，雖然題材不同，但大多數描寫的是從大
陸去臺灣的上流社會人物的沒落以及悵然失望的心態，是一曲曲
舊制度衰亡的輓歌。這部小說集在卷首題寫的劉禹錫《烏衣巷》，
隱喻著作品的深刻主題：「朱雀橋邊野草花，烏衣巷口夕陽斜。
舊時王謝堂前燕，飛入尋常百姓家。」《臺北人》中的人物都不
是地道的「臺北人」，除《孤戀花》中的娟娟來自臺灣鄉下外，
其餘皆是1949年左右到臺灣去的大陸人。這些客居臺北的所謂
「臺北人」都有過榮耀的或值得留戀的過去。在大陸時，有的夫

貴妻榮，有的財源茂盛，有的少年得志，有的色相迷人。即便是伙伕頭賴鳴升也有記憶中的榮立戰功的「臺兒莊」，退伍老兵王雄也有他的難忘的「小妹仔」。但他們到臺北後，這一切便都一去不復返了。他們無例外地眷戀著過去，掙扎於現在，迷惘地面對著未來。作者把這部小說集定名爲《臺北人》，一方面眞實地反映了「臺北人」的生活境遇和思想感情，另一方面對他們沒落的命運表現出悲憫和哀悼，從而充分揭示出「今不如昔」的感時傷懷主題。

　　《永遠的尹雪艷》作爲《臺北人》的首篇，它所表現出的歷史感和命運觀鮮明地昭示著《臺北人》的價值取向。尹雪艷原是上海百樂門舞廳的高級舞女，十幾年過去了，她「總也不老」，「在臺北仍舊穿著她那一身蟬翼紗的素白旗袍」，「連眼角兒也不肯皺一下」。然而，沾上她的人，輕則家敗重則人亡。上海棉紗大王的少老闆王貴生沾上了，被槍斃；金融界炙手可熱的洪處長沾上了，一年丟官兩年破產；新興的實業巨子徐壯圖沾上了也在劫難逃，未得善終。尹雪艷似乎不是風塵女子，而是「冰雪化成的精靈」，是冥冥之中命運之神的化身。她的永不衰老的容顏以及給人的難以抗拒的誘惑，具有豐富的象徵意蘊：人世間爲欲望左右著的人們，都難逃命運之神的掌握；欲望、名譽、地位、金錢……都是短暫的，唯有命運是永恒的。《國葬》中的李浩然是陸軍一級上將，統率過百萬大軍，曾經聲名顯赫，然而在成爲「臺北人」之後便厄運不斷，手下的愛將有的長住醫院，有的當了和尚，也紛紛落得個凄涼結局。《思舊賦》借前來探望故主的舊僕順恩嫂之口，將李公館的今昔作了對比。南京清涼山那家李公館，「從前哪個春天，我們夫人不要在園子裡擺酒請客、賞牡丹花？」現今到了臺灣，小姐跟人私奔，少爺發瘋，長官要出家，

那種「轟轟烈烈的日子」已徹底湮沒於歷史煙雲之中。《遊園驚夢》中的錢夫人藍田玉當年憑一齣崑曲《遊園驚夢》唱紅十里秦淮，一夜之間由一個清唱姑娘變成了將軍夫人，整日講排場、耍派頭，宴客的規格每每轟動整個南京城，然而十幾年過去便風光不再，榮華富貴隨風飄逝，她的生活由絢爛歸入平淡。這真所謂造化弄人。《臺北人》大部分篇章表現的便是業已退出歷史舞台的上流社會的衰敗的命運，在過去／現在、大陸／臺灣兩個時空的不斷交錯閃回中，呈示人生的無奈和蒼涼。

《孽子》是白先勇至今唯一的一部長篇小說。1977年開始連載， 1983年出版單行本。這是中國現當代文學中第一部以同性戀為題材的小說。這部作品的主題是多層面的。從表層看，作為一部正面寫同性戀的小說，作者不用隱喻，不帶偏見，嚴肅認真地表現了同性戀者的世界。而從深層去分析，《孽子》不是一部純粹意義上的同性戀小說，作者通過同性戀故事的描寫，展示了整個臺灣的社會風貌，剖析了靈與肉、父與子、情與法等複雜關係，寫出了社會滄桑和動人的人性、親情。作者對那些被侮辱、被損害的「青春鳥」表現了深切的悲憫和同情。小說主要分為上、下兩篇。上篇題為《在我們的王國裡》，描寫以臺北「新公園」為核心的「黑暗王國」，重點展示骯髒齷齪的男妓世界。下篇題為《安樂鄉》，寫那些淪落的「青春鳥」企圖通過自己的努力，謀求合理的、健康的、人道的普通人的生活。

同性戀作為人類情感的一種特殊形式，在異性戀占絕對統治地位的中國社會裡無疑是一個異端。最主要的，它對傳統倫理道德觀念構成了強有力的衝擊。信奉「不孝有三，無後為大」傳統觀念的習慣勢力必然要對這一異端加以絞殺。這在《孽子》中突出地表現為尖銳的父子衝突。無論是李青的父親，還是傅衛的父

親傅崇山、小玉的後父山東漢子，他們雖然社會地位不同，個性迥異，但都是傳統倫理道德觀念的信奉者和維護者。而一旦他們作爲傳統道德的化身出現的時候，對作爲同性戀者的兒子而言，父親便不再僅僅是父親，父子衝突也由人倫衝突走向道德衝突。李青及其同類人因此經受著更多的心靈痛苦。在表現同性戀者與以父親爲代表的社會的衝突中，作者盡量淡化其性向特徵，而著力突出其情感特徵，生動而細膩地描寫同性戀者的情感世界，從而爲同性戀者存在的合理性作出解釋。小說主人公李青的境遇很有代表性。李青生性敏感而脆弱，從小在家庭裡缺少父母的呵護和關愛。一慣嫌棄他的母親與人私奔後，父親更加難於接近，李青便與同樣孤獨的弟弟弟娃相依爲命，他把所有的情感傾注在弟弟身上，給他買口琴，幫助他學音樂，和他一起看武俠小說，參加他的畢業晚會……這構成了李青情感世界中最美好的部分。然而，這份帶有同性戀傾向的情感由於弟娃的去世而遭到重創。強烈的情感激流在突然失去傾洩對象後離開了原先的航道。在趙武勝的引誘下，潛隱的同性戀傾向開始顯性化，李青在實驗室裡終於邁出了走向「黑暗王國」的第一步。而在性的沉淪中，李青並不是滿足於肉欲刺激，而是不斷地尋找情感的慰藉，在他與趙英、小弟、羅平等的交往中，我們看到更多的是情感的純眞和善良。正因如此，作者對同性戀者的命運表達了深切的同情，對傳統倫理道德觀念進行了理性的反思。

作爲臺灣現代派的代表作家，白先勇小說具有鮮明的特色。一方面他具有中國古典文學的根基，這使他養成尊重傳統、保守的氣質，另一方面他又接受了西方文學的訓練，這使他成爲充滿現代文學精神品質的作家。他寓傳統於現代，熔中西小說技巧於一爐，形成了精湛獨特的小說藝術。首先，在人物形象的塑造上，

白先勇較多的採用了以形寫神的手法,受到了《紅樓夢》等古典小說較深的影響。他通過對人物言行舉止和穿著打扮的描寫反映人物心理,表現人物性格。如《永遠的尹雪艷》中尹雪艷艷麗其外、冰雪其內的個性主要就是通過肖像和服飾描寫來表現的。同時,他又運用意識流手法,直接滲入人物的內心世界,揭示複雜微妙的深層心理活動。如《遊園驚夢》對錢夫人的意識流描寫,便在更高層次上刻劃出了人物的性格。其次,在結構上,白先勇把傳統的「縱剖面」的寫法與西方的「橫斷面」的寫法結合起來,總體上按正寫的時間順序展開情節,在局部描寫中又常借鑑西方現代派時空交錯的表現手法,從而擴大了作品的生活容量。這種結構形式在《臺北人》中運用得最為成功。再其次,白先勇重視語言基調的把握,努力把傳統的文學語言、現代口語和西方現代派的語言風格有機契合,形成了典雅精美、洗練明快的語言特色。

第二節　陳若曦

陳若曦(1938—　)原名陳秀美,臺灣臺北人。1957年考入臺灣大學外文系後,即開始文學創作,在《文學雜誌》上發表小說《周末》和《欽之舅舅》。1962赴美留學。1966年,陳若曦夫婦繞道歐洲回到大陸,參加中國建設,被分配到華東水利學院任教。她在國內度過了7年,親身經歷了「文革」,一顆獻身祖國的心受到嚴重傷害。1973年,全家飲恨去香港。她拿起擱置多年的筆寫出了《尹縣長》、《耿爾在北京》等以「文革」為題材的系列小說,開啟「傷痕文學」的先河,一舉成為國際知名作家。主要作品有短篇小說集《陳若曦自選集》、《尹縣長》、《老人》、《城裡城外》,長篇小說《歸》、《突圍》、《遠見》、

《紙婚》、《二胡》，散文集《文革雜憶》、《無聊才讀書》等。

　　陳若曦是個跨越鄉土與現代之間的作家。既不是純現代派，也不是純鄉土派；既是寫實的，又是超現實的。在創作思想和題材選擇上，她接近於鄉土寫實，而在表現方法和技巧上，又偏向於現代派。陳若曦是從現代派的大門跨進文學王國的，大學四年正規的西方文學教育，熱中於現代派文學的同窗好友的薰陶，使她成爲現代派運動的中堅力量。《欽之舅舅》、《灰眼黑貓》、《巴里的旅程》等早期小說有意識地模仿西方現代小說技巧，運用詭譎的象徵手法營造怪誕、神秘的氛圍，表現主觀情緒。《最後夜戲》是早期出色的作品，敘述了歌仔戲旦角金喜仔的悲慘遭遇，展現了偏僻窮困山區令人窒息的氛圍，初步顯示了作者現實主義的批判鋒芒。70年代中期，陳若曦進入創作第二時期。這時寫的「文革」題材小說在其整個創作中，有著舉足輕重的地位。《尹縣長》通過愛國起義軍官的被殺害，揭露了「文革」對老幹部的殘酷迫害。《耿爾在北京》則揭露了「文革」不僅迫害知識分子，而且破壞和扭曲了人們的情感和性格。陳若曦的「文革」題材小說較爲廣泛地反映了十年浩劫期間的社會矛盾，表現了極左路線與人民之間的尖銳衝突，在一定程度上揭露了「文革」的荒謬性。這一時期作品總的主題是寫文革時期中國人民的苦難，其中以寫歸國留學生與臺灣同胞的不幸遭遇居多。《尹縣長》的問世，要比國內「傷痕文學」的發軔之作《班主任》早四、五年，這篇率先揭露「四人幫」罪惡的力作，在文學史上占有醒目的地位。第二時期的作品與第一時期相比，藝術風格上有了很大的變化，強烈的主觀情緒不見了，代之以冷靜的客觀的敘述；誇張的、著意雕琢的語言消失了，代之以凝煉的、樸實無華的文字。1979年，陳若曦由加拿大移居美國。從這一年開始，她進入了

創作的第三時期，其顯著標誌是：內容由政治轉向婚姻愛情的故事，體裁由短篇轉向長篇。陳若曦的藝術視野由中國大陸轉向美國的華人社會，著力描寫來自海峽兩岸的華人知識分子在美國的生活和命運，表現他們的情感和心態。長篇小說《突圍》以華人教授駱翔之的婚姻戀愛爲主線，探討了中西文化的衝突。駱翔之來自杭州，在美國社會裡他的傳統觀念受到極大衝擊，在婚姻問題上充分暴露出自私、不負責任的一面。作品通過他與海倫、美月、李欣欣的感情糾葛，以及由此引發的人物之間的複雜關係，生動地展示了一部分華人知識分子空虛、庸俗、孤獨的靈魂。《紙婚》則描寫了自費赴美留學的大陸姑娘善良、正直、高尚的品質，並對比出西方社會世態的炎涼、人情的冷漠。《遠見》是陳若曦的長篇小說代表作之一。該書以臺灣來美的廖淑貞以做佣工換取綠卡（在美國的永久居住權）爲主線，以大陸來的應見湘在美從事學術研究爲副線，並通過廖淑貞女兒吳雙來美國讀書，應見湘同事路曉雲以婚姻換取綠卡等等，展示了美國與中國海峽兩岸的廣闊社會面貌，描繪了美國與臺灣的多種生活畫面，反映了一系列的社會問題。

　　陳若曦的小說在藝術上很有特色。敢於直面人生，反映重大的社會問題，充滿了強烈的時代氣息，這是陳若曦小說的顯著特點。在表現技巧方面，她擅長於象徵手法的運用，常常在作品中套用多層象徵，豐富了作品的內涵。此外，陳若曦小說還善於運用諷刺手法刻劃人物，從而使作品具有強烈的諷刺效果。

第三節　歐陽子

　　歐陽子（1939—　　），原名洪智惠，臺灣南投人。1957年

考入臺灣大學外文系。1962年赴美留學。主要作品有短篇小說集《那長頭髮的女孩》、《秋葉》，評論集《王謝堂前的燕子》，散文集《移植的櫻花》等。

　　歐陽子的小說數量不多，影響較大，這主要在於它有獨特之處。歐陽子偏重於心理表現，冷靜地剖析人性的多面性和複雜性，深入探索人物的內心世界和潛意識。她因此被稱爲「心理小說家」。白先勇認爲：「歐陽子是個縈實的心理寫實者，她突破了文化及社會的禁忌，把人類潛意識的心理活動，忠實地暴露出來。她的小說中，有母子亂倫之愛，有師生同性之戀，也有普通男女間愛情心理種種微妙的描述。人心唯危，歐陽子是人心的原始森林中勇敢的探索者，她毫不留情，毫不姑息，把人類心理——尤其是感情心理，抽絲剝繭，一一剖析。」（《〈秋葉〉序》）《花瓶》中的主人公石治川在太太馮琳面前總覺得無能爲力，太太的美貌威脅著他的地位，使他感到失去了男人的自尊，因此他愛太太愛到了發恨的地步。他想傷害她，報復她，有時其舉動簡直像瘋子一樣。他恨不得將她與世隔絕，做專供自己賞玩的花瓶。作者冷靜細膩地表現了人物的病態心理。《最後一節課》描寫一個中學教師心靈深處的創傷。李浩然在學生時代因追求一位漂亮女生而被譏爲「癩蛤蟆」，精神上烙下了深深的傷痕。二十多年後，當班上一個女生問他「癩蛤蟆」用英文如何拼寫時，引起他歇斯底里大發作。作品將人物內心世界深藏著的隱秘客觀地暴露了出來。《魔女》是一篇現代心理分析力作，也是歐陽子的代表作。在女大學生倩如的心目中，母親是高貴聖潔的化身。因此她無法忍受母親在父親去世未滿周年便匆匆嫁給一無是處的花花公子趙剛。事實上，二十多年來，倩如的母親一直欺騙著丈夫和女兒，瘋狂地愛戀著趙剛，每月找藉口與他幽會一次。趙剛與她結婚後不久

就移情別戀，爲了保住自己那一點點可憐的感情，她懇求女兒幫她奪回趙剛。作品深刻地剖析了人物爲情欲所困而造成的乖戾而痛苦的病態心理，活畫出一個瘋狂的情欲魔女的形象。歐陽子的小說細膩地描繪了形形色色人物的各種心理狀態，有常態的，有變態的；有健康的，但更多的則是病態的。又如《牆》中的若蘭迷失在姐姐和姐夫的關係之中難以自拔；《覺醒》中的母親所以破壞兒子的婚姻，只是想永遠占有他；《近黃昏時》里吉威慫恿朋友余彬與母親私通，只因爲他無法占有母親，而把余彬當作了自己的替身。歐陽子的小說將這些病態人物客觀地解剖給人看，寫出了一顆顆污濁、變態、被扭曲的靈魂。

歐陽子小說的藝術形式、表現技巧具有鮮明的現代派特徵。西方的意識流手法、象徵主義技巧、超現實主義手法在歐陽子的小說中得到廣泛運用。她常常將筆觸直接伸入人物的心靈深處進行心理分析，揭示出人性的複雜性和多面性。她也善於借助一些具體事物，賦予它們豐富的象徵意蘊，以擴大作品的內涵，如《花瓶》中的「花瓶」、《牆》中的「牆」、《網》中的「奶瓶」等。同時，歐陽子也不完全排斥傳統，作品大都情節單一，結構完整，富有戲劇性。她的小說語言冷峻、簡潔，多白描文字，少刻意修飾，顯示出一定程度中西合璧的傾向。

第四節　王文興

王文興（1939—　），福建福州人。1962年畢業於臺灣大學外文系，赴美留學。大學期間開始文學創作。他是臺灣現代派文學最堅決的捍衛者和實踐者，也是最有爭議的現代派作家。主要作品有短篇小說集《龍天樓》、《玩具手槍》，長篇小說《家

變》、《背海的人》。

　　王文興的短篇小說大多以少年兒童爲主人公，通過孩子的眼睛看世界，借此來傳達某種人生經驗和哲理。他擅長表現人物心理，尤其是人物的恐懼、絕望、孤獨、憂鬱。《下午》、《欠缺》、《寒流》、《命運的迹線》、《黑衣》等作品便顯示了王文興小說獨特的題材層面和人物類型。

　　在臺灣文壇上，王文興向來以激烈的「全盤西化論」者自居。「他看的書幾乎百分之百是小說，尤其是西方小說，他很少看中國書。」①他聲稱：反對西化就是反對文化。他的創作便是這種西化理論的實驗品。長篇小說《家變》是他的代表作。這部作品從內容到表現形式都實踐著作者反叛傳統、實踐西化的主張。主人公范曄從小在父親的呵護下長大，原是個聽話的孝子，視家爲安全的避風港。後考取大學並留校當了助教，他開始意識到自己出身卑微，與父親在感情上日益疏遠，對父親的一些生活習慣和微不足道的小過失漸漸難以容忍，動輒辱罵父親，甚至不准他吃飯、關他禁閉。儒弱的父親不堪虐待，被迫離家出走。小說採取倒敘的方式，開篇便是父親范閩賢出走，接著敘述范曄四處尋父的過程，而以尋找沒有結果結束。作品以父子之間的矛盾衝突爲主線，表現了現代資本主義思想意識對中國傳統的家庭觀念的衝擊，揭示了臺灣現代社會家庭人倫關係的異化和道德倫理觀念的淡化。《家變》寫的是「家變」，但這裡包含著豐富的社會內容，它從一個特定的角度眞實地反映了50、60年代臺灣社會歷史的演進。作者對范曄在西方觀念支配下的逆父行爲未作應有的道德譴責和批判，而是一味地肯定背棄傳統的歷史必然性和合理性，這就影響了對家變悲劇意蘊的進一步開掘。在小說的表現形式上，王文興有意追求怪異、新奇，在遣詞造句上別出心裁，生造詞語，

打亂正常的詞序，導致作品晦澀難懂。這種藝術上的「反傳統」，
使作品陷入形式主義的泥淖。

【注　釋】

①　夏祖麗：《命運的迹線─王文興訪問記》，轉引自《臺灣小說發展史》，春
　　風文藝出版社1989年版，第236頁。

第三章　臺灣小説㈡

　　鄉土派作家群是臺灣70年代文壇的一支勁旅。他們的創作以強烈的民族意識、鮮明的民族風格和濃重的鄉土氣息，充分顯示了臺灣文學的成就，在臺灣文學史上有著舉足輕重的地位。陳映眞、黃春明、王禎和是其代表。而在年輕一代的新生代作家中，李昂、黃凡、張大春則取得了引人矚目的創作實績。

第一節　陳映眞

　　陳映眞（1937—　　），原名陳永善，另有筆名許南村，臺北人。 1957年考入淡江文理學院外文系。1959年發表小說處女作《麵攤》，從此步入文壇。1968年以「涉嫌叛亂」罪被捕，入獄8年。獄中的磨難使他的思想走向成熟，他成為一個堅定的愛國主義者和民族主義者。1977年投身鄉土文學論爭，捍衛了文學的現實主義旗幟。他的鄉土文學創作和理論在臺灣文壇產生了廣泛的影響。主要作品有小說集《將軍族》、《第一件差事》、《夜行貨車》、《陳映眞選集》、《華盛頓大樓》、《山路》，評論集《知識人的偏執》、《孤兒的歷史，歷史的孤兒》等。

　　陳映眞的創作按照思想傾向和藝術風格的轉變，大致分爲三個時期，即早期（1959—1963），中期（1964—1974），後期（1975年以後）。早期作品深受現代主義思潮影響，格調陰鬱感傷。《我的弟弟康雄》中的康雄，《鄉村教師》中的吳錦翔，

《故鄉》中的哥哥，都是理想主義破滅以後走向自我毀滅的小資產階級知識分子形象，他們身上籠罩著虛無主義的頹傷迷惘的氛圍。1964年《將軍族》的發表，標誌著陳映真的創作出現重大變化。他開始由現代主義走向現實主義。這篇小說與隨後問世的《唐倩的喜劇》、《第一件差事》等作品以強烈的理性批判精神，取代了早期感傷和浪漫的情緒，呈現出深邃和諷喻的風格。《將軍族》的男女主人公一個來自大陸，一個生在臺灣，但都是典型的下層小人物，他們在歷盡滄桑、備受侮辱後以死抗議醜惡的社會。《唐倩的喜劇》通過對迷戀於現代主義的女性唐倩四次換偶的描寫，批判和諷刺了現代主義思潮與崇洋媚外思想。陳映真的這些中期作品關注現實，不斷向生活的深層掘進，表現出強烈的民族意識和社會責任感。正當他在文學道路上不斷開拓之時，厄運降臨，他的創作生命幾乎被扼殺，8年監禁生活期間他只發表了兩篇作品。1975年陳映真復出文壇，創作進入一個新的時期。以《夜行貨車》、《上班族的一日》、《雲》、《萬商帝君》等作品為代表，陳映真的後期創作將濃郁的民族意識、高度的國際主義和強烈的時代觀念相結合，深刻地表現了臺灣社會的動盪變遷，具有很強的情感力量和思辨力量。繼《華盛頓大樓》系列小說之後，陳映真又開拓新的題材領域，接連推出《鈴璫花》、《山路》、《趙南棟》等政治小說，把視線投向過去艱苦的鬥爭歲月，展現了革命者為爭取民主自由而英勇犧牲的悲壯歷程。這些作品標誌著陳映真的創作進入了一個新的境界。

　　以現實主義原則為主導，適當吸收現代主義手法，這是陳映真小說的基本藝術特徵。他把現實主義的主體精神與現代主義的象徵、暗示、時空交錯等表現技巧融合起來，闖出了一條既有民族特色，又能體現時代特徵的中西結合的創作新路。陳映真的小

說在結構上採用人稱交錯與時序變換等手法，使作品形成多層次結構和多重主題。在人物形象塑造上，既重視對人物心靈世界的開掘，又能通過複雜的社會關係剖析人物，突出其獨特的性格。

如果說陳映眞是鄉土文學的旗手，黃春明則是鄉土文學的重鎮。黃春明以其對鄉土小人物命運的強烈關注，被譽爲小人物的代言人。

第二節　黃春明

黃春明（1939—　），臺灣宜蘭人。屛東師範畢業。他的經歷十分豐富，當過兵，教過書，拍過電影電視，擔任過電臺節目主持人，在廣告公司任過職。這爲他從事文學創作打下了深厚的生活基礎。黃春明的創作開始於60年代初，迄今已出版《兒子的大玩偶》、《鑼》、《莎喲娜拉·再見》、《小寡婦》、《我愛瑪麗》等小說集。

黃春明剛踏上文壇時，受到現代派小說的較大影響。在《玩火》、《把瓶子升上去》、《男人與小刀》、《沒有頭的胡蜂》、《橋》等早期作品中，作者表現出逃避現實、追求唯美的傾向，「看它有多蒼白就多蒼白，有多孤絕就多孤絕」①。60年代中期以後，西方資本主義以經濟、技術援助爲主要手段開始影響臺灣，這使臺灣社會產生劇變。在商品主義、消費主義等社會思潮強有力的影響下，農村破產，農民走向貧困化，人與人、人與土地之間的傳統聯繫趨於瓦解。在這社會轉型期，許多精英知識分子都在傳統與現代之間彷徨。社會環境的變遷給黃春明的小說帶來了深刻的影響。

從1967年開始，黃春明的創作發生了令人矚目的變化。他

擺脫了現代主義的束縛，邁向鄉土寫實主義，接連發表了《青番公的故事》、《溺死一隻老貓》、《看海的日子》、《兒子的大玩偶》、《鑼》等鄉土題材的作品。這些小說鮮明地反映了臺灣社會在由農業社會走向工業社會轉型時期的一些基本特徵。它們大都以作者故鄉宜蘭爲人物具體的生活環境。宜蘭是一個開發較晚的移民社會，三面環山，一面臨海，保持著較爲完整的小農經濟社會格局。然而60年代以後的資本主義浪潮對這一偏僻之地也產生了較大影響，人們的生活觀念、生產方式、價值取向發生顯著變化。黃春明透過他的鄉土人物表現了鮮明的現實精神和人文關懷。《青番公的故事》是鄉土人物的頌歌。青番公是老一代農民的典型形象，年輕時因洪水肆虐全家只剩下他一個人活了下來。他在廢墟上艱苦奮鬥，重建家園，終於成就了一片家業。他安土重遷，有著濃厚的鄉土感情，希望自己的事業能後繼有人，但年輕一代在現代潮流的衝擊下卻離開故土走向城市。青番公深感茫然。作品一方面寫出了青番公美好的鄉土情懷，另一方面也表現了其不合潮流的無可奈何的悲劇性。青番公的失落感和茫然感在阿盛伯身上表現得更爲充分。《溺死一隻老貓》中的阿盛伯在現代潮流面前固守著傳統的一切，竭力反對任何變革。小說以清泉村修建游泳池爲線索，描寫了阿盛伯爲反對建游泳池所作的種種努力，以及他「以身殉池」的可笑復可悲的結局。熱愛鄉土本無可厚非，但若以愚昧、迷信的方式來實現這種追求就顯得很不合時宜。作品渲染了這一悲劇性人物身上的種種喜劇色彩，生動地寫出了一個生活落伍者的形象。在黃春明的筆下，老一代鄉土人物固然沒有滿意的歸宿，離開土地流入城鎮的年輕一代也未能獲得好的處境和地位。《兩個油漆匠》中的阿力和猴子爲了擺脫貧困的山地生活，懷著對未來生活的嚮往來到城市。在城市裡他們

彷彿無根的浮萍到處漂泊，任人踐踏。他們處於兩難境地之中。一方面，對現實社會的強烈不滿使他們常常憶起自己的故鄉，猴子在工作時邊刷油漆邊反覆忘情地唱一支古老的家鄉民謠，正是這種情感的表現和流露；另一方面，他們又不願放棄現有的那怕是很卑下的都市生活，過去的貧困生活經驗使他們對故鄉避之唯恐不及。因此，他們成為游離於鄉村和城市之間的「棄兒」。卑微的社會地位和惡劣的生活環境使他們產生渺小感和孤獨感。在物質和精神的雙重壓迫下，他們痛苦、煩躁，想擺脫眼前的處境卻找不到出路。下班後，他們爬上二十四層樓的陽台散心，卻被當作自殺者引來了警察、電視台記者、心理醫生和大批群眾，在層層包圍中，猴子神情恍惚，從樓頂上摔了下來。作品通過這兩個人物形象真實生動地表現了滿懷希望而離開土地的鄉土小人物在城市裡苦苦掙扎，最終擺脫不了卑微地位的不幸命運，寫出了他們由期望、失望到絕望的心路歷程。作者在這些作品中塑造了一系列鄉土小人物的形象。這些人物大致可分為兩類，一類為世代生活在鄉村，以土地為生命的老一輩農民，如青番公（《青番公的故事》）、甘庚伯（《甘庚伯的黃昏》）、阿盛伯（《溺死一隻老貓》）等；另一類是失去土地流入城鎮的農民，如阿力和猴子（《兩個油漆匠》）、坤樹（《兒子的大玩偶》）、憨欽仔（《鑼》）、白梅（《看海的日子》）等。作者以悲憫的情懷來描寫這些處於社會底層的卑微人物的苦惱、抗爭和失敗，傳達出他們旺盛的生命意志和對生活的熱愛。青番公、猴子、白梅、坤樹等人物雖然地位卑微，但大都有一顆善良的心靈，在生活的重壓下，他們仍然兢兢業業，保持了純淨的精神品德。黃春明透過他的鄉土人物鄉土經驗，表現了資本主義侵入農村社會時的無情和殘酷，顯示了現代文明與傳統文化之間的激烈衝突。他的小說

所表現出的關懷鄉土、關注底層民眾的文學精神，在現代主義氾濫文壇、文學嚴重脫離現實的年代裡，具有振聾發聵的作用。

　　70年代初，黃春明的創作又發生較大變化，他由鄉土題材轉向了對民族題材的關注。在《蘋果的滋味》、《莎喲娜拉‧再見》、《我愛瑪麗》、《小寡婦》等小說中，作者敏銳地發現西方國家的資本和技術在給臺灣帶來經濟繁榮的同時，文化侵略也日益加劇，臺灣社會從政治意識形態到生活觀念全面西化，成為「新殖民地」。如何既發展社會經濟又能保持民族的主權和尊嚴，消除崇洋媚外的思想，這是擺在社會各界尤其是知識界面前的一個嚴峻的問題。黃春明通過自己的創作嚴肅地提出了「新殖民地問題」，抨擊了「新殖民主義意識」。上述作品深刻地批判了崇洋媚外思想，揭露了帝國主義對臺灣的侵略、蹂躪，探索了新殖民地政治經濟關係中臺灣買辦知識分子的思想和處境，鞭撻了一批現代假洋鬼子，大力弘揚了民族意識。《莎喲娜拉‧再見》最具代表性。小說敘述小職員黃君奉上司之名為一批日本觀光客當嚮導。這些日本人昔日是侵華劊子手，現在又要來蹂躪中國姑娘，黃君出於民族義憤，機智地設下圈套，嘲弄了這群日本狂人。作品表現出極其強烈的民族主義和愛國主義感情，發表以後激起廣大民眾的共鳴。

　　80年代後期，黃春明又「重返故園」，高度關注被都市文明嚴重侵蝕的鄉村社會，《瞎子阿木》、《放生》等作品重點在於表現鄉村中老人的處境和命運問題，具有強烈的理性精神和人文關懷意識。

　　黃春明的小說以深切的鄉土情懷和強烈的民族意識取勝。他從臺灣的社會現實出發，站在一定的歷史高度，探求生活的底蘊，表現出鮮明的社會意識。黃春明的很多作品寫的是鄉村和小市鎮，

但其思想價值不僅僅限於對鄉土文化的留戀，在過去／現在，鄉村／都市的鮮明對照中，作者表現了對文化（文明）救贖之道的深刻思考。在創作前期，黃春明是從關心鄉土人物的角度來揭露資本主義經濟給社會底層勞動者帶來的生活困境和精神痛苦；而在創作後期，他則主要站在民族主義的立場來批判臺灣社會的新殖民主義。這其中也包含著一定的局限性。由於過於同情、憐憫小人物的命運，作者對破壞傳統農業文明的工業文明常持一種矛盾的態度，他在前期塑造的形象基本上都是被工業文明損害的小人物，儘管他對人物身上存在的愚昧、迷信、落後的一面進行了暴露和嘲諷，但這種批判中夾雜著較多的對農業社會的眷戀和對鄉土人物的偏愛。這在一定程度上影響了現實主義的深刻性。後期作品在針砭國民性中的奴性、抨擊崇洋媚外思想方面顯示出強烈的理性精神，具有「揭出病苦，引起療救的注意」的功效，但這種批判有時帶有較多的理想主義色彩，歷史感欠缺些。不過，所有這些都無損於黃春明作爲一個傑出的現實主義作家的光輝。他的創作開創了臺灣鄉土文學的新紀元。

　　黃春明不僅在題材上不斷開拓，在藝術上也不斷創新。他的小說大體沿用傳統小說的結構形式，故事性強，情節生動曲折，同時又融入蒙太奇等電影表現手法，時空不斷切割、轉換，使作品更富有表現力。黃春明的小說語言平易樸實，活潑形象，具有濃郁的地方色彩和鄉土氣息。

第三節　王禎和

　　王禎和（1940—1990），臺灣花蓮人。1963年臺灣大學外文系畢業後，擔任過中學英語教員、航空公司職員，後長期在電

視台工作。1961年在《現代文學》上發表小說處女作《鬼·北風·人》，在此後的20餘年裡，出版小說集《嫁妝一牛車》、《寂寞紅》、《三春記》、《香格里拉》，長篇小說《美人圖》、《玫瑰玫瑰我愛你》，以及電影劇本《人生歌王》等。

王禎和是在現代主義文學影響下開始寫作的。處女作《鬼·北風·人》無論結構、技巧、氣氛的渲染，還是主人公秦貴福對姐姐的畸戀心態，都帶有現代派的色彩。但不久他就改變創作走向，著力於反映小人物的不幸命運。與黃春明筆下自信、堅強、不向厄運妥協的小人物不同，王禎和作品中的小人物愚昧、麻木、自私，缺乏進取精神和抗爭意識，最後被現實吞沒了。《五月十三節》中的小商人羅老闆，《寂寞紅》中的小鐵匠秦世昌，《快樂的人》中的含笑，都是這樣的形象。而寫得最有深度的當推《嫁妝一牛車》。王禎和在這篇代表作中塑造了一個歷經坎坷、遭遇悲苦、喪失自尊和人格的悲劇人物形象。萬發原是個雇工，靠種田為生，由於連年歉收，生活無著，便又以替別人拉車來謀生。他大半生奮鬥的目標是想有一部自己的牛車，但現實一次次毀滅了他的理想。最後他用老婆的肉體換來了牛車，而卻永遠失去了做人的尊嚴。小說結尾，萬發已喪失了起碼的人格，淪為一具行屍走肉。作品通過萬發幾經掙扎屈辱無法逃脫失敗命運的故事，形象地揭示了小人物難以把握自己命運的嚴酷現實，表現了作者悲天憫人的人道主義情懷。

《小林來臺北》、《美人圖》、《玫瑰玫瑰我愛你》等後期作品則主要表現了作者深沉的民族主義和愛國主義精神。與黃春明70年代的創作相彷彿，王禎和的這些作品鞭撻了臺灣社會普遍流行的崇洋媚外思想，嘲諷了「高等華人」的醜惡靈魂。《玫瑰玫瑰我愛你》是一部長篇力作。參加越戰的三百名美國大兵要來

花蓮度假一周，爲了進行一場國際「性」交易，花蓮四大妓院開辦「吧女速成班」，教妓女學英語，要把妓女培訓成能伺候美國兵的吧女。小說描寫了速成班開辦的過程，從一個獨特的視角對臺灣色情業進行了掃描，揭示了臺灣社會的人生觀、道德觀和價值觀。作者運用誇張、荒誕的表現手法，刻畫了中學英語教員董斯文、縣議員錢銘雄等一系列喜劇人物形象，通過他們的自我表演，充分暴露出其卑劣、醜惡的內心世界。《玫瑰玫瑰我愛你》原是一首流行歌曲，以它爲書名，具有深長的意味。玫瑰原象徵愛情，而妓女與嫖客之間有何愛情可言？更具反諷意義的是，越戰時越南流行一種叫玫瑰梅毒的性病，花蓮妓女唱出「玫瑰玫瑰我愛你」，意味著爲了金錢她們將「熱情地」迎接這種潛在的危險。

王禎和的小說眞實地反映了60至80年代臺灣社會現實，傳達出作者對社會、人生的深刻認識。他的小說不僅有較大的思想深度，而且形成了獨特的藝術風格。首先，王禎和在小說中有意識地吸收戲劇的表現手法，大量採用對話、場景呈現人物和事件，以直接呈現的方法抒寫人物的心靈。《美人圖》中一個場景接一個場景，用場景帶動故事。《兩隻老虎》、《寂寞紅》則妙用戲劇對白來表現人物之間的關係。其次，王禎和常用喜劇形式來表現悲劇內容。他的大部分小說寫的雖是悲劇人物，卻洋溢著一種濃烈的喜劇色彩，產生了辛辣的諷刺效果。此外，他還巧妙地運用方言，將臺語與國語相融合，形成了頗具表現力、充滿地方色彩的語言風格。

在臺灣80、90年代風行的女性小說、「情色小說」中，李昂的作品具有代表性。

第四節　李　昂

　　李昂（1952—　），原名施叔端，臺灣彰化人。1974年畢業於中國文化學院哲學系。1977年獲美國奧勒岡州立大學戲劇碩士學位。李昂在中學階段就開始文學創作。1968年發表處女作《花季》，闖入性心理題材創作領域，此後的作品大都以兩性關係爲主要表現對象，探討女性的地位和命運問題。70年代她陸續推出鹿港故事系列小說，而她眞正引起文壇強烈關注則始於1983年發表中篇小說《殺夫》。由於題材的敏感和觀點的大膽、新奇，李昂成爲臺灣最受爭議的作家之一。主要作品有《混聲合唱》、《人間世》、《愛情試驗》、《殺夫》、《暗夜》、《一封未寄的情書》、《年華》、《迷園》等。

　　李昂的小說具有深沉的社會主題。她在作品中借助於主人公婚姻愛情故事，緊緊抓住與婦女關係最大、影響婦女命運最深的「性」，從各個角度加以深入開掘，表現強者對弱者、男性對女性的掠奪，無情地揭露和痛擊封建勢力對女性的摧殘。在描寫性關係時，李昂努力表現女性的性意識、性自主和性反抗，鼓吹婦女解放。她打破了中國小說的許多禁忌，將人性深處最隱秘的東西毫不留情地挖掘出來。如果說早期以古樸的鹿港風情爲背景的鹿港系列小說更多地表現了封建勢力束縛下婦女解放道路的艱難和漫長，那麼在90年代的小說如《戴貞操帶的魔鬼》系列小說中，李昂的藝術視野進一步擴大，她以整個臺灣爲背景，廣泛涉及生活、性、死亡、政治等內容。《北港香爐人人插》便因表現性與政治的結合這一敏感題材而受到人們的關注。

　　中篇小說《殺夫》是李昂的代表作。小說描寫古鎮鹿港的一

個名叫林市的弱女子，因不堪丈夫陳江水長期殘酷的性虐待、性掠奪，精神崩潰，用殺豬刀殺死了陳江水。作者抓住了這一「殺夫」題材，對封建主義尤其是男性沙文主義進行了無情的揭露和抨擊，表現了追求婦女解放的思想主題。林市出身於一個讀書人家。9歲時父親病故，她與母親流落街頭。13歲時由於一個逃兵的出現，她又失去了相依爲命的母親。後來，她被迫嫁給了比她大20多歲的「殺豬仔」陳江水。陳江水是個極端的夫權主義者，他視林市爲肆意玩弄的對象，洩慾的工具，對她非打即罵，施虐時總要把她整治得如殺豬般尖叫才心滿意足。在封建迷信氣氛十分濃重的閉塞漁村，林市不但未得到人們絲毫的同情和憐憫，相反地她常受到冷言羞辱，在心中蒙上了重重陰影。種種非人的折磨和內心深深的惶恐，導致她走向精神崩潰。在一個恐怖的黑夜裡，神智錯亂的林市拿起那把陳江水常用來恐嚇她的屠刀，像殺豬一般殺死了他。作品描寫了窮鄉僻壤陰鬱的社會生活，揭露了愚昧、迷信、野蠻等封建主義的毒素對女性的戕害，具有銳利的批判鋒芒。《殺夫》的出現標誌著臺灣女性文學創作進入了女性主義時期。

　　《迷園》是李昂最具影響力的長篇小說。開始創作於1986年10月，1990年完成。這部力作以朱影紅與林西庚迷狂的情愛史爲主要線索，表現了臺灣較爲廣闊的社會生活。朱影紅是著名世家鹿城朱家的小姐，在一次晚宴上邂逅建築業巨子林西庚。他那種異於臺北其他商人的深沉、自信，他的夢想，他的事業王國，這一切使初次與他相識的朱影紅很快陷入迷離的、強烈的愛戀中。從清晨到深夜，除了等他的電話和與他幽會，她整個人變得愛嬌慵懶。在甜蜜的情愛迷亂中，兩人展開了一場持久的角逐。她不顧一切地愛著他，對他一味地依賴、奉獻，並以爲屈從於所愛的

男人是一種眞正的快樂。而林西庚最初表現出更多的是征服慾、占有慾的滿足和性的需要，整天浸泡在歡樂場裡的他有足夠的經驗對付她。在情感道路上經歷了馬拉松式的艱難跋涉後，朱影紅終於發現應該結束這一切了。她不再以他爲中心，恢復了自我，回到了世代居住的菡園。而當朱影紅重新以眞我的形象出現在林西庚面前時，他眞正動了心，要她嫁給他。一段撲朔迷離的情愛歷程才告一段落。這部小說保持了作者一貫的女性主義立場，對現代社會裡的男歡女愛進行了深沉反思。作品通過對朱影紅迷亂的性意識的描寫和揭示，表現了婦女解放道路的艱鉅性。《迷園》還深刻反映了臺灣政治生活。這主要通過對朱影紅的父親朱世彥的描寫來實現的。朱世彥早年從日本讀完書遊學歐洲，回臺後，致力於把朱家辦的臺灣第一所現代高中辦好，推廣文化運動以喚醒臺灣人不再接受異族統治。但光復後不久即被捕。在國民黨的牢房裡，他發現「不是異族，但比異族還殘酷，不是侵略者，但比侵略者還更血腥」，自己之所以獲罪，就因爲「我是知識分子，我會思考，我不會輕易地被擺布」。經過九死一生，他得以出獄，但身體遭重創，精神上更受到極大傷害，最終無所事事一輩子。爲了排遣精神痛苦，他玩相機（先後買了232架名牌相機，爲照相甚至不惜放火燒山差點把菡園燒掉），玩汽車（擁有兩部賓士車），玩音樂（櫥子裡、櫃子上、床內外擺滿了各式大小喇叭、轉盤）。儘管如此，他仍有著強烈的憂患意識：「當前有多少讀書人，眞能枕流洗耳、肯聽眞話、敢面對現狀；漱石礪齒、敢講眞話，要求改革進步？」因此，他給自己的書齋取名「枕流閣」。朱祖彥的命運是臺灣知識分子命運的一個縮影，反映了國民黨當局的政治高壓給臺灣人民造成的巨大災難。小說取名爲「迷園」有著深刻的象徵意蘊。「迷園」——菡園是朱家的祖產，臺灣最

大的私家花園，建於清道光年間。在過去兩百年的風風雨雨中，她興旺過也衰敗過，現在朱影紅將她修葺一新後捐獻給民間的菡園管理基金會。她說：「我要這座園林，屬於臺灣，屬於臺灣兩千萬人，但不屬於任何一個迫壓人民的政府。」這座菡園是臺灣的象徵，她的興衰史正代表著臺灣命運的變遷史。

第五節　黃　凡

　　黃凡（1950—　）原名黃孝忠，臺灣臺北市人。中原理工學院工業工程系畢業。1979年發表第一篇小說《賴索》，登上文壇。此後，他佳作迭出，出版了中短篇小說集《賴索》、《大時代》、《零》、《自由鬥士》、《上帝們》、《曼娜舞蹈教室》、《都市生活》、《東區連環泡》、《你只要活兩次》，以及長篇小說《反對者》、《天國之門》、《傷心城》、《財閥》、《上帝的耳目》等，成為新世代小說家的翹楚。

　　在80、90年代的臺灣文壇上，黃凡有著舉足輕重的地位。這不僅僅因為其創作高產，也不只因為他多次獲「時報文學獎」、「《聯合報》小說獎」等大獎，更主要的是，他的創作對於政治小說的繁盛、都市文學的崛起，起了重要的推動作用。

　　政治小說是臺灣近二十年來創作量巨大、影響深遠的小說類型。《賴索》是這一類型的前驅之作。小說描寫了一位由「臺獨」活動領導者淪為大眾傳媒大紅人的政客形象，通過韓先生的政治變節諷刺了政客的醜惡政治行為，對政治機器操縱下小人物的命運給予了深切的關注。「邊緣人」賴索的經歷和命運反映了現代化進程中人的主體性的失落。隨後，黃凡致力於政治小說創作，細緻描寫臺灣社會的政治生活，揭露政治勢力對社會其他領域的

粗暴干涉，以及政治勢力與財團相勾結來駕馭社會的現象，表現
了社會大衆在政治運作中的渺小、無力和無助感。《反對者》、
《傷心城》等長篇力作都從正面觀照在政治漩渦中浮沉的人們的
命運，反映了相當一部分臺灣人對於醜惡政治極端厭倦的心態。
《反對者》的主人公、經濟學教授羅秋南突然被校方以風化罪名
加以審查，陷入困境，而這背後有著複雜的政治因素，即與高層
權力鬥爭密切相關。小說深刻揭示了現代臺灣社會嚴重的泛政治
化現象。《傷心城》表現了相似的主題。小說中的范錫華是一個
出身社會底層的知識分子，靠岳父提携躋身上層政治圈。他的政
治生命完全操縱在有財有勢的岳父手中。一旦他逸出原先的政治
軌道追求自己的理想時，便立即從政治巔峰跌落下來。

　　除了政治小說外，黃凡還創作了大量都市文學作品。他的都
市小說廣泛涉及都市社會生活，揭示了都市社會的結構特徵。短
篇小說集《都市生活》中的作品分別以商業生活、藝術生活、道
德生活、政治生活、宗教生活等爲副題，立體地呈現出諸種因素
相互滲透交織的現代都市社會的生活圖景。黃凡的小說還描寫了
都市人中普遍存在的孤寂、壓抑的精神狀態，深刻地表現了人性
社會的種種困境，顯示出強烈的社會批判意識。從《人人需要秦
德夫》中的秦德夫，到《都市生活》中的范銘樞、《聰明人》中
的楊台生，再到《財閥》中的賴樸恩等，黃凡塑造了一系列都市
強人的形象。

　　黃凡小說在藝術上頗具獨創性。儘管題材與現實有著極爲密
切的關係，但他沒有襲用傳統的現實主義表現手法，而是大量採
用現代主義及後現代的技巧，從而走出了一條將現實關懷精神與
現代派風格、後現代美學熔爲一爐的創作新路。

第六節　張大春

　　張大春（1957—　）是新世代作家中又一位取得較大成就的實力派作家。原籍山東濟南，生於臺北。輔仁大學中文研究所畢業。　1976年發表小說處女作《懸盪》。結集出版的中短篇、長篇小說有《雞翎圖》、《公寓導遊》、《四喜憂國》、《刺馬》、《歡喜賊》、《大說謊家》、《病變》、《撒謊的信徒》等。

　　張大春在小說藝術上具有強烈的開拓創新精神，不斷地求新、求變。《懸盪》、《雞翎圖》、《七十六頁的秘密》等早期作品呈現出較為明顯的寫實風格，社會批判性強。80年代中期，張大春轉向魔幻寫實，以其鮮明的魔幻現實主義寫作風格在臺灣文壇引起轟動。《將軍碑》中80多歲的老將軍具有「穿透時間，周遊於過去與未來」的超自然能力；《從莽林躍出》敘述南美亞馬遜河流域的奇異見聞，諸如會哀哭的乾縮人頭、使人飄然飛升的神樹等；《最後的先知》、《飢餓》敘述的都是某海島雅美伊拉泰家族的故事，描寫了神奇詭譎的山地民族文化境況。與此同時，他在黑色幽默小說、歷史傳奇小說、現代偵探小說等方面也作了大量嘗試，寫出了不少成功作品。從80年代末開始，張大春又致力於後設小說的創作。張大春是臺灣後設小說的代表作家。《寫作百無聊賴的方法》直接敘述作家創作一篇小說的全過程，指出虛構的必然性，作者在敘述時不時切斷小說的進行，消解了所謂寫實的神話。《走路的人》也一再以小說的方式介入小說，強調「客觀寫實」的虛妄、不可能。《將軍碑》打破現實和夢幻、過去和現在的界限，將將軍的回憶、傳記作家的作品、將軍之子的記憶交織在一起，構成了似真似幻、真幻莫辨的特殊效果。長篇

小說《大說謊家》是張大春的集大成之作。這部作品在報上連載時，作者將每日重大新聞事件與小說情節融合起來，又巧妙融入魔幻寫實、黑色幽默、偵探小說、後設小說等多種小說成分，從而使作品成爲一部頗具特色的「新聞即時小說」。

張大春的小說創作順應了消費文化的時代潮流，他努力將通俗文學與純文學加以糅合，既保持著前衛藝術探索態勢，又融入大量通俗文學因素，這種創作取向顯示了臺灣文學大衆化、通俗化的方向，爲文學開拓了新的發展空間。

【注　釋】

① 　黃春明《〈莎喲娜拉・再見〉序》，臺北遠景出版社1974年版。

第四章　臺灣小說(三)

　　臺灣現代通俗小說是臺灣特定的社會歷史環境中反映平民意識的大眾文學。它種類齊全，有言情文學、武俠小說、歷史小說、科幻小說、推理小說、偵探小說、報導文學、專欄雜文等，擁有廣大的讀者群。其中，言情文學、武俠小說、歷史小說是影響最大的三種通俗文學樣式。

第一節　言情小說與瓊瑤

　　50年代從事言情文學創作的主要是一批赴臺女作家，以郭良蕙、孟瑤、徐薏藍為代表。她們追求浪漫純情的理想，在愛情題材中注重描寫人性。郭良蕙先後出版中長篇小說及散文等達60餘種，成為臺灣多產作家之一。她的作品大膽描寫愛情，充分表現複雜人性，尤其擅長刻劃現代女性空虛、寂寞的矛盾心理，常引起爭議。《心鎖》出版後，以破壞倫理道德的名義被查禁。這在言情文學中是少見的。《焦點》是她的代表作。這部長篇小說以十九歲少女朱顏為敘述角度，描寫了朱顏的母親周雅珊豐富的情感世界和複雜的心路歷程。孟瑤的50餘部小說大多以抗日戰爭為背景，描寫亂世男女的愛情生活，筆法靈活多樣，風格清新典雅，較好地實現了她所追求的「古典的筆，寫實的眼睛，浪漫的心」。徐薏藍的創作時間稍晚一些，她的小說追求尋常生活的詩意呈示，人物的感情生活大都以詩美為目標。這一時期的言情文學在價值

取向上是頗爲傳統的：以民族傳統的道德觀念爲依歸；沿襲傳統
言情文學的創作模式；明顯脫胎於「才子佳人」小說；洋溢著溫
馨浪漫的情愛氣息。這與當時臺灣傳統的農業經濟社會是合拍的。

　　60年代初期，臺灣社會開始走向西化。傳統的道德觀念逐漸
解體，現代道德觀念尚未形成，因此在婚姻、愛情、家庭方面存
在著一系列問題。這爲言情文學提供了極爲豐富的素材。同時，
陷於情愛危機和諸多婚戀問題之中的人們也渴望在溫馨浪漫的言
情文學裡獲得慰藉，在夢幻世界裡尋找感情寄託。這成爲言情文
學發展的社會心理基礎。臺灣言情文學在這樣的社會歷史背景、
文化及文學背景下獲得了突飛猛進的發展。六七十年代活躍的言
情作家有瓊瑤、華嚴、玄小佛、朱秀娟、楊小雲等。

　　華嚴1961年由皇冠出版社出版第一部長篇小說《智慧的燈》，
一舉成名。華嚴的作品擅長於以悲天憫人的情懷敘述主人公的感
情經歷，透過女性的視角闡釋人世間的苦樂，具有較強的道德力
量。朱秀娟1963年自美返臺後投身商界，並開始業餘創作。她
的作品通常以現代女性爲主人公，描寫她們的生活、愛情和命運。
不少小說具有自傳色彩，表現自己在情感和人生道路上的酸甜苦
辣。長篇小說《女強人》是其代表作。小說描寫了一個自強不息，
最終在愛情和事業上獲得成功的女性形象。這一人物鮮明地反映
出現代女性的人生觀、婚姻觀、價值觀，閃爍著理想主義的光輝。
玄小佛18歲時出版第一部小說《白屋之戀》。在臺灣衆多的言情
小說家中，玄小佛是獨具個性的一個。同樣是寫「青春情愫」的
高手，她不像瓊瑤那樣「神化」愛情，也不像姬小苔那樣在觀念
和情感上充滿現代色彩。她也喜好「一見鍾情」和「大團圓」結
局，但表現出較爲明顯的世俗化傾向。她不追求強烈的戲劇效果，
主人公的情感歷程中往往沒有令人驚心動魄的大喜大悲，故事情

節通常並不太曲折，作者慣於在線性結構中思考人物的命運及與此相關的一些形而上的問題。不少作品滲透著宿命論思想。在六七十年代的言情小說家中，影響最大、成就最高的還要數瓊瑤。有關瓊瑤的言情文學創作，後文將予以論述。

　　與50年代的言情文學相比，六七十年代言情文學有了較大的發展。瓊瑤等人作品不再著力表現女性的不幸婚姻或追求美好愛情所付出的代價，而熱中於描寫男女主人公豐富多采的情感世界，表現他們純潔、浪漫的愛情。由於她們的作品大都以社會轉型期為背景，因此人物不再恪守傳統的道德規範，在婚戀觀念上較50年代要大膽、開放得多。但六七十年代畢竟還處於轉型期，人們的人生觀、價值觀、倫理觀、道德觀等方面存在著諸多矛盾。不少作品便表現了人物在道德倫理上的矛盾衝突，描寫了他們在愛情與婚姻、愛情與家庭、愛情與事業等方面的感情困惑。在這方面較為突出的還有楊小雲。楊小雲的《水手之妻》、《不是雨季》、《等待春天》、《無情海》等小說以愛情為中心，表現人物內心具有連動性的一系列情感反應。她常將愛情置於現實和理想、親情和友情等矛盾的夾縫中，借以表現愛情頑強的生命力和人物豐富的情感世界。

　　1980年，蕭麗紅在《聯合報》推出長篇小說《千江有水千江月》。這部小說掀開了臺灣言情文學發展新的一頁，引發了新一輪言情文學創作高潮。

　　也就在這一年，姬小苔以長篇小說《奔放的青春》、《愛的輪轉》登上文壇。姬小苔的小說沒有沿襲言情小說的傳統創作模式。她筆下的主人公不再是受蹂躪、受迫害的弱女子，也不是一味沉溺於愛河之中的純情佳麗，而是具有鮮明現代思想觀念和獨立經濟地位的現代女性。在藝術形式上，其小說情節緊湊連貫，

故事性強，有一部分作品還引入偵探小說的表現手法，在偵破的框架中裝進言情的內容，頗有新意，呈現出鮮明的大眾文化品格。

80年代是繼60年代之後臺灣言情文學發展的又一高潮期。這與臺灣的現實社會有著密切的關係。「三毛熱」和「席慕蓉熱」等言情文學熱的相繼出現，說明言情文學已成爲大眾文化消費的重要內容。80年代涉足言情文學創作領域的作家難以計數，代表作家還有三毛、席慕蓉、蔣曉雲、廖輝英、蕭颯、張曼娟等。

三毛60年代開始創作，但大量創作則在70年代，出版了《撒哈拉的故事》、《稻草人手記》、《哭泣的駱駝》等散文集。1979年其丈夫荷西去世後，創作激情進一步高漲，著有《背影》、《夢裡花落知多少》、《清泉故事》、《萬水千山走遍》等散文集，在海峽兩岸掀起了一般強勁的「三毛熱」。其散文取材於自身經歷和異域風情，她用飽蘸激情的筆墨細緻描寫自己經歷過、感受過的斑斕人生，展示了她那豁達堅強而又多愁善感、明快熱烈而又悲天憫人的鮮明個性。她作品中最爲感人的是那些以撒哈拉沙漠爲背景，以她與荷西的愛情、婚姻生活爲題材的作品。席慕蓉自1981年出版第一本詩集《七里香》後，相繼有詩集《無怨的青春》、《時光九篇》，散文集《成長的痕迹》、《畫出心中的彩虹》、《寫給幸福》、《有一首歌》等問世。席慕蓉努力在作品中營造溫馨的愛的境界，親情和愛情是其作品永恒的主題。廖輝英主要作品有中短篇小說集《油麻菜籽》、《不歸路》，長篇小說《盲點》、《窗口的女人》等。廖輝英自認不是純粹的言情小說家。與絕大多數言情小說不同，她的作品具有強烈的社會意識。她的小說大都以臺灣社會轉型期爲背景，描寫現代觀念與傳統觀念撞擊過程中家庭和婚姻關係的不穩固狀態。她筆下的婚姻絕少是圓滿、美好的，通常充滿矛盾，危機四起，這使讀慣了

描寫男歡女愛、海誓山盟的言情小說的讀者感到異樣新鮮。蕭颯創作的豐收時期是在八十年代，相繼出版了10餘部長篇小說、中短篇小說集。蕭颯的言情小說擅長在錯綜複雜的情愛關係中拷問人物的靈魂，探尋人物的內心世界。她常常爲人物設置多角愛情關係，這多角關係彷彿一張網，人物在其中左衝右突，苦苦掙扎，到頭來往往以無可奈何的結局告終。張曼娟是80年代最爲年輕的言情小說家。這位出生於60年代初的新銳作家出版了在80年代相當暢銷的小說集《海水正藍》。與同時期的許多作家不同，張曼娟相信現代化都市社會中依然存在著海枯石爛、天長地久的愛情，她以「無怨的、不悔的、生生世世」的「古典的浪漫」愛情，來對抗現實中「你叫約翰，我叫瑪麗，合則留，不合則去」的愛情模式。

　　90年代臺灣言情文學在走向後工業和後現代的社會環境和文化背景下獲得了廣闊的發展空間。毋庸諱言，爲了滿足大眾文化消費，不少作品充滿性的暗示和色情描寫，似乎「性」是「愛」的唯一目的。因而，臺灣九十年代言情文學在價值觀、道德觀、人生觀方面出現了前所未有的龐雜和混亂，作品數量多但精品少，創作者眾但大家、名家罕見。這在一定程度上制約了言情文學的健康發展。

　　在臺灣言情文學大潮中，瓊瑤是最有代表性的作家。

　　瓊瑤（1938——），原名陳喆，湖南衡陽人。9歲時在上海《大公報》兒童版發表《可憐的小青》。中學時代在報刊上發表二百多篇小說、散文。高中畢業後走向文學創作道路。1963年第一部長篇小說《窗外》發表，一舉成名。30多年來，共出版42部長篇小說，還有大量的中短篇小說。瓊瑤的絕大部分作品已被搬上銀幕、屏幕，成爲知名度最高的言情小說作家。主要作品

有《窗外》、《煙雨濛濛》、《幾度夕陽紅》、《彩雲飛》、《在水一方》、《我是一片雲》、《庭院深深》、《夢的衣裳》等。

綜觀瓊瑤的言情小說創作,根據作家生活際遇的轉折、審美趣味的嬗變、作品主題的更迭及社會歷史的變遷等諸種因素,大致可以將它分爲前後兩個時期:前期是從1963年《窗外》到1972年《海鷗飛處》;後期是從1973年《心有千千結》到1985年的《冰兒》。

以《窗外》的問世爲標誌,瓊瑤正式加盟言情文學創作隊伍。雖然此前她已發表爲數不少的短篇小說,但一直藉藉無名。在苦心經營多年之後,瓊瑤將自己的經歷、情感作爲素材,營造了《窗外》的世界。這部以師生戀爲主要內容的小說融入了作者一段痛苦的經歷:高考失利、初戀失敗、婚姻破裂。女主人公江雁容身上明顯有著作者的影子。《窗外》最大的成功便是將「情」字寫得淋漓盡致。作者寫出了情的眞誠、情的執著和情的無奈。作品突破了言情文學常見的模式,追求深層的悲劇效果。個人遭遇的坎坷,情感世界的壓抑,對婚姻的絕望,使她的作品蒙上濃重的抑鬱、感傷的色調。《窗外》之後,她接連出版了《煙雨濛濛》、《六個夢》、《幸運草》、《幾度夕陽紅》、《菟絲花》、《潮聲》等小說。這些作品大多以悲劇結局,從中不難窺見年輕的女作家對人生和文學的基本認識。在整個創作前期,能代表瓊瑤創作成就、且產生廣泛影響的力作,基本上是寫愛情悲劇的。

瓊瑤小說的愛情悲劇反映了人類存在的不和諧。其中蘊含的悲劇性衝突是主人公在不屈不撓的追求愛情的過程中與現實之間的尖銳衝突。由於主人公性格的差異,他們的精神狀態和採取的行動有所不同,有些人由於性格較爲軟弱而反抗性相對顯得缺乏些,而有些人則明顯地有「知其不可而爲之」的精神,悲劇色彩

要強烈得多。自然，瓊瑤是個通俗文學作家，我們不能也沒有必要要求她像純文學作家那樣有更爲自覺的悲劇意識，但從她的前期作品中，我們能鮮明地感受到魯迅所說的：「悲劇是將有價值的東西毀滅了給人看」。

　　與《窗外》相比，《煙雨濛濛》在藝術視野上要開闊得多。瓊瑤是純情作家，致力於家庭、愛情和婚姻生活的開掘，其作品時代和社會色彩常常很淡。《煙雨濛濛》是少數幾部有歷史縱深感的作品之一。它以大軍閥陸振華家族的興衰爲線索，從一個側面反映了中國數十年動盪的歷史。不過，作爲一部言情小說，作品注重的是情感的表現，借時代風雲來寫人物命運的變遷，在人物尖銳的矛盾衝突中展示人性的種種。作品描寫了大大小小的悲劇：大女兒陸依萍爲雪母恥瘋狂報復小老婆雪琴；雪琴携巨款與奸夫私奔；小女兒陸如萍因失戀而自殺身亡；大兒子陸爾豪混進流氓團體而離家出走；另一個女兒陸夢萍則失足成了未婚媽媽。「曾經三妻四妾左擁右抱」的陸振華，「而今人去財空徒呼奈何」，死的時候身邊一個親人也沒有。堂堂陸府爲抵債而被廉價拍賣，眞落得個「白茫茫一片大地眞乾淨」。在一部言情小說中表現如此豐富的內容，這顯示了瓊瑤駕馭較爲龐大題材的能力。從中也可看出，瓊瑤儘管「純情」，但並非像某些人所說的那樣「不食人間煙火味」。

　　緊接著問世的《幾度夕陽紅》將一個「情」字表現得更爲淋漓盡致，無論情的長度還是情的力度，它在眾多的愛情故事中都是獨特的。這部作品充分奠定了瓊瑤在臺灣通俗文學史上的地位。《幾度夕陽紅》寫的是有著微妙關係的兩個家庭兩代人之間的愛情故事。魏如峰和楊曉彤在晚會邂逅相遇，一見鍾情，很快陷入熱戀。他們這份純潔的愛固然彌足珍貴，但作者的著重點並不在

此，其主要意圖在於借這段戀情引出何慕天和李夢竹老一輩的愛情，或者說魏楊愛情只是何李愛情的續曲，何李愛情才是作品描寫的重心。作品正面表現了愛情和婚姻的矛盾。十八年前，橫在何慕天和李夢竹之間的主要障礙便是何已是有婦之夫，一方面何暫時擺脫不了妻子的糾纏，無法及早終止這起父母包辦婚姻，另一方面不知情的李夢竹偏偏又中了何妻的圈套，愛情頓時受挫。十八年後，當何李再度相遇舊情復燃之時，兩人之間又橫著一個楊明遠，李夢竹因剪不斷對家庭的責任感只好慧劍斬情絲。因此，何李的愛情始終與婚姻相悖。自《幾度夕陽紅》開始，婚外戀情成為瓊瑤常常描寫的題材，如《紫貝殼》、《我是一片雲》等。在現實生活中，「婚外戀」常為人所不齒。而在言情小說中，它又往往是作品藝術魅力的生長點。如何處理兩者的關係，這是擺在作家面前的一個重要課題。瓊瑤在思想意識和道德觀念方面是個較為傳統的作家，她在駕馭「婚外戀」題材時往往突出人物愛情的純潔性，從而使人物感情的發展既超越一般社會道德又能吸引讀者、打動讀者。正因為如此，儘管她寫了形形色色、各式各樣的愛情，卻與「色情」無涉。

　　瓊瑤的前期創作並不全是悲劇。深受中國傳統文化薰陶的瓊瑤沒有放棄喜劇的形式。在一部分作品中，大團圓的結構類型被一再搬用，有時甚至可以明顯地看出這種結局是虛假的，是作者強給作品安上的一條光明的尾巴。而這，也正可看出溫柔敦厚的美學傳統和大眾審美文化心理對作家的深刻影響。

　　自1973年《心有千千結》開始，瓊瑤文風丕變，此後，她的創作中洋溢著明朗、樂觀、溫馨的情調。她努力表現愛情的力量和作用，盡可能地拒絕和消解悲劇，追求令讀者和書中人物皆大歡喜的喜劇效果。

　　《心有千千結》中的江雨薇是十全十美的天使的化身。是她充分理解了耿克毅——表面威嚴暴躁實則晚景淒涼的老人，並爲他找回了兒子耿若塵，給他帶來了晚年的快樂；是她以愛和才智，使浪蕩公子耿若塵振作起來，由頹廢而奮發，成爲事業有成的堂堂男子漢；是她進而拯救了整個耿家，爲風雨園帶來了歡樂幸福。這部作品充分突出了愛的力量。在瓊瑤後期作品中，作家借助於不同的人物形象和不同的愛情故事反覆說明：「愛具有戰勝一切的力量。」

　　在瓊瑤的後期作品中，喜劇氣氛最爲濃烈的當推《夢的衣裳》。夢幻般的境界，浪漫熱烈的情調，融合著一個感人至深的愛的故事，爲單調庸常的現實披上了一件色彩斑斕的「夢的衣裳」。「我有一件夢的衣裳，青春是它的錦鍛，歡笑是它的裝璜，柔情是它的點綴，我再用那無窮無盡的思量，把它仔仔細細地刺繡和精鑲……」這夢的衣裳裡既包裹著純情少女陸雅晴與桑爾旋的眞摯愛情，也包裹著桑家親輩之間的濃重親情。

　　後期的瓊瑤追求喜劇，拒絕悲劇，努力大營造溫馨、甜美的愛的世界。儘管她深知在現實生活中悲劇不比喜劇少，即使在眞誠的愛情中，苦惱也常常比歡樂多，但她堅持認爲：「我仍然相信世界的美好，我仍然有滿腔急於發洩的東西，我仍然想把我所知道的那個充滿了『愛』的『好』的人生寫出來，獻給願意接受它的人們，不管我爲此是否會受到指責和誤解。」（《穿紫衣的女人・序》）在她的筆下，人生顯得那麼美好，人類表現得那麼高尚，作品主人公或許會經受磨難和考驗，但隨之而來的愛情和人生會放射出更爲奪目的光彩。也正因爲如此，瓊瑤在無法拒絕悲劇的時候便消解悲劇。

　　在臺灣眾多的言情作家中，瓊瑤是頗具特色的。她的小說從

主題、人物形象到結構、語言等諸方面都形成了自己的風格——
「瓊瑤模式」。

　　瓊瑤小說的情節結構是模式化的。自唐代元稹《會眞記》開
始，言情小說逐漸形成了固定的情節模式：公子落難，小姐搭救，
私訂終身，父母或社會邪惡勢力作梗，最終大團圓結局。瓊瑤小
說一方面繼承了這一傳統，另一方面又適應現代人審美趣味和感
情的需要，更加追求跌宕多姿、曲折有致的傳奇效果。就結構框
架而言，大致仍是言情文學傳統的「鍾情——遇阻、衝突——回
歸、團圓」的模式，而落實到程序的具體步驟，便可見出瓊瑤的
藝術匠心。先說開篇。瓊瑤小說偏愛一見鍾情。愛情本就是極爲
神奇、玄妙、複雜的情感，而一見鍾情式的愛情更是奇妙中之最
奇妙者。這種愛情極其浪漫，也極富有詩意，但也往往缺少理性，
因而往往具有不穩定性。因此，以一見鍾情開啓愛情旅程的男女
主人公，他們的命運更能引發讀者的興趣。再看情節的發展和高
潮。男女主人公一見鍾情，很快便進入熱戀狀態，生死相許。但
如果一任其順利發展，一則情節缺乏魅力，二則作品內涵必然也
會大打折扣。瓊瑤在情節的發展階段也煞費苦心。她安排了多種
各樣的障礙來折磨筆下心愛的人物。這裡有家庭的阻力，如《我
是一片雲》中的孟樵與段宛露，《窗外》中的江雁容與康南，《
幾度夕陽紅》中的魏如峰與楊曉彤，《彩霞滿天》中的喬書培與
殷采芹；有情感和理智的衝突，如《煙雨濛濛》中陸依萍和何書
恒，《雁兒在林梢》中的陶丹楓與江淮，《聚散兩依依》中的賀
盼雲與高寒；有人物性格的撞擊，如《船》中的可欣與嘉文，《
我是一片雲》中的段宛露與顧友嵐；有疾病的折磨，如《彩雲飛》
中的孟雲樓與涵妮，《匆匆，太匆匆》中的韓青與駝駝；有思想
的分歧，如《在水一方》中的杜小雙與盧友文，《不曾失落的日

子》中的牟天磊與陳意珊。此外，還有年齡差異的困惑、社會干預的壓力等等。這些都加劇了作品的矛盾衝突，使情節發展撲朔迷離，引人入勝。

　　傳統的言情文學基本上都以大團圓結局。大團圓固然能滿足讀者的閱讀心理，但與悲劇相比，缺少了一種震撼人心的力量，在心理上、感情上更多的給讀者虛幻的滿足。瓊瑤有許多作品以傳統的大團圓方式結局，使有情人終成眷屬，找到愛的歸宿。男女主人公歷經磨難，終於修成正果。她也有相當一部分作品以悲劇結局。這裡既有人物肉體的毀滅，也有精神的毀滅和道德的沉淪。這種結局能使讀者以豐富想像去填補本文中的空白，產生發人深省的藝術效果。而在情節推展過程中，瓊瑤小說最常用的結構手法是巧設懸念，暗結扣子，善賣關子。這可通過對《幾度夕陽紅》的分析來加以領略。在這部作品中，大懸念套著小懸念，一個懸念接著一個懸念，真可謂懸念密布。為什麼李夢竹聽到何慕天的名字勃然變色？她與何慕天到底什麼關係？何、李重逢後，魏如峰和楊曉彤的愛情會怎麼發展？李夢竹被楊明遠趕出家門，而何慕天又幾次三番地表示要娶她，她何去何從？嫁給何慕天，使有情人終成眷屬？諸如此類的懸念在作品中一個接一個，大大增強了小說的可讀性，迫使讀者將懸念一直追下去，直至追到最後結果。如果說「懸念」的發展是一條游龍的話，那麼「扣子」則是那金光閃閃的龍鱗。它為懸念的設置起了重要的鋪墊作用。瓊瑤不僅巧設懸念，還善於暗結扣子，從而使情節的發展絲絲入扣，章法儼然。何慕天當初與李夢竹戀愛時如果早些告知家庭真相的話，必能得到善解人意、通情達理的夢竹的理解。或者他回昆明去如不超過自己與李夢竹約定的日期，夢竹也就不至於憂急如焚地獨自去昆明找他，這樣兩人也就不會結下長達十八年的「

感情死結」，他們的命運將會徹底改寫。假如何慕天在弄清楊曉彤身分後能及早提醒魏如峰千萬別在楊家人面前提「何慕天」，也就不會風波驟起，李夢竹的平靜生活也就不會被打破。又假如何慕天不派人偷偷地去買楊明遠的畫，楊明遠的感情也就不會大爆發，他對李夢竹又會是另一種樣子，人物的命運很可能就會有新的安排。瓊瑤似乎在不經意中暗暗結下這一個個難解扣子，使矛盾衝突越發尖銳發展。然而，僅僅能巧設懸念、暗結扣子還不能將情節故事搬演得出神入化，還要會善賣關子，從而使懸念和扣子難以解開，甚至舊的尚未解開卻已引出新的懸念和扣子。當初李夢竹因何慕天超期未歸，不顧長途跋涉去找慕天，不料想見慕天卻未能見到，平白受何妻一頓羞辱。舊懸念未解開又有新懸念。她衝出何家大門，恰好見到慕天回家。如果她呼喊一聲或者慕天能看見她，一切就都要改寫了。但這兩種「可能」都未能變成現實。一個「感情死結」等到十八年之後才得以解開。像這樣的「關子」，作者著實「賣」了不少，從而使作品情節波伏浪起，引人入勝。這也正是瓊瑤小說情節結構的基本特色。

　　從人物形象來看，瓊瑤小說的模式化傾向也是明顯的。她筆下的人物帶有濃重的理想化色彩，從人物的外貌、氣質、性格、感情，作者都加以美化處理。男主人公大都接受過高等教育，且事業有成，既有英雄氣度，剛毅堅強，又溫柔體貼，善解人意；既英俊瀟灑，精明能幹，又博學多才，忠實可靠。如韋鵬飛（《月朦朧，鳥朦朧》）、喬書培（《彩霞滿天》）、紀遠（《船》）、耿若塵（《心有千千結》）、孟樵（《我是一片雲》）、蕭依雲（《碧雲天》）、費雲帆（《一簾幽夢》）、孟雲樓（《彩雲飛》）、何慕天（《幾度夕陽紅》）等。這些人物原來都有自己的一片天空，但在作品中他們的熱情都傾注在愛情上，為愛情而歡樂而痛

苦，其事業、工作充其量只屬於邊緣的地位，他們似乎現在只是為了愛情而活著。女主人公則如花似玉，熱情似火，嫵媚嬌柔，冰清玉潔，楚楚動人，清麗脫俗，富有美麗的幻想，充滿青春的氣息。如「有畫一樣的美，有詩一般的情」的冰兒（《冰兒》），生來「就有份清雅脫俗味道」的杜小雙（《在水一方》），「雨中薔薇」般的江雨薇（《心有千千結》）等。如加以區分，則大致可劃為兩種類型：一是現代型，一是傳統型。而以傳統型居多。這類人物深具中國婦女的傳統美德，對愛情專一，但又性格柔弱，缺乏主見。她們執著地追求愛情，飽經磨難而至死不悔，在挫折面前她們孤獨、矜持、寂寞。如段宛露（《我是一片雲》）、江雁容（《窗外》）、涵妮（《彩雲飛》）、李夢竹（《幾度夕陽紅》）、杜小雙（《在水一方》）、陸如萍（《煙雨濛濛》）等。而現代型的女性則具有較為堅強的個性和不滿現狀的反抗精神，愛憎分明，自信自尊，按照自己的意願過著一種熱烈奔放、充滿活力的生活。如陶丹楓（《雁兒在林梢》）、江雨薇（《心有千千結》）、陸依萍（《煙雨濛濛》）、唐可欣（《船》）等。總的來說，瓊瑤小說的人物形象缺乏深度。作者用人性的單純性代替了人性的複雜性，用人的性格、感情中美好的東西掩蓋了醜陋的甚至是卑劣的東西，從而使人物形象失之於單一、膚淺，這是理想化傾向帶來的必然結果。

　　從主題來看，情和愛是瓊瑤小說永恆的主題。謳歌和表現愛情、親情、友情以及以此為核心的人類之愛，是瓊瑤每部作品的中心內容。她宣稱：「相信人間有愛，這就是我一生執著的一件事吧！不論戰爭、烽火、時間、空間……往往把兄弟姊妹、父母兒孫隔在遙遠兩地，但『愛』是人類永遠毀滅不掉的東西！我就為這信念活著吧！就為這信念而保持著一顆易感的心吧！」從文

學史的角度來看，「愛」是一個古老的文學母題。自《詩經·關雎》揭開謳歌人間美好愛情的序幕，文學史上出現了難以計數的愛情篇章。與前人相比，瓊瑤儘管寫的還是愛情，但融進了許多新的時代內容。她寫了形形色色的愛情，有不同形態、不同的時代的，也有不同階層、不同年齡的，以至於有人將瓊瑤小說稱為「愛情的百科全書」。儘管每部作品的具體愛情內容不同，但其愛情主題有一個共同的模式，即瓊瑤追求的是忠貞不渝的愛，有道德的愛，尊重人的價值的愛，有文化有教養的愛。瓊瑤小說摒棄色情，拒絕低俗，尊崇道德，強調自主自由，這表現出其健康的愛情觀和婚姻觀。而這又是建立在她的「性善論」的人生觀基礎上的。瓊瑤堅信「善」作為一種本體存在的必然性。或許她也承認現實社會中存在著邪惡，但她的作品卻摒棄邪惡。她的四十餘部作品幾乎沒有一個壞人，沒有一種惡勢力，沒有善與惡的搏鬥。主人公都是仁慈、善良的天使。主人公的悲劇都不是由於邪惡努力造成的，而是由於人物自身的性格和心理造成的，或者是由「愛」造成的。《我是一片雲》中孟樵與段宛露的愛情悲劇主要導因於孟母對兒子孟樵全身心的愛，她唯恐宛露危及這份愛才從中作梗。《在水一方》中朱詩堯與杜小雙的悲劇則是由於他的懦弱和優柔寡斷，以至於失去了「三百七十八個機會」。由於沒有邪惡，只有善良，瓊瑤小說也就沒有了真正意義上的悲劇。

　　瓊瑤所描繪的愛情都不是凡人肉體的愛，而是像但丁在《神曲》中所描繪的那種天堂裡的超凡脫俗的愛。瓊瑤小說愛的主題不是建立在現實生活的基礎上，而是植根於理想的王國。這常常為人所詬病。究其實，瓊瑤不是按生活本來有的樣子再現生活，而是按應當有的樣子來表現生活。她描繪的是理想世界，而不是搬演現實生活中的故事。人們盡可以說她的小說膚淺、幼稚，但

她決不是在粉飾現實。由於較大限度地捨棄了政治和歷史背景，缺乏豐富深廣的現實生活內容，瓊瑤小說自然無法與同是言情文學的古典名著《紅樓夢》相比，但我們無法忽視其文化背景，更不能否定瓊瑤小說在表現愛情生活過程中所呈現出來的豐富的文化價值。

　　除了主題、人物、情節的模式化傾向外，瓊瑤小說還存在著明顯的語言模式。

　　文學是語言的藝術。語言風格是文學作品最顯性的風格。作家的才氣、修養、審美情趣在語言中得到鮮明的呈現。瓊瑤從小深受古典文學的薰陶，酷愛古詩詞，其古文學的深厚功底在言情作家中是很突出的。瓊瑤小說的語言同風格集中地表現爲古典美。瓊瑤非常善於把古詩詞融進小說，或化作某種意境，或點明題旨，或揭示人物獨特複雜的心態，或渲染氣氛，或以此協調和控制整部作品的旋律節奏。她的每部作品幾乎都有一首或幾首婉轉清麗、優美動人的詩詞。《心有千千結》中，「問天何時老？問情何時絕？我心深深處，中有千千結！」的主題詩句隨著主人公江雨薇與耿若塵的戀情發展而不斷變化出現。當江雨薇對這位浪蕩公子疑慮重重時，詩句變爲「天不老，情難絕，心似雙絲網，終有千千結」；而當耿若塵在江雨薇感化下浪子回頭時，則又發展爲：「天不老，情難絕，心似雙絲網，化作同心結」。主題詩句的反覆出現，一方面巧妙地展示了人物的心理和感情，深化了主題，另一方面也增強了作品的藝術感染力。《在水一方》中，主題歌《在水一方》前後共出現了三次，每當情節發展到關鍵處，人物深陷於感情漩渦之中時，它便出現了。它的凄婉迷離的情調爲作品籠罩上了一種憂傷的氣氛，具有令人盪氣迴腸的藝術魅力。

　　模式化作爲通俗文學的本質特徵，本無所謂優劣。摒棄模式

化即意味著將通俗文學從商業化的軌道中剔除出去，從而危及大
衆文化消費。高明的通俗文學作家則以程序複雜、富有獨特性的
模式建立自己的文學地位。「瓊瑤模式」無疑是衆多的模式中卓
越的一種。儘管它存在著一些不足，但對推動言情文學創作起到
了重要的作用。

　　作爲一個言情小說作家，瓊瑤在創作中自覺地確立了尊重讀
者感應的觀點。《煙雨濛濛》中陸依萍這樣表述自己的閱讀看法：
「我喜歡看能吸引我看下去的東西，不喜歡看那些看了半天還看
不懂的東西。」「一本好小說要能抓住讀者的感情和興趣，使讀
者願意從頭看到尾，像現在那些新派小說，……未見得能喚起讀
者的共鳴。我們看小說，多半都是用來消遣，並不是用來當工作
做。」瓊瑤很重視作品的效果。瓊瑤小說著力表現的是一個與現
實生活有著一定距離的如夢如幻、如詩如畫的有情世界。這一世
界對生活在現實世界中的讀者來說是十分新奇的，人物的情感和
命運每每能引發讀者的強烈共鳴。這反映了瓊瑤對「期待視野」
和「審美距離」的巧妙把握。瓊瑤的成功在於她精確地把握住了
「審美距離」，從而形成了一個理想的「召喚結構」。儘管也許
這樣做是不自覺的，或者只是出於對讀者心理的體認，但瓊瑤小
說對未經歷者是美好的夢幻，對經歷者則是一種補償。

　　在中國現當代言情文學史上，瓊瑤是一個承前啓後的作家。
她一方面上承前輩作家的文學傳統和精神傳統，另一方面又以自
己的創作模式影響後輩作家，卓然成爲一代言情文學大家。張恨
水是現代言情小說的代表作家，在抗戰前後的二十餘年間享有盛
譽。他的小說採用章回體的形式，走通俗化的道路，「絕不寫出
人家看不懂的文字」。他一方面承認自己的作品有消閑作用，另
一方面力求把消遣和社會使命結合起來。他的小說在言情的模式

中主要表現了三個方面的內容：對舊中國統治階級進行批判，表達民主意識；對日本帝國主義進行批判，表現民族感情；對市民社會、市民習俗進行批判，表現知識分子的社會良知。這突出地顯示了作品的社會色彩。魯迅《中國小說史略》在比較研究《金瓶梅》和《紅樓夢》時，分別稱之為「世情小說」和「人情小說」，指出前者注重暴露世態，而後者則著意於描摹人情。這兩個概念正好可以用來借指張恨水和瓊瑤的作品。如果說張恨水的小說重在表現特定的社會環境，描寫特定時代的世態，主要屬於世情小說的話，那麼瓊瑤的小說則基本上是人情小說。瓊瑤小說的社會環境、時代氛圍較為淡薄，它通常不是從社會關係而是從家庭關係的角度來寫「情」。《在水一方》便是一部頗為典型的人情小說。這部作品主要寫杜小雙與盧友文、朱詩堯的情感糾葛，社會背景和時代氣氛都很模糊。如果把這三角戀愛搬到香港、海外華人社會，故事基本上不受影響。相形之下，由於張恨水重在社會寫實，人物形象不免較為單薄，而瓊瑤則重在寫情，人物的感情和心理寫得就較為細膩、真切，形象也較為生動。就思想意識而言，兩人都深受傳統文化的影響，他們的作品表現出深厚的傳統文化的意蘊，無論思想內容還是表現技巧，都閃爍著傳統文化的光輝。張恨水生活在封建社會走向崩潰的時期，從本質上說，他是一個新舊思想雜糅的人物，既保持著傳統文人的基本思想，又能順應時代潮流，不至於落伍。瓊瑤登上文壇之時，正是臺灣社會由傳統的農業型向資本主義工商業型轉變的轉型期，她筆下的人物一方面鮮明地體現著現代人的精神特徵和情感趨向，另一方面又具有中國傳統的美德。思想意識上的不同，使張恨水和瓊瑤的小說在愛情觀、婚姻觀、家庭觀等一系列方面都有著明顯的區別，這導致了兩者在思想內容上境界也判然有別。從上述比較中

可以看出瓊瑤與張恨水小說的相同和不同。既可看到瓊瑤對前輩作家的繼承，更可看到瓊瑤對言情文學的發展。瓊瑤是張恨水之後現當代言情文學的又一塊里程碑。

第二節　武俠小說與古龍

武俠小說也是臺灣通俗文學的重要門類。

臺灣武俠小說的開拓者是郎紅浣。從1952年起，他在《大華晚報》陸續連載《古瑟哀弦》等六部曲。他的作品以清代社會爲背景，描寫俠客悲歡離合的故事，布局奇詭，筆法細膩，深具「悲劇俠情」的特點。郎江浣的創作，比被譽爲「新派武俠小說的開山祖師」的香港武俠小說家梁羽生要早整整兩年。50年代前期，臺灣武俠小說的大局全仗郎紅浣一人獨力支撐。1955年以後，局面有所改善，寫武俠小說的人多了起來。50年代後期，臺灣武俠小說「三劍客」登上了「武壇」。臥龍生、司馬翎、諸葛青雲以豐厚的創作，揭開了臺灣武俠小說的嶄新一頁。

臥龍生1955年開始撰寫武俠小說。其成名作《飛燕驚龍》兼有鄭證因的「幫會組織」和王度廬的「悲劇俠情」的特色，場面廣闊，情節跌宕起伏，感情纏綿悱惻，它所表現的以「武林秘笈」掀起江湖大風波和「眾女追一男」的模式，開一代武俠新風。司馬翎 1958年發表了處女作《關洛風雲錄》。此書兼採新舊筆法，寫江湖人物奇情，娓娓道來，從容不迫，創作才華初露端倪。1960年，《劍神傳》問世。這雖是《關洛風雲錄》的續集，但筆法已較前書圓熟許多，技巧大有長進，描寫人性較有深度，贏得廣泛好評。諸葛青雲與司馬翎一樣，亦酷愛《蜀山劍俠傳》，同爲還珠樓主的私淑弟子。1958年發表處女作《墨劍雙英》。

後接連發表《紫電青霜》、《天心七劍蕩群魔》，成就其武俠名家地位。他的小說文筆精美流暢，國學根底深厚，文風與梁羽生相近，被譽爲「才子型」武俠小說家。

上述諸作家對60年代的武俠小說創作產生了巨大的影響。概括地說，主要有四個方面：㈠善於繼承前人武俠遺產，並加以創新，開一代風氣。在50年代的武俠小說中，可明顯地感到民國舊派武俠小說尤其是平江不肖生和北派「四大家」的影響。他們博採衆長而不拘泥於一家，善於借鑑而不生搬硬套，另創武俠新天地。㈡在思想觀念方面，與民國舊派武俠小說有了明顯差異。傳統色彩趨淡，現代氣息加重，並開始注入西方現代觀念。㈢與此相適應，在創作技巧和表現手法方面，除了繼承傳統的技巧和手法外，還引入西方的心理描寫、意識流等。㈣臥龍生的「復仇」模式、司馬翎的「雜學綜藝」模式，諸葛青雲的「才子型」風格，成爲60年代臺灣武俠小說的三股潮流，帶動了大批武俠新秀。

60年代是武俠名家高手輩出的年代。作家作品數量之多，幾乎是空前絕後的。除了50年代即已成名的臥龍生、司馬翎、諸葛青雲、伴霞樓主外，新銳作家成就大名的有上官鼎、古龍、秋夢痕、陳青雲、海上擊筑生、東方玉、墨余生、蕭逸、高庸、易容、慕容美、憶文、司馬紫煙、曹若冰、雲中岳、田歌、孫玉鑫、宇文瑤璣、陸魚、古如風、秦紅、獨孤紅、柳殘陽、武林樵子、東方白、于東樓等。這些作家大多以創作小說爲業，作品數量宏富。

上官鼎是劉兆藜、劉兆玄、劉兆凱三兄弟集體創作所用的筆名。成名作《沉沙谷》情節撲朔迷離，布局精巧，語言文白夾雜，筆法老練，作品悲劇俠情的模式雖得之於王度廬，卻能自出機杼，寫得驚心動魄，壯美絕倫，顯示出作者卓越的才華和對人生深刻的領悟。獨孤紅的《大明英烈傳》、《滿江紅》、《斷腸紅》等

作品大多以明清兩代首都北京爲背景，從宮廷寫到江湖，既有歷史煙雲，又有武林傳奇，文筆自由洒脫，京味甚濃。柳殘陽1961年以處女作《玉面修羅》引起人們關注。後接連出版《天佛掌》、《梟中雄》、《梟霸》等作品，形成了獨特的風格。他吸收鄭證因「幫會技擊」傳統，虛構龐大的江湖組織，描寫正邪勢力複雜爭鬥，被人視爲「江湖派」代表作家。高庸的小說才氣橫溢，儘管走的是金庸《射雕英雄傳》一路的武俠小說「正統模式」，但能不落窠臼，有所創新。代表作《天龍卷》打破了一般武俠小說以「爭奪武林秘笈」爲結構線索，極力渲染秘笈的神秘色彩，描寫圍繞秘笈展開爭奪、廝殺的模式，頗有創新意識。陳青雲《鬼堡》、《殘肢令》、《血帖亡魂記》、《血劍魔花》等小說大都敘述復仇模式，情節撲朔迷離，懸念極多，扣人心弦，引人入勝。惟因著力表現復仇，所以「殺氣」過盛，血腥味濃重，顯得較爲恐怖。陳青雲也因此被視爲「鬼派」代表作家。

與上述作家相比，古龍的成就更高，影響更大，他位居臺灣武俠小說家之首。

1985年，古龍病逝。蕭逸力挽狂瀾於既倒，成爲古龍之後又一位武俠名家。儘管他的成就還難與古龍相比，但他對後古龍時代臺灣武俠小說的貢獻值得充分肯定。蕭逸早期作品深受王度廬的影響，感情纏綿，風格淒婉，以寫男女之情見長。70年代初，文風丕變，注重從歷史大背景中描寫江湖世界，同時又加入奇異的幻想，寫劍仙伏魔，依稀可見還珠樓主《蜀山劍俠傳》的影子。如《昆侖七子》、《塞外伏魔》等。1976年舉家遷居美國後，風格再次蛻變，從《甘十九妹》和《馬鳴風蕭蕭》開始，他「將寫作路線趨向有關人性的描寫，闡釋人性中種種的問題。」因此，儘管還在沿用武俠小說的「正統模式」——「復仇」、「野史」、

「悲劇俠情」，但由於深入挖掘複雜人性，重視表現人物的俠義精神，這些作品別有一番新氣象。赴美後，蕭逸沉潛於史海，從紛繁的史料中擷取素材。這使他的後期武俠小說可歸入「歷史俠情」一型。與古龍對武功簡單化的處理不同，蕭逸表現出神化武功的傾向。蕭逸小說的文體也很有特色，既不用回目，也不分章節；他寫古代的人事，卻不講究古風，不追求古樸典雅，用的是現代散文文體，別具一格。

在臺灣武俠小說界，繼承古龍衣缽且成就卓著的是溫瑞安。溫瑞安出道頗早，最初寫的是詩與散文，走的是純文學的路子，後來在古龍的影響下創作武俠小說。1970年，年僅十六歲的溫瑞安在香港《武俠春秋》發表武俠處女作《追殺》（《四大名捕》之一）。 80年代中期，溫瑞安在武俠世界獨領風騷，臺港和海外各地報刊紛紛連載他的武俠小說，掀起了一股「溫瑞安旋風」。溫瑞安的武俠小說多達三百餘部，這在武俠小說家中是首屈一指的。其代表作有「四大名捕系列」、「神州奇俠系列」、「血河車系列」、「白衣方振眉系列」、「神相布衣系列」等。溫瑞安走的是古龍型的創作路子。從敘事形式、文體、結構等方面，可以明顯地看出古龍影響的痕迹。妙語連珠的對白，蒙太奇的形式，戲劇化的衝突，精巧的情節結構，都與古龍小說頗為相似。與此同時，溫瑞安還從還珠樓主、金庸的作品以及歐美偵探小說、日本推理小說中汲取營養。他的作品大多以宋代為歷史背景，描寫這一特定時空中所發生的活生生的人和事。他擅長於用現代派的表現手法來寫歷史題材。在他的代表作品中，歷史感和現實感得到較為完美的統一。

1987年以後，溫瑞安以武俠小說家中的「現代派」自居，全面革新武俠小說的傳統形式。他出版了《殺了你，好嗎？》、

《請請‧請請請》、《敬請造反一次》、《沒有說過人壞話的可以不看》等小說。書名固然充滿新潮話語，不知所云，作品內容和形式也頗爲前衛，徹底改變了傳統的特色，使人不忍卒讀。這引來了讀者和評論家的不滿。葉洪生批評道：「中國文字之美，就在溫瑞安的『突變』下，被割裂得支離破碎；而『新派』武俠小說，也在他們的『好玩』下，被徹底『異化』掉了。」①

　　經過40餘年的發展，臺灣武俠小說取得了驕人的成績，它與香港武俠小說一起，成爲中國當代通俗文學中最爲活躍的一種樣式。其中，成就最爲顯著者當推古龍。

　　古龍（1937—1985），原名熊耀華，祖籍江西，生於香港。19歲在吳愷雲主編的《晨光》雜誌上發表處女作《從北國到南國》。1960年，從淡江文理學院外文系輟學的古龍，出版了第一部武俠小說《蒼穹神劍》。在20餘年武俠創作生涯裡，他共出版武俠小說71部，計二千餘萬言。綜觀古龍二十五年的武俠創作歷程，可以分爲四個時期：探索期（1960—1964），成熟期（1965—1967），鼎盛期（1968—1973），衰退期（1974—1985）。

　　1960年，古龍出道「武林」。其時，臺灣的武俠小說創作風起雲湧，狂潮迭起。以臥龍生、司馬翎、諸葛青雲「三劍客」爲代表的各路武林高手盤踞臺灣各地大小報紙的副刊，每天發表數量頗爲可觀的武俠小說。這一年，古龍以驚人的創造力接連出版了《蒼穹神劍》、《孤星傳》等六部武俠小說，躋身於新銳作家的行列。從開始嘗試創作起，古龍就表現出劍走偏鋒、愛出奇招的特點。古龍寫得最多的是快意恩仇的歡樂英雄，作品通常有一個圓滿的結局。由於從小生活不幸，他便通過自己的小說製造些快樂，寫人物的歡樂人生和理想信念。拒絕悲劇，這成爲他一生的創作原則。在創作第一個時期，古龍還寫出了《護花鈴》、

《飄香劍雨》、《劍玄錄》等作品。總體來看，藝術水準並不很高，缺乏與當時武林頂尖高手抗衡的實力。這種情形，直到《浣花洗劍錄》出現，才算有了突破。這部小說撇開繁瑣的打鬥過程，而重視打鬥時的氣氛、環境、人物心理的描寫，有意識地描寫人性的種種，重估人生價值，而在結構形式上也顯出情節緊湊、句式簡短等特點。這些預示著一種武俠新文體即將出現。

在經歷了五年之探索之後，1965年，古龍推出了《大旗英雄傳》。這在古龍的創作中是一個重要的轉折點，它標誌著其武俠小說走向成熟，開始形成自己獨特的風格。尤其大俠鐵中棠的形象，是古龍武俠小說中第一個血肉豐滿的藝術形象。1967年《絕代雙驕》的問世，在古龍武俠小說創作道路上樹起了一塊里程碑。在這部鴻篇巨製中，古龍天才的想像力和創造力得到了淋漓盡致的發揮。全書共有五卷，一百餘萬字，出場人物多達百人，其氣魄之大，場面之廣，結構之嚴謹，都是罕見的。它標誌著古龍武俠小說風格的真正成熟。其一，人性的開掘頗具深度。古龍小說人物與金庸小說人物相比，有著明顯的區別。金庸擅長於寫「俠之大者」，塑造光彩照人的英雄形象，如陳家洛、郭靖、喬峰、令狐沖、楊過等；而古龍則專擅寫「俠之風流」，他筆下的人物機智、豪放、灑脫、不拘小節，而又不乏種種弱點，屬於有缺點的可愛好人，如楚留香、陸小鳳、李尋歡等。《絕代雙驕》裡的江小魚是古龍筆下第一個「俠之風流」。作者沒有把他寫成「高、大、全」的英雄，而是放開筆寫其種種弱點，寫出了其善良、機智、勇敢、愛憎分明的另一面。其二，語言風趣生動，富有詩意，句式簡短，跳躍性強，開敘事詩體新風。

以1968年《多情劍客無情劍》為標誌，古龍的武俠小說創作進入了全盛期。此書分上、下兩部（《風雲第一刀》、《鐵膽

大俠魂》）。古龍是一個擅寫喜劇人物的作家，陸小鳳、楚留香、江小魚、葉開、王動等，大都是樂觀開朗、風流灑脫的喜劇人物。而《多情劍客無情劍》卻是一部典型的悲劇俠情小說，主人公李尋歡是一個真正意義上的悲劇人物。小說以李尋歡與林詩音的愛情悲劇為線索展開情節，突出地表現了主人公內心世界的孤獨和痛苦。不幸的經歷，非凡的毅力，高尚的情感，自我犧牲的精神，優柔寡斷的性格，構成了鮮明生動的悲劇形象。《多情劍客無情劍》表現了古龍對武俠小說的新體認：武打場面化繁為簡，武功招式由博而約，注重環境描寫、氣氛渲染、心理揭示。金庸和梁羽生都擅寫武功與技擊的「招式」，如「降龍十八掌」、「打狗棒法」、「黯然銷魂掌」、「追風劍法」等。古龍先前的作品也不乏精彩的武功技擊的描寫。而從《多情劍客無情劍》開始，風格驟變。他輕易不寫武功和武打場面，常有些驚心動魄的場面竟未寫一招一式就輕輕帶過。作者用大量的篇幅來寫「殺氣」、「境界」等偏於形而上的東西，借以凸現人物的人格和精神。「武戲文唱」體現了古龍「求新、求變、求突破」的藝術追求，開創了武俠小說的新格局。

　　在鼎盛期，古龍的創作激情空前高漲，佳作不斷湧現。《蕭十一郎》、《流星‧蝴蝶‧劍》、《楚留香》系列、《陸小鳳》系列、《歡樂英雄》、《七種武器》等，都堪稱武俠精品。這些作品以整體實力牢固地奠定了古龍在中國武俠小說史上的地位。

　　《楚留香》是一部系列長篇小說，包括《鐵血傳奇》、《鬼戀俠情》、《蝙蝠傳奇》、《桃花傳奇》、《新月傳奇》、《午夜蘭花》，卷帙浩繁，前後創作時間達十餘年。小說以「風流盜帥」楚留香為主角，用推理的手法，揭開武林的兇殺之謎，在撲朔迷離、神鬼莫測的情節中，描寫了楚留香的形象。楚留香的一

生是傳奇的一生，充滿了冒險和刺激，機智和風趣，對人類的熱
愛與信心。作品通過一系列故事，寫出了一個瀟洒脫俗、風流自
賞、睿智善良的人物形象。這部小說在藝術上突出的一點，是成
功地將推理小說的技巧引入武俠小說創作。推理形式和技巧的運
用，加強了作品的情節性，以大小懸念緊緊地吸引住讀者，從而
起到引人入勝、扣人心弦的藝術效果。

　　繼《楚留香》之後，古龍又推出了《陸小鳳》系列。與《楚
留香》系列一樣，這一系列是有關陸小鳳的一串故事，各個故事
既相對獨立，又可以聯成一個整體，多方面地描寫了陸小鳳的形
象。與前者相比，《陸小鳳》系列在藝術上更爲成熟。這部一百
二十萬字的系列武俠小說以陸小鳳爲中心，描寫了許多栩栩如生
的人物形象，如西門吹雪、花滿樓、老實和尚、司空摘星、上官
飛燕、雪兒、牛肉湯，等等。而著墨最多、最爲生動的要數陸小
鳳。這一人物與楚留香有許多相似之處。他們都是武功高超、見
義勇爲、懲惡鋤奸、正氣凜然的大俠，同時又都風流風趣、富有
急智，屢涉險境卻都能憑機智和無畏化險爲夷。相比之下，陸小
鳳形象更加鮮活，更富有人情味。作者除了將人物放在驚心動魄
的故事情節中加以表現外，還善於運用對比，通過其他人物來凸
現其性格。如與金九齡鬥勇，與上官飛燕鬥智，與司空摘星鬥巧，
與宮九鬥詐，與霍休鬥穩；而又用西門吹雪的冷峻嚴肅來反襯陸
小鳳的熱情幽默，用老實和尚的神秘莫測反襯其坦蕩眞誠。這樣，
人物形象就更加血肉豐滿，眞實可親。在《楚留香》系列中，古
龍已成功地運用了推理的形式，但覺得還未能盡善盡美。他懷著
彌補這一遺憾的願望來寫《陸小鳳》，並實現了自己的願望，將
推理的表現形式和技巧運用得爐火純青。陸小鳳成爲武俠小說中
的「福爾摩斯」，最爲著名的武俠人物之一。《陸小鳳》系列是

古龍武俠推理小說的代表作。

　　從1968到1973年是古龍武俠小說創作最爲輝煌的時期，作品數量之多、質量之佳、品位之高，在古龍的創作生涯中固然是空前的，在臺灣武俠小說史上也是極爲引人矚目的。在金庸引退後，古龍被推上了「武林盟主」的寶座，作品風靡一時，成爲衆人模仿的對象，其風格影響了許多作家。

　　1974年，古龍創作進入了衰退期。與前一年相比，這一年古龍的創作量驟減。《劍・花・煙雨江南》是個很優雅、很詩意的書名，但整部作品虎頭蛇尾，許多情節剛剛展開便草草收尾。這表現出古龍開始對創作缺乏自信。此後，古龍接連出版了《血鸚鵡》、《大地飛鷹》、《白玉老虎》等小說。這些作品與全盛期諸作相比，藝術水準下降了不少，無可爭辯地說明古龍的創作在滑坡、衰退。《碧血洗銀槍》是古龍衰退期的重要作品。語言的純熟，結構的精巧，人物的描寫，懸念的設置，意境的營造，一如全盛期的傑作。但在整個衰退期，這樣的作品並不多見。1984年的《獵鷹・賭局》成爲古龍的絕筆之作。

　　作爲一代武俠大家，古龍武俠小說在思想觀念、價值取向、創作方法、表現形式等方面都是與衆不同的，形成了獨特的「古龍風格」。他把「求新」、「求變」、「求突破」作爲自己武俠小說創作的自覺追求。這突出地表現爲他的武俠小說注重對人性的深入挖掘，寫出了人性的深刻性和複雜性。

　　對人性的執著和迷戀建立在古龍重構武俠小說美學形態的自覺意識的基礎上。人性，本是文學表現的主要內容和永恒主題，但考察武俠小說的發展史，可以發現許多武俠小說並沒有寫出多少人性，作品充斥著的是「神」性、「魔」性甚至「鬼」性。人們因此便自然地將武俠小說歸入荒誕不經、嗜血嗜殺一類。這使

武俠小說難以進入文學殿堂。對此,古龍進行了沉重的反思:「武俠小說中應該多寫些光明,少寫些黑暗;多寫些人性,少寫些血。」「人性並不僅是憤怒、仇恨、悲哀、恐懼,其中也包括了愛與友情,慷慨與俠義,幽默與同情的」②。對人性的自覺意識使古龍小說與傳統武俠小說在主題型態和人物形象方面,有了顯著的區別。李尋歡、蕭十一郎、楚留香、陸小鳳、江小魚等人物以其豐富的人性內涵和鮮明的性格,成為武俠世界中著名的藝術形象。

對人性的深刻揭示,顯示出古龍小說的現代性特徵。以人性刻劃為中心,古龍在作品中輸入大量的現代觀念、情緒和現象,現代人的思維方式、價值觀念、審美取向。這使古龍作品建構起一套獨特的語言編碼,形成了鮮明的現代品格。以梁羽生、金庸為代表的傳統派武俠小說,走的是一條扎根民族文化土壤,遵崇傳統的道路。他們繼承傳統的價值觀念與文學形式,將武俠滙入古代的時空,寫古代人,敘古代事,將傳奇人物與歷史人物、傳奇故事與歷史事件、江湖環境與政治歷史背景結合起來,形成一個有機的統一體。或借傳奇情節來寫歷史風雲,或讓歷史人物走進小說的傳奇世界,或將歷史眞實完全納入寓言式的象徵結構,構成了虛實相生、虛實相間的小說世界。而在價值取向上,也繼承了傳統的「寓教於樂」的文化精神,堅持文學的道德教化功能,注重表現俠義主題。古龍的小說與之有著顯著的區別。在長期的創作實踐中,他走出了一條迴異於「武俠正宗」、屬於自己的創作道路。古龍立足於現實生活,注重向西方學習和借鑑現代思想文化觀念和文學經驗,從中汲取有益的文學和文化營養。在改革武俠小說的價值觀念和審美形態方面,古龍有著較為自覺的意識。他努力擺脫傳統的價值觀念,將西方文學精神和現代文化意識融

進自己的武俠天地，開創了武俠小說創作新路。從創作成熟期開始，古龍的小說大都撇開了具體的歷史背景，沒有年代，不受歷史的束縛，在無限廣闊的時空中縱情馳騁。雖然也是寫「古代」的人和事，但這「古代」只是武俠小說的一種類型特徵，只是小說人物虛擬的活動時空，作品著力表現的則是現代人的思想和觀念。

古龍小說具有較強的現代意識。其一，在「武」與「俠」兩者的關係上，古龍明顯地表現出重「俠」輕「武」。隨著現代生活節奏的加快，讀者對傳統武俠小說細說慢道、詳盡鋪陳的武功描寫已經厭倦，他們追求快節奏、多變化。因此，古龍不再拘泥於武功一招一式的描繪，極少寫招式，或者乾脆不寫招式。最著名的如《多情劍客無情劍》中李尋歡的武功——「小李飛刀」。古龍對武功技擊輕描細談，詳寫比武技擊時的緊張氣氛和人物心理，追求「功夫在武外」的效果。對「殺氣」的描寫即為一例。古龍作品中那種「殺氣」隨處可在，它成為古龍「武學」的重要內涵。其二，大量表現現代人的生活、心理、觀念。如重視個體的地位，追求個性自由。《歡樂英雄》中王動、郭大路等人體現出積極追求人性自由和個性解放的人生境界，這在古龍小說中很有代表性。其三，古龍小說受到了存在主義等西方現代文化思潮的影響。他在作品中竭力渲染了現代社會普遍存在的孤絕感。沈浪、李尋歡、阿飛、蕭十一郎、傅紅雪等人物有著相似的共同的特徵：飄零、落魄的身世，難與人言的內心隱痛，擺脫不了的寂寞和哀愁。蕭十一郎一出場，便被一幫欺世盜名的偽俠客誣為汪洋大盜，於是這位「武林公敵」便被所謂的正義之士四處追殺，陷入極度的孤獨與寂寞，有時更被迫遁入荒山與狼群為伍。這些人物往往沒有來處，也找不到歸宿，獨來獨往，孤獨是他們的精

神本質。即便像陸小鳳、楚留香那樣風流倜儻、遊戲江湖的瀟洒人物，其內心同樣是寂寞孤獨的。表面看來他們不拘小節，以酒色自娛，無牽無掛，浪迹天涯，擁有的是歡樂人生，而其心中自存悲涼的況味，歡樂是短暫的，寂寞卻是長久的。從本質上說，古龍筆下的人物是一群精神無根的浪子，無根正在於他們的孤寂感。古龍小說努力表現的是一個孤獨的主人公對整個社會的反叛，對自己命運的抗爭，所蘊含的主題與存在主義哲學中「他人即地獄」的思想是相通的。從古龍小說人物身上能依稀看到存在主義者的影子。古龍受西方現代思潮的影響是多方面的。除了存在主義之外，對他影響較大的還有以弗洛伊德為代表的現代心理分析學說等。古龍創作顯示出泛「性」化傾向，幾乎每部小說都要細緻地描寫人物最基本的「原欲」，表現人物的性心理。尤其值得注意的是，古龍小說寫了大量心理變態的人物。弗洛伊德認為人的欲望和本能受到壓抑時，往往產生變態心理，不少罪惡便由此萌生。古龍小說便不乏這類因欲望受壓抑而心理變態的人物。作者揭示了這些人物身上欲望的衝突、人性的背離、道德觀念的崩潰。

　　古龍小說在文體上不斷創新。其最為突出的特點便是將推理的表現方法和技巧引入武俠小說，從而形成了武俠推理小說這一亞文類。這是古龍對武俠小說的一大貢獻。在1961年出版的《失魂引》中，古龍首次引入推理的結構方式和技巧，布局奇詭，想像力豐富奇妙，開武俠推理小說之先河。從《鐵血傳奇》開始，古龍大量引用推理手法，幾乎每部作品都有懸念，並以懸念來推動情節發展，作品從頭至尾疑雲密布，情節撲朔迷離，結局常大出讀者意料卻又合情合理，大大增強了武俠小說的可讀性和讀者的閱讀趣味。古龍的武俠推理小說開創了武俠新天地，並對武俠

小說創作產生了很大的影響。此後，蕭逸的《甘十九妹》、溫瑞安的《四大名捕》系列走的都是武俠推理小說的路子。古龍還成功地借鑑了影視表現形式，盡量減少冗長的描述，常用寥寥數筆勾勒某一情景，營造環境氛圍。爲了加強場景感，把一個個跳躍、轉換的場景更加生動形象地展現給讀者，古龍吸收了畫面交錯、背景切割、鏡頭分攝等蒙太奇手法。這就較好地切合了武俠小說場面緊張、氣氛熱烈、動用快捷的特點，有效地提高了武俠小說的表現力。同時，古龍借鑑劇本中對話的表現形式，大量穿插電報式的對話和性格化的語言，形成簡潔、凝煉的文體特徵。從成熟期開始，古龍錘煉成了一種極爲簡潔明快的敘事模式：多用短句，配上大量的對話，有意省去不少人物、事件詳細的交代，通過頻繁的分段營造藝術空白，以喚起期待視野。突出的例子是，自《鐵血傳奇》以後，在古龍的作品中很少見到超過三行的段落，且常常是一句一段，很難分清行與段的區別。這種形式曾引起詬病，其本身有時確也存在分段過頻而造成割斷文理、文氣的毛病，但從總體上來說，這種形式與古龍作品的內容是和諧的，並進而形成了獨特的古龍文體。

中國武俠小說在經歷了漫長的發展之後，至金庸崛起，出現了嶄新的面貌。金庸以他的博大精深，大大提高了武俠小說的審美境界和文化品位。再發展到古龍，則又是一變。以「求新、求變、求突破」爲己任的古龍在武俠小說中引入強烈的現代意識和豐富的現代內容，以對人性的深度表現顯示了積極進取的開拓精神，以創新的語體和獨特的風格獨樹一幟，使武俠小說這一傳統的通俗文類呈現出多樣的發展可能和巨大的發展潛力。

第三節　高陽的歷史小說

　　高陽（1922—1992），本名許晏駢，字雁冰，浙江杭州人。許家為錢塘巨族。其高祖曾任廣東學政，官至江蘇巡撫。高陽少時深受母親影響，喜好歷史掌故，博覽群書，從小培養起對文學史學的濃厚興趣。抗戰期間，他曾在上海讀大學，因戰亂未能完成學業。1948年赴臺。1956年後，長期擔任《中華日報》主筆、總主筆。高陽是臺灣成就最高、影響最大的歷史小說作家。《中國時報》稱高陽歷史小說「部部膾炙人口，兼及史實與趣味，質量之豐美，堪稱現代歷史說部第一人。高陽說部，『以考證入小說，以小說成考證』，尤其開創了中國歷史說部的新類型」③。

　　1951年，高陽開始文學生涯，創作了《霏霏》、《猛虎與薔薇》等以現實生活為題材的中、長篇小說。六十年代以後，高陽沉潛於歷史風雲和小說迷宮之中，以廣博的歷史知識和超拔的藝術想像力創作了60餘部長篇歷史小說。高陽歷史小說題材廣泛，大致可分為六大系列：㈠宮廷系列，如《玉座珠簾》、《清宮外史》、《乾隆韻事》等。㈡將相系列，如《李鴻章》、《大將曹彬》等。㈢紅曹系列，如《紅樓夢斷》、《曹雪芹別傳》等。㈣商人系列，如《胡雪巖》等。㈤青樓系列，如《李娃》、《小鳳仙》等。㈥俠士系列，如《風塵三俠》等。這些作品奠定了高陽作為歷史小說巨匠的地位，在臺灣文壇建築起一座宏偉的、引人矚目的藝術殿堂。

　　走進高陽的小說世界，撲面而來的是恢宏的歷史感。鮮明的時代色彩和卓越的史詩品格是高陽歷史小說最為突出的特徵。早在創作歷史小說之前，高陽便對歷史產生了極為濃厚的興趣，並

品嘗到沉潛於歷史煙雲的快樂。儘管他沒有成爲專治史學的著名學者，但他對歷史、對歷史與小說的關係有著深刻的認識。他認爲：「歷史與小說的要求相同，都在求眞。但歷史所著重的是事實，小說所著重的是情感。」進而又提出：「歷史小說應合乎歷史與小說的雙重要求，小說中的人物，要求其生動、突出；歷史小說中的人物，還得要求他或她能反映時代的特色。」④高陽歷史小說描寫了數以萬計的人物形象，從先秦的荊軻，到漢代的王昭君、唐代的李世民、虬髯客、李娃、宋代的曹彬、趙匡胤、明代的唐寅，直至清代的康熙、雍正、乾隆、慈禧、曹雪芹、胡雪巖等等，以這些人物爲核心，高陽在宏偉的歷史框架中注入了豐富的歷史內涵，其作品依次展開從先秦到北洋軍閥時期中國社會的巨幅歷史畫卷。兩千多年的歷史滄桑和社會變革，歷代人民的生活狀態和精神風貌，被高陽化作三千餘萬言的鴻篇巨著。

有臺灣學者曾把高陽比擬爲法國小說大師巴爾扎克⑤。他正是在史詩性上找到了這兩位作家的共同點。巴爾扎克有意識地去完成法國社會的「編年史」和「風俗史」，「作品聯繫起來，調整爲一篇完整的歷史，其中每一章都是一部小說，每一部小說都描寫一個時代。」⑥他的《人間喜劇》全景式地展示了資本主義上升時期法蘭西社會的壯闊生活畫面，具有深廣的社會內容和豐富的歷史容量，被譽爲不朽的史詩性傑作。與此相類似，高陽也想爲歷史畫像，中國歷史上出現過的衆多的歷史人物使他血脈僨張，他要依次寫出他們的音容笑貌，復活他們的藝術生命。他巧妙地在歷史和小說之間搭起了一座藝術橋樑。「桓溫、唐太宗、劉仁軌、范仲淹、戚繼光、清世宗、胡林翼、喻培倫等等，常會出現在我的腦中，因此，我一直想嘗試著寫一寫歷史小說。」⑦於是，我們在高陽的小說中看到了從歷史故紙堆裡躍現出的一個

個鮮活的面容，體驗到歷史人物背後變幻的歷史風雲。上至皇帝太后、將相名士，下至販夫走卒、奴婢僕役，三教九流的各色人物，無不在高陽筆下煥發了藝術生命。高陽以淵博的學識和豐富的想像力藝術地寫出了一部中國社會的變遷史和百科全書。在中國的各個朝代中，高陽對大清王朝情有獨鍾。他以清朝生活爲題材的作品占了全部創作的三分之一有餘，其中有《慈禧全傳》六部八冊，《胡雪巖》三部七冊，「紅曹系列」四部十二冊，此外還有《乾隆韻事》、《狀元娘子》、《再生香》、《清宮冊》等，構成了蔚爲大觀、氣勢壯闊的清代社會立體圖景。作品廣泛涉及政治、經濟、軍事、文化、外交等衆多領域，描寫了許多重大的歷史事件，成爲反映清王朝從興盛到滅亡的極具形象性的「編年史」。在這一系列作品中，《慈禧全傳》是頗具代表性的力作。它包括《慈禧前傳》、《玉座珠簾》（上、下）、《清宮外史》（上、下）、《母子君臣》、《胭脂井》、《瀛台落日》，計270萬字。這部鴻篇巨著以慈禧太后地位和命運的變遷爲主線，從宮廷生活寫到疆場廝殺，從京城王公寫到邊地黎民，從縱情享樂寫到亡命出逃，從垂簾聽政寫到維新變法，從太平天國寫到義和團，從圓明園寫到避暑山莊，從「辛酉政變」寫到「辛丑降約」。這裡既有驚心動魄的政治鬥爭，也有刀光血影的戰火硝煙；既有統治集團內部的矛盾衝突，也有帝國主義列強與中華民族的尖銳對立；既有慈禧與恭王、慈安的鬥爭，也有慈禧與同治、光緒的衝突。小說在特定歷史背景下，全方位地描寫了慈禧太后爲核心的清末統治集團在內外交困的形勢下不斷分化、重組，最終難逃覆滅的命運，從而從歷史角度對清末中國社會的積貧積弱進行了深入的探索。作品引用極爲豐富的歷史事實，正面描寫了許多重大事件，在深廣的歷史背景下全方位地展示了清末社會生活，通

過富有歷史特徵的典型事件和情節，讀者可以窺探到整個時代的特點。而這，也正是高陽歷史小說的共同特色。情節結構的宏偉性，歷史事件的具體性，歷史人物的眞實性，社會生活的廣闊性，藝術情感的豐富性，構成了高陽歷史小說傑出的史詩品格。高陽以極爲豐富的藝術想像和卓越的史識溝通了史學與文學、歷史與現實的界限，突破了傳統的歷史演義的框框，開闢了以小說建構歷史的新方向。

從本質上說，高陽是一位具有濃厚傳統文化意識的作家。他的歷史小說表現出強烈的傳統文化精神。在高陽的文化思想中，占主導地位的是儒家文化。作爲一個思想學派，從先秦時期起，儒家在中國文化中便占據了極爲重要的地位，而從宋代開始，更建立起了哲學、倫理、政治三位一體的博大精深的思想體系。到了現代，則出現了以梁漱溟、熊十力、張君勱、馮友蘭等爲代表的新儒家。1949年以後，港臺和海外又活躍著唐君毅、牟宗三、徐復觀、方東美、杜維明、余英時等新儒家的傳人，他們將儒家文化的薪火廣泛傳播，出現了新儒學熱潮。高陽開始歷史小說創作之時正是現代新儒家風起雲湧、聲勢浩大之際。原有的文化積澱加上時代潮流的影響，使高陽歷史小說表現出鮮明的儒家文化傾向。他曾坦陳自己的創作動因：「知識分子逐漸了解自己除了關心政治，還有傳播知識和文化的使命。海禁開後，更有探索世界、貢獻國家的抱負……到了清末，一連串戰爭之後，對知識分子刺激非常深，大家認爲失敗的原因是政治不清明、老百姓太愚昧。因此，如果能透過小說改革政治、破除迷信、啓迪民智，不僅發洩了牢騷，也完成了使命感。」⑧高陽反對將小說當作遊戲和消遣的工具，他自覺地把歷史小說創作看作是與歷史對話的過程，其價值取向、文化意識和使命感便在這一過程中充分地表現

出來。

　　高陽按照儒家的政治理想和人格模式塑造了一系列正面人物
形象。他一方面以這些形象介入歷史、闡釋歷史，另一方面又據
此來觀照實現人生，建構自己的文化思想。儒家提出「忠君」、
「愛國」、「仁者愛人」，追求「達則兼濟天下，窮則獨善其身」
的人生境界，恪守「先天下之憂而憂，後天下之樂而樂」的道德
規範，在此基礎上確立了施仁政、行王道、重義輕利等一整套行
為準則。《大將曹彬》中的主人公曹彬便是高陽塑造出來的一位
深具儒家風範和人格魅力的理想人物形象，他的身上集中了儒家
傳統文化的精華。曹彬是忠臣，是清官，是一代儒將，是道德完
人，他的身上凝聚著深厚的中國傳統文化精神，發散著巨大的人
格力量。《乾隆韻事》中的乾隆也是一位深具儒家文化精神的人
物。在高陽筆下，曾寫過許多君王的形象，乾隆則是明主、聖君
的典型。孔子提出「為政以德」，孟子也主張「以德服人」，幾
千年來，儒家一貫主張要以「德政」治理天下。這一思想深深地
植根於乾隆的心靈中。他一旦登基，便勤於政務，施行一整套開
明舉措，匡正時弊，整肅宮禁，從而使大清的國力空前強盛，迎
來了「乾嘉盛世」。乾隆在政治上推行「德政」，與此相聯繫，
他的道德觀念也深受儒家影響。《乾隆韻事》正面弘揚了乾隆的
「孝道」。乾隆的生母是個漢人，雍正心血來潮的一次寵幸使她
在熱河行宮生下了乾隆，但從此母子分離。他不嫌生母出身卑微，
是個連名份都沒有的宮女。傳統的倫理道德觀念壓倒了封建的「
君尊民卑」的等級觀念，使乾隆這一人物展現出人情美、人性美
的光芒。

　　高陽小說的文化內涵是十分豐富的。他廣泛涉獵和描寫了多
種文化景觀。《慈禧全傳》全方位地展示了封建時代的宮廷文化、

官場文化。清朝的皇宮景觀、朝章制度、宮中禮儀、皇帝選后大婚習俗、登基慶典、喪葬體制、宴飲娛樂、宮廷奏議、軍機執政、開科取士、官吏任免等等，在高陽的筆下都被描寫得生動逼眞，躍然紙上，從而使作品洋溢著濃郁的文化氣息。《胡雪巖》則主要表現了清代的商場文化，其中所蘊含的文化內涵遠遠超出了許多專業性的著作，諸如北方票號、南方錢莊、漕幫、沙幫、典當業、絲茶貿易、金融投機等等，作品都有廣泛涉及，其豐富性和生動性是出類拔萃的。作家主要描寫了作爲商人的胡雪巖命運的發展變化，寫他「平步青雲」的發迹、「紅頂商人」的輝煌、「煙消雲散」的結局。以此爲主要線索，著力表現了他的經商謀略、商戰技巧、生財之術、處世之道，在對其絲茶生意、軍火生意、錢莊生意、當鋪生意、醫藥生意的描寫過程中，多方面地展示了商場文化。

　　高陽是一個具有強烈的傳統文化精神的知識分子，「這個時代最後的舊式文人」，但這並不意味他是時代的落伍者。他的歷史小說固然表現了傳統知識分子的價值觀念和人生理想，同時也充溢著現代人的思想觀念和價值取向。現代意識構成了高陽小說文本的現實語境。20世紀是中國人觀念大變革的時代。在西方文明的衝擊下，傳統的價值觀念和思維方式發生嬗變。民主意識，科學精神，成爲不可阻擋的歷史潮流。觀念的變革深刻地影響著文學創作。高陽在選擇題材、描寫人物時，便貫徹和滲透著鮮明的現代意識，這使他非但沒有將古人寫得更死，反而賦予古人嶄新的藝術生命，從而使作品給人以強烈的現實感。在中國歷史上，商人地位低下。歷代統治者採取「重農抑商」、「重仕輕商」的政策，「商」居於「士農工商」的末位。因此「榮宦游而恥工商」成爲中國傳統文化的一個重要內容。近代以來，隨著國門開放，

人們對這一問題的認識有了發展，開始意識到商業在國民經濟和社會發展中的重要地位，逐漸改變了輕視商業的觀念。而高陽則以近200萬字的宏大篇幅為商人胡雪巖立傳。這更是對傳統觀念的一大挑戰。胡雪巖明確表示自己對當官不感興趣，他把經商發財、做一個成功的商人作為自己的最高理想。即使後來成了「紅頂商人」，在官場春風得意，他也無意於在仕途發展，念念不忘的是他的「生意經」，致力於提高商人的地位。胡雪巖「重商輕仕」的觀念與傳統的價值觀念無疑構成了尖銳的衝突。20世紀也是個開放的時代。擺脫老大帝國子民的所謂優越感，打破故步自封、夜郎自大的思維定勢，成為社會有識之士的共識。高陽通過一系列人物形象的塑造，表現出強烈的開放意識。胡雪巖頭腦精明，手段靈活，善於經營，是個成功的商人。他成功的一條重要經驗便是順應潮流，觀念開放。《慈禧全傳》中有一條重要的線索，即洋務派和國粹派、改良派與保守派之間的矛盾衝突。高陽有聲有色地描寫了這場鬥爭。他寫了洋務派的節節勝利，洋務運動的全面開展，寫了道學家、保守派的土崩瓦解，讀者從中可以強烈地感受到作者的開放意識。他也正是以此為基點塑造了李鴻章、左宗棠、張之洞等頗具爭議性的人物形象。民主意識也是高陽小說現代意識的重要組成部分。當高陽以民主意識來觀照歷史現象時，他發現了中國歷史上黑暗的、專制的一幕幕醜劇。他寫過昏君、暴君，描寫封建專制統治的種種陰暗面。相形之下，《八大胡同》則是一部很獨特的作品。這部小說描寫的主要歷史事件是1923年直系軍閥頭子曹錕收買議員，「賄選總統」。作者選取北洋軍閥統治時期這一幕醜劇，充分揭露了二十年代初期中國不民主、不自由的社會現實，以憂憤深廣的心情真實地展示了中國歷史上的黑暗一幕，表現出鮮明的民主意識。

　　「實筆文學」是中國通俗文學的一大傳統。這也因此充分顯示了通俗文學的文類優勢。「實筆文學」的特點要求通俗文學作家有深厚的知識積累，做一個學者化的作家。高陽的歷史小說充分顯示出作者的學者本色。他的作品知識密度大，書卷氣重，藝術含金量高。一部《慈禧全傳》，有名有姓的人物有數千人之多，《胡雪巖》對繅絲的細緻描寫不亞於專業書籍……高陽學富才高，多年治學治史的經歷，使他成為精於文史考據的學者。他一生親炙中國傳統文化，對歷史有著透徹的洞察力，因此能自由地出入歷史而不拘泥於歷史，具有超出一般文人學者的睿智。他長於考據，曾花了20餘年時間研究「紅學」，寫出了《紅樓一家言》、《高陽說曹雪芹》等紅學專著。他以紅學家的身分來寫「紅——曹」系列小說，這使作品很有學術性。高陽試圖通過《紅樓夢斷》、《曹雪芹別傳》等作品，藝術地、眞實地展示曹雪芹的生活世界和情感世界。在創作過程中，高陽充分調動自己的「紅學」研究成果，使《紅樓夢斷》既忠實於《紅樓夢》的人物性格和命運發展又不囿於《紅樓夢》原有的模式，沒有流於以小說的形式爲《紅樓夢》作索隱，從而使作品具有獨特的藝術價值和文化價值。高陽以嚴謹的治學態度對歷代典章制度、歷史事件、社會習俗進行過詳細考證，他的歷史小說廣泛涉及政治、經濟、軍事、文化等眾多領域。《慈禧全傳》是一部集大成的巨著。爲了強化「信史」的效果，高陽在作品中插入了大量的奏疏、函札、上論和聖旨，這些全文照錄式的歷史文獻讀起來固然略嫌沉悶，在某種程度上影響了敘述的生動性，但因此造成了作品強烈的歷史感。

　　高陽在對史實進行精詳考證時，經常會得出一些與流行的觀點不一致甚至相反的結論。他以此爲依據，以學者的良知、膽略及小說家的才華大做翻案文章。因此，高陽小說所描寫的歷史事

件常給人新鮮之感。如戊戌維新運動的主要人物康有爲歷來被史學家捧爲發憤圖強的先知先覺，改良主義的一面旗幟，高陽則獨排眾議，揭示出其人格上醜陋的一面。《慈禧全傳》寫到戊戌政變那一節時對康有爲的形象多有描寫。作爲康黨領袖，康有爲在風聞慈禧太后要鎮壓維新運動時，首先想到的是避禍。他置變法同志的安危於不顧，獨自出逃。及至亡命海外後，康有爲又借保皇爲名，自命「聖人」，到處斂財，中飽私囊。作品還描寫了康有爲的所謂「衣帶詔」的鬧劇。作者借袁世凱之口評價道：「康有爲之言可用，康有爲其人不可用！」高陽也爲袁世凱做翻案文章。由於有稱帝一事，袁世凱歷來被視爲大奸大惡之徒，戊戌政變的罪魁禍首。而據高陽考證，袁世凱在戊戌政變中只是一個小配角，其作用主要在於作了僞證。《瀛台落日》寫到戊戌政變一節時，便是以此爲叙述依據的。高陽以此觀點爲指導叙述了戊戌政變那驚心動魄的一幕，這裡包含著對歷史的深入探尋和深切洞察，表現出一個知識者卓爾不群的學術品性，因此，楊照認爲：「高陽無疑是近三百年來中國學術史上異軍突起的嫡系傳人。」⑨

　　學者的文化品味決定了作品的文學品位。通俗文學常常以傳奇性取勝，無奇不傳，追求新奇怪異。但高陽卻獨闢蹊徑。他筆下的人物不乏傳奇性經歷。如胡雪巖一生命運大起大落，從在錢莊當學徒到賞穿黃馬褂，成爲顯赫一時的「紅頂商人」，到創辦阜康錢莊、分號遍布北京、兩湖、江浙各地，資產達2000萬以上，成爲江南巨富，到錢莊倒閉，負債累累，潦倒而死，胡雪巖經歷了極具傳奇性的一生。高陽卻往往淡化人物的傳奇經歷，而著力於對人物的命運、人物與人物之間的糾葛、事件的發展加以描寫和叙述。又如慈禧太后在四十多歲當時得過「骨蒸」病：小

產血崩。皇太后小產是天下奇聞，裡面包含著多少隱秘，但高陽則頗爲含蓄地一筆帶過。寫極富傳奇性的人物而不以傳奇取勝，這既是對通俗文學的傳統審美特徵的挑戰，也是對作家才具、智慧的考驗。作家必須在傳奇性之外尋找吸引讀者、激發讀者閱讀興趣的東西。他的歷史小說因此走出了一條俗而能雅、雅俗共賞的藝術道路。

　　高陽的歷史小說規模巨大，氣勢恢宏，與此同時，他又著力描摹世態人情，狀寫日常社會生活，表現深刻的人生體驗。這顯示出高陽歷史小說的又一特點，即世俗化、生活化趨向。在高陽看來，歷史研究是「發掘事實，闡明事實」，而小說創作則「需要編造『事實』，即所謂『故事的構想』」；歷史小說「應合乎歷史與小說的雙重要求，小說中的人物，要求其生動、突出。」因此，高陽一方面從浩如煙海的史書典籍中汲取題材，並在敘述過程中不時引述歷史文獻，使作品產生「信史」的效果；另一方面，他根據創作的需要，基於自己的生活經驗而「大膽假設」，使歷史內容更爲豐富多彩，歷史人物更爲鮮活生動。他的小說中有許多不見於正史的日常生活的描寫。如果說取材於歷史，在青簡黃卷中復活歷史內容更多地顯示出高陽的學者本色的話，那麼，以細膩的筆觸敘寫日常生活的方方面面，捕捉一個個生活細節，則更爲突出地表現出高陽作爲小說家的藝術才情。高陽的歷史小說創作正是這兩個方面的有機結合，缺一不可。日常生活瑣事，人物的言行舉止，風土人情以及民俗文化等等生活細節的描寫，對於刻劃人物性格、點染時代氣氛、推動情節發展、營造藝術情趣、充實作品內涵，起到了重要的作用。

　　在20世紀中國歷史小說作家中，高陽是成就突出的一個。他的卷帙浩繁的長篇巨著，在中國文壇上樹起了一種美學風範。他

上承中國史傳文學的傳統，在30餘年的歷史小說創作中艱苦摸索，形成了博大精深、氣勢恢宏的獨特的創作風格。

【注　釋】

①　葉洪生：《當代臺灣武俠小說的成人童話世界》，《流行天下》，時報出版公司1991年版。

②　古龍：《說說武俠小說》，《歡樂英雄》，春秋出版社1971年版。

③　轉引自《臺港文學選刊》1992年第8期。

④　高陽：《歷史・小說・歷史小說》，《臺港文學選刊》1992年第8期。

⑤　高陽：《我寫歷史小說的心路歷程》，臺灣《聯合報》1992年6月7日。

⑥　巴爾扎克：《人間喜劇・前言》。

⑦　高陽：《歷史・小說・歷史小說》，《臺港文學選刊》1992年第8期。

⑧　轉引自張寶琴《高陽小說研究・序》，臺灣聯合文學出版社1993年版。

⑨　楊照：《歷史小說與歷史民族志》，《高陽小說研究》，臺灣聯合文學出版社1993年版。

第五章　臺灣新詩

　　臺灣詩壇詩人眾多，流派紛呈，詩社林立，詩刊廣布。有鄉土派，也有現代派；有關心民族的，也有反抗傳統的；有大眾化的，也有前衛的。余光中、洛夫、瘂弦、鄭愁予、葉維廉、楊牧等則是成就突出、具代表性的詩人。

第一節　余光中

　　余光中（1928—　　），福建永春人。早年在金陵大學、廈門大學讀書，1952年畢業於臺灣大學外文系。1958年赴美留學。他著述豐富，自稱右手寫詩，左手寫散文，還有一手寫評論和翻譯。1952年出版處女詩集《舟子的悲歌》。其後陸續出版了《藍色的羽毛》、《鐘乳石》、《萬聖節》、《天狼星》、《蓮的聯想》、《五陵少年》、《白玉苦瓜》、《與永恒拔河》、《余光中詩選》等近20本詩集。

　　在臺灣現代詩發展中，余光中有著重要的地位。他不僅創作，還以理論批評和組織活動，有力地推動了臺灣現代詩的發展和分化。

　　余光中的詩歌創作經歷了曲折的發展過程。他最初的創作深受中國古詩、五四新詩及英美古典詩歌傳統的影響。《舟子的悲歌》、《藍色的羽毛》、《天國的夜市》等詩集標誌著詩人與歷史和傳統的密切聯繫。《揚子江船夫曲》中磅礴的激情、昂揚的

氣勢與郭沫若《女神》有著緊密的聯繫，《算命瞎子》則明顯帶有臧克家《烙印》的痕迹。從《鐘乳石》開始，余光中詩風丕變，轉向「現代」，積極地實驗現代詩創作。他的詩中出現了一些奇特的意象、歐化的句子，從靈視感覺到藝術的表達，都趨近「現代」。 1961年發表長詩《天狼星》，明確表示要和現代詩的「惡性西化」告別。他在《再見，虛無！》宣稱自己「生完了現代詩的麻疹，總之我已經免疫了。我再也不怕達達和超現實主義的細菌了」。他結束了「西化實驗」期，進入了新古典主義時期。《蓮的聯想》、《五陵少年》鮮明地體現了向傳統回歸的趨向。但這是並不拋卻「現代」的回歸，他尋找的是一種有深厚傳統背景的「現代」。《蓮的聯想》是一部愛情詩集。作為一種體現著東方美學理想的象徵形象，「蓮」在整部詩集中具有豐富的意蘊。它融美、愛和哲思於一體，使中國古典詩歌意象在現代理性的觀照下煥發出新的藝術光彩。《五陵少年》則進一步標誌著詩人向中國傳統文化回歸，他將古典的精神與現代的情緒相交融，建構出一個嶄新的詩美空間。以1974年出版的《白玉苦瓜》為標誌，余光中詩歌的思想內涵更加豐富，上了一個新的台階。步入人生中途的詩人對傳統與現代、東方與西方有著深刻的歷史感悟。在《白玉苦瓜》一詩中，詩人從一個特定的角度切入民族的歷史文化，通過對珍藏在故宮博物院的一件白玉雕成的苦瓜的咏嘆，表現出深刻的主題和濃重的情懷。「白玉苦瓜」是一個蘊藏著深邃的象徵意義的意象。中華民族用奶液餵養著這只「苦瓜」，「鍾整個大地的愛」在它身上，在經歷了似睡似醒、從容成熟的一場千年大寐後，它「仍翹著當日的新鮮」。詩人滿懷熱情地讚美「苦瓜」的不朽，在歷史和現實的交滙點上具象地呈示出民族文化的精髓。詩人的中國情結和傳統底蘊融入了更高層次的歷史感悟

之中。

　　余光中深有感觸地說：「現代詩的三度空間，或許便是縱的歷史感，橫的地域感，加上縱橫交錯而成十字路口的現實感吧。」①80年代以後，詩人寫了大量的詠史題材的作品，借歷史寄託人生，將人生融入歷史。《隔水觀音》、《紫荊賦》等詩集集中了這類作品。有一個時期，他還努力追求民歌的語言、節奏、韻味，寫出了一些清新自然、情思悠長的作品，如《鄉愁四韻》、《車過枋寮》等。

　　余光中一向被視為藝術上的「多妻主義」者。他的詩歌題材豐沛，形式靈活，風格多樣。從現代、古典到民歌，從政治抒情詩、新古典詩、詠史詩到鄉愁詩，余光中不斷開拓創新，在現代和傳統、中國和西方之間走出一條富有獨創性的藝術道路。他廣泛吸收藝術營養，熔古今於一爐，形成了既古樸典雅又恬淡清新、既沉鬱頓挫又明快熱烈的詩歌風格。

　　余光中是傑出的詩人，也是成就卓著的現代散文家，著有《逍遙遊》、《望鄉的牧神》、《焚鶴人》、《聽聽那冷雨》、《青青邊愁》、《記憶像鐵軌一樣長》、《憑一張地圖》等散文集。他的散文視野開闊，想像豐富，文字變幻莫測，風格豪放雄健，是臺灣散文園地裡的一枝奇葩。他喜歡將狂風、大漠、巨石、高山、古戰場、一望無垠的原野、萬頃碧波的海洋、奔馳的汽車等充滿陽剛之氣的事物納入藝術視野，進行濃墨重彩的描繪，酣暢淋漓，一氣呵成，呈現出氣吞山河、包羅四海、睥睨萬物的胸襟。代表作有《逍遙遊》、《咦呵西部》等。另有一些作品溫雅清麗，感情細膩，表現純中國的意象和意境，洋溢著中國文化的恬淡和芬芳，如《聽聽那冷雨》、《蓮戀蓮》等。還有一些作品詼諧幽默，明快活潑，將感性與理趣完美融合，創造了一種高遠闊大的

幽默境界，如《我的四個假想敵》、《沙田山居》等。余光中憑他豐厚的學識和橫溢的才氣構築起華美的散文藝術殿堂。自然，也許由於才氣過盛，有些作品有逞才使氣之嫌，猶如洪水奔流，缺少節制。

第二節　洛夫、瘂弦

　　洛夫（1928—　　），本名莫洛夫，湖南衡陽人。1948年考入湖南大學外語系。次年渡海赴臺，「行囊中僅軍毯一條，馮至及艾青詩集各一冊，個人作品剪貼一本」（《年譜》自叙）。淡江文理學院英文系畢業。1954年與張默發起成立創世紀詩社，提倡「新民族詩型」，在詩壇嶄露頭角。洛夫的早期詩作受馮至和艾青等詩人的影響，風格浪漫而抒情，表現了對理想和愛情的追求以及受挫後引發的無奈和孤絕。從1958年的《投影》、《我的獸》等作品開始，洛夫的詩風發生轉變，他拋棄「新傳統詩型」，轉而提倡超現實主義，強調詩的世界性、超現實性、獨創性和純粹性。1959年開始創作《石室之死亡》，經過不斷修改、補充，1965年終於完成。這首六百餘行的長詩標誌著洛夫詩歌「現代」風格的形成。《石室之死亡》之後，洛夫不斷尋求突破。在1967年出版的《外外集》裡洛夫自稱「在精神上仍是《石室之死亡》的餘緒，但在風格上已較前開朗和灑脫」。在隨後的《無岸之河》和《魔歌》裡，洛夫將現代主義超時空的藝術把握方式，與中國傳統的「天地與我爲一」、「我與天地同生」的觀念融合起來，使超現實主義成爲一種廣義的東方化的審美方式。到70年代，洛夫將現代技巧化入古典的意境，或對古代的題材進行現代詮釋。前者如《金龍禪寺》，後者如《長恨歌》等。尤其在

《長恨歌》中，詩人以現代觀念和方式重新處理唐明皇和楊貴妃的愛情悲劇，令讀者耳目一新。對傳統的回歸顯示出現代詩發展的普遍傾向。80年代以後，洛夫詩歌主要表現一個漂泊者的文化情懷和歷史情懷的回歸。1988年他終於回到闊別四十載的故土，他的詩歌更多地表現現實的回歸。洛夫苦心經營數十年，出版的詩集主要有《靈河》、《石室之死亡》、《外外集》、《無岸之河》、《魔歌》、《眾荷喧嘩》、《時間之傷》、《釀酒的石頭》、《因為風的緣故》等。

作為自覺的「現代」詩人，洛夫醉心於探索現代詩歌藝術，尋求「現代」與傳統的溝通。從里爾克到李杜，從超現實主義到禪詩，可以看出洛夫詩歌發展的軌迹。《石室之死亡》是洛夫的代表作。它是詩人走向「現代」所達到的一個極致。全詩共有64節，每節 10行，各節獨立可成一首短詩，而合在一起則是一首抒情長詩。作品內容龐雜，意象繁複，氣勢恢宏，主題嚴肅，表現了對生命的深刻體認。詩人形而上地探討了人的存在、生死同構的主題，以白晝、太陽、火、子宮、荷花、向日葵、孔雀等意象來象徵生命，以黑、夜、暗影、墳、棺材、蝙蝠等意象象徵死亡。由於大量運用象徵、暗示手法，給作品蒙上了一層晦澀難懂的迷霧。這首長詩作為臺灣現代詩運動的重要現象有著豐富的意義。

瘂弦（1932—　　），原名王慶麟，河南南陽人。1949年赴臺後進入政工幹校讀書。曾任「中國青年寫作協會」總幹事、《中華文藝》總編輯、《聯合報》副刊主編等職。

瘂弦20歲時以一首《我是一勺靜美的小花》登上詩壇。1957年，他的詩歌創作進入高潮，儘管作品數量不多，但產生了較大的影響。主要詩集有《瘂弦詩抄》、《深淵》等。尤其這

後一本詩集爲瘂弦贏得了很高的聲譽。羅青曾對此予以評說：「在詩壇上，能以一本詩集而享大名，且影響深入廣泛，盛譽持久不衰，除了瘂弦的《深淵》外，一時似乎尙無選例。」（《理論與態度》）

　　雖然身爲《創世紀》的三駕馬車之一，但瘂弦在詩歌主張上與那些極力主張西化的現代派詩人有著明顯的區別。他是一個前衛詩人，同時他又反對全盤西化，主張對中國文學傳統應予以繼承和創新。其《中國新詩研究》比較系統地整理研究了廢名、徐志摩、王獨清、辛笛、劉大白等數十位五四以來名詩人的作品，這正反映出他對中國文學傳統的態度。在詩歌表現藝術方面，他與醉心於超現實主義、致力於開掘自我內心世界的《創世紀》同仁不同，注重將強烈的主觀意識融入對客觀世界的表現之中。1959年發表的《深淵》是一首九十八行的抒情長詩，作品以一種整體性的象徵表達了對社會、人生的基本認識。詩人具象地抒寫了人生道路上的種種障礙，如社會的黑暗和虛僞，人性的麻木和墮落等等，這些就像深淵一樣令人難以逾越。血洗荊冠的劊子手，忘卻痛苦出賣人格的妓女，吃遺產、妝奩的寄生者，沿街叫賣罪惡的倖存者……構成了一個人與鬼混雜的世界，給人以荒誕而又眞實的強烈感受。《如歌的行板》等作品也有著較強的社會意義，表現了作者對客觀環境的深切關注。

　　瘂弦的詩歌創作生涯不長。1965年後他轉向中國新詩史料的收集和研究，基本上停止了創作。

第三節　鄭愁予、楊牧

　　鄭愁予（1933—　），原名鄭文韜，祖籍河北，生於山東。

1949年自費印刷了第一本詩集《草鞋與筏子》。1954年考入中興大學法商學院，並在《現代詩》季刊發表大量詩作，成為「現代派」的中堅。1968年赴美留學。出版的詩集主要有：《夢土上》、《衣鉢》、《窗外的女奴》、《鄭愁予詩集》、《雪的可能》、《刺繡的歌謠》等。

　　鄭愁予在臺灣詩壇被稱為「中國的中國詩人」。楊牧評論道：「自從現代了以後，中國也很有些外國詩人，用生疏惡劣的中國文字寫他們的『現代感覺』，但鄭愁予是中國的中國詩人，用良好的中國文字寫作，形象準確，聲籟華美，而且是絕對地現代的。」②這是鄭愁予詩歌風格的準確概括。鄭愁予詩歌的表現技巧和手法是十足的現代的，而在作品的感情深處，則是深厚的中國傳統人文精神。其婉約的抒情氣質與溫庭筠相近，而其蒼涼悲慨的一面，又隱現著辛棄疾的影子。鄭愁予把中國的傳統人文精神與西方現代派的表現技巧相結合，把西方的技巧化入中國傳統的意識之中，使內容和形式結合得渾然一體。作為現代派的一員，鄭愁予以其對中國傳統精神和藝術品味的繼承，迥然有別於西化的「現代」。

　　《夢土上》是鄭愁予影響最大的一部詩集。詩人將在大陸漂泊的記憶，在臺灣無法回歸的哀痛，和海上流浪生活的體驗融合在一起，在詩中傳達出一種恍如置身於「夢土上」的落寞情緒。《錯誤》、《水手》、《如霧起時》等詩則為人們廣為傳誦。「我打江南走過／那等在季節裡的容顏如蓮花的開落／東風不來，三月的柳絮不飛／你底心如小小的寂寞的城／恰若春石的街道向晚／跫音不響，三月的春帷不揭／你底心是小小的窗扉緊掩／我達達的馬蹄是美麗的錯誤／我不是歸人，是個過客……」這首《錯誤》以一連串深具傳統意味和江南風情的意象，將豪放曠達的

氣質和欲語還休的情韻融爲一體，營造出和諧、完整的藝術境界。雖然詩中寫的是思婦、浪子，但與傳統的閨怨詩相比，《錯誤》表現出較強的歷史感，有著濃重的時代投影。

楊牧（1940—　），本名王靖獻，曾用筆名葉珊，臺灣花蓮人。 1963年東海大學外文系畢業，後赴美留學，獲柏克萊加州大學博士學位。楊牧在詩壇起步較早，中學時代就在《現代詩》、《藍星》、《創世紀》等著名詩刊發表作品。1959年出版第一本詩集《水之湄》。此後出版的詩集有《花季》、《燈船》、《傳說》、《非渡集》、《瓶中稿》、《楊牧詩集》、《北斗行》、《吳鳳》、《禁忌的遊戲》、《海岸七疊》、《有人》等。

與其他現代派詩人相比，楊牧十分重視敘事詩和史詩的創作。從早期創作開始，楊牧就在抒情的框架中表現出敘事的傾向。1972年他放棄用了十多年的葉珊筆名，改名楊牧，全面轉向傳統，嘗試在歷史和傳統題材的再創作中，賦予傳統新鮮的生命，使作品具有典型的中國情調。在後來的作品中，楊牧努力開掘傳統人文精神，將歷史人物故事按現代情緒重新處理。從《延陵季子掛劍》、《秋祭杜甫》到《林冲夜奔》、《吳鳳》，可以清晰地看出融通傳統與現代精神的軌迹。

在以古代歷史人物爲題材的作品中，《林冲夜奔》很具代表性。在詩的正標題下，有個副題《聲音的戲劇》。內分四折，一折相當於一節。從第一折到第四折都是按照《水滸》故事的情節發展進行的，但作者把事件推到幕後，每一折都是從模糊了的情節發展中提煉出一個特定的聲音作爲抒情主體。第一折是風聲，偶然風雪混聲，第二折是山神聲，偶然小鬼、判官混聲，第三折分成三段都是林冲的內心獨白，第四折又回到大自然的雪聲，偶然風、雪、山神回聲。四折「聲音的戲劇」隨著詩情的跌宕互相

回應，構成了一個多聲部、多場次的人、神、鬼、物共鳴共奏的回聲交響樂。這種表現手法在敘事詩中是罕見的。

楊牧和余光中一樣，也擅長於「右手寫詩，左手寫散文」，在詩和散文領域都有可觀成就。主要散文集有《葉珊散文集》、《年輪》、《山風海雨》、《搜索者》等。楊牧認爲現代散文應具有無窮的暗示性和音樂性，其語言應該轉益多師，「引車賣漿者流的聲音是我師，古人刻意的聲音是我師，甚至西方文字中其尤爲駭異的聲音也是我師」。他還將詩歌創作的一些特質巧妙地融入散文之中，使自己的散文具有詩的氣質、詩的風采。《山窗下》、《作別》、《一九七二》等作品採用內心獨白的方式表現對人生乃至整個生命意義的思考，文風清麗飄逸，揮灑自如，呈現出詩質散文的鮮明特點。

葉維廉（1937—　），廣東中山人。1959年臺灣大學外文系畢業後，考入臺灣師範大學英語研究所，獲碩士學位。後赴美留學，獲普林斯頓大學博士學位。葉維廉是臺灣典型的學者型詩人，對英美現代詩和中國古典詩歌都有精深的研究。他的「純詩」理論和實踐，既是對西方現代藝術理論的張揚，又植根於中國古典的美感經驗之中。葉維廉在大學時代開始發表詩作，先後有《賦格》、《愁渡》、《醒之邊緣》、《野花的故事》、《花開的聲音》、《驚馳》、《憂鬱的鐵路》等詩集出版。

葉維廉的早期詩作有意識地剔除敘述成分，排斥分析性、演繹性的語言，利用文學的音樂性和意象的擴展性，追求詩質「純粹」，往往形象飄忽，意義隱秘，晦澀難懂。《賦格》、《愁渡》這兩首形式和結構大體相同的長詩，便呈現出這一特點，難以爲讀者接受。從《醒之邊緣》開始，葉維廉改變了自己的詩風。詩的意象變得較爲單純明朗，詩中的抒情素質得到加強，在藝術上

更切近於中國的古典審美經驗。這與當時臺灣現代詩的發展潮流是合拍的。到《驚馳》、《憂鬱的鐵路》，葉維廉的詩風達到成熟的境界。在後期的詩作中，他不再止於「純詩」的追求，藝術視野和表現手法不斷擴展，作品表現出詩人豐富的心靈世界，充滿著強烈的主體意識。

【注　釋】

① 余光中：《白玉苦瓜・自序》，臺北大地出版社1974年版。

② 楊牧：《鄭愁予傳奇》，收入《傳統的與現代的》，臺北洪範書店1979年版。

第六章　臺灣散文

第一節　梁實秋

梁實秋（1903—1987），名治華，北京人。早年就讀於清華學校， 1923年赴美留學。回國後參加新月社活動，主編《新月》月刊。 1949年赴臺，長期在臺灣師範大學任教。梁實秋在文學上有多方面的造詣，除了散文和新詩創作外，還兼擅評論，從而成爲著名的文學評論家。在哈佛讀書時，即師從新人文主義的代表人物白璧德，醉心於傳統的帶有貴族氣息的古典主義，主張播揚古典文化和恢復往昔的社會秩序，強調文學的理性精神、高雅標準、內在紀律和普遍人性論。他一生堅持這種文學信仰並身體力行，從而成爲白璧德人文思想、文藝觀在中國最傑出的代表。基於這種思想，他與魯迅爲代表的無產階級革命文學尖銳對立並爆發論戰。也正是從這一文學觀出發，他抨擊古典主義以降的浪漫主義、唯美主義、印象主義、表現主義，諷刺國民黨的三民主義文學。他的文學觀集中地體現在文藝論集《文學的紀律》中。梁實秋又是傑出的翻譯家，他以一人之力完成了莎士比亞全部戲劇37種的翻譯工程，加上他翻譯的莎氏三種詩集，滙成《莎士比亞全集》煌煌40卷出版，這在中國現代翻譯史上是極爲罕見的。

最能顯示梁實秋文學成就的還要算他的散文創作。自1927年出版第一本散文集《罵人的藝術》直至1987年病逝絕筆，梁實秋結集出版了《談徐志摩》、《清華八年》、《秋室雜文》、

《談聞一多》、《秋室雜憶》、《西雅圖雜記》、《雅舍小品續集》、《看雲集》、《槐園夢憶》、《梁實秋雜記》、《白貓王子及其他》、《雅舍小品》（4集）、《雅舍雜文》、《雅舍談吃》、《雅舍懷舊》等20餘種，涉及小品、雜感、遊記、回憶錄、讀書札記諸文體。

　　梁實秋在清華學校讀書時就開始了散文創作。但在早期散文集《罵人的藝術》中，他還沒有形成成熟的藝術風格，雖顯示了詼諧風趣的特點，但幽默常失之於油滑。眞正奠定他散文家地位的是　1940年入蜀後寫作的《雅舍小品》。發表《雅舍小品》時，梁實秋已時屆中年，可謂大器晚成。中年時代的梁實秋，才學識兼備，積累豐厚，故一鳴驚人。在經歷了人生的風風雨雨後，他的心態從浮厲、躁動的情狀趨於寧靜平和的境地，他從蘭姆的隨筆、周作人的苦茶小品中得到啓發，開始了散文創作的新階段。他說古道今，談人論物，取材於平凡的日常人生，不爲時尚所左右，節制情感，發掘理趣，體現出一種清雅通脫的藝術品格。《雅舍小品》的這一精神特徵貫穿於他後來一系列的作品之中。去臺灣後，梁實秋在散文藝術上精益求精，不斷地創造，至七十年代出現散文創作新的高潮，在最後十幾年文學生涯裡，每年出版一本高水準的散文集，創作持續高產，佳作迭出，進入了明心見性、安然自在的人生境地，成爲對當代臺灣文學發展產生重大影響的一代宗師。

　　綜觀梁實秋的散文，不難發現，它基本上屬於學者型的散文，表現了積極向上、豐富眞切的思想內涵，體現了對人生的關注和熱愛。它所涉及的內容十分豐厚，概括一下，大致可分爲以下三個方面。

　　首先，它描摹了形形色色的人生世態，表現了清雅恬淡的人

生情趣。

　　梁實秋對世態百相的觀照玩味，達到了無處不往、無所不在的境界。衣食住行，生老病死，吃喝拉睡，無所不談，內容博雜而有情趣。《女人》從女人喜歡拐彎抹角寫起，寫到女人的善變，女人的愛哭愛笑，女人的絮聒嘮叨，女人的膽小，女人的聰明，令人忍俊不禁，拍手稱奇，驚嘆作者觀察的細緻敏銳，雖不無調侃，卻自然輕鬆。《男人》寫男人的髒，男人的懶，男人的饞，男人的自私，男人的閑扯，繪出了男人種種醜陋的神色，雖時有誇張，倒頗具警世之意。其他如《中年》、《老年》、《孩子》、《客》諸文，通篇都以一種閑逸幽默的心態審查和玩味世間百態。而在《髒》、《結婚典禮》、《送行》、《排隊》、《握手》、《請客》、《臉譜》等篇中，則對五花八門的國民習性進行揶揄和諷刺。濁氣熏天的公廁，滑膩膩、鬧哄哄的菜市場，擠成一團、不守秩序的公共場所，以及日常虛浮的應酬禮節等，都被作家有聲有色地進行了藝術再現，妙語連珠，幽默風趣。請看這一段妙論：「若要一天不得安，請客；若要一年不得安，蓋房；若要一輩子不得安，娶姨太太」。（《請客》）又如：「其實，髒一點無傷大雅，從來沒聽說過哪一個國家因髒而亡。一個個的縱然衣冠齊整望之岸然，到處一塵不染，假使內心裡不乾淨，一肚皮的男盜女娼，我看那也不妙」。（《髒》）

　　其次是追憶昔日人事，狀寫故鄉風物。

　　老大離鄉、流落臺島的梁實秋產生了強烈的鄉愁。他時常思念著故鄉故人。因此，在去臺後的散文創作中，憶舊懷鄉占了很大的比重。與描摹人生世態的作品相比，這類文字感情深摯，文筆質樸。他寫聞一多、胡適、周作人、冰心、徐志摩、沈從文、老舍、梁啓超等昔日的師友知己，再現他們的音容笑貌。梁實秋

忠實於自己的感覺，極力寫出真情實感。在他的筆下，老舍只是「一個規規矩矩的和和氣氣的而又窩窩囊囊的北平旗人」（《憶老舍》），沈從文「不健談，見了人總是低著頭羞羞答答的，說話也細聲細氣」（《憶沈從文》）。他的憶舊散文中最為著名的當推《槐園夢憶》。全文17節，除了首尾兩節直訴哀思外，主體部分是「夢憶」亡妻往事，即如作者所說的，「我不能不回想五十多年的往事，在回憶中好像我把如夢如幻的過去的生活又重新體驗了一次，季淑沒有死，她仍然活在我的心中」。作者的「夢憶」跨越大半個世紀，從大陸故園到異鄉飄泊，從初次相會到東渡臺灣，一直到生離死別，在追憶往事中，作者抒發了對亡妻的一往情深、萬般眷戀，寫得真切感人，令人肅然起敬。

梁實秋不僅寫故人舊事，他也以大家手筆去描繪鄉土風物。臺北公園的一隻皮毛脫落、形容枯槁、有氣無力的病駱駝，使他想起了兒時家鄉那龐大而溫馴、「任重而道遠」招搖過市的一串駱駝（《駱駝》）；由國劇的衰微，憶起舊時在北京戲園聽戲的熱鬧非凡的盛況（《聽戲》）；見到街上小兒放風箏，也常使他想起在北京放風箏的情形，他便從風箏的繁多種類談到放風箏的線，放風箏的技巧以及空中風箏爭鬥，言語之間，頗多感慨（《放風箏》）。而《北平年景》則以「過年需要在家鄉裡才有味道」為起始，回憶童年過年情形，祭灶、祭祖、吃餃子、玩花炮，樣樣熱鬧，火神廟裡的古玩玉器攤，土地祠裡的書攤畫棚，以及財神廟、白雲觀、雍和宮，處處都是人擠人、人看人的局面。作者寫出了京城新年的狂歡。在梁實秋的筆下，故居的庭院，兒時的瑣事，北京的風情，年節的氣氛，家鄉的特產，無如鮮活如故，意趣盎然，令人徘徊不已，回味無窮。梁實秋還是一個美食家。離開北京幾十年了，可一想起家鄉的風味美食，仍然不能自已。

他的一本《雅舍談吃》講的是北京各種名菜小吃的特點、歷史掌故，道出了中國飲食文化的精髓，寫得活潑風趣，彷彿美食文告，令人悠然神往。

第三是追求一種充分享受人生的藝術。

從總體上看，梁實秋蹈襲了中國傳統士大夫的思想軌迹。儒家學說作爲一種博大精深的文化傳統深植於他的心間，並成爲他人生觀的核心。經歷了世象萬變的人生旅程，釋道思想也融進了他的思想品格中。這使他在實際人生中，自覺追求傳統士大夫式的生活情趣。因此，他雖然堅持文學必須表現人生，描寫人性。但並不重揭示它的陰暗醜陋，而主要在人生和人性的描寫中，融入仁愛、孝悌、誠信、謙恭、忍讓等傳統思想，貫穿著一種理性、中庸節制的人生哲學。他指出人性是複雜的，唯有「在理性指導下的人生是健康的」（《文學的紀律》）。梁實秋的散文創作，正是這一人生觀和文學觀的具體實踐。

梁實秋有散步的雅癖。清晨起來提著手杖走到空曠處，「看東方既白，遠山如黛，空氣裡沒有太多的塵埃炊煙混雜在內，可以放心的盡量的深呼吸，這便是一天中難得的享受」（《散步》）。他從馬路邊的踽踽獨行中，從田畦巷弄的穿行中得到了人生的慰藉，感受到無限的生氣。他愛喝茶，據他看來，清茶最爲風雅。談起喝茶的藝術，他滔滔不絕，如數家珍。北京的雙窨，天津的大葉，西湖的龍井，六安的瓜片，四川的沱茶，雲南的普洱，洞庭湖的君山茶，武夷山的岩茶，臺灣的烏龍，甚至不登大雅之堂的茶葉梗與滿天星隨壺淨的高末兒，他都品嘗過，言談之間透露出閑逸超然的氣息，也分明有種悵然若失的感覺：「喝茶，喝好茶，往事如烟。提起喝茶的藝術，現在好像談不到了，不提也罷。」（《喝茶》）他洞明事理，順應自然，不刻意追求，隨緣品嘗，

自得茶趣。他也玩味喝酒的情趣，講究飲酒的適度與適意，欣賞
「酒飲微醺」的境界。請看他對酒的一番妙論：

> 酒實在是妙。幾杯落肚之後就會覺得飄飄然、醺醺然。平
> 素道貌岸然的人，也會綻出笑臉；一向沉默寡言的人，也
> 會議論風生。再灌下幾杯之後，所有的苦悶煩惱全忘了，
> 酒酣耳熱，只覺得意氣飛揚，不可一世，若不及時知止，
> 可就難免玉山頹欹，剔吐縱橫，甚至撒瘋罵座，以及種種
> 的酒失酒過全部的呈現出來。（《飲酒》）

這實在是梁實秋的夫子自道，繪形繪色，維妙維肖，何謂飲
酒的情趣什麼才是適度和適意，真是一目了然。

在重慶北碚，梁實秋曾住過一處青磚砌柱，黑瓦蓋頂、四壁
是竹篾泥牆的陋室，他卻不以為苦，反而恬然稱之為「雅舍」。
他以人生本來如寄的人生態度對待客居生活，視陋室為一自足獨
立的小天地：「我住『雅舍』一日，『雅舍』即一日為我所有。
即使此一日亦不能算是我有，至少此一日『雅舍』所能給予之苦
辣酸甜，我實躬受親嘗。」（《雅舍》）這是一種通達超脫、知
足自持的處世態度和人生追求，從中可以領略到作者從容賞玩、
隨緣而處、優游自在的雅人品性和名士風度。這大概就是梁實秋
孜孜以求的藝術生活吧。

梁實秋的散文具有清雅通脫、溫柔敦厚的美文風格。

就文風而言，梁實秋的散文行文雅潔，瀟灑幽默，親切自然。
梁實秋穩健、平和、通達的性格造就了凝煉、雅潔、韻味濃郁、
典麗含蓄的散文風格，而豐富的閱歷和幽默風趣的品性又使他的
散文透出幾分老辣和俏皮。他善於節制，一貫追求簡練雅潔，用
詞文白相濟，行文能放能收，謀篇則散中見整，在散文藝術上精
心推敲，刻意求工，而又不失親切自然。這可說是梁實秋散文最

鮮明的特色。

就情趣來說，梁實秋的散文雖以閑適為格調，卻並非不食人間煙火，而是以陶冶性情、弘揚人性為宗旨。他談天說地，論古道今，旁徵博引，但不賣弄學問，表現的是自由灑脫的人生襟懷、恬淡心境和生命意識。他熔性情、學識、修養於一爐，集雅人、名士、學者於一體，成為中國現代文學史上堪與周作人媲美的閑適散文大家。

當然，梁實秋的散文並非盡善盡美。應該看到，它在思想藝術上都帶有一定的保守性。其不足主要表現為時代氣息不濃，疏離了時代主潮，與社會的變遷也較為隔膜，在藝術上則守成多於創新，雅致有餘，通俗不足，雅而有貴族氣，在一定程度上局限了讀者的範圍。

第二節　琦　君

琦君（1918—　），原名潘希真，浙江永嘉人。早年就讀於之江大學中文系，為詞壇巨擘夏承燾的得意門生。1949年赴臺。1953年出版第一本小說散文合集《琴心》，此後陸續出版小說、散文、詩歌、兒童文學、評論等著作數十種。其中散文創作成就最高。主要散文集有《煙愁》、《琦君小品》、《紅紗燈》、《三更有夢書當枕》、《桂花雨》、《細雨燈花落》、《燈景舊情懷》等。

琦君散文涉及的領域較為廣泛。她寫在臺灣的生活、海外的見聞，也寫記憶中的故土風情。她以一顆純真、博大的愛心熱烈地擁抱人生，在對生活的細心感受中體味和領悟生活的真諦，營造出一個色彩柔和、氣氛溫馨的真善美的藝術世界。

在琦君的散文中，最能撩撥人心弦、激起人共鳴的當推憶舊懷人之作。琦君是一個深受民族文化薰陶的傳統型作家，遠離故土家園的生活境遇，使她對故鄉故土產生深深的眷戀和懷念。在回顧自己的創作道路時，她說：「我是因為心裡有一份情緒在激盪，不得不寫時才寫，每回寫到我的父母家人和師友，我都禁不住熱淚盈眶。我忘不了他們對我的關愛，我也珍惜自己對他們的這一份情」（《寫作回顧》）。正是從這個「根」出發，琦君以一支生花妙筆傾注滿腔熱情去寫故鄉風情，追憶流水年華，抒寫了許多懷念父母親人和師友的抒情篇章。這類作品構成了其散文創作的主幹。

琦君將自己的情思化作彩筆，在作品描繪出一幅幅色彩斑斕的江南水鄉山水圖和風俗畫。在《西湖憶舊》裡，作者滿懷深情地寫出了「西湖十里好煙波」，畫出了「居近湖濱歸釣遲」、「桂花香裡啜蓮羹」的動人美景；在她的筆下，西湖是「明眸皓齒的佳人」，古寺名塔是「遺世獨立的高人逸士」，泛舟徜徉在荷花叢中，頭頂綠雲浮動，清香的湖風輕柔地吹拂著面頰，耳聽遠處笙歌，只覺得自己彷彿已成為遠離塵囂、在大自然中盡情享受清涼的隱者了。此情此景，多麼賞心悅目，令人心馳神往。《紅紗燈》則描繪了浙東過年時生動有趣的熱鬧景象。外公給「我」糊式樣別致的紅紗燈，有蓮花燈、關刀燈、兔子燈、輪船燈等。提燈會上，熱鬧的提燈隊伍手持燈籠、火把，敲著鑼鼓拉著胡琴吹著簫，從街心走向河邊，所到之處鞭炮聲不絕於耳，燈光火光照得雪夜都成粉紅色了。這些具有鮮明地方特色的民俗風情在作家筆下是那樣的生動、親切，充分表現出經過時間隔絕後她對故鄉故土的深切思念。

琦君還將濃得化解不開的思念傾注到對親人師友的具體描寫

裡。她寫父母，寫外公，寫姨娘，寫堂叔、小姐妹和幾位老師，其中筆墨用得最多、寫得最生動的是她的母親。在昔日生活中，母親是一個勤勞、善良、慈愛、能幹，具有三從四德傳統觀念的舊式婦女。《衣不如故》狀寫母親不重打扮、節儉持家的品質，《倒賬》寫母親達觀的人生態度，《母親那個時代》寫她勤勞能幹，《毛衣》突出地描寫了她對「我」的慈愛、關懷，那股洋溢著濃郁親情的母愛從毛衣的故事裡滲透出來。《髻》則表現了母親的內心痛楚和滿腹的幽怨哀愁，她的忍讓順從、與世無爭的性格通過一個小小的髮髻透露了出來。這些分散在不同作品中的母親性格的各個側面融合起來，便構成了完整的母親形象。作者把自己對母親的愛和強烈的思念凝注筆端，通過對日常生活的具體描寫，塑造出一個栩栩如生的母親形象。

　　琦君是散文家，同時又是小說家，曾出版過《菁姐》、《百合羹》、《賣牛記》、《繕校室八小時》、《七月的哀傷》等小說集。她常採用小說的筆法來寫人物，她的散文既能抓住人物外貌特徵進行肖像描寫，也能深入人物心靈進行心理描寫。她注重以形寫神的手法而又細膩地把握人物的情感律動，因此筆下的人物搖曳多姿、生動傳神。如她抓住外公的三綹雪白的長鬍鬚這一特徵寫他的溫和、慈愛，並引出外公借白鬍鬚巧扮財神爺勸諭小偷的軼事。又如她把握母親的一頭秀髮寫母親的美麗：「母親烏油油的柔髮卻像一匹緞子似的垂在肩頭，微風吹來，一絡絡的短髮不時拂著她白嫩的面頰。她瞇起眼睛，用手背攏一下，一會兒又飄過來了。她是近視眼，瞇縫線兒的時候格外的俏麗。」（《髻》）母親的柔美、秀麗、飄逸躍然紙上，給人以深刻的印象。

　　在憶舊懷人散文中，琦君還描述了自己童年時的種種趣事。《壓歲錢》、《下雨天，真好》、《算盤》、《衣不如故》、《

三更有夢書當枕》等作品寫出了童年生活的種種情狀，父母親人的疼愛關懷，少年不識愁滋味的天眞歡欣。從這些彷彿是自畫像的作品裡，我們看到了一個聰明活潑、勤奮好學、天眞單純而有些調皮貪玩的女孩子的形象。這個形象與林海音在《城南舊事》中描寫的英子有著異曲同工之妙。

琦君到臺灣後曾寫過一首「虞美人」詞：「錦書萬里憑誰寄，過盡飛鴻矣。柔腸已斷淚難收，總爲相思不上最高樓。夢中應識歸來路，夢也了無據。十年往事已模糊，轉悔今朝分薄不如無。」詞中流露出遠離故土的苦悶、惆悵，充分表達了鄉國之思、親友之情。她的這種情感完整地體現在散文創作中。讀她的散文，你會感到濃重的鄉思撲面而至，你會被剪不斷理還亂的離愁緊緊包圍。那一篇篇感觸細膩、情愫濃重的鄉愁散文，引起了眾多流落他鄉的遠方遊子的共鳴。

在臺灣女作家中，同樣寫鄉愁，張曉風的散文顯得激情飛揚，情感外露，抑鬱中勃現著豪氣，每次回望故土，她都要心潮澎湃，血脈僨張，心靈脆薄得不堪一聲海濤，激動之情難以自抑。張秀亞的鄉愁散文則情意繾綣纏綿，且多用象徵手法，筆墨含蓄隱晦，在繁複的意象中潑灑著憂鬱色彩。而琦君，更多的是採用白描手法寫人敘事，在舒緩的敘述和具體描寫之中傾吐著濃重的鄉愁。琦君的散文不像張曉風那樣會產生強烈、緊張的精神刺激，也不會像張秀亞的那樣給人抑鬱低徊、莫測高深之感。讀琦君的散文如同在濃蔭下品一杯清茶，心情恬淡輕鬆，偶爾也有一縷淡如煙絲的哀音潛入耳中，又使人若有所思，難以釋懷。她的散文如滴露圓荷，清香四溢，又似山中清泉，情深意長，韻味無窮。

琦君的散文風格是獨特、鮮明的。良好的家庭教育，形成了她優雅、嫺淑的性格；親人師友的慈愛關懷，又使她充分感受到

人間的溫暖、幸福,她在無憂無慮、充滿溫情的環境裡度過了童年。這樣的生活境遇使其散文呈現出柔美、舒展、淡雅、溫馨的色調。而小時候起逐漸形成的深厚古典文學功底又使她在營造意境、渲染氣氛方面出神入化、揮灑自如,進入了很高的藝術境界。在她求學期間,父母相繼離開人世,尊敬的師長也紛紛離散,她體驗著生離死別的滋味,經歷了人間的艱難坎坷,那顆敏感、充滿溫馨的心靈便注入了濃重的哀愁和惆悵,這使她的作品變得凝重、含蓄,在活潑之中加入了幾分沉滯、傷感,表現出對人生的感悟和遐想。獨特的生活經歷和藝術上的博採眾長,使琦君的散文形成了清新淡雅、古樸雋永的藝術風格。

琦君深受中國溫柔敦厚的文學傳統的影響,她的散文溫婉柔美,諧而不謔,哀而不傷。無論憶舊懷人還是感悟人生,她都能將濃烈的感情平淡出之,雖略帶哀怨,卻常能超脫釋懷。《倒賬》寫自己一家賴以為生的積蓄被一個所謂的朋友賴掉了,始則整日愁眉苦臉,怨恨滿腹,但很快思想發生轉變,認識到:「得失只可視作生活點綴,實不應為此鬱鬱於懷的。」最後提出:「我們不妨以幽默閑適的心情,度著平靜而現實的生活,不為將來做太多的打算,也不為過去而留戀懊喪。」作者在這裡表達了安貧守拙、知足長樂的人生態度。琦君的散文沒有大起大落、激烈複雜的矛盾衝突,也沒有大悲大喜的感情糾葛,她以一顆溫存的心細細地體味「生涯中的一花一木,一喜一悲」,從中閃爍著哲理的火花。即使是過去曾經歷過的痛苦和煩惱,她也能「化痛苦為信念,轉煩惱為菩提」。她將自己達觀開朗的人生態度完整地融進了創作之中。

琦君的散文素以淡雅雋永著稱。她的散文語言猶如行雲流水,樸素自然,沒有雕琢的痕迹。她又常在不經意中適當化用古詩詞,

或營造意境，或渲染氣氛，或點化哲理，使作品在古樸中富有詩意，韻味雋永。對琦君的散文語言，羅家倫曾作過頗為中肯的評價：「文字清麗雅潔，委婉多彩。寫風景有詩意，寫動作頗細膩，寫人物頗富於溫柔敦厚的人情味。」

琦君的散文也並非盡善盡美。她篤信我佛，崇尚宗教，對人生的感悟有時變成對佛教教義的詮釋。她的溫柔敦厚思想也往往成為不分是非、慈悲為懷的菩薩心腸。思想內容上的缺憾，在一定程度上影響了作品的藝術感染力。

第三節　王鼎鈞

王鼎鈞（1927—　），山東臨沂人。14歲開始寫詩，15歲試評《聊齋志異》，16歲發表文學作品。已結集出版20餘種散文著作，主要有《碎琉璃》、《情人眼》、《開放的人生》、《人生試金石》、《左心房漩渦》等。王鼎鈞的散文既有深廣的社會內容，又有巨大的藝術容量，形式活潑，風格多樣，在臺灣文壇獨樹一幟。余光中曾有過很高的評價：「海外作家鼎盛，風格多般，其旅外尤久而創作不衰者，詩人首推楊牧，散文家首推王鼎鈞。」

王鼎鈞的散文飽含著對人生、社會、歷史的深刻認識。豐富的生活閱歷使他積累了獨特的人生經驗。他的作品大多是對人生澄澈的觀照，無論記事、說理、抒情，都顯示出對人生的獨特領悟，強烈而鮮明的「我」隨處可見。其《開放的人生》、《人生試驗石》、《我們現代人》號稱「人生三書」，在讀者中有廣泛影響。在這些作品中，他以自己的人生經驗為藍本，表現了人生各個層面，意蘊深遠。《那樹》是這方面的代表作。作品以路邊

老樹的興衰榮枯，象徵著一種執著而悲壯的人生，具有深邃飽滿的人生意蘊。作品通篇沒有標明老樹所處的具體時空，它透過多年來默默造福於人類的老樹被砍伐、被支解的悲劇命運，從一個特定的角度意義深廣地揭示了臺灣現代工業文明對傳統文化的侵蝕。作者以沉重而不失豁達的筆墨，將自然、社會、人生緊緊聯繫在一起，寫出了歷史發展的必然趨勢和人的情感之間的矛盾，傳達出蒼涼、苦澀的心境，在這裡，老樹的命運被寓言化了，這使作品在況味人生、感受人生方面獲得了深邃的意義。王鼎鈞的散文又是鄉土愛國情懷的自然流露。他經歷了動盪的年代，足迹遍及大半個中國，這使他對民族的歷史和文化有深刻的洞察力。《山裡山外》、《海水天涯中國人》等散文集突出地表現了作者深藏於心的真摯熱烈的懷鄉愛國情愫，在嚴謹的寫實和浪漫的激情之中真切地展示了民族的過去和現在，其感情之細膩、思想之深邃、筆法之多樣，在臺灣散文家中是出類拔萃的。隱地指出，王鼎鈞「是這一代中國人的眼睛，為我們記錄了一個時代，一個動亂、和平又混淆的時代」。

　　王鼎鈞的散文中，憶舊懷鄉是一個重要題材。由於長年離鄉飄泊，遍嘗流浪之苦，王鼎鈞深深懷念著故鄉，他用「異鄉的眼，故鄉的心」寫下了許多憶念大陸故土，洋溢著濃郁鄉土氣息的散文。 1988年他出版了《左心房漩渦》，把鄉土情懷發揮到了極致。他將自己對大陸故鄉故人的懷念喻為「左心房漩渦」，充分表現了懷鄉情感的真摯、強烈。《腳印》以一個有關腳印的傳說，引出作者對故鄉、故人、故事的懷念。在作品中，他悠然神往千山萬水外的故鄉人物，刻骨銘記著童年的美好時光，盼望著在垂暮之年作一次回顧式的人生旅行：「若把平生行程再走一遍，這旅程的終點站，當然就是故鄉。」《紅石榴》通過對故鄉一棵紅

石榴樹的回憶，抒寫了深藏於心的一段少時戀情，人生的酸甜苦辣無不凝注筆端。《告訴你》則以浪漫而略帶憂鬱的筆調狀寫了作者陷於懷鄉情感不能自拔的情形。在圖書館裡，他看到了一部極其精細的地圖，邢上面標有故鄉的小鎮，以及鎮外的小丘、小河，於是忍不住潸然淚下：「我天天想你，朝朝暮暮思念你，這思念，附帶產生了多少追悔、多少憂慮、多少恐懼、多少空虛。」他高舉盛滿往事的酒杯，但願日日泥醉。

王鼎鈞曾說：「鄉愁是美學，不是經濟學。思鄉不需要獎賞，也用不著和別人競賽。我的鄉愁是浪漫而略帶頹廢的，帶著像感冒一樣的溫柔。」（《腳印》）就藝術特徵而言，王鼎鈞的憶舊懷鄉散文是優美、抒情的，字裡行間跳動著一顆飄泊四海、歷盡滄桑的憂鬱靈魂。如果說王鼎鈞的抒寫愛國情懷的散文是一曲曲雄渾昂揚、熱情奔放的交響樂，他的闡發人生哲理的散文是短小精萃、沉郁古雅、令人回味無窮的小夜曲的話，那麼他的憶舊懷鄉散文則猶如一支支纏綿悱惻的夢幻曲，在撲朔迷離之中傾吐著不絕如縷的鄉愁。

王鼎鈞的散文具有獨特的風格。想像大膽而新奇。優秀的散文家應該具有豐富的想像力，善於在聯想的基礎上巧妙地組織語言材料。王鼎鈞基於對生活的獨特感受，在創作中充分馳騁想像。他的散文想像大膽而又新奇別致，令人耳目一新。請看他的豪喻：「當年坐在飛快的火車上，看大地緩緩轉成唱盤，大地在唱，唱出唐宋元明清，唱出金木水火土，唱出漢滿蒙回藏，唱出稻粱麥黍稷，唱出一元萬象兩儀四時三教九流六欲七情八德十戒百福千變億載兆民。」（《看大》）將大地看作唱盤，聽它不停地唱天地宇宙、國家民族、歷史文化，這一比喻確實是十分奇特的。再如《雜念》：「冬天，我們為什麼要圍爐？僅僅是為了驅寒嗎？

不，我們貪戀，當寒濕全部驅走以後，乾燥的空氣中泛著的淡香。太陽是世界上最大的香水噴灑機。」像這樣獨創的比喻在王鼎鈞的作品中俯拾即是。這對於增強文字的表現力，營造意境，深化主題起到了重要作用。

　　文體多樣，形式活潑。凡散文這一文類所能包容的各種形式的作品，如敘事散文、抒情散文、哲理小品、雜文、散文詩等，王鼎鈞無所不為，都有很高的成就。他的散文還在文體上突破了散文與小說，散文與詩的界限，雖是散文體式，卻有小說的敘事特點、人物框架結構和詩的語言色彩、意境，這對於豐富和發展散文文體，有著積極的意義。因此，他有文體家的美譽。

　　語言洗練精緻、幽默詼諧。王鼎鈞的散文顯示出作者卓越的語言功力。他將深厚的國學根柢融入現代表現技巧之中，筆墨遒勁，文字老辣，形成了洗練、蒼涼、睿智的語言風格。行雲流水般的語言中蘊藏著對生命意義的獨特體驗、對現實人生的理性剖析和對情感世界的細膩描摹。他的散文語言縝密而不僵硬，古雅而不雕琢，蒼涼而不故弄玄虛，幽默詼諧而不油滑。如下面一段文字：「絡繹不絕的歸人啊，你們何所聞而去，何所見而來。摩肩接踵的過客啊，你們見所見而來，見所見而去。日光之下無新事，但普天遊子皆懷舊，偏愛舊時天氣舊時衣引發一點兒舊時心情。名山大川見許多，天下勝景還是老家東門外的丘嶺，嶺上一棵石榴樹。樹失去了，山在；山失去了，地在，地物改，地形變，大地萬古千秋。土在即苗在，苗在即樹在。斯土斯地得你親眼看，親自用腳踏，親身翻滾擁抱。過客啊，歸人啊，勸君更進一杯酒，他日再逢，先為我從瞳孔裡帶一些山水，用衣襟留些塵土。」（《看大》）筆墨酣暢，氣勢雄渾，在從容，嚴密的文字中蘊含著閱盡人生滄桑的悲涼情懷。因此，張騰蛟認為他「把中國文字的

功用發揮到了極致」。（《不是遊記》）

第四節　張曉風

張曉風（1941—　　），江蘇銅山人。1949年隨父母赴臺。1958年考入東吳大學中文系。60年代中期以散文成名，處女作《地毯的那一端》1967年獲中山文藝獎散文獎。後相繼出版了《愁鄉石》、《步下紅毯之後》、《你還沒有愛過》、《再生緣》、《我在》、《從你美麗的流域》、《玉想》等10餘部散文集，並有《曉風小說集》和《畫愛》、《第五牆》、《武陵人》、《自烹》等戲劇作品問世，在臺灣文壇享有很高聲譽。余光中曾評價說：「張曉風不愧是第三代散文家裡腕挾風雷的淋漓健筆，這枝筆，能寫景也能敘事，能詠物也能傳人，揚之有豪氣，抑之有秀氣，而即使在柔婉的時候，也帶有一點剛勁。」①王文興則認為：「張曉風的文字，其運用之靈活，在當今的我國作家中幾不作第二人來想。」（《張曉風的藝術》）

1964年，張曉風開始了散文創作生涯。在《地毯的那一端》、《愁鄉石》等早期作品中，她以敏感纖細的心靈去感應自然和人生，寫出了許多謳歌大自然和讚美親情的篇章。在這一時期，張曉風的風格是真率熱烈的，猶如深山裡一株怒放的紅楓，又似飛濺直流的瀑布，作者或歌或號，大喜大悲，感情直露，使作品具有強烈的感情色彩。對大自然的熱情謳歌構成了張曉風早期創作的重要特色。張曉風以女性作家特有的細膩純真的情感去把握和捕捉大自然的美，在清風明月、山松野草之間馳騁想像，營造物我一體、情景交融的意境。她想做「曠野上的一隻野鶴」、「深山裡一縷宛轉的氣流」；赤足在石塊與石塊之間跳躍著，「恍惚

以為自己就是山上的一塊石頭，溪邊的一棵樹」，一切世俗的煩
惱消失了。伴隨著對大自然的讚美，張曉風展開了豐富奇特的想
像。「天空的藍箋已平鋪在我頭上，我卻苦於沒有雲樣的筆。」
（《畫晴》）這是何等的氣魄！「陽光的酒調得很淡，卻很醇，
淺淺地斟在每一個杯形的小野花裡。」（《魔季》）陽光為酒花
為杯，這種想像不可謂不新穎。而在《歸去》裡，作者把疾風中
翻飛的翠葉比作是正在演奏的琴鍵，把整個山谷看作大風琴的共
鳴箱，這種想像簡直要真追盛唐詩人了。

　　描寫親情、友情、愛情，抒發對美好感情的眷戀和嚮往，這
也是張曉風這一時期散文創作的重要內容。友情、親情、愛情，
是文學作品永恆的主題。張曉風以她特有的方式抒發自己的情感，
從而使讀者領略其豐富多彩的感情世界。《到山中去》、《霜橘》、
《光環》、《歸去》、《不能被增加的人》抒寫了與友人結伴而
遊的暢快，相濡以沫的體貼溫情，朝夕相處、同窗共讀的甜蜜喜
悅。而《初綻的詩篇》、《綠色的書簡》、《回到家裡》等則以
溫馨的筆墨寫出了對家人的關愛。《地毯的那一端》等篇章寫出
了對丈夫的愛戀和信賴，表現了陶醉在愛情海洋裡的幸福。

　　從《步下紅毯之後》開始，張曉風的題材和風格逐漸發生了
變化。從內容上來說，她的作品由過去著重抒寫「小我」「私愛」
轉向抒寫「大我」之愛，表現出對人世的深切關注和對民族文化
的強烈認同。從風格上來說，早期創作中的那種大喜大悲減少了，
注重營造意境，嚮往生命的深沉和嚴肅，筆墨老辣，風格明暢雋
永。作為炎黃子孫，張曉風周身湧流著黃河、長江的激浪，割捨
不了深植於民族土壤的赤子之情。每當想起民族的悠久歷史和燦
爛文化，她便血脈僨張，神采飛揚，激動不已。「望著那猶帶中
原泥土的故物，我的血忽然澎湃起來。走過歷史，走過輝煌的傳

統，我發覺我竟是這樣愛著自己的民族、文化。」（《細細的潮音》）她去看關於黃河的攝影展，圖片上猝然橫向天際的黃河使她靈魂震顫，產生強烈的愛國熱情：「愛她，只有一個不成邏輯的理由——河出圖洛出書自山海經自禹貢自詩經自樂府自李杜以來，她一直是我們的河，是我們生命最原始節拍。」（《河出圖》）從這些地方，可以真切地感受到作家對祖國和民族文化深厚的愛。這種民族情感深深地融進了作家的感情世界，成為其創作的基調。

　　這一時期，張曉風還寫了許多憶舊懷人之作，描寫了生動的人物形象。這些人物，有的是文化界的前輩，有的是文壇同仁，也有的是普通山地同胞，在張曉風筆下，他們都十分親切而自然。《半局》中的杜公杜奎英「粗眉毛，瞪凸眼，嘎嗓子，而且還不時罵人」，他愛憎分明，「看到不順眼的人或事他非爆出來不可」，不管是不是得罪人，因此一些人便覺得他「嘴刻薄，不厚道，積不了福」。作者擷取生活中的許多小故事，寫出了人物的鮮明個性，勾勒出一個粗獷率真、脾氣偏執、憤世嫉俗、不拘小節、才思敏捷而又感情細膩的關東大漢形象。《一個東西南北人》用素描筆法描畫詩人、散文家管管的種種奇事、趣事，使形象活現紙上。管管看到月亮，會說「請坐，月亮請坐。」看到春天，會說：「春天坐著花轎來。」過年，別人貼春聯，他卻貼詩。而寫起詩來，不用「我」，專用「吾」。他是詩人，卻又寫散文，而且寫得比散文家還好。他喜歡演戲，對畫有研究，又能唱蒼涼淒緊的鐵板快書……作者最後感嘆道：「對於這天不管地不收的老孩子，這非儒非聖非仙非妖卻又亦人亦怪、亦正亦邪、亦柔亦霸的管管，你能把他如何呢？」全篇妙趣橫生，令人忍俊不禁。張曉風的寫人散文能夠從自身的體驗出發，結合人物的性格寫出自己的切身感受。她善於把握敘事角度，將人物的趣聞軼事依據一定線索貫

穿起來，並將濃厚的感情融滙其間，這樣就擺脫了傳記的呆板。同時她又注意依照人物身分性格的不同和主題表現的需要，安排不同的筆墨，把握住雅俗、文白、巧拙之間的分寸。這顯示了作家深厚的文字功力和精湛的表現技巧。

在《再生緣》的後記裡，張曉風希望別人能認識她更多的層面。八十年代以後，張曉風的關懷面越來越廣，她在創作中更多地融進自己的人生經驗，努力探索人生真諦，使作品在抒情的同時帶有明顯的思辨和哲理色彩。這一時期，她的散文創作表現出壯闊深沉的藝術風格。早期作品中所表現出的對生活和人生帶有衝動性的情感在「行至人生中途」的張曉風的作品中大為減少了。年齡的增長，境遇的變遷，心態的成熟，在作品中留下了鮮明的印迹。成熟期的張曉風，更注重狀寫人生深沉的思考，表現人生的種種複雜性。《我在》第二輯《矛盾篇》中所收的作品都是直接寫人生矛盾的。第一對矛盾是「愛我更多，好嗎？」與「愛我少一點，我請求你」。一方面，她渴望得到更多的愛，生命短暫，歲月匆匆，她希望用愛填補每一個空間；另一方面，她又不願意獲得太多的愛，「因為愛使人痴狂，使人神魂顛倒，使人牽掛，我不忍折磨你」。她還展示了兩對矛盾：「我渴望贏」與「我尋求挫敗」、「狂喜」與「大悲」，通過這些矛盾範疇來揭示生命的秘密。由於種種原因，人們無法窮盡世界的奧秘，常常只能望洋興嘆。張曉風在創作中也顯示出這一情形。在用筆墨探討人生的時候，她常常現出無奈的心緒，使作品流露出悵然若失的情調。《我要去放風箏》將無奈的心緒表現得淋漓盡致。這裡寫的是一個夢。作者在夢中去放風箏，卻不知道去哪裡放，也不知道該怎麼放，而且最要緊的是手裡根本就沒有風箏，然而「我」卻那麼快樂，一種只知道自己要去放風箏的快樂。這種情景與人生何其

相似！在漫長的人生道路上，因受種種條件的限制，獲得成功的機會不多，但人們總為理想所鼓舞，陶醉在虛幻的境界中，像放風箏一樣極有興致地去做某件事情，儘管到頭來也許一事無成。在探討人生時，張曉風是積極的，她注意到人生的繁複性，但總的來說，她是信奉和諧美的，她的作品中少見人生尖銳的矛盾衝突，更多的是對人生的關懷和熱愛。她所執著從事的是一種有益於世道人心、完善自己、啓發別人的工作。

張曉風的散文具有鮮明的特色。她從中國文學傳統中吸收了豐富的養料，又努力借鑑西方文藝技巧，熔中西藝術經驗於一爐，形成了別具一格的散文藝術。她的散文結構縝密，技巧圓熟，想像豐富，語言精美，意境雋永，情愫濃重，其關懷面之廣，內蘊之深，筆力之勁健，在臺灣當代作家中罕有與之匹敵者。

想像大膽奇特而又自然貼切，這是張曉風散文的一大特點。張曉風駕起情感的馬車，張開想像的翅膀，在散文王國裡縱橫馳騁。她的想像力極為豐富，天上地下萬事萬物都可信手拈來，不著痕迹地設成譬喻，常能收到意想不到的藝術效果。她把春天想像成一個「美麗的、多層的大蛋糕」，而地上的野花是「蛋糕的底層」。在山水中徜徉了一天，臨走時她說：「山風跟我說了一天，野水跟我聊了一天，我累了。」再看這一段文字：

> 山從四面疊過來，一重一重的，簡真是綠色的花瓣──不是單瓣的那一種，而是重瓣的那一種──人行水中，忽然就有了花蕊的感覺，這種柔和的，生長著的花蕊，你感到自己的尊嚴和芬芳，你竟覺得自己就是張橫渠所說可以「爲天地立心」的那個人。（《常常，我想起那座山》）

作者把紛至沓來的群山比作花瓣，水上的自己比作花蕊，想像奇妙無比，給讀者以十分強烈的美感享受。

　　張曉風的語言精美雅致。她十分注意煉詞造句，化用古文句法，從而使語言韻味十足。《魔季》中，同樣是「綠」，相思樹是「墨綠」，荷葉桐是「淺綠」，竹子是「翠綠」，小草是「黃綠」，老樹是「蒼綠」，藤蘿植物是「嫩綠」，用詞極有變化。張曉風的語言很有力度，動作性強。在她的筆下，陽光是可以「嗅」得出來的，芳草可以綠得「冒」出水來，白色的天光可以亂撲撲地「壓」下來，橋因超載月光而成爲「危橋」……總的來說，張曉風的語言剛健中不失柔美，豪氣中猶存雅韻，顯示出特有的情調和色彩。

第五節　簡　媜

　　簡媜（1961—　），原名簡敏媜，臺灣宜蘭人。臺灣大學中文系畢業後，曾在佛光山擔任佛經詮釋工作，後又任聯合文學雜誌社編輯。1986年從事專業創作。

　　簡媜在中學階段就走上了文學道路。她的創作以散文爲主。第一本散文集《水問》收入的是大學4年寫的35篇散文，作品內容雖然局限於校園生活和感受，但反映了作者對知識的追求和心靈成長的軌迹，從中可看出她對愛情、友情的獨特見解和對人生的深刻領悟。《只緣身在此山中》收入的是一系列以佛家思想爲架構的動人故事。這本散文集與《水問》在題材上有很大不同，但兩者在叩問人生哲理的探索精神上是一致的。作者由青燈石佛旁的佛門弟子寫到芸芸眾生，探討人倫與天倫的關係、父母子女的情緣和夫妻之間的情愛，具有明顯的哲思佛理。在此後出版的《月娘照眠床》、《七個季節》、《下午茶》、《夢遊書》、《空靈》、《胭脂盆地》、《女兒紅》等散文集中，簡媜始終從現

實生活中汲取題材，對人生和生命作不懈的求索，顯示了與現實精神並存的理性精神的力度。

　　作爲一個植根於鄉土社會的散文家，簡媜有著濃烈的鄉土情懷。在生命最初的十五年裡，她一直生活在那個與世無爭的平原鄉村。貧窮而秀麗的小村莊陶冶了她的性情、人格與尊嚴，啓迪她追求美與愛。她成爲精神的富有者，能「聽懂天空與自然的密語，窺視山巒與雲霧的偷情，熟悉稻原與土地的繾綣，參與海洋與沙岸的幽會，牢記民俗與節慶的儀禮，也學會以叔伯兄嫂一路喊遍全村每一個人」（《臺北小臉盆》）。因此，儘管在臺北已生活日久，但「臺北仍是異鄉」，她的情感之樹深深地扎根於故鄉，這對她的散文創作產生了深刻的影響。與阿盛、林清玄等作家一樣，她有許多散文是寫鄉土田園生活的。她寫童年的種種奇聞趣事：和左鄰右舍的小伙伴在竹叢下的大石頭上「玩家家酒」；和女同學躲在開滿含笑花的竹籬矮牆下互相擇定「心上人」；聽阿歹伯「講古」；因去尋桑椹半路偷摘人家番茄回家太晚而挨罵……她描繪家鄉的田園風物：沐著春雨綻放的碗公花，長著細絨似粘毛的茉草，屋前屋後葉片翻轉的竹篁，像山巒起伏的稻浪，粗糙親切的各種石頭——紅磚石、打火石、紅磚石……她刻畫一個個鮮活生動的鄉土人物：父親、阿姐、阿婆、阿愛、阿霞、麗花、秋英、阿青、阿歹伯，等等。這些充滿著生氣和情趣的鄉土風俗畫，抒寫出作者深厚的故土戀情，爲生活在緊張、忙碌、焦慮中的都市現代人提供了一座溫馨的精神家園。簡媜是「鄉土」的，同時又是「現代」的。長期居住在臺北這樣現代都市社會中，她對都市生活有著深切的把握和體認。她描繪喧囂熱鬧的都會夜市，寂寞的滋味、夢的境界，叙寫自己的廣告人生涯，捕捉有形無形的「籠子」……她更表現豐富多彩的都市人生，勾勒都市人

形象：粉圓女人、疑心病者、賴公、阿混、送報女人、退休花民……。簡媜寫出了都市社會的聲光色熱。尤其值得重視的是：簡媜的散文表現出強烈的自我意識和女性意識。這使她在新生代作家中脫穎而出。她在探索生命價值、叩問人生真諦的同時，不懈地尋找自我。《月魔》傳達了尋找自我而不可得的苦悶。《美麗的繭》表現了對自我本色地固守忠貞。《漁父》則是一篇頗受爭議的作品，作者抒寫了自己一段複雜的心路歷程。她對父親有著異樣的感情，敬畏懼怕與渴慕想念等種種情愫糾結在一起。遲歸夜，父親的車聲在女兒的耳中是「天籟中唯一的單音」：割稻的季節，她把一望無際的稻浪想像成戰地草原，和父親一決雌雄；面對醉酒後胡鬧的父親，她的心「似崩潰的田土，沮如流螢」，她氣憤：「要這樣的阿爸做什麼」？父親遇車禍生命垂危時，她憂心如焚：「若有一命抵一命的交易，我此刻便換去阿爸」。十一年後為父親開棺撿骨，面對完好的遺體，她情不能自已：「父親，我深深地賞看你，心卻疼惜起來，你躺臥的這模樣，如稚子的酣眠、如人夫的腼腆、如人父的莊嚴。或許女子賞看至親的男子都含有這三種情愫罷！父親，滔滔不盡的塵世且不管了，我們的三世已過。」她驚世駭俗地喊道：「父親，你是我遺世而獨立的戀人。」作者將心靈深處最隱秘的情感不加掩飾地呈現出來，真切生動地展示了女作家獨立的自我人格。這些作品取材新穎，詮釋深刻，立意奇突，開拓了散文新境界。

　　簡媜散文在藝術上具有鮮明的個性特色。她長於對日常生活進行形而上的思考，每每於人們司空見慣的現象中生發出新穎而深邃的哲理，將尋常景物點化成令人饒有興味的神奇世界。簡媜常採用象徵或隱喻手法來刻劃人物、抒發性情。「水」、「月」、「竹」、「行雲」等意象在簡媜散文中都有著豐富的象徵意義。

作者常常將「水」與死亡聯繫在一起，從中寄寓個體對死亡的體驗和思考；而將「竹」作爲生命及歲月的象徵，「月」作爲女性命運和心靈的外化形式。這使作品往往收到不落俗套、發人深省的效果。

【注　釋】

① 余光中：《亦秀亦豪的健筆》，《你還沒有愛過》，臺灣大地出版社 1981年版。

第七章　臺灣戲劇

第一節　臺灣現代戲劇的發展

　　臺灣現代戲劇在其產生之時就被賦予現代意識和現代品格。臺灣新文化人在接受了五四新文化的同時也接受了現代戲劇觀念，並在大陸五四新文化人的幫助下開始了臺灣新劇運動。二、三十年代，一方面是日本本土日漸成熟的新劇傳入臺灣，另一方面，大陸風起雲湧的五四新文化運動和繼後的左翼文化運動不斷波及和更深刻地影響臺灣。大陸劇團去臺，和臺灣在大陸讀書的學生返臺，源源不斷地將大陸現代戲劇思潮，現代戲劇劇目和演劇藝術輸入臺灣，一些洋溢著五四時代精神的大陸現代戲劇在臺灣頗具聲勢的演出，既是「啓蒙的戲劇」，又是「戲劇的啓蒙」。前者是以《終身大事》、《復活的玫瑰》、《潑婦》等五四名劇作爲生動有效的思想載體，在臺灣傳播科學民主的五四精神，抨擊封建思想，批判封建道德。後者是現代戲劇在傳播新文化新觀念的過程中，連同它的藝術形式，包括戲劇文學、導表演藝術一併介紹到臺灣，在臺灣初步確立了具有現代戲劇美學特徵的話劇樣式。

　　特別值得注意的是，在臺灣，現代戲劇不僅是作爲一種舶來的新藝術而被排演，更重要的是由於臺灣在本世紀特殊的歷史遭遇而具有了反抗強權的現實意義和本土特徵。面對異族統治和威權體制的壓抑，臺灣平民知識分子的寫作整體表現爲反抗壓迫、

反叛禁忌、護衛自由的言說。在殖民統治下開展的臺灣演劇活動其意義已大大超出休閑娛樂或商業性質，或一般地傳播新思想新文化，而更多的是表達被統治者的願望，是當時臺灣人民心聲的流露，和不屈抗爭的一種舞台表現。在白色恐怖中，臺灣劇人，在戲劇舞台上揭露「惡德執政者」，表達臺灣人民的普遍怨憤。無論是在皇民化的高壓下排演張揚民族情感的《閹雞》、《怒吼吧！中國》，還是「二二八事變」後演出揭發腐敗的《壁》，都生動地顯示出臺灣現代戲劇在強權封殺下直面現實，反抗壓迫的頑強性格和批判傳統。

　　國民政府遷臺後，建立以軍中演劇隊爲主體的官方演劇體制，和以張道藩任主任的「中華文藝獎金委員會」，以強權壓迫和重金引誘兩手推行「反共抗俄戲劇」。是甘受威權體制的宰制，使臺灣當代戲劇淪爲日益僵化日趨沒落的「戰鬥文藝」的一脈，還是反叛威權體制的桎梏，爭取藝術創造的自由，振興臺灣當代戲劇？在這種尖銳的歷史抉擇面前，那些曾經接受了五四新文化影響的大陸赴臺戲劇家李曼瑰、姚一葦、馬森、黃美序等人，和在臺灣本土成長的新生代吳靜吉、卓明、金士傑、賴聲川、李國修、鍾明德、陳玲玲、劉靜敏等或先或後都聚集到小劇場。臺灣當代大多數戲劇家對小劇場的選擇，實際上就是選擇了以「在野」的方式反叛威權體制和官方戲劇。那些具有正義感藝術良知和藝術創造激情的戲劇家們甘願經營貧困狹小、不規範的小劇場，以作爲「自主支配資源的策略」和「企圖突破嚴格社會空間區隔以尋求社會溝通的方式」①。據史料記載：「有感於話劇運動政治化、形式化及無法扎根民間」，熱心戲劇的李曼瑰1960年自美國考察戲劇返臺「大力提倡『小劇場運動』」②。1961年成立的十個小劇場劇團在同年演出《清宮怨》、《小姐、酒女、太保》、《亂

點鴛鴦》、《花木蘭》、《艷陽天》、《男貪女歡》、《陰錯陽差》。《鄭成功》、《假鳳凰》、《太太萬歲》、《陳圓圓》等22個劇目。儘管「這些劇作無論題材，還是審美形態及思想追求，都還不屬於來自本土文化現實中的原創」③但重要的是，那種劍拔弩張的「反共抗俄戲劇」的喧囂漸漸消褪了。當然，與這種「消褪」一併失去的是臺灣當代戲劇與臺灣本土現實的聯繫，這是臺灣當代戲劇爲反叛「戰鬥文藝」所不得不付出的代價。而在臺灣當代一些優秀劇作家的戲劇創作裡，甚至是以「脫離現實」作爲反叛的寫作策略，如同臺灣學者彭瑞金在《臺灣新文學運動四十年》中所分析的：「所有七十年代……姚一葦的《傅青主》、張曉風的《和氏璧》、《位子》以及叢甦、黃美序等人的小品劇本」，其「共同的特色是脫離現實……當然這和反共戰鬥文藝時期的宣傳劇比較起來，是反動的，是突破的」④。

　　催生並激勵臺灣當代小劇場的另一個重要因素是當代臺灣的「西潮」激盪。

　　在臺灣當代文學的進程中，呼喚西潮通常以《筆記》、《現代文學》和《文學季刊》創刊爲標誌。而對於臺灣當代戲劇更具直接意義的是《現代文學》、《歐洲雜誌》和《劇場》這三個刊物。六、七十年代，這三本刊物對西方現代戲劇的廣泛介紹，構成了臺灣現代戲劇，也是中國現代戲劇第二度西潮的初始潮頭。八十年代以後，兩位西方後現代主義作家哈山（Ihab hasson）和傑姆遜（Fredric Jameson）的訪臺，恰逢其時地助長了臺灣「後現代主義熱」。九十年代，環境戲劇的倡導者謝喜納（Richard Schechner）和麵包傀儡劇場的創始人彼德·舒曼（Peter Schuman）分別去臺主持「表演——環境研習營」和「補天計劃」，又爲臺灣後期小劇場輸去後現代戲劇的操作模式。按

臺灣戲劇家姚一葦在1996年一次演講中所述：「臺灣經濟起飛了，也開放多了，許多留學生回來，與世界的距離便縮短了，也便逐漸進入所謂的後現代時期。」⑤嚴格說，應該是現實主義，現代主義與後現代主義多元共存的時期。

　　1979年姚一葦出任臺灣「中國話劇欣賞委員會」主任委員，為給夾縫中的臺灣劇運打開出路，第二年七月他便策劃了「一個全省性的『實驗劇展。』」隨著「實驗劇展」的幕布拉開，臺灣當代戲劇開始進入一個新的階段。臺灣從1980年到1984年舉辦五屆「實驗劇展」，加上1985年的「鑼聲定目劇場」共演出《包袱》、《荷珠新配》、《我們一同走走看》、《傻女婿》、《木板床與席夢思》、《嫁妝一牛車》、《金大班的最後一夜》、《黑暗裡一扇打不開的門》、《貓的天堂》、《我們都是這樣長大的》、《過客》等四十個劇目，成為臺灣小劇場戲劇「顯示規模，頗具實績的自我展現」。「實驗劇展」的舉辦催生出從南到北雨後春筍般湧現的如蘭陵劇場、方圓劇場、表演工作坊等數十個小劇場劇團和蔚然大觀的編導演新生代，也鼓勵創作出為數眾多的戲劇作品。眾多小劇場劇團以不計票房價值和著意創新的頻繁演出，在當代臺灣建立起一種經常向社會展示「體制」外戲劇的有效方式，更重要的是以求新求變的精神，對戲劇的編、導、表演形式進行實驗，探索戲劇表現生活的新的語彙、新的媒介、新的綜合，正如姚一葦評論1979年5月一次「試驗性很強」的學生劇展時說：「這是一次真正的試驗演出……不難發現，所有現在的舞臺原則和慣例，沒有一條是不可更易的，除了演員……」⑥。在這種大膽反叛與著意創新的風氣鼓動下，所謂「擬寫實主義」被揚棄，「集體即興創作」之風「一時大盛」，「舞臺劇」的概念約定俗成地流行開來，並終於形成主導臺灣劇場的實驗劇

潮流。

　　如果說前期小劇場是在復興話劇，那麼後期小劇場關注的焦點是劇場藝術。八十年代初的「實驗劇展」替代六十年代後期開始的「世界劇展」和「青年劇展」，從劇展名稱的變化就可窺見臺灣當代小劇場運動從前期到後期的運動重心的轉移、關注目標的變化和審美創造的更替。據臺灣戲劇評論者總結，「實驗劇展」「至少從五個大的方面進行實驗」：

　　一、劇本創作方式。這些小劇場實驗話劇大都是集體創作。

　　二、語言。不再遵守傳統話劇的臺詞結構和念詞方法，而是加強聲音的感受作用，注重節奏、韻律以及多種語言形式的轉化，敘事語言、念誦、吟唱、詩化語、無文字語、反邏輯語等等都在這種實驗劇中被引入。

　　三、舞台運用。相當普遍地採用時空自由轉換、多空間集合，乃至把傳統戲曲舞台現代化。

　　四、表演。在話劇舞台上引入戲曲表演形式，一個演員串演多重角色，具象表演與抽象表演自由轉換，甚至以觀眾爲布景構成因素。

　　五、風格塑造。力求風格形態的多樣化，有以形體動作爲主的動作劇，以歌舞爲主的歌舞劇，引入電影手法和現代詩與畫的表現形式，獨腳戲等等。⑦

　　八十年代後期，臺灣後期小劇場形成第二波浪潮。「解嚴」前後，小劇場演劇紛紛走向社區，走向政治，走向後現代。在經常演出的二、三十個劇團裡，有三分之一頗爲活躍的劇團，如環墟劇場、河左岸劇團、臨界點劇像錄、優劇場、當代臺北、零場劇團、425環境劇場、反UFO劇團等，因「在劇場藝術上較前衛，在社會關懷上較激進而被稱爲『前衛劇場』」，其排演的戲劇如《

楊美聲報告》、《兀自照耀的太陽》、《尋找——》、《馬哈臺北》等因傾向於更帶前衛色彩的探索而被稱爲「前衛劇」。正如河左岸劇團1988年10月演出《無座標島嶼》前所稱：

> 爲了要刺激觀眾思考反省，在劇場中常必須出現一些逾矩的顛覆的行爲，以對於一般看似理所當然的價值標準進行質疑。⑧

　　因宣傳和倡導臺灣後現代戲劇而被稱爲「鍾後現」的鍾明德，將臺灣後現代戲劇特徵歸結爲三點：一是反叙事、剪貼和剪接；二是精神分裂症狀、片段化和不確定性；三是解構再現，抵制性藝術和反獨霸文化⑨。這種在「現代性焦慮」支配下的「前衛」期待和創新激情注定揠苗助長式地推進臺灣當代小劇場的現代化進程，並終於引發1994年底臺灣「後現代主義戲劇論爭」，資深戲劇家姚一葦、馬森、黃美序等都在堅持戲劇文學性的同時，對小劇場後現代思潮對戲劇藝術的肆意解構，和導致戲劇藝術的失範態勢表示擔憂。

　　發生於本世紀60至90年代的臺灣當代小劇場運動，典型地體現出戲劇藝術渴望自由與超越成規的叛逆性。它高揚起「求新求變」的旗幟，在六十年代初和八十年代初兩度興起，並發動了回歸現實主義，超越現實主義和超越現代主義的三度突破，爲臺灣當代戲劇開拓出一片多姿多彩的新天地。實質上，在當代臺灣，不是官方支持的「反共抗俄戲劇」，也不是零星上演的商業戲劇，而正是這類以民間業餘形式頻繁演出並不斷創新的臺灣當代小劇場戲劇支撐起臺灣當代戲劇的大局。從這一意義上說，臺灣當代小劇場運動就是臺灣當代戲劇運動，如同臺灣戲劇家馬森所指出的：

> 臺灣的當代戲劇運動，就表現在受八十年代初期「實驗劇

展」鼓動而蓬生的小劇場運動的熱潮上。⑩

　　臺灣當代小劇場全面持續和激進的解構性實驗，不僅有力地
推動臺灣戲劇舞台演出形態不斷蛻變創新，而且影響臺灣當代戲
劇觀念在潛移默化或約定俗成中發生重大變化：

　　其一是「劇場」。在臺灣當代劇壇，「劇場」正成爲一個通
行的概念而取代「戲劇」。臺灣戲劇界一般指稱「臺灣當代戲劇」
爲「臺灣當代劇場」。這種概念的變化實質上反映出臺灣戲劇形
態的變化，是臺灣當代小劇場求新求變的藝術實踐在戲劇觀念中
的折射，鍾明德在一篇論文中這樣詮釋「劇場」與「戲劇」：

> 如果我們用一個演出所使用的語言做爲分類的基準，我們
> 可以說：以「文學語言」爲基礎的是「話劇」或「戲劇」，
> 以「物質性語言」爲基礎的是「劇場」或「劇場藝術」。
> 「戲劇」和「劇場」的分野，可以用波蘭導演葛羅托斯基
> 的一句話來注明：「劇場必須由文字消逝的地方開始茁長」
> ⑪

　　黃美序也曾在一篇論文中區別「戲劇」與「劇場」，他認爲
「『戲劇』（Drama）一詞，一般用指文學的劇本，而『劇場』
（Theatre）則指在舞台上的演出」。在中國現代戲劇的首度西
潮中，田漢、洪深等爲使新劇區別於歌劇（Opera）而確立了與
Drama相對應的中國現代戲劇名稱「話劇」。在二度西潮中，臺
灣的戲劇概念又從戲劇（Drama）演變爲劇場（Theatre）。從
Opera到Drama再至 Theatre，是戲劇形態的轉變，戲劇活動重
心的轉移和戲劇視景的擴大，也是戲劇從文學性的建立到文學性
的消解。

　　其二，是「舞台劇」的概念正約定俗成地取代「話劇」流行
開來。「舞台劇」新概念的產生和流行，既是爲界定一種與電影、

電視等放映、播映方式相區別的舞台演出形式，包括話劇和戲曲，也反映出在當代臺灣戲劇中，話劇與其他藝術樣式，主要是傳統戲曲的融合而被稱爲「平劇舞台的現代化」，《那一夜，我們說相聲》因話劇與相聲的搭配留下了是話劇還是相聲的疑問，《傳青主》則是在說書的框架形式中排演戲劇。更重要的是話劇本體的自身變化。長期以來話劇姓「話」似乎已成經典，「話劇」作爲中國現代戲劇名稱的確定，成爲中國現代戲劇本體自覺的標誌志之一。而在臺灣當代戲劇中，小劇場的求新求變直逼這一經典，開始消解「話劇」的「話」，臺灣戲劇家黃美序在幾篇重要論文中都指出：「臺灣近年來已流行『舞台劇』一詞……不用話劇而改稱舞台劇的原因一方面是特意把它和電影電視分開吧。另方面也可能是近年來的演出已不像以前那樣重視『對話』，而特別強調肢體語言和多媒體的傳達功能——有的雖然還有『台詞』，但已經不是『對話』，而是『各說各話』，有的甚至只是一些『聲音』，而沒有任何『話』了，可是也不是『默劇』，所以『舞台劇』一詞便大家接受了」⑫。

　　第三，是「表演藝術」的概念正在被鼓吹。這並非是巧合：同樣感受「二度西潮」的臺灣和大陸在八十年代都從美術界萌發出令人驚異的「表演藝術」新潮。所不同的是，在大陸，那個引起騷動的「中國現代藝術展」的「行爲表演藝術」很快被解構，而在臺灣，由美術界發動的「表演藝術」在百無禁忌的狀態下波及戲劇，與正當紅火的後現代戲劇合流，使臺灣當代小劇場「強烈地帶往表演藝術的觀念上走」。提倡後現代的鍾明德認爲：「表演藝術」的概念「是在強調舞蹈、戲劇、美術、音樂之間的整合」，以達到「整體性藝術作品」的目標，並以此作爲臺灣當代戲劇的發展方向：

　　當代臺北劇場在藝術上自然是從「東方、西方、傳統、現代」的雷區之間跋涉出來的，一種屬於此時、此地，我們的表演藝術。

　　如果說「舞台劇」還留下一個「劇」，那麼「表演藝術」則索性連「劇」也解構。如同曾經以街頭表演而引起關注的臺灣「國立藝術學院」美術系的幾位學生因熱中於「表演藝術」，而將他們原劇團名「洛河話劇團」正名為「洛河意展」，把「話劇團」這一歷史名詞「永遠地揚棄了」。同樣，1996年夏，在旨在觀摹與研討中國大陸與臺灣香港現代話劇的「96中國戲劇觀摹暨學術研討會」上，臺灣小劇場「綠光劇團」上演的則是一台載歌載舞氣氛熱烈的歌舞劇《領帶與高跟鞋》。「話劇」和「戲劇」概念的逐漸消失，正反映了臺灣當代戲劇的重大嬗變。鍾明德在他最近出版的一部著作中這樣描述「話劇」及其蘊含的現實主義戲劇美學在當代臺灣劇壇的退場：「寫實主義劇場在中國的替身叫做『話劇』，『話劇』成了中國／臺灣現代戲劇的同義詞──直到臺灣八十年代風起雲湧的『小劇場運動』展開」⑬。

　　1987年4月，中國戲劇出版社出版大陸戲劇學者林克歡編《臺灣劇作選》，收錄「臺灣近30年來大量的劇作中篩選出來的」「7個幕劇和3個短劇」：李曼瑰《楚漢風雲》、姚一葦《一口箱子》、張曉風《武陵人》、王禎和《春姨》、白先勇《遊園驚夢》、金士傑《荷珠新配》、黃美序《木板床與席夢思》、馬森《花與劍》、陳玲玲《愛情紅綠燈》、紀蔚然《死角》。1989年5月，臺灣九歌出版有限公司出版臺灣戲劇家黃美序編《中華現代文學大系·戲劇卷》，收入臺灣70年代以後發表的張曉風《自烹》、馬森《花與劍》、金士傑《荷珠新配》、閻振瀛《黑與白》、王波影《世紀的對話》、賴聲川《暗戀桃花源》、王友輝

《白鷺鷥》、黃美序《空籠故事》、姚一葦《馬嵬驛》、丁洪哲《龍宮傳奇》。海峽兩岸的這兩個臺灣當代戲劇選本，以及90年代江蘇文藝出版社選編《中國當代十大喜劇》時收入的姚一葦戲劇《紅鼻子》，大致反映了臺灣當代戲劇創作的基本面貌，反映出臺灣當代劇場的代表劇作家和代表劇作。

第二節　姚一葦

被譽爲是當代臺灣「暗夜中的掌燈者」⑭的姚一葦（1922—1997）自1962年在《現代文學》上發表第一部戲劇《來自鳳凰鎮的人》，至1993年在《聯合文學》上發表最後一部戲劇《重新起來》，共創作發表戲劇14種。他是在臺灣當代劇場「繼以反共爲主題及擬寫實爲形式的戲劇後⋯⋯第一個寫出『新戲劇』的人」，⑮也是當代臺灣中取得最高成就的戲劇家，他的去世甚至被臺灣評論界認爲是結束了臺灣劇場的一個時代。

姚一葦是學者型、思想家型的戲劇家⑯。他帶著「對當時政治環境一種痛苦的反射」⑰，以悲憫人類的現代人道主義情懷和開闊的藝術視野充分的藝術準備，在臺灣當代戲劇的荒蕪年代走入臺灣劇場的。在姚一葦那裡，當思索人的處境從一種哲理思考轉變爲戲劇審美創造後，其戲劇的深層結構中就出現了以人爲中心的兩條對峙的線索：一是從表現「人生之境」延伸出環境對人的壓迫和異化；另一是從人的困境延伸出人對困境的抗爭，對命運的反叛。用劇作家的話說，就是表現人在困境中的「自處」，「人假如不幸生活在這個世界裡，他（或她）將何以自處？有哪幾種可能生存的方式？」⑱。由此構成姚一葦戲劇的內在張力。

沿著「人生之境」的線索，姚一葦的戲劇，尤其是前期戲劇，

反覆渲染著那種危機四伏，陰謀環伺的危機感和朝不慮夕，「沒有明天」的痛苦：

> 我們雖有兩雙好眼睛，但我們又是什麼也看不清，我們只會等待，等待著那不可知的命運來臨。《孫飛虎搶親》
>
> 你知道這兩年來我多麼害怕……我有一個預……感……啊……我懂了，我明白了，是他們來了，他們終於來了。
>
> 《碾玉觀音》
>
> 他不會回來，我知道他不會回來了！《紅鼻子》
>
> 老實告訴你吧，我每天都在擔心，都害怕，每個時辰都恐懼，今天不知道明天會發生什麼，早上不知道晚上是什麼樣子……《馬嵬坡》

如果我們將這些反覆出現的類似話語與姚一葦晚年所披露的《紅鼻子》創作心理背景對照：

> 當時，誰也不知道這些人被抓了會不會回來，心情非常苦悶絕望。[19]

我們就有理由推測，這些反覆出現於姚一葦戲劇場景中的危機感，實質上是姚一葦記憶中「生活故事」的再現。這種記憶已成爲在深潛層次影響劇作家戲劇創作的一種情結——「《紅鼻子》情結」。同樣，我們在馬森戲劇《獅子》中也可以讀到這種「生活故事」。這既是臺灣當代戲劇家以爲歷史作證的方式嚴肅地寫下當代臺灣殘酷的威權統治和臺灣人民在「政治環境」中的「苦悶絕望」，也是彼時臺灣平民知識分子政治性異端話語唯一可能的實現方式。

透過人的危機感，姚一葦戲劇又揭示人在困境中的失落與被異化。這一自我的失落，典型地表現爲人在困境中不得不用一個外在於自我的東西將自己掩飾起來，或使自我躲避在一個外在的東西後。同時，自我也在這掩飾或躲避過程中發生變異。就如布

萊希特著名的《伽利略傳》中羅馬教皇穿法衣的場面；當教皇穿襯衣的時候，他是真誠的，自然的，尚未異化的人。隨著人們給他穿上法衣，他就漸漸和自我告別，用另外一種方式思考和說話。也就是說，他已不是原來的自己，而是戴上了社會面具——法衣的另外一個人。姚一葦戲劇《碾玉觀音》中韓郡王的女兒秀秀被迫離別崔寧時，特意換上昔日小姐的華麗服裝。這不僅意味著她重新回歸叛逆過的環境，從崔寧婦又成郡王女，而且意味她在這過程中皈依傳統規範，在小姐服裝的包裹中被異化。13年後，當已經淪為江湖盲藝人的崔寧再次找到秀秀，秀秀竟相留不相識，因為她已經不再是原來的「秀秀」了。所以崔寧在臨終前與玉觀音幻化的秀秀對話說：「我懂了，那他（兒子）一定還活著，而你（秀秀）死了。」

　　姚一葦的《紅鼻子》是姚一葦戲劇創作的重要轉折。在《紅鼻子》中，不僅同樣展現了隨時可能降臨的危機和一群被異化的都市人，而且開始明朗地顯現出姚一葦戲劇深層結構中的另一條以「尋找」作為貫穿動作的對抗線索，這就是由於人的本體覺醒，人執著地尋找失落的自我，護衛自己的信念。儘管人仍然很軟弱，但他在面具的保護下可以把握自己。與命運抗爭，並以人莊嚴的祭獻而告終。

　　「尋找」除了在戲劇的表層結構上作為人物行為的驅動，滿足戲劇性的一般要求外，在姚一葦戲劇的深層結構中，是作為「環境」「命運」的對應物而存在。「尋找」的起因是對命運和禁錮的反應，「尋找」的過程是對環境和禁忌的抗爭，「尋找」伴隨著發現，伴隨著覺悟，伴隨著突破禁忌的強烈要求。「尋找」在這深層意義上賦予姚一葦戲劇以叛逆性。這種叛逆表現為：

　　反叛統治者對人的尊嚴蔑視。《碾玉觀音》的「尋找」，是

因為「爬上高梯」的郡王「蔑視那些站在梯下的人」,「他們要把人們納入正統的模子,一個個目不斜視、規規矩矩的正經人。」並用暴力拆散相愛的崔寧與秀秀,這就驅使崔寧以自己的全部身心走上尋找心中秀秀的漫漫征途。

反抗禮教溫情對人的自主意識的剝奪。《紅鼻子》的「尋找」是因為神賜父母與妻子過分完密的呵護抑制了神賜的自主意識,使他成為一個被控制的傀儡,由此刺激神賜反控制的出走,尋找快樂,尋找失落的自我,並終於走向人群,走向大海。

八十年代以後,臺灣官方意識形態面臨日益活躍的民間各種力量的挑戰,其制控作用在不斷淡化,代之而起的是日趨發達的資本主義工商社會的「後現代」思潮和「後殖民」現象對人的異化。因此,姚一葦晚年的戲劇中又出現了第三種叛逆主題,即抵拒「外來觀念」對人的驅使。《重新開始》中受過高等教育,滿口新名詞自視甚高的年輕夫婦,生活在「不問是否符合我們的現狀,很快就傳播送來」的「外來的觀念」中,連他自己也忘了他究竟是誰,而走入生活的誤區。他們在各自都經歷了許多坎坷後的「重新開始」,同樣是「尋找」,是在反抗後殖民色彩的「記號」制控中找回失落的自我。

如果說姚一葦戲劇的「尋找」多指人在困境中從失落到找回的過程,是人在困境中一種積極的「自處」方式,那麼姚一葦更加敬重的是人在困境中的「高貴」。七十年代,劇作家把自己對「政治環境」的「苦悶絕望」轉化為抗爭困境和突破禁忌的人生理想,「決定要寫一個人物如何維護他的原則,如何去排斥,抗拒外來的壓力和誘惑」,於是他帶著很大的認同感描寫大勇大義的英雄傳奇人物傅青主。實際上,傅青主在人生困境中承受殘暴和孤獨,「像一個真正的人那樣的活,活得有價值。」以積極的

態度堅持操守，審時度勢地去做他所能做之事，「把民族思想與正氣，廣爲傳播」⑳同樣也是姚一葦「大儒」品格和悲劇意識的寫照，是當代臺灣戲劇家異端話語光輝的一次罕見的強烈閃現。

　　無論哪一種主題，劇作家的立場都是「眞正回到『人』的本位上來！」其代表作《紅鼻子》中「葉小珍場景」的歌詞「是葉小珍的都歸葉小珍」鮮明的表現了劇作家現代人道主義的社會理想。

　　姚一葦的戲劇每一部都有創新。他的戲劇創作深深植根於民族傳統文化，多方面地繼承了民族傳統戲曲的舞台藝術。追求戲劇語言的詩意和音樂性，在他的前期創作裡，還著意採用「說」「誦」「唱」並置多有重複的「極爲通俗的韻文體」，以「建立我們的新國劇。」並規劃了戲劇舞台藝術民族化與現代化結合的完整方案：

　　　　我企圖爲我們的舞台建立一種「誦」的方式……關於音樂，每一句都是重疊句，重疊的部分我的目的係作爲幫腔。前後台人員全部可以合唱，甚至觀眾亦可加入，使演員和觀眾的隔閡消除。關於演員的身段、姿勢、腔調、臉譜、服裝，我們要向平劇、木偶劇、以及各種地方戲學習。至於舞蹈，需要一種創造性的設計，這種設計必須來自我國傳統，同時又必須具有現代人的觀念與精神。㉑

同時劇作家也廣泛借鑑了西方現代主義戲劇美學，他中期戲劇《一口箱子》和後期戲劇《訪客》，更多地表現出西方現代主義戲劇的特點，是他在更多地接受了現代主義戲劇美學後，他的「向那些超時代、超地域的人類天性中去挖掘」的戲劇審美創造，與現代主義戲劇慣於在形而上的層次思考表現「存在」模式的對接。即使在這樣的劇作中，荒誕劇的形式感並沒有消解民族性的內核。

　　在臺灣當代劇場中，姚一葦的存在，使中國現代戲劇與臺灣本土現實在內在血脈中融滙起來，在中國當代戲劇中，姚一葦的出現，而使得中國在「文革」時期沒有出現戲劇家的「空白」。

第三節　張曉風

　　臺灣著名女作家張曉風（1941—）在六、七十年代臺灣劇場「卓然有成」。她1969年發表劇作《畫愛》即獲「李聖賢戲劇創作獎」， 1976年出版的《曉風劇作集》收入《第五牆》、《武陵人》、《自烹》、《和氏璧》和《第三害》五種戲劇，以後又有劇作《嚴子與妻》和《位子》，其中最有影響的是《武陵人》。

　　張曉風的《武陵人》賦予陶潛名篇《桃花源記》新的思想蘊涵。武陵漁人黃道眞無意中闖入寧靜安樂的桃花源，桃花源裡美麗的桃花姑娘傾心於他，這裡的村民都希望他留下來，但黃道眞卻最終離開了桃花源，回到故鄉，回到現實，回到現實的苦難中。因爲「在苦難裡，便可以因爲苦難的煎熬而急於追尋一等的完善，但是在次等的歡樂裡，你將失去做夢的權利，你會被欺騙。」《武陵人》最引人注目的是劇作別致的構思，登上舞台的黃道眞有三人，除灰衣黃道眞是本人以外，另外兩名黃道眞是他的心靈幻影。灰衣黃道眞時時爲自己的命運而深感痛苦，既不甘受生活的困苦，又不知如何擺脫困境。黑衣黃道眞不斷提醒他做一個聰明世故的人，安於桃花源。白衣黃道眞則及時給他提示人生的哲理，鼓勵他走出桃花源。

　　張曉風是基督教徒，她在回答《幼獅月刊》記者提問時說：「如果有人分析『我』，其實也只有兩種東西，一個是『中國』，

一個是『基督教』。」㉒這裡的「中國」是劇作家的中國情結，首先是她的戲劇創作植根於中華民族歷史文化中，用臺灣戲劇家黃美序的話說，就是「她似乎偏愛在『故』事中去找素材」㉓。張曉風的戲劇《武陵人》、《自烹》、《和氏璧》、《嚴子與妻》均取材於中國歷史或中國古典文學，《第三害》脫胎於西晉人物「周處」除三害的民間傳說，另一部被稱爲「最具現代感」的《位子》則是展示魏晉時代「竹林七賢」是生活風範。這種「偏愛」其實源自於現實觸發，張曉風在《自烹》的開頭這樣說：

　　我們對他們的了解，並不是來自那稱爲「相斫書」的《左傳》，相反的，來自現代，來自我們最深處的自己。㉔

　　這裡的「中國」，還在於劇作家著意採用傳統戲曲的表現手法，包括「戲中戲」的結構，寫意的舞台表演、音樂舞蹈和說唱的運用，以及她與姚一葦相類似的富有詩意的優美的吟誦式的語言。

　　張曉風所謂的「基督教」，主要體現在她在戲劇中不倦地「證」「道」。在她的前期戲劇，如《畫愛》呈現「耶穌基督的播道與殉難」，以及「至死不息的救世熱情」；《第五牆》宣揚「出世」的宗教意識，那朝向「湛湛青天」的「第五牆」就是通向「天國」的窗口。劇作家「企圖通過一個家庭成員的成長，婚嫁和衰病，來印證宗教信仰的必需」㉕。值得注意的是自《武陵人》始，「由以前宣傳出世轉而勸人迎向苦難，她不再勸尋人們遁入虛無縹緲的天國，在理想與現實的衝突中，要勇敢地直面人生」㉖。於是，我們看到偶然進入桃花源的漁人黃道眞選擇重返「多難的武陵」，而爲自己留下「嚮往天國的權利」。在《和氏璧》中，卞和捨棄家園，跋山涉水，忍受酷刑，卻仍然虔誠無悔地執著獻玉體現出宗教殉道精神的悲壯。

　　其實，影響張曉風戲劇的還有第三種因素，那就是從六十年代開始登陸臺灣島的西方現代主義思潮，主要是存在主義哲學和現代主義戲劇美學。胡耀恒在評論《第五牆》時指出：其「透露著對生存現象的反抗，就像存在主義和荒謬主義的劇本一樣」㉗，在張曉風的幾部主要戲劇，如《武陵人》、《自烹》、《位子》中都可以看到對人性異化的尖銳揭示，看到那種獨立孤行，與環境不協調，不安於現狀的「做夢的人」關於「存在」的追問：「我要知道我是誰？是從哪兒來？我要演一個怎樣的戲？」，也可以看到將一個內心矛盾的黃道真分裂爲灰衣黃道真、白衣黃道真和黑衣黃道真的現代主義戲劇的表現形態。

　　「人」，是張曉風戲劇創作的中心，她既把自己作爲「蒼天和大地間的一個人」，也「集中兵力」去寫人。劇作家曾自述：「我寫《武陵人》的時候想到的是世紀的苦難和一份投入苦難的悲劇精神。寫《自烹》的時候，我用亞里士多德的『恐怖與悲憫』的觀念來描述人類的『自我摧殘』的悲劇。而寫《和氏璧》的時候，我想到的是一個失去信心的時代和一個至死堅持的人」㉘。因此，對張曉風戲劇內蘊更具體的分析，應是中國傳統文化淵源、存在主義哲學思考和基督教義中關於人生苦難的觀念，這三者的融合孕育出劇作家所希望的「寫了一個人」。所以，劇作家用她端莊的筆，懷著對人的崇拜，描寫一個個有血有肉的人物，寫出人物的苦難和追求，寫出人性的弱點，也寫出人性的崇高，寫出一個個感慨萬千的人，也激發出萬千人的感慨。

第四節　馬　森

　　馬森（1932—）戲劇活動的起點是五十年代初期的臺灣校

園演劇。他最初的戲劇創作《父親》和《飛去的蝴蝶》「遵循寫實主義的路線來寫」，但「總覺得與自己的感覺不合」，直到六十年代西渡歐美，「接觸了西方現代戲劇的表現方式」，並「經過了五六年的醞釀與消化，才在西方現代劇的基礎上摸索出一些更適合於表現自己感受的方式」。1967年至1982年，馬森接連寫出《一碗涼粥》、《在大蟒的肚裡》、《花與劍》、《腳色》等11部戲劇，1987年結集爲《腳色》戲劇集出版。其「表現的方式並不盡相同，但都與五四以來的中國話劇傳統大異其趣」㉙。

　　馬森對戲劇現實主義傳統的超越和對於「擬寫實主義」的批判，既是源自於他的崇尚自由的非社會功利的藝術觀，也是因爲他比較多地接受了西方現代主義思潮的影響。正如他自己所自述的，他的戲劇創作「直接受到了當代西方戲劇的影響」，雖然「還接續著大陸時期話劇的餘緒」但「已不能滿足於早期的『擬寫實主義』的風格，有意地借鑑當代西方劇場的新潮流，企圖劇作上有所突破和轉變，爲八〇年代的小劇場做了開路工作。」㉚

　　馬森戲劇與「五四以來的中國話劇傳統大異其趣」，主要就體現在以現代主義的戲劇美學取代現實主義的戲劇美學。這種「突破和轉變」首先是劇作家關注焦點的轉移，並導致戲劇審美視景的改變。從側重於社會的政治的角度去感受和表現人生，使戲劇成爲揭露時弊、宣揚正義、討論社會問題的武器，轉爲表現人的生存方式，人的深層困惑和生命價值，著眼於挖掘人生意義的哲理深度。因此，他的戲劇集《腳色》「全是以現代手法處理現代人的素材」㉛。一方面是與當下的社會生活遠了，另一方面是更深入地切入人的生存方式。劇作家是這樣表述的：「在我的虛構的創作中就寧願捨棄了正面的批判，而去尋思人間更爲根本的問題：生、死的迷惑、愛、恨、貪欲的掙扎，自我的尋求與定位，

個人與他人縉合的關係種種」㉜。

可以說，馬森的戲劇同樣是一種「問題劇」，然而他的「問題」不是在一種政治觀念的激發下感應社會現實的結果，而是體驗「現代孤絕」後進一步是思索人生的奧秘。這樣的哲學觀念和戲劇美學使劇作家的自我定位不是社會關係的變革者，而是「人生茫原的探險者」，是「迷惘中的一條」㉝。他們戲劇集《腳色》同他小說集《孤絕》一樣「都圍繞了現代人的孤絕感這樣的主題」，瀰漫著由此而派生的無解的悲觀，淡淡的鄉愁，時隱時顯的空虛，疏離隔膜的痛苦，和為衝破疏離而產生的溝通人際的強烈願望。

馬森戲劇的「根本問題」概括起來首先是對人自身的詢問：「我是誰？」、「我是從裡來的？」於是，在馬森戲劇《腳色》、《花與劍》中引人注目地出現尋父的主題——「爸爸在哪兒？」《腳色》中甲和乙三十年來「天天夜裡都到這兒來等爸爸回來」，《花與劍》中隻身漂泊漫遊的兒子二十年來「走了不少國家」，但總是在冥冥之中聽到一個聲音召喚「回去吧！」於是，他在一種無以名狀的衝動驅使下回到故鄉，回到父親的墓前追溯他生命的起源，他對母親說：「水有源、樹有根、要是我不知道我父親，我實在無法生活」，「我必須弄清誰是我的父親？我的父親做過什麼？然後才能知道我是誰？我能做些什麼？」

其次，是表現現代人的「孤絕」和因襲傳統而產生的困惑。《在大蟒的肚裡》的「沒有年齡」的陌生男女因「空虛」的阻隔而無法相愛，《一碗涼粥》和《野鵓鴿》的夫妻都因為「按照祖宗的規矩辦事」而產生出痛苦而無奈的悼子情感，《弱者》更是以反諷的手法描寫追求現代生活方式的妻子不得不無休止地面對傳統觀念的頑強狙擊。

第三，是對生命存在價值的終極性的叩問，在馬森的幾部以

動物命名的戲劇裡，這一叩問具體表現爲現代人對人類歷史、人類存在、人類理性的冷峻反思，和人生目的虛幻，人生追求徒然的悲觀體驗。《蒼蠅與蚊子》中自詡爲「萬物之靈」的蚊蠅一面扮演人類，一面冷眼觀看人類因自相殘殺而滅亡。《蛙戲》中「天才的蛙」爲群蛙到「一個生活目的」，群蛙於是前仆後繼地撞樹，在亢奮的「永生不死」的歌聲中一個個悲愴地倒下。《獅子》再次復現了人類的疏離與相互殘殺……在這種種荒誕話語中，劇作家以沉靜的悲涼爲包括臺灣在內的現代社會描述了一篇篇當代寓言。

　　馬森戲劇「與五四以來的中國戲劇傳統大異其趣」的另一個重要方面，是從現實主義的戲劇藝術，即以「再現」的方式在舞台上製造眞實的生活幻覺，按照時空的規定性，情節的完整性和人物的個性化原則逼眞地演示社會生活，轉爲現代主義戲劇藝術，即運用「表現」的方式，通過虛幻的情境將人生哲理化，通過表現作者的「夢囈」，「潛意識中的某種隱痛」，趨向「荒謬比理性更爲理性，虛幻比眞實更爲眞實」㉞的境界。就像《禿頭女高音》那樣，在馬森的戲劇中，夫婦結婚三十年可以相逢而不識，陌生男女可以在空虛的大蟒腹腔談論愛情，蚊蠅可以冷眼旁觀人類……這其中最具有馬森個人風格特色的，是他在戲劇創作中逐漸自覺運用的「腳色式的人物」的模式。馬森以「腳色」命名他的戲劇集，顯然表示他「對生活中人物了解分析跟以前劇作家採用了不同的視角和觀點」，表示他「戲中所呈現的是他們在人間所扮演『腳色』」㉟。

　　大陸戲劇評論家林克歡稱馬森戲劇「腳色」範式爲「非寫實的類型化的本質與抽象方法」㊱。取這樣的方法，馬森揚棄傳統現實主義的個性化，引進社會學的觀點，用「腳色」替代「個性」，

創造性地運用「腳色集中」、「腳色濃縮」、「腳色反射」、「腳色錯亂」、「腳色簡約」等方式，將現實生活中錯綜複雜的人物關係，千差萬別的人物性格簡化、濃縮、集中到幾個最基本的「腳色」上，形成了馬森戲劇集《腳色》的「父（夫）、母（妻）、子」的戲劇人物三角組合的基本式：《一碗涼粥》和《野鵪鶉》都是父與母、與一個被打殺，或變成了野鵪鶉，但都仍然存活在父母幻覺裡的兒子；《弱者》是夫與妻，與最後從嬰兒車裡坐起的與父親一模一樣的兒子；《在大蟒的肚裡》是從相逢到相愛又無法結合的男女，以及若干充當背景的人物；《花與劍》是父、母與兒子，以及「既是父親、又是母親」的朋友和鬼；而在劇作家所著意表現「腳色」式人物的戲劇《腳色》裡，是結婚三十年但都自認是媽媽而指稱對方是爸爸的甲和乙，以及他們共同養育的三個孩子；戲劇集《腳色》中收錄的最後一個劇作《進城》的人物，是兄弟倆，和他們一直在談論，很想離去又十分掛念的父親。在這樣的戲劇審美創造中，背景模糊了，事件消褪了，「佳構」被解構了，人物的年齡、職業，甚至性別都淡化了。而「腳色」式的人物和「腳色」範式，與劇作家所關注的對象，意欲表現的現化孤絕，和創作中所想到的「很深的東西」一併誕生，如影隨形，成為馬森戲劇的「有意味的形式」。

　　九十年代，已經結束多年漂泊回臺灣任教的馬森又引人注目地發表歌劇《美麗華酒女救風塵》和話劇《我們都是金光黨》。這兩部「突破自己」的新作表現出劇作家對中國傳統文化的親近和對臺灣社會生活的關注。但他仍然堅持以虛幻寫意的舞台場景和「非寫實的舞台演出」將自己定格在寫實之外，至少保持某種程度的非寫實風格和他一貫的「腳色」範式。

第五節　賴聲川

賴聲川（1954—）1983年獲美國加州柏克萊大學戲劇學博士，返臺任臺灣「國立藝術學院」戲劇系主任，1984年11月與李立群、李國修等組建「表演工作坊」，任藝術總監，1985年3月推出戲劇《那一夜，我們說相聲》。此後，賴聲川領導的表演工作坊每年都排演新的舞台劇，成爲臺灣當代小劇場的核心劇社之一。賴聲川也被譽爲「當前臺灣話劇方面的代表人物，稱得上是很有創造性，很有造詣的藝術家。」[37]1999年賴聲川整理出版戲劇集《賴聲川‧劇場》四冊，收錄《我們都是這樣長大的》、《那一夜，我們說相聲》、《暗戀桃花源》等劇目十六種，同時，他的第十七齣戲《十三角關係》也正在排演。

受現代主義戲劇思潮的影響，賴聲川在戲劇表演藝術中引人注目地顚覆傳統的導表演方式，「先有演出，事後才可能有成文的劇本」。他稱之爲「集體即興創作」，即「『劇本』則是整個排演過程的結果……從精華開始，由整體有機體邁向有形的表現，過程中逐漸呈現各個面——舞台、燈光、角色、對話等等……首先是設定角色，讓演員明瞭了『他』是『誰』。然後設定狀況，再讓演員依據狀況自由地『演會發生什麼事』」，經過不斷地撞擊磨合形成「正式的架構圖」，賴聲川才「恢復傳統導演的職責，負責把『劇本』完整地呈現在舞台上」[38]。當然，賴聲川倡導的「集體即興創作」也是在不斷改進，「表演工作坊」排演《回頭是彼岸》時就是由賴聲川構思，提出詳細結構後進行集體即興創作，而後再由賴聲川與陳立華寫成劇本，再進行排演。

不同於張曉風習慣於「故」事新編，賴聲川的戲劇創作更關

注當下的臺灣生活,具有明顯的社會歷史意識和通俗化的傾向。他的劇作不再像傳統戲劇那樣呈現一個從開端到高潮到結局的完整故事,而是以散點串聯的方式,集歷史與當下,現實與虛構於一台,句連自如,神采飛揚,妙趣橫生。「他的材料取自於現實生活,用豐富敏銳的眾多事件連綴起來,潑灑在舞台上,讓觀眾看到具體的人物,人物在各種狀況裡由各種情態所引發出來的可笑可哀。」㊴臺灣戲劇界評價賴聲川主持的「表演工作坊」「結合臺灣一流舞台劇演員,突破了近年來臺灣戲劇演出陳陳相因之舞台模式。在取材上別出心裁,更以最經濟的舞台裝飾,表現了豐富的舞台效果,成功地將『精緻藝術』與『大眾文化』巧妙結合」㊵。因此,欣賞賴聲川的戲,最好的地方是觀眾充分得到娛樂的滿足」。繼《荷珠新配》後再次引起轟動的《那一夜,我們說相聲》由今由近開始,一頁一頁地揭開二十世紀中國歷史的史冊。首先是80年代的餐廳秀,一個由打錯的電話造成一對陌生男女的約會,「表現現代青年男女,頗為普遍的時髦,矯情的形態。滿口的文藝腔和造作的哲學式語言」〔段子一:臺北之戀(臺北‧1985)〕,接著,依次表現六十年代處電視機初興的時候,一個搶先買回電視機的單身漢招徠朋友看節目的「風光」感覺〔段子二:電視與我(臺北‧1962)〕;表現抗戰時期躲防空洞的時代〔段子三:防空記(重慶‧1943)〕;表現五四前後的留學與聽戲,及庚子年八國聯軍侵華的罪行〔段子四:記性與忘性(北平‧1925)〕和北京在直隸大地震後的出殯〔段子五:終點站(北平‧1900)。「反映了當時的時代色彩,也幽默玩鬧的描繪人生世相」。以「相聲劇的形式展開對當前社會與政治的譏諷與批評⋯⋯在逗哏的爆笑聲中,開出了一席反思回味的天地。」㊶歌劇《西遊記》則是從同名古典小說中吸取靈感而排演

出三個層面的故事：「一、神話層面：即從《西遊記》原著中從第一回到孫悟空被困五行山的旅程。二、近代史層面：從清末到現代，中國人接觸西方的旅程，以角色唐僧爲主角。三、當代層面，從現代臺北出發到西方留學的旅程，以角色阿奘爲主角」。以此表「現代中國人意識中的許多原型意象」，並「探討中國歌劇形式的新可能」⑫。

賴聲川稱其代表作《暗戀桃花源》爲「複雜的舞台作品」，他巧妙地將《暗戀》與《桃花源》兩個劇組安置在同一舞台同時進行排練，戲中套戲，人物錯綜，台詞誤接，笑話迭出。《暗戀》是現代悲劇：四十年代末江濱柳與戀人雲之凡因時局戰亂失去聯繫，四十年後，在他病重住進臺北醫院才終於與雲之凡相會，百感交集反倒是無言相對。與《暗戀》交替排演的《桃花源》是齣古裝喜劇，漁人因妻子春花與賣魚的袁老闆關係曖昧憤然放舟而去，在桃花源遇見一對夫妻竟與春花、袁老闆酷似，漁人思念春花遂返家園，卻發現春花已與袁老闆同居、正爲柴米油鹽爭吵不休……這兩個並列的故事一古一今，一悲一喜，一寫實一誇張，彼此間離又相互補托。在這之外，又不知從何處撞入一個不相干的女孩在劇場裡到處找她的男朋友，最後滿場都是「尋找」。這樣，又將舞台上的表演與舞台下的場景勾連起來。

1989年底至1999年5月，賴聲川來北京、上海導演他《紅色的天空》和《他和他的兩個老婆》，成爲第一位來大陸導演自己戲劇的臺灣劇作家，引起關注和討論。《紅色的天空》帶給觀眾的是對生命的關懷，它通過幾位老年人的一組富有內涵的生活片段和獨特的語言組合，以及舞台兩側高立的醒目的倒計時器的跳動，來詮釋人在生命末端的種種情境。

【注　釋】

① 李世明：《小劇場與社會運動》，收入《臺灣現代劇場研討會論文集》，臺灣「文建會」1996年9月編印。

② 田本相：《臺灣現代戲劇概況》，第27頁，文化藝術出版社1996年8月版。

③ 田本相：《臺灣現代戲劇概況》，第27頁，文化藝術出版社1996年8月版。

④ 彭瑞金：《臺灣新文學運動四十年》，自立晚報文化出版社1991年3月版。

⑤ 姚一葦：《文學向何處去──從現代到後現代》，《聯合文學》1997年4期。

⑥ 轉引自馬森《中國現代戲劇的兩度西潮》，第273頁，文化生活新知出版社1991年7月版。

⑦⑨ 轉引自田本相：《臺灣現代戲劇概況》，第34、179頁，文化藝術出版社1996年8月版。

⑧ 轉引自鍾德明：《抵拒性後現代主義或對後現代主義的抵拒》，《中外文學》1996年10期。

⑩ 馬森：《中國現代戲劇的兩度西潮》，第272頁，文化生活新知出版社1991年7月版。

⑪ 鍾明德：《劇場藝術的三道曙光》，收入《繼續前衛：尋找整體藝術和臺北的當代文化》，書林出版有限公司1996年7月版。

⑫ 黃美序：《中華現代文學大系·戲劇卷·序言》，九歌出版有限公司1989年5月版。

⑬ 鍾明德：《繼續前衛：尋找整體藝術和臺北的當代文化》，書林出版有限公司1996年7月版。

⑭ 陳映真：《暗夜中的掌燈者》，《聯合文學》13卷8期。

⑮　馬森：《姚一葦的戲劇》，《聯合文學》13卷8期。

⑯　姚一葦在戲劇創作同時，還著有《詩學箋注》、《藝術的奧妙》、《戲劇原理》、《美的範疇論》、《文學論集》等著作七部。丁玲論姚一葦「不只是一個能寫好劇本的有才能的劇作家，而且是一個有知識、有心靈、有膽識，能攝取社會眾多矛盾核心的思想家」。《紅鼻子的舞台藝術‧序》，中國戲劇出版社1984年4月版。

⑰　轉引自陳玲玲《面具下的迷失》，《藝術評論》1995年6期。

⑱　姚一葦：《申生小識》，《中國時報》1991年11月26日。

⑲　轉引自陳玲玲：《面具下的迷失》，《藝術評論》1995年6期。

⑳　姚一葦：《我寫〈傅青主〉》、《人生之境——關於〈傅青主〉》，均收入《戲劇與人生：姚一葦評論集》，書林出版有限公司1995年版。

㉑　轉引自黃美序《姚一葦戲劇的語言、思想與結構》，收入《中華現代文學大系‧評論卷》，九歌出版有限公司1989年5月版。

㉒　張曉風：《曉風戲劇集》，第209頁，轉引自《臺灣劇作選‧編後記》，中國戲劇出版社1987年4月版。

㉓　黃美序：《中華現代文學大系‧戲劇卷序》，九歌出版有限公司1989年5月版。

㉔　引自《中華現代文學大系‧戲劇卷》，九歌出版有限公司1989年5月版。

㉕　胡耀恒：《論曉風的〈第五牆〉》，收入《中國現代文學大系‧評論卷》，九歌出版有限公司1989年5月版。

㉖　田本相：《臺灣現代戲劇概況》，第136頁，文化藝術出版社1996年8月版。

㉗　胡耀恒：《論曉風的〈第五牆〉》，收入《中華現代文學大系‧評論卷》，九歌出版有限公司，1989年5月版。

㉘　轉引自蔡體良：《卞和的悲劇》，《戲劇評論》，1987年1期。

㉙　馬森：《文學與戲劇》，收入《腳色》，書林出版有限公司1996年3月

版。

㉚ 馬森：《中國現代戲劇的兩度西潮》，第271頁，文化生活新知出版1991年7月版。

㉛ 林清玄：《戲劇文學的建立——讀〈馬森獨幕劇集〉》，收入《腳色》。

㉜ 馬森：《馬森文集‧總序》，文化生活新知出版社1991年4月版。

㉝ 馬森：《劇作家也是迷惘中的一條魚》，《東方戲劇西方戲劇》，文化生活新知出版社1992年2月版。

㉞ 馬森：《文學與戲劇》，《腳色》，書林出版有限公司1996年3月版。

㉟ 馬森：《腳色式的人物》，《腳色》。

㊱ 林克歡：《馬森的荒誕劇》，收入《腳色》，書林出版有限公司1996年3月版。

㊲ 夏淳：《〈無中生有的戲劇〉前言》，《中國戲劇》1988年8期。

㊳ 賴聲川：《無中生有的戲劇》，《中國戲劇》1988年8期。

㊴ 朱天文：《賴聲川的戲劇》，《中國時報》1985年3月7日。

㊵ 轉引自田本相《臺灣現代戲劇概況》，第168頁，文化藝術出版社1996年8月版。

㊶ 馬叔禮：《談賴聲川的戲劇》，《自立晚報》1986年8月1日、2日。

㊷ 賴聲川：《關於〈西遊記〉的戲劇創作》，轉引自田本相《臺灣現代戲劇概況》，第171頁，文化藝術出版社1996年8月版。

香港文學卷

第一章　香港文學發展概述

　　無論從地緣還是從文緣的角度來看，香港文學都是中國文學的一部分。然而，作爲中國文學整體格局的組成部分，香港文學並不能簡單等同於中國其它地區的文學，包括臺灣文學。近一個世紀來，香港文學既經歷了與中國內地文學融合發展的階段，也有著疏離內地文學發展軌道而呈現出獨特風貌的時期。

第一節　拓荒期香港新文學

　　香港新文學起步較晚。「五四」時期，新文化運動和文學革命在中國大陸迅猛推進，但在香港的影響卻微乎其微。香港文學界對當時大陸正在崛起的新文學持冷漠甚至敵視的態度。

　　香港新文學的眞正崛起是在1927年以後，北伐戰爭打倒了代表舊勢力的軍閥，新文化思想和新文學作品占領了香港。報紙副刊結束了文白夾雜和新舊並存的時期，純粹發表新文學作品，如《大光報》副刊《大光文藝》、《循環日報》副刊《燈塔》、《大同日報》副刊《大同世界》等等。新文學青年在它們的獎掖下努力從事文學工作，走上了新文學道路。1928年香港第一本新文學雜誌《伴侶》創刊。該刊除了發表沈從文、胡也頻等內地作家的作品外，還培植了香港第一批新文學作者，如侶倫、張吻

冰、謝晨光等。1929年初，香港第一個新文學社團「島上社」誕生。這對新文學發展起到了有力的推動作用。

　　進入30年代，香港新文學刊物如雨後春筍般湧現。《激流》、《春雷》、《時代風景》、《今日詩歌》、《新命》、《晨光》、《時代筆語》、《文藝漫話》、《南風》等雜誌相繼問世。而維持時間最長、影響最大的是1933年12月創刊的《紅豆》月刊，它直到1936年8月出版第4卷第6期後才停刊。這些刊物發表了大量新文學作品，初步顯示了香港文學的實績。這一時期的作品，明顯地受到創造社、太陽社和新月社諸作家的影響，其中有一些比較真實地反映了香港社會生活的某些側面，具有一定的現實意義和認識價值。

　　拓荒期較有成就和影響的作家，當推侶倫（1911—1988）。他15歲就在《大光報》副刊發表詩歌《睡獅子》。1928年在《伴侶》雜誌發表《試》、《0的日記》等小說。此後不斷發表詩、小說、散文。1935年出版散文集《紅茶》。這是拓荒期香港文學的重要收穫之一。

第二節　抗戰時期香港文學

　　1937年抗戰爆發後，由於香港是一個比較安全的地方，因此成了內地人士躲避戰亂而南遷的理想之地。在南來香港的內地人中，有一大批進步作家，他們在香港迅速掀起第一次文化高潮，使香港新文學出現了前所未有的局面。在這批南來作家中，有巴金、茅盾、戴望舒、蕭紅、端木蕻良、葉靈鳳、施蟄存、夏衍、林語堂、蕭乾、郁達夫、巴人、陳殘雲等。他們或以香港為陣地，從事出版工作，宣傳抗戰；或取道香港作短暫停留而後轉赴內地

或海外，但在香港都留下了文學足迹。

　　南來作家對香港新文學發展產生了巨大影響。他們傳播新思想、新文化、新文學，大力開展抗日宣傳，爲香港正在興起的新文學注入新的養料和活力，掀起了香港文學史上的第一次高潮。具體地說，這種影響主要有兩個方面：首先，創辦文藝雜誌和報紙副刊，如茅盾主編的《文藝陣地》，茅盾、葉靈鳳先後主編的《立報·言林》，戴望舒主編的《星島日報·星座》等。這些媒介大大活躍了香港文壇。其次，他們以自己的創作影響和帶動了本土青年作家。香港第一代本土作家侶倫、舒巷城、夏易等人在南來作家的影響下進步很快，他們的作品以現實主義的手法，積極地關注現實人生，表現出鮮明的地方色彩。

　　1939年3月26日，中華全國文藝界抗敵協會香港分會（簡稱文協香港分會）宣告成立。香港文藝界人士71人參加成立大會。會議選出許地山、歐陽予倩、戴望舒、葉靈鳳、蔡楚生等爲第一屆理事會幹事，由許地山主持工作。文協香港分會成立後，貫徹「一切在堅持抗戰」的中心，要求會員「必須變更過去留港同人們各自爲戰的方式，而一致歸於全文協的旗幟之下，立刻團結起來」，①並開展了一系列具有較大影響的活動。

　　南來作家取得了豐碩的創作成績。長篇小說有茅盾的《第一階段的故事》、《腐蝕》，蕭紅的《呼蘭河傳》、《馬伯樂》，端木蕻良的《大時代》、《大江》、《新都花絮》，夏衍的《春寒》等。中篇小說有許地山的《玉官》。短篇小說主要有蕭紅的《後花園》、《小城三月》、《北中國》，許地山的《鐵魚的腮》、《桃金娘》等。散文有茅盾的《劫後拾遺》、《生活之一頁》、《脫險雜記》，樓適夷的《香港的憂鬱》，馬國亮的《八一三在香港》等。詩歌有戴望舒的詩集《我底記憶》、《望舒草》、《

望舒詩稿》、《災難的歲月》，徐遲的抒情詩《太平洋序詩——動員起來，香港！》，鷗外鷗的詩集《鷗外詩集》，袁水拍的長詩《後街》，陳殘雲的詩集《鐵蹄下的歌手》、《黎明散曲》。劇本有許地山的《女國士》，蕭紅的《民族魂魯迅》等。這些作品大大豐富了香港的新文學。

第三節　戰後香港文學

1941年底，香港淪陷。南來作家大都撤回內地，少數留港作家也不得不放下手中的筆。熱鬧的香港文壇頓時陷入死寂。

1945年日本投降後，香港文壇漸漸復甦。《星島日報》、《華商報》等報紙相繼復刊，各種文學雜誌不斷問世。

1946年夏天，由於國民黨當局採取高壓手段，大批作家為了躲避戰亂和迫害，再次來香港。這是一批比第一次南來陣容更為強大的隊伍。化表性作家有郭沫若、茅盾、夏衍、葉紹鈞、鄭振鐸、馮乃超、臧克家、歐陽予倩、陳殘雲、胡風、孟超、聶紺弩、秦牧、司馬文森、廖沫沙、吳祖光、端木蕻良等。他們在香港創辦報刊雜誌、出版社，組織文社、讀書會，開設訓練班，培養了大批文藝骨幹。

戰後香港文學出版事業空前繁榮。影響較大的文學刊物有：《青春知識》半月刊（黃秋耘等主編）、《文藝生活》月刊（司馬文森等主編）、《文藝叢刊》（周鋼鳴主編）、《野草月刊》（夏衍等主編）、《文藝通訊》（文協香港分會主編）、《新詩歌》（沙鷗主編）、《中國詩壇》（黃寧嬰主編）、《大眾文藝叢刊》（周而復等主編）、《小說》月刊（茅盾主編）等等。這些文學雜誌和《華商報》、《文匯報》副刊一起，成為戰後香港

文學的主要陣地。它們爲南來作家與香港文學青年提供了寬廣的創作園地。

　　這一時期，南來作家的主要創作成績有：長篇小說《洪波曲》（郭沫若），《鍛鍊》（茅盾），《南洋淘金記》、《雨季》（司馬文森），《南洋伯還鄉》（陳殘雲），《蝦球傳》（黃谷柳），《天亮了》（聶紺弩）；詩歌方面，有黃寧嬰的長詩《潰退》、詩集《民主短簡》，袁水拍的詩集《馬凡陀山歌》續集，陳蘆荻的詩集《旗下高歌》，鄒荻帆的詩集《淺水灣》；散文集有黃秋耘的散文集《沉浮》，夏衍的《蝸樓隨筆》，鍾敬文的《新綠集》，樓棲的《窗》，杜埃的《在呂宋平原》，聶紺弩的《二鴉雜文》等。此外，還有大量中短篇小說及劇本問世。在上述創作中，《蝦球傳》因最具香港特色而頗受好評。這部小說以戰後香港社會爲背景，塑造了追求光明的流浪兒蝦球的形象，描繪了一幅動盪時代的社會風俗畫，作品以規範中文爲主，消化運用了大量粵語，使地方色彩更加濃厚。茅盾認爲：「1948年，在華南最受讀者歡迎的小說，恐怕第一要數《蝦球傳》的第一、二部了。」②

　　內地作家的兩次南來香港，爲香港新文學的繁榮作出了重大的貢獻。他們在客觀上爲本土作家的成長和壯大，提供了不可多得的外部條件。在香港本土作家中，侶倫一直筆耕不輟。抗戰時期，他創作了《無盡的愛》、《殘渣》、《漂亮的男客》、《穿黑旗袍的太太》等中短篇小說，作品富有使命感和責任感，表現出強烈的愛國熱情。

第四節　五十、六十年代香港文學

　　1949年前後，南來進步作家大部分返回內地參加革命和建

設。與此同時，對新政權持有異議和疑慮的右翼文人從內地湧入香港，他們在美國新聞處及亞洲基金會的支持下，創辦《人人文學》、《中國學生周刊》、《祖國》、《大學生活》等雜誌，組織出版社，鼓吹反共文學。一時間，香港文壇呈現出向右轉的趨勢。

面對右翼文人的進攻，留港的左翼作家積極回應。他們以三聯書店、商務印書館、中華書局為基地，在《大公報》、《文滙報》、《新晚報》三大報副刊及《良友雜誌》、《文藝世界》等刊物上發表大量作品，與反共文學浪潮相抗衡。因此，50年代的香港文壇籠罩著濃厚的政治文化氛圍，當時的作品大都具有鮮明的政治色彩。

50年代以後，在香港文壇占主導地位的仍然是南來作家。他們是文學創作的主力軍。長篇小說方面，有徐訏的《江湖行》，徐速的《星星·月亮·太陽》、《櫻子姑娘》，李輝英的《海角天涯》，黃思騁的《長夢》，張愛玲的《秧歌》、《赤地之戀》，唐人的《人渣》、《金陵春夢》，高旅的《困》等。散文集有葉靈鳳的《文藝隨筆》、《讀書隨筆》、《能不憶江南》，徐訏的《傳杯集》、《傳薪集》，徐速的《心窗》，司馬長風的《段老師的眼淚》、《北國的春天》等。詩集有力匡的《燕語》、《高原的牧鈴》，何達的《洛美十友詩集》等。

這一時期香港本土作家也在崛起。侶倫的《窮巷》代表了這一時期鄉土小說的成就。這部長篇小說1952年由香港文苑書店出版。作品以戰後香港為背景，描寫了一群生活在社會底層的普通市民悲苦命運，表現了他們在與貧困作鬥爭的過程中所顯示出來的堅韌不拔的生命意志。新聞記者高懷、小學教員羅建、抗戰軍人莫輪、杜全在戰後相繼來到香港，但卻難以謀生，四個人合

住在一間斗室裡甚至連房租也交不起。他們經歷了失業、受欺、失戀等種種生活的磨難。共同的命運使他們相濡以沫，結下了深厚的友誼。小說從正面展示了「卑賤者」曲折的人生道路及其美好的心靈世界，具象而又真實地反映了戰後香港社會現實。這部作品在香港小說本土化方面邁出了堅實的一步。鮮明的地方色彩，濃郁的鄉土氣息，生動的港地人物，構成了一幅絢麗多姿的香港社會風情畫。

舒巷城也是文壇多面手，出版有長篇小說《太陽下山了》、《再來的時候》、《白蘭花》，詩集《我的抒情詩》，短篇小說集《山上山下》、《霧香港》，散文集《倫敦的八月》等。「舒巷城是『土生土長』的香港作家，熟悉香港的小市民生活，他的作品可說是最有香港『鄉土』特色。」③《太陽下山了》是其代表作，1961年連載於《南洋文藝》，1962年由香港南洋出版社出版單行本。這部小說以鯉魚門一帶的貧民生活為題材，描寫了一個叫林江的十幾歲少年艱難的人生奮鬥，並由主人公的生活流程引出一連串社會底層人物，既寫出他們生活的艱辛，又表現他們人情的溫暖，鮮明地呈現出西灣河貧民區風情，字裡行間瀰漫著濃烈的香港地方色彩。夏易是這一時期獨領風騷的本土女作家。她的小說大都以女性為敘述視角，通過女性的愛情生活和命運變遷來揭示社會人生百態，觀察敏銳，感觸細膩。《香港小姐日記》是其處女作。小說在一個三角戀愛的敘事框架中寫出了幾個性格鮮明的人物形象，幼稚、任性、善良而情竇初開的林玉瓊，風度翩翩、慣於以甜言蜜語捕獲芳心的「花花公子」劉源，正派、博學而過分成熟的「理性主義者」表哥等，都被描寫得栩栩如生。50年代她還出版了《紅冰》、《懸崖上的愛情》、《日記裡的秘密》等長篇力作。此外，吳羊璧、金依、海辛、張君默等作家也

都在各自的創作領域嶄露頭角，成為香港文學的一支生力軍。

50年代中期，現代主義文學思潮在香港興起，給香港文學發展帶來深遠的影響。1955年8月，由王無邪、昆南、葉維廉等合辦的詩刊《詩朵》出版。其主要作者包括杜紅、盧因、藍子（西西）等。這是香港現代詩人的第一次集結。1956年2月，馬朗主編的《文藝新潮》出版。這本雜誌集翻譯、理論和創作於一體，把香港現代文學推向高潮。緊接著，《新思潮》、《好望角》和《香港時報》副刊《淺水灣》等報刊紛紛加盟，積極介紹和發表現代主義文學作品。現代主義文學成為60年代香港文學的新景觀。西西、李英豪、戴天、王無邪、蔡炎培等一批年輕的作家都以開創性和實驗性的創作投入這股潮流。他們用西方文學觀念和藝術技巧來表現香港在經濟迅猛發展時期所產生的種種不同以往的社會問題和精神狀況。而影響最大的當推劉以鬯。1963年，他出版了中國第一部長篇意識流小說《酒徒》，轟動港島。

通俗文學的崛起並迅即蔚為大觀是這一時期香港重要的文學現象。通俗文學的興起與香港50年代以後的社會經濟文化的發展有著密切的聯繫。50年代初，香港開始了工業化進程。由工業化帶來的文化工業和較為成熟的市民階層，成為通俗文學產生和發展的搖籃。50、60年代，香港通俗文學的基本格局已形成：以武俠小說與言情小說為主幹，旁及歷史小說、科幻小說和框框雜文。通俗文學的作者來自社會各個層面，很注意了解市場的需求和讀者的心理。他們的創作適應了香港這樣一個高度商業化城市的需要，發揮了快、博、雜、趣等特點，以娛樂和消遣為主，追求輕鬆活潑，幽默風趣。香港通俗文學的上乘之作不僅風行香港，在海內外也擁有廣大讀者群。

武俠小說是香港通俗文學的第一大門類。自1954年梁羽生

的《龍虎鬥京華》開啓香港新派武俠小說的先河，武俠小說在極短的時間裡迅速興盛起來，贏得了一般市民和知識分子的共同愛好。梁羽生是新派武俠小說的開山鼻祖，從50年代初到80年代，共出版了35部武俠小說。代表作有《白髮魔女傳》，《七劍下天山》、《萍蹤俠影錄》、《雲海玉弓緣》等。梁羽生的作品大都有史實依據，往往以特定時代的階級及民族衝突爲文化背景，主人公的俠行義舉總是與反抗異族入侵和暴君統治的鬥爭聯繫在一起的。他從歷史中選取素材，尤偏愛於民族衝突、朝代更替之際的風雲變幻和人事滄桑，「追求歷史的眞實性，講現實主義」。他的小說具有巨大的時空跨度，從盛唐到晚清，從天山南北到長江上下，藝術地表現出廣闊空間裡一千多年的歷史。其中有的反映唐代遊俠生活，有的描寫宋代中原豪俠抗擊遼金的鬥爭，有的表現明代俠客對暴政的反抗，有的敘寫清代俠士的反清運動。因此，他的武俠小說兼有歷史小說之長。梁羽生有著精深的古典文學素養，他有意識地繼承中國傳統小說的結構章法和敘事技巧，寫人寫景都力求一種濃郁的傳統氣息，神話、典故、民俗、軼聞信手拈來，情節中不時糅進詩詞曲賦。這使他的小說呈現出書卷氣和名士風度。金庸寫武俠小說比梁羽生晚一年，1955年才發表處女作《書劍恩仇錄》，但後來居上，成爲人們公認的武俠小說的泰斗、一代宗師。其15部武俠小說幾乎部部都是精品，風靡海內外。金庸因此成爲20世紀知名度最高的華文作家之一。此外，較有影響的武俠小說家還有倪匡、蹄風、張夢遠、風雨樓主等。

　　言情小說是香港通俗文學的又一大門類。最早寫言情小說的是傑克（即黃天石），他先後出版了《合歡草》、《奇緣》等20多部作品，在50年代十分流行。60年代以後，依達、亦舒、嚴沁、岑凱倫等年輕一代的言情小說家，以充滿溫馨浪漫的情愛氣

息的作品，在文壇初露鋒芒。他們的小說大都以現代香港社會爲背景，專門描寫都市青年男女之間的愛情糾葛，有較強的時代感。言情小說在70年代以後還有更大的發展。

在香港的通俗文學中，歷史小說和科幻小說是兩支勁旅。歷史小說作家以南宮博、董千里、高旅、金東方爲代表。南宮博擅長於古代愛情傳奇的現代加工，透過傳統的故事表現個性解放的思想，主要作品有《洛神》、《梁山伯與祝英台》、《孔雀東南飛》等。董千里則著力表現歷史進程中宮幃之內的矛盾衝突，如《玉縷金帶枕》、《董小苑》等。高旅的小說以史爲據，重視史實，態度嚴謹，力求歷史眞實和藝術眞實的統一，代表作有《金屑酒》、《玉葉冠》等。金東方的歷史小說涉及面甚廣，她不像一般歷史小說家那樣主要寫一個朝代，而是興之所至，借史料引發，開拓新意，如《賽金花》、《逐鹿記》等。科幻小說則以衛斯理（倪匡）的最爲著名。自1963年他創作第一部科幻小說《妖火》，迄今已發表近百部科幻小說，出版有《衛斯理科幻小說全集》。代表作有《無名髮》等。衛斯理的科幻小說想像極爲豐富，情節撲朔迷離，充滿神秘色彩。

框框雜文即專欄雜文，也是香港通俗文學的重鎮。它的長度一般在五百到八百字之間，內容極爲廣泛，論時事談文化，抒情說理，樣樣俱備。「在忙碌的生活中，框框雜文是最容易消化的早餐和下午茶，和晚上鬆弛神經的長壽電視節目《歡樂今宵》一樣，是『不可一日無此君』的大衆精神糧食。」④著名的專欄作家有項莊、梁小中、吳其敏、張文達、胡菊人、黃霑、李碧華、何福仁等。

第五節　七十年代以來香港文學

　　進入70年代，香港文學環境發生了一系列變化。70年代初爆發的世界經濟危機導致香港出口萎縮，工廠倒閉，股票狂跌，金融房地產業一片蕭條。這迫使香港改變原來的發展模式，經濟結構由單一型向複合型轉變。這對香港的文學帶來了很大的影響。香港作家更加關注現實，關心民生，出現了一批深具責任感和使命感的作品。

　　70年代中期以後，香港的發展直接受到兩次重大事件的影響。一是1976年內地「文革」的結束和隨後實行的改革開放政策，一是　1984年中英兩國簽定聯合聲明，確定1997年7月1日香港主權歸還中國。這兩大事件對香港政治、經濟、文化、文學產生了很大的影響。香港文學重新被納入中華文學的發展框架之中，香港文壇也由50年代尖銳的政治對峙走向對峙的逐漸消解。

　　從「文革」後期開始，內地移民陸續湧入香港。從1976年至1981年，移民香港的內地人口達40萬人以上。大量移民中包括一部分文化人，他們進入香港文化圈，以自己在內地和香港的雙重人生經驗，參與香港的文化和文學建設，成為香港文壇的一支重要力量。這一時期，具有代表性的南來作家有陶然、顏純鈎、東瑞、陳娟、白洛、楊明顯、王璞、張詩劍、梅子、王一桃、傅天虹、黃河浪、夢如、舒非，等等。此外，曾敏之、犁青等老作家在離港多年後重返香港，在文壇十分活躍，雖然他們的影響非上述諸位所能比擬，但大致也應歸入這第四波南來作家之列。

　　這一時期，香港本土作家的陣容也很強大。他們大多在戰後出生，在香港文化教育背景下成長，對香港有著與生俱來的認同

感和「草根性」。其中主要有也斯、西西、梁錫華、小思、黃國彬、古蒼梧、羈魂、鍾偉民、黃維樑、陳德錦、王良和、何福仁、吳煦斌、鍾玲玲、陳耀南、潘銘燊，等等。

70年代以後的香港文學步入了繁榮期，形成了多元化發展的格局。「現代的」與「寫實的」，「外來的」與「鄉土的」，「通俗的」與「非通俗的」，「學院派」與「草根派」，等等，各種思潮、流派兼容並包，共存競爭，小說、散文、詩歌、戲劇、文學評論全方位發展，構成了近期香港文學獨特風貌。

小說方面，重要的長篇小說有劉以鬯的《島與半島》，西西的《我城》、《哨鹿》，陶然的《與你同行》、《一樣的天空》，東瑞的《出洋前後》，白洛的《暝色入高樓》，陳浩泉的《香港小姐》、《扶桑之戀》，陳娟的《曇花夢》，巴桐的《蜜香樹》，也斯的《記憶的城市虛構的城市》，施叔青的《香港三部曲》，梁錫華的《獨立蒼茫》、《香港大學生》，鍾曉陽的《停車暫借問》，王璞的《補充記憶》，周蜜蜜的《百歲緣》，陳少華的《魂斷香江》，等等。中短篇小說的成績也頗為可觀。劉以鬯的《寺內》、《黑色裡的白色，白色裡的黑色》、《天堂與地獄》，陶然的《旋轉舞台》、《平安夜》、《窺》，東瑞的《瑪依莎河畔的少女》，白洛的《香港一條街》，顏純鈎的《紅綠燈》、《天譴》，巴桐的《佳人有約》，西西的《哀悼乳房》，也斯的《島和大陸》、《布拉格的明信片》，吳煦斌的《牛》，辛其氏的《青色的月牙》，王璞的《雨又悄悄》，周蜜蜜的《缺月》，黃碧雲的《其後》，等等，都是具有較大影響的中短篇小說集。這些作品大都直接切入香港的現代社會生活，描寫香港人的生存狀態、情感和心態，表現城市的律動、城市的今昔、城市與鄉村的對立、城市文明的衝突。而在表現方法上，則現實主義、浪漫主

義、現代主義多元並存。

詩歌方面，也有了長足的發展。70年代以後，香港詩壇主要有三部分詩人組成。一部分是香港本土詩人，如也斯、西西、羈魂、黃國彬、古蒼梧、胡燕青、陳德錦、秀實等；另一部分是南來詩人，如藍海文、黃河浪、王一桃、傅天虹、曉帆、秦嶺雪、張詩劍、王心果、夢如等；還有一部分是從臺灣、澳門和海外移居香港的詩人，如余光中、鍾玲、原甸、陶里等。詩歌創作總的傾向是現代主義向傳統回歸，既關注現實又抒寫性靈，既有現代意識又有本土情懷。

散文方面，最引人矚目的是學者散文異軍突起，所謂學者散文，指的是學者創作的具有較強知性和較高文化品位的散文、小品、隨筆等，它反映有深厚文化背景的心靈，表現對社會、文化、人生深刻的思考和領悟。香港作為國際大都會，處於中西文化的交滙點上，政治意識淡薄，作家心態自由，因此它吸引著世界各地眾多的華人作家學者。70年代以後，宋淇、金耀基、高克毅、余光中、思果、梁錫華、董橋、陳之藩、黃國彬、黃維樑、陳耀南、也斯、劉紹銘、小思、潘銘燊、逯耀東、黃坤堯等學者型作家，或根生於斯，或從各地來到香港，在進行教學、研究和工作之餘，創作了大量學者散文。他們大都有個人散文集出版。香港學者散文是作者學養、機智、才情和辭采的完美融合，它滙感性和知性、情趣和理趣於一爐，具有很高的審美價值和文化品位。此外，陶然、顏純鈎、東瑞、陳娟、巴桐、陳少華、王璞、夢如、張文遠、鍾曉陽、彥火、夏馬等作家在散文園地裡也勤於耕耘，成績喜人。

70年代以後，隨著香港進入消費社會，作為大眾文化消費重要內容的通俗文學不斷發展。言情小說的突飛猛進，是較為突出

的現象。從作者隊伍來看，幾乎是清一色的女作家。先是亦舒走紅，緊接著林燕妮、嚴沁、岑凱倫相繼掀起言情小說消費熱潮。而到 80年代和90年代，李碧華、梁鳳儀後來居上。尤其是梁鳳儀的「財經小說」，成為都市男女文化消費的重要內容。相對於言情小說的輝煌，武俠小說則在走下坡路。70年代初，金庸「封刀」。緊接著梁羽生也退出「武林」。從此武俠小說風光不再，「金梁」之後，無人能取代他們的地位。從70年代末開始一直致力於武俠創作的，是溫瑞安。其成名作和代表作「四大名捕」系列曾引起過不小的轟動。他的武俠小說創作走的是古龍一路，具有強烈的創新意識。科幻小說和歷史小說創作基本上還是一批在前一時期就較有成就的作家，如衛斯理、金東方、石人等。

　　進入80年代，香港文學社團不斷湧現，大大活躍了文壇氣氛。主要有香港文學藝術協會、香港兒童文藝協會、龍香文學社、香港文學研究會、香港作家協會、香港作家聯誼會、《文學世界》聯誼會、世界華文詩人協會等。其中，1988年1月成立的香港作家聯會，現已擁有會員230餘人，先後由曾敏之、劉以鬯任會長，出版《香港作家月刊》，經常舉辦各種文學研究活動，是香港影響最大的文學社團之一。

　　1984年12月19日，這是香港歷史上具有重要意義的一天。中英兩國政府在這一天簽署了《中英關於香港問題的聯合聲明》。從此，香港進入為期12年的回歸祖國的「過渡期」。這一重大的政治事件對香港文學產生了深遠的影響。反映「九七」回歸的創作，貫穿了整個「過渡期」。劉以鬯的《一九九七》、葉娓娜的《長廊》、陶然的《天平》、梁錫華的《頭上一片雲》、白洛的《福地》、陳浩泉的《香港九七》等作品，從不同的角度反映了「九七」前夕香港的世態人心，以愛國主義的思想鼓舞港人把個

人命運與祖國命運聯繫在一起，從而揭示出香港必然回歸的主題。

【注　釋】

① 1939年4月5日《大風》第33期。

② 茅盾：《關於〈蝦球傳〉》，《茅盾論中國現代作家作品》，第304頁，北京大學出版社1980年版。

③ 《舒巷城卷》，第336頁，香港三聯書店1989年出版。

④ 黃維樑：《香港文學初探》，第3頁，中國友誼出版公司1987年版。

第二章　香港小說㈠

第一節　金庸創作歷程

　　金庸（1925—　），原名查良鏞，浙江海寧人。40年代先後就讀於重慶中央政治學校外文系和東吳大學法學院。1948年赴香港任《大公報》編輯。50年代後期辭去報館職務，加入長城電影製片公司，寫作電影劇本《絕代佳人》、《蘭花花》、《午夜琴聲》等。1958年後，陸續創辦《明報》、《明報月刊》、《明報周刊》、《明報晚報》，成爲香港著名的文化人。

　　1955年，金庸發表第一部武俠小說《書劍恩仇錄》，一舉成名。此後，他筆耕不輟，至1972年底宣布封筆，在不到20年的時間裡，共創作15部武俠小說：《書劍恩仇錄》（1955，爲開始發表時間）、《碧血劍》（1956）、《雪山飛狐》（1957）、《射雕英雄傳》（1957）、《神雕俠侶》（1959）、《飛狐外傳》（1960）、《鴛鴦刀》（1960）、《倚天屠龍記》（1961）、《白馬嘯西風》（1961）、《連城訣》（1963）、《天龍八部》（1963）、《俠客行》（1965）、《笑傲江湖》（1967）、《鹿鼎記》（1969年開始連載，1972年9月連載完）、《越女劍》（1970）。他又花了10年把這些武俠小說修訂了一遍，於1982年推出一套《金庸作品集》。爲了使讀者易於記憶、辨識，金庸把《越女劍》以外的14部小說書名的第一個字，做成了一幅對聯：「飛雪連天射白鹿，笑書神俠倚碧鴛。」

　　金庸小說創作大致分爲三個時期。《書劍恩仇錄》和《碧血

劍》是早期創作。前一部作品是金庸的第一部武俠小說。它以清代生活為背景，涉及清軍平定回部和乾隆下江南等歷史事件，在較為紛紜複雜的歷史風雲中虛構了一個撲朔迷離的武俠世界。陳家洛是金庸塑造的第一個武俠人物形象，作品主要通過兩條線索寫出了這一悲劇人物：一是紅花會的「反清復漢」，一是他與霍青桐、香香公主的愛情。《碧血劍》初寫於1956年，作者後來作了兩次較大的修改，增加了近五分之一的篇幅。小說的眞正主人公既不是作者原想重點表現的明末名將袁崇煥，也不是用了大部分筆墨來描寫的少年英雄袁承志，而是沒有正式出場的人物——金蛇郎君。這是一個亦正亦邪的武俠人物。他倜儻風流，武功蓋世，工於心計，性格有些偏激，近乎玩世不恭。小說著力表現了他與溫家兩代人的愛恨情仇，在複雜的矛盾糾葛中揭示出人物的鮮明個性。相形之下，袁承志的形象則顯得過於高大、完美，理想化色彩過濃。在這兩部作品中，初出武林的金庸表現出巨大潛力。他將西洋文學手法融入武俠小說的傳統形式之中，其小說鮮明地體現出「新派」特徵。在人物形象塑造上，注重人性的描寫，寫出了亦正亦邪的武俠人物，豐富了武俠世界。

　　從1957年創作《雪山飛狐》開始，金庸的創作進入成熟期。至1964年《倚天屠龍記》出版為止，在整個中期創作中，金庸一直保持著強勁的勢頭，名篇佳作不斷湧現。《雪山飛狐》運用倒敘的形式及電影手法、心理描寫手法，以一天來描寫人物的百年恩怨，構思精巧，懸念迭起。當初，闖王李自成的四大衛士及其後代因誤會結下了深仇大恨，百餘年來，胡、田、苗、范四家冤冤相報，仇殺不已。作者巧妙地將人物的百年恩怨、種種矛盾衝突放在一天之內加以表現，讓十多個人物分別從各個不同的角度揭開「百年秘密」。這就突破了時空的限制，形成了立體的結

構形式。在開合自如、張弛有致的結構框架中，作者刻畫了兩類
截然不同的人物形象：一類是義薄雲天、豪氣萬丈、嫉惡如仇的
偉丈夫，如胡一刀、苗人鳳等；另一類是奸詐陰險、貪婪自私的
江湖醜類，如田歸農、寶樹和尚等，從而寫出了人性的多個側面。
隨後的《射雕英雄傳》則以大手筆的氣勢奠定了金庸「武林盟主」
的地位。這部小說成功地寫出了「東邪西毒南帝北丐中神通」的
傳奇故事，塑造了深具儒家文化精神的理想人物郭靖的形象。郭
靖生性誠實憨厚，木訥仁慈，少時資質甚差，後因緣際會習得上
乘武學「降龍十八掌」、「九陰神功」、「空明拳」。而隨著武
功的長進其人格也不斷發展，最終成為為國為民、知其不可為而
為之的俠義英雄。與郭靖相比，女主人公黃蓉的個性更為鮮明。
她冰清玉潔，聰明絕頂，一肚子刁鑽古怪卻又叫人憐愛不已。她
熱烈追求愛情，富有自我犧牲精神，第三十五回《鐵槍廟中》充
分顯示了她的大智、大勇和大愛情。黃蓉的「巧」與郭靖的「拙」
適成鮮明對照。老頑童周伯通、洪七公、楊康、歐陽鋒等人物也
俱以其鮮明的個性，在武俠人物畫廊中占有重要地位。《射雕英
雄傳》以人物的千姿百態、武功的出神入化、情節的波瀾起伏、
寫情的真摯自然、文筆的瑰麗多彩，被奉為武俠經典。

　　1965年，金庸推出《天龍八部》和《俠客行》，將武俠小
說創作推向高潮。《天龍八部》是一部充分顯示金庸博大精深學
識的武俠精品。人物命運的大起大落，故事情節的驚心動魄，思
想意蘊的深沉遼遠，悲喜劇因素的不斷切換，使這部小說內涵十
分豐富，可讀性很強。喬峰、段譽等主要人物的命運體現了作者
的人生價值觀。喬峰原為丐幫幫主，是名滿天下的江湖豪俠，但
他心裡充滿著愁苦，其原因只在於他是契丹後裔，而漢人與契丹
人勢同水火，這導致他從天下敬仰的英雄頂峰淪入人人喊打的惡

人末路。在經歷了無數次的征戰搏殺、受盡苦難之後，喬峰最終在劫難逃，大義赴死，完成了作爲一個「人」的全部歷程：承受天下最大的仇怨，拯救蒼生於水火之中，愛恨無不轟轟烈烈。段譽是大理國皇子，宅心仁厚，無私待人，崇尚自然，風流儒雅。他逃離大理國是因爲父親要他習武。然而這個不愛武功的書生卻歷經奇遇，陰錯陽差地接受了「北冥神功」等上乘武學，成爲名滿江湖的大俠。這正體現了老子所謂的「夫唯不爭，故天下莫能與之爭」。作者以悲天憫人的情懷寫出了人生的種種歡樂和悲苦。金庸後期創作的每部小說幾乎都是精品。《笑傲江湖》以懸念的方式結構情節，大小懸念一個接著一個，故事編排獨具匠心。而令狐沖、岳不群、左冷禪等形象塑造更見功力，人物個性十分鮮明。令狐沖是個充滿矛盾的悲劇人物。他正直善良而又是非不辨，特立獨行而又缺乏理性，率性而爲卻又常常沒有自制力。尤其是他深受正統觀念的影響，如對師傅岳不群的愚忠等，這使他的反傳統精神大打折扣。而叛師之行爲與忠師之心的矛盾造成了人物內心深刻的痛苦，從而使其形成了複雜的性格。此書寫作時正值大陸「文革」期間，作品蘊含著深刻的政治寓意。無論令狐沖如何特立獨行，他始終沒有走出武林正統觀念「愚忠」的範圍。《鹿鼎記》是金庸最後一部武俠小說，也是最爲奇特的一部。金庸自認爲它是歷史小說而非武俠小說。誠然，這部小說直接或間接描寫了清康熙年間諸多重大歷史事件，如康熙親政、誅殺鰲拜、平定三藩、收復臺灣、簽訂《尼布楚條約》等，但它與眞正的歷史小說相距甚遠。不僅僅因爲它採用了大量無法考證的民間傳說，如李自成退隱、順治帝出家、天地會抗清等，還在於小說主人公——大清一等鹿鼎公韋小寶這一人物純粹出於虛構。至於神龍教橫行江湖、假太后宮中作亂等重要情節也均是小說家的想像。再

就整部小說的結構框架和敘事模式來看，顯然仍不脫武俠小說的路數。與金庸先前的小說不同，《鹿鼎記》的主要人物韋小寶武功低劣，貪財好色，不是俠義英雄，但他卻憑著市井無賴的機智聰明和幾分義氣，在各種政治勢力的鬥爭中左右逢源，八面玲瓏，既是康熙皇帝的心腹大臣，又是以反清復明為宗旨的天地會的香主，還是邪教組織神龍教的白龍使。在他的眼裡，皇帝是心心相印的朋友，天地會上下是師父、兄弟，神龍教裡有自己的心上人。他超越了善惡的標準和是非的界限。他最終厭倦了現實爭鬥，帶著一群嬌妻美妾退隱邊陲之地「仙福永享，壽與天齊」去了。這一人物身上所孕含著的豐富內涵值得人們深思。作品對歷史、社會、人生表現出強烈的反諷意味，顯示出一種反文化、反武俠的傾向。

第二節　金庸武俠小說藝術

金庸小說具有深厚的文化意蘊。在中國傳統文化中，儒、釋、道三家最為引人注目。金庸的三部巨著《射雕英雄傳》、《天龍八部》、《笑傲江湖》正與這三家對應。儒家內求張揚主體精神，外求治國平天下，《射雕英雄傳》中的郭靖充分地體現了儒家文化精神。他生性較為遲鈍，但能鍥而不舍持之以恒，終於練就絕世武功，並敢於以一身赴天下之危難，他的身上顯示出「為國為民，俠之大者」的風範。《笑傲江湖》則鮮明地表現了道家思想。主人公令狐沖逍遙自在，不為虛名所迷，不為權勢所左右，不拘泥於俗禮，如行雲流水遨遊江湖。他的言行正體現了道家文化精華。《天龍八部》則充溢著對苦難人生的憐憫之心，作品中人物的命運幾乎無一不悲，無一不苦：喬峰一降生便劫難不斷，玄寂

大師率眾追殺他的父親，只留下他這一個承受罪業、孤苦無依的嬰孩。後儘管他德昭藝高，技壓群雄，但只因他是契丹人的後代便無法在宋朝疆土上立足，昔日的朋友反目成仇，無盡的災難接連降臨。段譽先是陷入難以自拔的亂倫恐懼之中，後來這種恐懼消失了，但隨之而來的由邪惡身世引發的負罪感使他更加痛苦不堪。虛竹也是一個生於邪惡的孽子，其父竟是身犯淫戒的少林方丈……作者用佛教的大慈大悲來破孽化痴，開導人物，從而大大開拓了武俠小說的思想深度。此外，金庸還將傳統文化的諸多方面，如琴、棋、書、畫、醫、相、卜、巫及山、水、花、草等等，一起融入作品中，構成和諧的藝術境界，提高了武俠小說的審美意識和文化層次。嚴家炎評價道：「我們還從來不曾看到過有哪種通俗文學能像金庸小說那樣蘊藏著如此豐富的傳統文化內容，具有如此高超的學術文化品位……金庸的武俠小說，簡直又是文化小說，只有想像力極其豐富而同時文化學養又非常淵博的作家兼學者，才能創作出這樣的小說。」①

　　金庸小說表現出鮮明的現代意識。金庸突破了狹隘的民族觀念的束縛，肯定中華各民族在歷史發展中有各自的地位和作用。《天龍八部》不限於寫一個宋朝，而以當時中國版圖內的宋、遼、西夏、大理、土蕃五個區域為背景，讓段譽、喬峰、虛竹三位主角的足迹遍及中華全境。尤其是喬峰這一形象的塑造，鮮明地表現出作者的大中華觀念。喬峰雖是契丹人，作者卻把他寫成驚天動地的大英雄。作品通過喬峰的悲劇向傳統的儒家思想提出質疑：夷夏之辨能取代是非善惡敵我之分麼？不分是非善惡，漢人一定要站在漢人一邊，契丹人一定要站在契丹人一邊麼？《鹿鼎記》更塑造出一個勵精圖治、體恤民情、頗具遠見卓識的有道明君——康熙皇帝的形象。作品正面描寫了康熙的成長歷程，充分肯定

了他作爲一個少數民族傑出領袖的歷史地位。「我做中國皇帝，
雖然說不上什麼堯舜禹湯，可是愛惜百姓，勵精圖治，明朝的皇
帝中，有哪一個比我更加好的？……天地會的反賊定要規復朱明，
難道百姓在姓朱的皇帝統治下，日子會過得比今日好些嗎？」②
康熙對韋小寶說的這番話雖帶有怨憤的情緒，但確是符合實際的。
金庸的小說還滲透著個性解放和人格獨立的精神。他寫了許多至
情至性的人物。他們行俠仗義率性而爲，反抗官府統治和禮法習
俗，具有濃重的個人主義色彩。令狐沖不單單是道家思想的代言
人，他同時也是自由精神和個性主義思想的實踐者與體現者。《
神雕俠侶》中的楊過則是封建禮教自覺的叛逆者，他無視禮法，
摒棄封建貞節觀念，與小龍女由師徒變爲一對「俠侶」。面對衆
人的指責，楊過表現得異常堅定：「你們斬我一千刀，我還是要
她做妻子。」即使知道小龍女被奸污後，仍堅決要娶她，這顯示
出他與封建貞節觀念已徹底決裂。金庸小說還從根本上否定了傳
統武俠小說「快意恩仇」、任意殺戮的觀念，反對睚眥必報和濫
殺無辜。「復仇」是武俠小說重要的主題模式，金庸的不少作品
都以此爲重要主題，但他在具體表現過程中常對此加以質疑。《
雪山飛狐》裡的苗人鳳有感於苗胡田范四家子孫的怨怨相報、血
腥仇殺，立下一條家規，子孫再也不許學武，他也不收一個弟子，
這樣縱然他爲仇家所殺，後人也無法爲他報仇，糾纏不清的冤孽
就可以一筆勾銷了。《神雕俠侶》中的楊過立志要爲父親楊康復
仇，但屢次爲郭靖夫婦的正氣所感動，後來知道了父親的人品後
更深深自責，徹底放棄了復仇念頭。《笑傲江湖》中的林平之則
是一個復仇狂，他殺死所有與仇敵有關係的人，在濫殺中尋找快
感。作者對這一人物表現出明顯的厭惡。

　　金庸小說塑造了極爲豐富的人物形象。傳統武俠小說以情節

取勝，往往不重視人物描寫，而金庸則注重寫人性，表現人物的精神世界。同樣是女俠，黃蓉、小龍女、駱冰、任盈盈、殷素素、李文秀，各有其個性。同樣練「降龍十八掌」，郭靖與喬峰的性格和命運各不相同。同樣是反面人物，慕容復、段延慶、花鐵幹、左冷禪、岳不群各有其可惡的表現。金庸還寫出了夏雪宜、林平之、謝遜、向問天、韋小寶等性格複雜、亦正亦邪、富有深度的人物形象。

作為武俠小說，金庸小說在武功描寫方面別具匠心。一是將武功雅化。金庸給每一招式都安上美妙動聽、充滿詩情畫意的名稱，並將武功與琴棋書畫融為一體。如陳家洛的「百花錯拳」、楊過的「黯然銷魂掌」、《連城訣》中的「唐詩劍法」、《俠客行》中的「俠客行」等武功都是從詩詞、音樂、繪畫中化用過來的。二是在武功中凸現人格，武功成為人物性格的外化形式。郭靖、喬峰等大英雄使的是威猛無比充滿陽剛之氣的「降龍十八掌」，逍遙自在、笑傲江湖的令狐沖練的則是「如行雲流水，任意所之」的「獨孤九劍」，而不學無術的韋小寶儘管拜過多位名師，到頭來仍然未能窺見武學門徑。三是在武功中溶入哲學精神。作品中的主人公常常道法自然，妙參人生，爾後才練就絕世武功。這樣，雖然也寫武功，但金庸小說與一味寫打打殺殺的武俠小說在境界上明顯有了高下之分。

在藝術形式上，金庸小說有獨特的風格。金庸將傳統文學的結構、語言與西方文學技巧巧妙結合，並吸取了古今中外其他通俗小說如歷史小說、言情小說、偵探小說、神怪小說等的藝術經驗，其小說結構宏偉而又嚴謹，放得開收得攏，前後呼應，一氣呵成；其小說語言將「古典」與「現代」相融合，不刻意求工，自然流暢而又古樸典雅。

　　金庸的武俠小說真正突破了「雅」與「俗」的界線，受到了社會各層次讀者的歡迎，「從政府官員、教授學者、文化名流、大中學生到普通市民，幾乎人人都曾手携一冊，看得津津有味。高層讀者欣賞他的文筆，中層讀者品味他的情韻，下層讀者欣賞他的情節」③。劉再復曾予以高度評價：「他真正繼承並光大了文學劇變時代的本土文學傳統；在一個僵硬的意識形態教條的無孔不入的時代保持了文學的自由精神；在民族語文被歐化傾向嚴重侵蝕的情形下創造了不失時代韻味又深具中國風味和氣派的白話文；從而將源遠流長的武俠小說傳統帶進了一個全新的境界。」④金庸把武俠小說抬進了文學的殿堂，他也因此進入了20世紀中國文學大師的行列。

【注　釋】

① 嚴家炎《一場靜悄悄的文學革命》，《金庸研究》創刊號。

② 《鹿鼎記》第2090頁，香港明河社1992年版。

③ 理由：《香港雨霏霏》，第84-85頁，群衆出版社1984年版。

④ 劉再復《金庸小說在二十世紀中國文學史上的地位》，《當代作家評論》1998年第5期。

第三章　香港小説㈡

第一節　徐　訏

　　徐訏（1908—1980），原名徐傳琮，字伯訏，另有筆名史大剛、東方既白等，浙江慈溪人。1931年畢業於北京大學哲學系。1936年赴法國巴黎大學留學，抗戰後回國，輾轉於上海、桂林、重慶，曾任中央大學國文系教授。1950年赴香港定居。

　　徐訏被稱爲「全才作家」。他長期在大學任教，對哲學、心理學、社會學、經濟學、美學、文學等都有精深的研究，在小説、散文、詩歌、戲劇、文學評論等方面都有重要建樹，在南來作家中是傑出的一位。他的成名作《鬼戀》出版於1939年。40年代發表的《風蕭蕭》引起轟動，1943年出版界稱爲「徐訏年」。先後出版的各種作品達60餘種，計兩千萬言。

　　在徐訏創作的諸種文體中，小説的成就最高。到香港後的30年裡，他出版了長篇小説《江湖行》、《時與光》、《悲慘的世紀》，中篇小説《彼岸》、《爐火》、《痴心井》，短篇小説集《鳥語》、《期待曲》、《私奔》、《後門》，等等。徐訏的小説大都通過小人物悲歡離合的命運來表現時代風雲和社會變遷，蘊含對社會、人生的思考。居港期間的作品與早期小説相比，異國風情和羅曼蒂克色彩大大減弱，取而代之的是強烈的現實感。他常以象徵的手法表現嚴酷的社會現實對人性的扭曲和對人的尊嚴的摧殘，在貌似荒誕的結構中融入對命運的省思。長篇小説《時與光》通過鄭乃頓、林明默、羅素蕾三人的愛情糾葛，探索生命中的偶然性和必然性問題，喚起讀者對人生的思索，作品在「

愛」的氛圍中透出幾許蒼涼和苦澀。

　　徐訏香港時期的小說在藝術表現上有獨到之處。它往往通過人物的內在感受和體驗來審視外在世界，注重表現精神狀態和心理流程。《火爐》是一部典型的心理分析小說，作者拋棄了以時空爲序的傳統結構方法，將筆觸直接深入到人物的內心世界，以意識流動來結構小說。

　　《江湖行》是徐訏的一部長篇力作。全書60萬字，歷時近6年， 1961年完稿，篇幅居徐訏小說之冠。自己的筆墨，驅策學問而不範圍廣，描寫了20年代中期到40年代抗戰勝利爲止中國廣大城鄉地區的社會風貌，高度概括了這一時間裡中國的政治、經濟、文化、民間習俗和風土人情。作品表現的是一齣人生的悲劇。主人公「我」原是個鄉村少年，行走江湖時與女伶葛衣情不期而遇，墜入情網。但這是一段沒有結果的愛情。「我」後來考取上海一所大學，成爲名作家，但不安於現狀，仍然出沒江湖，浪迹天涯。小說以主人公富於傳奇色彩的愛情爲主線，展現了社會各階層的生活，塑造了三教九流各色人物，有政客、鄉紳、地主、商人、土匪、學生、藝人、武師、兵士、娼妓等。主人公野壯子與葛衣情的形象尤爲生動。作者以細膩的筆觸剖析了民族的心理素質，揭示了國民性中的種種弱點，其深刻性在徐訏小說中是少見的。

第二節　劉以鬯

　　劉以鬯（1918—），原名劉同繹，字昌年，浙江鎮海人，生於上海。1941年聖約翰大學哲學系畢業後，進入新聞界。1945年創辦懷正文化社。1948年赴港後，歷任《香港時報》副

刊編輯、新加坡《益世報》主筆、吉隆坡《聯邦日報》總編、香港《快報》編輯、《星島晚報》文藝周刊主編、香港文學雜誌社社長、香港作家聯會副會長、會長。劉以鬯是香港爲數不多的資深老作家，30年代即開始創作，1948年出版第一部小說《失去的愛情》。到香港後，著有長篇小說《酒徒》、《陶瓷》、《島與半島》、《對倒》、《他有一把鋒利的小刀》，中短篇小說集《天堂與地獄》、《寺內》、《一九九七》、《春雨》、《白色裡的黑色，黑色裡的白色》，此外還有散文、評論等。

　　在香港文壇，劉以鬯以反傳統而著稱。他的小說突破了傳統小說的框架，廣泛採用了意識流、象徵、暗喻等現代小說技巧，在現實主義與現代主義的結合上進行了大膽的嘗試。他的小說因此被稱爲「實驗小說」。

　　《寺內》、《蜘蛛精》、《除夕》、《蛇》等是運用現代人的觀念和表現手法創作的一組故事新編，具有別具一格的意味。如《蜘蛛精》取材於《西遊記》，寫唐僧終於未能抵擋住蜘蛛精的誘惑，通過對人物內心世界的挖掘，表現人性的弱點。而在《一九九七》、《打錯了》、《蟑螂》、《鏈》、《吵架》等以現實生活爲題材的小說中，劉以鬯對小說藝術進行了更爲多樣的實驗，有許多創新之處。《打錯了》不到一千五百字，分上下兩段，上段沒有打錯的電話插入，遂發生主人公陳熙被汽車壓死的悲劇，下段陳熙接了一個打錯了的電話，遂成爲車禍的旁觀者。重複的結構和迥異的結局，一方面固然表現了作者對人生無常的感喟，另一方面顯示了藝術上的獨具匠心，可以引發讀者對小說的內容和形式、意念和技巧作多方面的思考。《陶瓷》、《島與半島》等長篇小說或較多地採用現代小說技巧，或選擇傳統小說手法，但都較好地實現了內容和形式的統一。作者擅長於把人物置於各

種複雜的社會關係中，通過人物形象的描寫來表現現代香港繁華而喧囂、優裕而緊張的社會生活。在諸種小說技巧中，劉以鬯最擅長於結構技巧。他的小說是靠結構來支撐的，有時候結構幾乎決定他小說的一切。其小說的結構方式很多，有逆向結構，如《對倒》；有鏈式結構，如《鏈》；有場景式結構，如《吵架》；有意識流結構，如《春雨》；有反襯結構，如《黑色裡的白色，白色裡的黑色》；有反覆結構，如《打錯了》。不過，他也不完全排除「情節」和「人物」，如《蛇》、《寺內》、《蜘蛛精》等小說，情節和人物在其中仍占相當重要的位置。劉以鬯的小說堅持走自己的創作路線，他努力將傳統與現代、形式與內容、現代主義與寫實主義結合起來，形成了獨特的小說藝術。

　　《酒徒》是劉以鬯的代表作，1963年出版。這是一部成功地把西方意識流小說中國化的長篇力作，被譽為中國第一部意識流長篇小說。這部作品突出地表現了作者在小說藝術方面的大膽實驗。主人公來自內地，是一位很有才華的青年作家，但在香港社會中屢屢碰壁。他寫的電影劇本，被導演剽竊；和朋友合辦的純文學雜誌，因銷路不暢被迫停刊。他掙扎著維護自己的理想，但現實社會迫使他不得不改變初衷，寫了《潘金蓮做包租婆》等黃色小說，以維持生計。他失去理想和信念後借酒澆愁，最終淪為「酒徒」。小說從對主人公命運遭遇的描寫中，較為深刻地揭示了現代人所面臨的生存困境，抨擊了現實社會的腐敗。然而，這只是作品思想價值的一個方面。作品更為重要的價值在於全方位地表現了現代都市人的精神狀態和內心世界，透視了在金錢支配下現代人靈魂深處的矛盾和痛苦。主人公徘徊於現代和傳統兩種不同的價值觀之間，既清醒地意識到自己的墮落，而又難於從沉淪的精神深淵中自救。他在清醒和醉倒兩種狀態中的不斷交叉

和反覆，正揭示了現代人精神世界的某些本質。《酒徒》在藝術上明顯地受到喬伊斯、福克納等西方現代派小說家的影響。作者借鑑了意識流和象徵主義的表現手法，始終將焦點對準主人公隱秘、幽暗的內心世界，表現人物的意識和潛意識。整部作品寫主人公酒醉和夢境占了很大的篇幅，借助醉與夢的荒誕來折射現實社會的病態、畸形和不合理。《酒徒》在現代小說技巧和傳統現實主義的結合上走出了一條成功的道路。

第三節　西　西

西西（1938—），原名張彥，廣東中山人，生於上海。50年代赴港定居。畢業於香港葛量洪教育學院，長期從事教育工作，曾任《大拇指》雜誌、《素葉》文學雜誌編輯。她在中學時代就開始在《中國學生周刊》發表作品，著有長篇小說《東城故事》、《我城》、《哨鹿》、《美麗大廈》、《飛氈》，小說集《春望》、《像我這樣的一個女子》、《鬍子有臉》、《手卷》、《母魚》，小說散文集《交河》等。此外，還有詩集《石磬》，散文集《花木蘭》、《剪貼冊》等。

西西是個有影響力的前衛作家。她深受西方現代文學的熏陶，對現代小說的各種類型幾乎都進行過嘗試。從傳統現實主義到魔幻現實主義，從後設小說到歷史神話，她不斷變換體裁，表現出強烈的前衛實驗精神。西西小說在選擇素材上不落俗套，《瑪麗亞》、《墨西哥可可糖》、《法國梧桐》、《十字勛章》等作品取材於異域生活，具有濃郁的異國情調；《哨鹿》則是一部歷史小說，描寫了清朝乾隆年間廣闊的社會生活；而《我城》、《美麗大廈》、《浮城志異》展示的是現代大都市香港城市生活的橫斷面；《肥土鎮的故事》、《鎮咒》、《肥土鎮灰闌記》、《宇

宙奇趣補遺》、《飛氈》則是一組以肥土鎮爲背景的系列小說，而這肥土鎮是一個帶有魔幻和童話色彩的小鎮。題材的不斷更新，顯示西西小說巨大的創造性和鍥而不舍的追求精神。在藝術表現上，西西突破了單一的叙事模式和表現手法，她的每部作品在形式和手法上都絕少重複。《玻璃鞋》採用童話和寫實相結合，《魚之雕塑》採用散文筆法，《春望》借用電影手法，《奧林匹斯》引入法國新小說派的技巧，等等。西西在不斷創新中建立起自己的藝術風格。

《我城》是西西的代表作，明顯受到拉美魔幻現實主義的影響。主人公阿果是一個電話公司職工，走街穿巷負責修理電話線路。通過他的活動，作品全方位地展示了香港社會的種種世相，描寫了商人、看門人、醫生、搬運工、電視播音員等各行各業的人物。小說借鑑了意識流等現代小說表現手法，將現實生活和荒誕世界融爲一體。頻繁的分割和切換造成了許多間隔，給讀者留下了廣闊的想像空間。

中篇小說《哀悼乳房》的選材是別開生面的。在寫實的層次上，作品寫「我」割除乳房前後在浴場上的情景，「我」的所思所想。小說在這一層次上時空交錯，叙事角度多變，故事呈開放狀展開。而在象徵的層次上，作品含蓄地表現了外界環境對人性的壓抑、摧殘，以及在外界壓力下人淪爲非人的荒謬現實。爲了更好地表達作品的主題，作者爲主人公設置了「浴室」這一象徵集合體。「我是妖怪，我失去一個乳房，是器官欠缺而形成的妖怪。」當「我」發現了自己身上的缺陷，必須赤裸著面對世界時，「浴室成爲我的戰場」。這篇小說不僅寓意深刻，而且筆法活潑灑脫，作者任意識的自由流動，信馬由繮，隨意鋪陳，形成了一種開放的結構。

第四章　香港散文

第一節　梁錫華

在香港沙田作家群中，梁錫華（1933—　）是個出類拔萃的人物。他兼採多國教育之長，先後畢業於中國的嶺南大學、加拿大的不列顛哥倫比亞大學、英國的倫敦大學，在中西文學方面皆有精深造詣，是個重量級的學者。而在治學之外，他又致力於創作，取得了可觀的成就。他的創作成就甚至要高於學術上的成就。梁錫華縱橫一支健筆，在充斥著消費文化的香港文壇獨立蒼茫，被譽爲「沙田的傳奇」。

梁錫華，原名梁佳夢，廣東順德人。早年在香港、澳門接受教育，中學時因家道中落而失學，做過小販、工人、翻譯和教員。後赴加拿大、英國求學，獲倫敦大學博士學位。1976年返港後，先後在香港中文大學、嶺南學院任教，多年來一直致力於研究徐志摩、聞一多、胡適諸人的作品，著有《徐志摩新傳》、編有《徐志摩詩文補遺》、《續〈愛眉小札〉》、《聞一多諸作家遺佚詩文集》等。他的學問兼通現代和古代，他在古典詩詞方面的造詣，不遜於專攻舊學者。在研究中國現代文學之餘，梁錫華潛心創作，出版了《揮袖話愛情》、《有餘篇》、《明月與君同》、《四八集》、《八仙之戀》、《我爲山狂》、《情繫一環》、《一牆之隔》等散文集，成爲學院派作家的翹楚。此外，還著有《獨立蒼茫》、《頭上一片雲》、《香港大學生》等數部長篇小說。

梁錫華以散文創作在香港文壇享有盛譽。他的散文創作，與

他的學養和經歷有密切關係。他學貫中西，學識廣博，被譽為「當代少見的嶺南才子」①，生活閱歷十分豐富，亞洲、歐洲、美洲乃至北極，都曾留下他的足跡；從事過多項工作，對世事社會有深刻的洞察。因此，他的散文取材廣泛，有對人物、山水、蟲鳥的深情描繪，也有對社會、文化、人生的獨到剖析。他的散文大致分為三類：一是社會小品，包括雜感、隨筆、閑話，描摹人生百相，反映社會世態，如《來鴻去雁》、《揮袖話愛情》、《漫語慢蝸牛》、《鵲愛》等；二是描寫自然景物的遊記小品，如《八仙之戀》、《情繫一環》等；三是在文史長河中擷取幾朵浪花而寫成的文史小品，如《四八集》裡的一些篇章。其中，社會小品是梁錫華影響最大的一類作品。

梁錫華的散文知識容量大。他談古論今，溝通中外，廣徵博引，娓娓而談，各種典故資料、人文風習、歷史時事，都信手拈來。但他並不一味逞才使氣，很注意約束自己的筆墨，驅策學問而不為學問所羈。尤為人稱道的是，梁錫華常常將學識納入幽默調侃的語言中，寓莊於諧，奇思、妙語、警句俯拾即是，從而使作品絕少學究氣而平添流暢生動的效果。《從旅遊廁所想起》開首便道：「旅遊廁所的目的何在？除了增加見聞，我想，最破天荒的莫如喚醒群眾去認真重視自身的『出口』事業。」「出口」本是商貿名詞，在這裡卻用來指人的排泄，出乎意料，而在字面上又頗能相通，從而顯出了作者的機智和俏皮。接著他將筆觸往縱深外伸：「『民以食為天』這話太片面，應該配上『人以拉為地』才有平衡和美感、靈感。」一本正經的語言裡蘊藏著的卻是通俗幽默的情趣。再往下，作者從封神榜中的混元金斗——現代廁所的老祖宗，說到南海、順德的「水廁」、粵北的「大廁」、廁籌等等，將神州「廁粹」如數家珍一般娓娓道來，文章頗似一

部濃縮的廁所文化史。

　　《牆之隔》也是一篇精妙散文。作品由《詩經》、《左傳》引出結論：人所以造牆是爲了隱蔽自己做的壞事。而後引述《詩經》中的「逾牆相從」、《西廂記》中的張生跳牆、《牆頭馬上》中的「憑牆弄青梅」、乃至蘇軾《蝶戀花》中的「牆外行人」、「牆內佳人」的名句，生發出牆與中國人的浪漫愛情間的關係。緊接著筆鋒一轉，分別寫「牢牆苦寂」、「御牆輕度」、「血肉之牆」、「築牆之惡」、「隔牆有耳」，取材廣泛，遐搜博探，妙語連珠，足證作者能夠驅策學問而不爲學問所拘束。在學識的揮灑中求幽默，在廣徵博引、詳實論證中求俏皮，在五花八門的材料中求趣味，梁錫華創造了寓莊於諧、不滯不粘、諧趣橫生、明麗動人的散文風格。

　　《漫語慢蝸牛》是梁錫華散文的代表作。作品從「我」在草地上撿回一頭五寸大蝸牛寫起，寫蝸牛的稟性愛好、飲食起居，其觀察之細緻，描寫之生動，徵引之豐富，令人目不暇接。但作者的用意並不在此，他要爲一向爲人所憎惡的蝸牛「正名」，要對「蝸牛精神」大唱讚歌。「你看牠們行進的步伐：慢，不錯，但誰及牠們穩重？牠們兩對觸角作先鋒探路，遇物必縮。你說牠畏這畏那麼？非也。牠們其實是步步爲營，卻又鍥而不捨。縮，是的，但絕非一縮永縮，而是縮後必伸。」作者寫蝸牛謙卑自牧的美德，踏實穩健的生活態度，鍥而不捨的堅韌意志，其目的是將蝸牛與人作對比：「牠們在前進的道上，即使遇阻遇挫，還是一分分，一寸寸地力爬，此路不通則彼，彼路不通則此，哪裡像我們人類中的一類，失敗了就罵，就哭，就賭氣，就怨天，就尤人，就尋死！人不如牛，我們難道還有什麼可辯的？」梁錫華的這番「蝸牛論」實際上是「人論」作者在幽默調侃充滿反諷效果

的語言中表達了深刻的意蘊。

　　從《漫語慢蝸牛》中，也可看出梁錫華散文逆向思維的特點。梁錫華慣於做翻案文章，一個天經地義的正面命題經他稍作點撥，便堂而皇之地轉化爲一個反命題。如《報屁股》一文。「報屁股」原是對報紙副刊文章的一種貶意稱呼，而「屁股」對於一般人而言，也總是不屬「上流」的。《報屁股》先爲「屁股」正名，以頗具諧趣的語言從屁股的實用功能談到美學價值，極力渲染它的重要性，然後用二分法來談「報屁股」，得出的結論犀利深邃，使人折服。

　　梁錫華的藝術視野開闊，除了社會小品，他有許多散文懷人記事，有對兒時生活的回憶，如《新酒舊酒》、《落難牆東》；有對初涉人世情狀的描摹，如《博士「眞膩拖」》；有對社會底層生活的捕捉，如《誰強誰弱》、《花街柳巷漫徜徉》；有對師友親人形象的生動寫照，如《實滿秋林》、《獨立蒼茫自樂詩》、《明月與君同》、《貴格又春風》等，作者以深情的筆調，抓住人物的性格、嗜好、遭遇，通過一些生活片段來描寫人物的心靈，一鱗半爪而形神畢現，如《明月與君同》寫送別思果，表達對老友的懷念，其中有一段文字以白描手法寫思果，甚爲生動傳神：「他的皺眉、苦臉、嘆氣，以及嘖嘖之歡聲，光中先生已經著文說得有聲有色（見《沙田七友記》），但我最懷念思果先生的，是他那點正義感。他對於某些大學者的卑劣行徑，至感切齒！其實切齒兩字，絕對未能表現他的感情。他是把切齒、瞪眼、噴氣、歪嘴、搖頭、捏拳合在一起鑄成一顆子彈，然後砰然發射，伴以『這個人該槍斃！該立刻槍斃！』的正義呼喊。那個慷慨激昂，那個馬革裹屍的氣概，就算拜倫復生而在希臘，恐怕也得退讓三分。」

　　梁錫華對山水花鳥的興趣也很濃。大自然陶冶了他的性情，他在大自然中獲得了很多啓迪。他以山為題材寫過不少散文，如《八仙之戀》、《山海新經》、《一山復一山》、《二人行》、《我為山狂》、《且慰飄零共登山》等。這些作品或繪山貌，或狀山景，或抒山情，或唱山歌，寫出了山的雄奇蒼茫的壯美，抒發了作者豪邁曠達的情懷。作者寄情山水，表達了要與大自然相融相得的心志。梁錫華寫花鳥的散文主要有《哀此雀鳥》、《鳥生多艱何所羨》、《雞之篇》、《鵲愛》等。在散文集《明月與君同》裡，他還專門設立了「說動物植物」專輯，體現了對傳統的博物精神的認同。

　　梁錫華的散文語言很有特色。首先，梁氏散文喜好鋪陳揚厲，擅長運用排比句式，有一種恢宏壯美的文風。如：「我們，無論遠觀，無論近眺；或徐行左右，或獨立危巔；是清晨，是日午，是黃昏，是夜半；山，總以它的高、大、廣、深、壯、峻、靈、秀，掀動人心的思潮。」（《山海新經》）像這樣短促而富有力度的排比句式，有一種勢不可擋的氣勢，強化了感情，使行文跌宕起伏，有一種參差的美。其次，梁氏散文的文字極具表現力。他具有余光中所說的「把中國文字壓縮、捶扁、拉長、磨利，把它拆開又拼攏，折來疊去的硬功夫」。《博士「真賦拖」》寫當年在加拿大當清潔工人的情景。作者把生物樓實驗室地板上的污水血迹說成是禽獸的「生死遺恨」，他說清掃這樣的地方，必須出動「坦克車型的機器」，那個「轟轟烈烈」的場面，像電影的「得獎戰爭片」，無愧於「偉大動人」四個字。這些文字在作者的巧妙組織下貼切生動，鮮活傳神。梁錫華還慣於採用錯位的手法來增強文字的表現力。如把戰爭名詞用在愛情上，把商業名詞用在人情上，把俗字俗語用在學術概念的闡釋上，機敏俏皮，妙

趣橫生。

第二節　思　果

　　思果（1918—　），原名蔡濯堂，江蘇鎮江人。初中一年
級輟學後，靠自強不息的努力終獲得較爲深厚的文學素養。居港
20餘年間，曾任香港工業總會和科學管理協會編輯，《讀者文摘》
中文版編輯，聖神修院中文教授，香港中文大學翻譯中心研究員
等職。現定居美國。思果在抗戰時期即已開始發表散文習作，後
一直筆耕不止，已結集出版20餘種散文集，其中有《沉思錄》、
《藝術家肖像》、《林居筆記》、《香港之秋》、《沙田隨想》、
《黎明的露水》、《想入非非》、《橡溪雜拾》、《遠山一抹》、
《浮世管窺》等。他也精於翻譯，主要譯作有《大衛‧考勃菲爾》、
《西太子來華記》等。思果的作品主要創作於香港和美國，但大
多出版於臺灣，且在臺灣屢次獲獎（如「中山文藝獎散文獎」、
「行政院文建會翻譯獎」等）。曾入選「臺灣十大散文家」。
　　思果散文的題材較爲廣泛。有狀寫大自然的，如《四季》、
《火》、《霧》、《雪夜有佳趣》、《衆寡懸殊》、《林趣》等；
有描摹世態人情的，如《名人的跟踪》、《歡場與男女》、《三
窮人》、《購物學》、《酒吧》等；有抒寫人生感悟的，如《五
十肩》、《抛》、《吃喝》、《友誼》、《暮年，鄉關》、《頭
髮的風雲》、《老年》等；有表現個人情感世界的，如《懷內》、
《接機記》、《我們第一次談閑》、《香港之秋》等；有寫讀書
心得的，如《書和讀者》、《借書》、《孔子與耶穌》、《香象
渡河人覓迹》等；有寫退隱樂趣的，如《掃葉漫想》等。眞可謂
題材豐富多彩。其中，數量最多、影響較大的當推描摹人情世態、

表現生命感悟的人生散文。思果生活閱歷豐富，學識廣博，觀察細緻入微，這使他對人生有著較深切的把握，往往涉筆成趣，意蘊豐贍。《五十肩》以自嘲筆法寫老年人生理上的種種變化，在散漫不經意的筆墨中描繪了一幅年老衰殘景象，以貌似消沉的語調表現達觀情懷，寫出了一個智者的風範。《根》由樹根入手，寫習慣的力量，指出無論是行善還是作惡都有「根」。《窗》起筆便道：「我想原始人沒有窗。人類有窗，文明已經到了高水準。」接著，從金文裡的「窗」字說到中外文學藝術中的各種各樣的「窗」，寫出了窗的種種實用的、審美的價值。作者引經據典，談中國古典詩中的「北窗」、「南窗」、「東窗」，又引英國大散文家畢額本所說的「窗是畫框，窗中人是畫中人」的高論，最後得出「窗是文明，是奢侈，也是自由幸福」的結論。這些作品思路開闊，深入淺出，人情練達，涉筆成趣，每每能使人在獲得審美愉悅的同時引發深長的思索。

　　思果的散文具有醇厚、淡遠的藝術風格。從總體上來看，語言淳樸、親切略帶書卷氣，筆法自然、渾成，沒有做作的痕跡，在不經意間流露出儒雅的風度、幽默的心態。但部分散文也呈現出濃烈、繁複的一面，反映出其散文風格多樣性的特點。如《香港之秋》設喻新穎，色彩鮮明，彷彿西洋的油畫。且看其中的一段文字：「到了秋天，山像披了新衣，剃了頭，修了面，衣服不但新，也燙得平整，洗得發亮。如同從長夏的大夢中醒來，全身都是精神，站都站得挺些。原來是米家父子筆下畫的水墨巨點，忽然換了李家的大小斧劈。又像剛雕刻好的人像，刀痕都很新，很清晰地可以看出。」一連串的奇比妙喻把香港秋天的山容山貌活畫了下來。

　　90年代以來，思果致力於勵志勸世散文的寫作。他談倫理，

論道德，說社會，在「迷人的嘮叨」（余光中語）中從事著一項
有益於世道人心的工作。

<h1 style="text-align:center">第三節　董　橋</h1>

　　董橋（1942—　　），原名董存爵，出生於福建晉江。一歲
時隨父母赴南洋，在印尼度過童年和少年時期。18歲考入臺灣成
功大學外文系，畢業後到香港，在美國新聞處的今日世界出版社
工作。嗣後留學英國倫敦大學。1980年後歷任香港《明報月刊》
總編輯、中文大學出版部負責人、《讀者文摘》中文版總編輯、
《明報》總編輯等職務。董橋以散文著稱於世，先後結集出版了
《雙城雜筆》、《在馬克思鬍鬚叢中和鬍鬚叢外》、《另外一種
心情》、《這一代的事》、《跟中國的夢賽跑》、《辯證法的黃
昏》、《鄉愁的理念》等散文集。他還有詩、評論、翻譯作品問
世。

　　董橋對散文有深刻的見解。他認為：「散文須學、須識、須
情，合之乃得Alfred North Whitehead所謂『深遠如哲學之天地，
高華如藝術之境界』。年來追尋此等造化，明知困難，竟不罷休。」
②他又說：「散文，我認為單單美麗是沒有用的，最重要的還是
內容，要有Information，有Message給人，而且是相當清楚的
訊息。我對散文有一個最原始的要求：就是不能空洞。」③由此
可見，董橋看重散文的內容，而這內容則是學、識、情的統一。
他強調散文一定要言之有物，切忌空洞和矯揉造作。他反對賣弄
和直露，努力在精煉、濃縮的語境中追求含蓄蘊藉的藝術效果。

　　董橋散文題材闊大，既有思想散墨、文化眉批，又有鄉愁影
印、感情剪接。他以理性目光觀察和審視現實世界，又以直抒胸

臆的方式自由發揮。他寫馬克思到海邊度假，也寫柳敬亭說書；寫楊振寧的靈感，也寫鄧麗君的的情歌；寫中國的竹影粉牆、小橋流水，也寫英國愛德華時代的建築、維多利亞風味的街燈；寫藏書家的心事，也寫滿抽屜的寂寞；寫香港的前途，也寫兩岸的統一問題，等等，可以說藝術容量大，內容涵蓋面廣。《聽說臺先生越寫越生氣》由臺靜農先生因受求字人太多所累，宣布不再為人寫字寫起，寫到黃裳先生主張不可忘記過去；作者由前者的「越寫越生氣」寫到後者在「文革」中慘遭迫害卻連生氣的權利也沒有，在凝重的語言氛圍中包含著對作家尊嚴的深刻思索。《回去，是為了過去》由胡適從美國學成歸國回到故鄉，寫到抗戰勝利後顛沛流離的中國人的結伴還鄉，寫到1949年海峽兩岸的中國人從此幾成陌路，一直寫到三十多年過去了，中國人期盼著歸人的跫音，字裡行間滲透著對民族命運的深切關注。《雨聲並不詩意》記錄了作者在倫敦時的獨特心境：「窗外的雨好像越來越大了。我隱約聽到樹葉在說話。我忽然想到《紅樓夢》。我忽然想到林黛玉的小心眼。我忽然覺得如果這座房子是在金陵，……窗外的雨聲也許會很詩意。」這突出地表現了作者的中國情懷。思鄉戀國之情纏繞著他，使他覺得連這雨聲也是故國的有詩意。這是「月是故鄉明」的又一版本。

董橋的散文偏重於知性。他放談社會問題和文化現象，縱論人生和人性，政治、經濟、時事、歷史、書刊、學術、人生無不在他涉及的範圍之內。他出入古今，兼攝中外，力求在每篇文章中都表現自己的見解，顯示敏感多思的心靈。他認為：「散文可以是有評論的，無論是你對人生的評論，對一本書的評論，對一件事的評論。散文是要有見解的。」④他的散文具有深邃的思想內容，耐得起咀嚼和回味。

　　董橋出身於書香世家，從小便受到中國傳統文化的熏陶，愛讀書，喜寫作，嗜好收藏圖書、字畫，愛彈琴，也愛讀周作人散文和明清小品，具有濃厚的文人雅士風範。而負笈英倫的留學生涯又使他以開放的胸襟吸納西方文明，並對他的創作產生了極大的影響。他的散文既顯出中國人的智慧，也不乏英國式的幽默。他說現在的人情不是太濃就是太淡，話裡話外頗有情趣和理趣：「太濃，是說彼此又打電話又吃飯又喝茶又喝酒，臉上刻了多少皺紋都數得出來，存在心中的悲喜也說完了，不得不透支、預支，硬挖些話題出來損人娛己。友情真是身外之物了；輕易賺來，輕易花掉，毫不珍惜。太淡，是說大家推說各奔前程，只求一身佳耳，聖誕新年簽個賀卡，連上款都懶得寫就交給女秘書郵寄：收到是掃興，收不到是活該。」（《一室皆春氣矣》）幽默生動地活畫出一部分人的心態和世風人情。

　　聯想豐富，比喻精巧，是董橋散文的鮮明特色。他善於通過聯想擴大散文的容量，造成跌宕起伏的文風；又常借助於比喻，增強作品的表達效果。《中年是下午茶》以一種反諷自嘲的筆法來探求人生的奧秘。他說中年是「只會感慨不會感動的年齡，只有哀愁沒有憤怒的年齡」，「中年是吻女人額頭不是吻女人嘴唇的年齡」，「中年是雜念越想越長、文章越寫越短的年齡」，「中年是看不厭臺靜農的字看不上畢加索的畫的年齡」。諸如此類，作品以豐富的聯想一氣說出許多帶有哲理意味的人生雋語，既親切自然、活潑生動又充滿理趣。在《境界》一文中，他說王國維的境界三段論被人用濫了，他要借用毛澤東詩詞建構新的三段論。「此行何去？贛江風雪迷茫處。命令昨頒，十萬工農下吉安。」此乃第一境界。「四海翻騰雲水怒，五洲震蕩風雷激。要掃除一切害人蟲，全無敵。」此乃第二境界。「往事越千年，魏武揮鞭，

東臨碣石有遺篇。蕭瑟秋風今又是，換了人間。」此乃第三境界。
董橋如此出其不意地引用讀者耳熟能詳的詩句經典，常給人出其
不意的驚喜和思索，以諧入雅。再看《藏書家的心事》中的一連
串妙喻：「人對書真的會有感情，跟男人與女人的關係有點像。
字典之類的參考書是妻子，常在身邊為宜，但是翻了一輩子未必
可以爛熟。詩詞小說只當是可以迷死人的艷遇，事後追憶起來總
是甜的。又長又深的學術著作是半老的女人，非打點十二分精神
不足以深解；有的當然還有點風韻，最要命的是後頭還有一大串
注文，不肯罷休！至於政治評論、時事雜文等集子，都是現買現
賣，不外是青樓上的姑娘，親熱一下也就完了，明天再看就不是
那麼回事了。」作者極為幽默俏皮地寫出了現代讀書人和藏書家
的美好想像，這是「書中自有顏如玉」的形象寫照。他的「倒過
來說」同樣也極為奇妙：「女人看書也會有這些感情上的區分：
字典、參考書是丈夫，應該可以陪一輩子；詩詞小說不是婚外關
係就是初戀心情，又緊張又迷惘；學術書是中年男人，婆婆媽媽，
過分周到，臨走還要殷勤半天怕你說他不夠體貼；政治評論、時
事雜文正是外國酒店房間裡的一場春夢，旅行完了也就完了。」
連串的巧比妙喻使作品文氣充沛，文采斐然，引人入勝。

　　在文體方面，董橋進行了大膽的嘗試和實驗。他說：「我以
為小說、詩、散文這樣分野是不公平的，散文可以很似小說，小
說可以很似散文。」⑤他一直在寫多體散文，其中有小說式散文，如
《情辯》、《讓她在牛排上撒鹽》、《偏要挑白色》、《訪舊》
等；有學術性散文，如《辯證法的黃昏》、《櫻桃樹和階級》、
《「魅力」問題眉批》、《翻譯與「繼承外國文學遺產」商兌》
等；甚至還以武俠小說的形式寫散文，如《薰香記》。董橋打破
了各種文體間的界限，擴大了散文的表現力，為散文文體革新作

了有益的嘗試。

　　董橋的散文具有獨特的風格。他很講究文字，語言精雕細刻，文筆乾淨洗練，不沉悶，不瑣碎，在簡約濃縮的語境中尋求品味和美感。他的散文結構嚴謹，或由一則材料，還由一個觀點，或由一種情緒引申開去，旁徵博引，自由發揮，看似散漫實則條理分明，線索清晰，開合有致。他將中西文學精華融會貫通，化爲自己的藝術生命。濃郁的書卷氣，儒雅的文化精神，熱烈的中國情懷，精緻的文字，英國式的幽默，構成了獨特的「董橋風格」。

第四節　曾敏之

　　曾敏之（1917—　），筆名寒山、望雲，祖籍廣東梅縣，生於廣西羅城。1938年參加中華全國文藝界抗敵協會桂林分會。40年代先後任職於《柳州日報》、《文藝雜誌》、《大公報》，撰寫特寫、報告文學、紀實文學、小說和散文等。新中國成立後，任《文滙報》、《大公報》、中國新聞社駐廣州辦事處主任。「文革」結束後調任香港《文滙報》副總編輯、代總編輯。曾敏之是香港資深作家，尤以散文成就最爲顯著，與秦牧一起被並稱爲「廣東兩枝筆」。散文集主要有《拾荒集》、《嶺南隨筆》、《文史品味錄》、《文苑春秋》、《望雲海》、《聽濤集》、《觀海錄》、《春華集》、《曾敏之雜文》、《曾敏之散文選》等。

　　曾敏之的散文題材廣泛，形式多樣。上下古今，政治、經濟、文化、歷史掌故、藝林軼事包羅萬象。或用敘事的方式狀寫時代風雲和人生歷程；或用抒情的筆法表現個人的情感體驗；或者縱橫古今，針砭時弊，在歷史與現實之間注入自己的愛憎感情；或者洞幽燭微，探尋文史長廊中的珠貝，眞可謂千姿百態，異彩紛

呈。由於時代的不同，五、六十年來，曾敏之散文的題材、主題、技巧、風格發生了明顯的變化，但這種變化統一於一個總的特色，即題旨鮮明突出，形式活潑多樣，文筆簡潔洗練，文情並茂，沉鬱頓挫。

曾敏之的散文深具歷史感。由於早年從事過新聞工作，因此他善於從時代大潮中擷取題材，描摹民族的社會生活和歷史前進的步伐。《十年老了周恩來》以寫實的筆墨，描繪了周恩來為中國的民主與和平日夜操勞的感人情景。作者將潑墨寫意和工筆細描相結合，熔敘事、描寫、抒情、議論於一爐，寫出了一個生動感人的領袖形象。《聞一多的道路》、《司馬文森十年祭》、《風範難忘》、《文傳碧海千秋業》等篇都在歷史的回顧中追憶故人，人物的音容笑貌勃現字裡行間。

除了敘事抒情的作品外，曾敏之還寫了大量的隨筆小品和雜感。這些文章可統稱為雜文。曾敏之的雜文視野開闊，縱橫古今，旁徵博引，氣象萬千，具有很大的影響力。他常常從歷史的高度燭隱洞幽，大處著眼小處落筆，見微知著，入木三分。時而在史料典籍中涉筆成趣，時而就現實問題慷慨陳詞，立論有據，語言犀利，具有魯迅雜文的餘韻。

第五節　潘銘燊

潘銘燊（1945—　　），原籍廣東中山，出生於香港。先後獲美國柏克萊加州大學碩士和芝加哥大學博士學位。1973年回香港中文大學中文系任教，後又執教於香港城市理工學院和香港教育學院。他學養宏富，長於目錄、版本、修辭學，並在古典小說研究方面有精深造詣。已出版的學術著作有《紅樓夢人物索引》、《石頭記年日考》、《中國古典小說論文目錄》、《廣東地方志

傳記索引》、《三言二拍提要》等。

在學院派作家中，潘銘燊是一支不可多得的健筆。自1988年起，他先後結集出版了《斷鴻篇》、《三隨篇》、《車喧齋隨筆》、《溫哥華雜碎》、《人生邊上補白》、《小鮮集》等散文集。

潘銘燊的散文有著濃厚的文化氛圍。他博覽群書，知識豐富，涉獵面廣。他寫生活瑣事、身邊世事，也常從各種書籍中汲取題材，凡有心得，皆可鋪陳成篇。他的散文或通過捕捉生活細節來展示自己的情感世界，或透過點滴小事抒寫對人性、人情的感悟，表現發人深思的哲理，具有強烈的思辨色彩。他往往在流暢的敘述中顯露智慧、才氣和情致，展示那種卓然獨立的文化品格。

作為一名學者散文家，潘銘燊寫出了治學道路的酸甜苦辣，顯示出一種舒展的文化心理。在《書奴搬家記》中，作者自稱「書奴」，這一稱謂道出了他與書的關係：既表示他每天幹的是搬書的營生，又抒發了他對書「甘於充役、忠心志誠」的感情。作品明寫搬家（搬書）的勞累，實際上寫出了藏書的樂趣。《借書一痴》、《枕邊秘寶》、《四壁》、《贈書》、《滯銷書》等篇從幾個角度表現了藏書家的心事，或寫讀書之樂，或寫友朋互相贈書的情誼，或寫書賣不出去的煩惱，筆端湧動著濃重的文化情緒。《假如妻子是一本書》則更為詩意地表現了讀書人的心態。作者從十七世紀英國桂冠詩人特拉頓把妻子比作年鑑寫起，以豐富的想像力來類比「妻子」和「書」。「她」一定不能是年鑑，因為年鑑取材枯燥，充斥著統計數字，陳陳相因，好像一個嘮嘮叨叨的長舌婦；「她」也不能是一部多冊書，部頭大得令人喘不過氣來；「她應該是一本百看不厭的書，紙墨瑩潔，釘裝精緻，封面設計美觀大方。她要輕盈纖窕，便於携帶，可以出入與共，形影不離。她要有哲理小品的深度、藝術畫冊的美感；概念豐富

像辭典，吐屬優雅像詩集，好比兒童讀物那樣真摯、流行小說那樣純情……」這一番妙論機趣迭出，寫出了讀書人的襟懷，與董橋的《藏書家的心事》相輝映，刻畫了香港新一代學者和藏書家的精神氣度。

潘銘燊有不少散文是縱論社會現象和文明問題的。《救救城門河》談的是環境保護問題，《反吸菸論》從健康和人權角度捍衛不吸菸者「免受香菸侵襲的權利」，《東西南北人》反思家庭國際化的現象，《「加拿大經驗」》為加拿大新移民的處境鳴不平，《文化代價》感嘆移民者失落民族的根，等等。這些作品表現出強烈的社會責任感和文化使命感。作者截取生活中亦莊亦諧、亦雅亦俗之事加以妙手點化，揭示深刻的道理，顯示了自己的良知。

《人生邊上補白》是潘銘燊的代表作。這部散文集出版於1992年，收入「說窗」、「論快樂」、「說笑」、「說幽默」、「論吃飯」、「偏見」等系列共34篇。作者公開聲稱師承錢鍾書：「就寫作動機和過程來說，應該叫做《寫在〈寫在人生邊上〉的邊上》。……讀者只消翻翻目錄，都能夠指出，這書的題材完全抄襲錢鍾書先生的《寫在人生邊上》。」⑥此書從取材到內容到文風都和《寫在人生邊上》一脈相承。但人生畢竟是一部寫不盡的大書，儘管潘銘燊自覺師承錢鍾書，儘管《人生邊上補白》明顯套用《寫在人生邊上》，但這本散文集寫出了潘銘燊對生活的真知灼見，表現出師承中的創造精神。

《人生邊上補白》所收作品大都短小精悍，意蘊雋永。作者從世事百態入手，在輕鬆幽默的語言中傳達對人生的思考和領悟，顯示出自身的恢宏學識和深厚的文化背景。《窗的世界觀》首先引用錢鍾書的觀點：「窗子打通了大自然跟人的隔膜，把風和太陽引進來，使屋子裡也關著一部分春天，讓我們安坐了享受，無

需再到外面去找。」作者顯然並不「苟同」這一看法，他認為：
「窗子讓我們享受到的大自然，其實只屬於『聊勝於無』的檔次，
窗子引進來的風，只是些不涼不快的風頭風尾；窗子引進來的太
陽，也只是些驅寒不去生暖不溫的剩餘熱光。」窗子引進來的春
天，只是「假春天」，「春，是要出去尋的」，因此他提出：「
窗子帶給我們錯誤的人生觀，令我們閉門造春，以為『春尋』可
以代替『尋春』，因而得不到人生的真正享受。」作者又從史籍
《傳燈錄》中尋找例證，最後得出人生真諦：「禪也好，春也好，
人生也好，真理也好，都在大千世界裡，不在故紙經書上；都在
窗外，不在窗內。」他呼喊：「至於我們，還是走出窗外吧。」
從這裡可以看出，潘銘燊往往在錢鍾書觀點的基礎上進一步提出
自己的見解，闡發人生哲理。在論辯過程中，他引經據典，旁徵
博引，思路開闊，語言詼諧，在充滿哲思的雋言妙語中顯示智慧
和才識。

【注　釋】

① 夏志清：《獨立蒼茫·序》，香港香江出版公司1985年出版。
② 董橋：《這一代的事·自序》，臺北圓神出版社1986年版。
③ 黃子程：《不甘心於美麗——訪董橋談散文創作》，香港《博益月刊》1988年第14期。
④ 黃子程：《不甘心於美麗——訪董橋談散文創作》，香港《博益月刊》1988年第14期。
⑤ 黃子程：《不甘心於美麗——訪董橋談散文創作》，香港《博益月刊》1988年第14期。
⑥ 潘銘燊：《人生邊上補白·自序》，加拿大楓橋出版社1992年版。

後　記

　　二十年來，中國現代、當代文學研究發生了很大的變化。本書以新的文學史觀、新的文學觀重新詮釋二十世紀中國文學現代化之歷程與歷史經驗，力圖體現近二十年來中國文學研究的新成果、新方法、新水平。作爲教材的穩定性與知識點分佈的合理性，都考慮到適合大學教學的需要。

　　初稿由集體執筆完成後，爲了保持全書的統一性與前後觀點、風格的一致性，主編先後對書稿修改五遍，朱棟霖主持統稿工作並作了重要修改、增補，丁帆修改當代文學部分，朱棟霖定稿。初稿執筆情況如下：

　　思潮卷：第一章、第二章、第三章、第四章：徐德明；第五章：林道立；第六章、第七章：席陽。

　　小說卷：引言、第六章：丁帆；第十三章：丁帆、王文勝等；第一章、第四章、第八章第一節、第九章第二節：曹惠民；第二章：朱曉進；第三章第一節與第二節：李曉紅；第五章、第九章第三節：沈義貞；第三章第三節、第七章：秦林芳；第八章第二節與第三節、第九章第一節：劉祥安；第十章：陳子平；第十一章：席陽；第十二章第一節與第二節：林道立；第十二章第三節：陳留生；第十四章：吳義勤。

　　新詩卷：引言、第一章第一節：劉祥安；第二章第二節：季進；第一章第三節：曹惠民；第二章：許霆；第三章：徐光萍；第四章：馮濤；第五章：吳尚華；第六章：蔣登科。

散文卷：引言：朱曉進；第一章：閔抗生；第二章：秦林芳；第三章：吳周文；第四章：丁曉原；第五章：王堯。

戲劇卷：引言：朱棟霖；第一章：陳留生；第二章：朱棟霖；第三章：朱棟霖、王家倫；第四章：王新民；第五章：劉祥安。

臺灣文學卷：方忠（其中第七章：彭耀春）。

香港文學卷：方忠。

本書原爲中國教育部「面向二十一世紀課程教材」。本次臺灣版，根據出版社要求改爲按文體分卷重新編排，改變原著按年代敘述的體例。主編爲此又對全書內容作了全面修訂、增刪，其中臺灣文學卷、香港文學卷由方忠全部重寫。本書獲得蘇州大學外籍專家合作研究基金資助，聘請香港嶺南大學劉紹銘教授爲本書顧問。劉紹銘教授是海外卓有聲望的資深現代文學專家，他親到蘇州大學對本書修改提出了重要意見。在此向他表示衷心感謝。

一九九八年秋朱棟霖應東吳大學劉源俊校長之聘任該校客座教授，即以本書內容在東吳大學中文系講授現代文學一學期，並在研究所講授「文學研究方法論」與「戲劇理論」。東吳學子對中國現代文學與文學新理論的興趣與熱情，誠摯的尊師之情，令人難以忘懷。朱棟霖還應邀到臺灣政治大學、中央大學、清華大學、淡江大學、文化大學、中正大學、輔仁大學、暨南大學、元智大學、彰化師範大學、華梵大學、花蓮師範學院等校作學術講演，並與馬森、王國良、呂正惠、康來新、李瑞騰、唐翼明、黃景進、周英雄、羅敬之、高大威、吳有能諸教授交換學術看法，深感大家對兩岸文學的共同關注。這部《二十世紀中國文學史》在臺灣問世，希望能推進臺灣學界對中國現代文學研究的開展。

朱棟霖　二○○○年八月　蘇州大學